Geert Keil
Willensfreiheit

Grundthemen Philosophie

Herausgegeben von
Dieter Birnbacher
Pirmin Stekeler-Weithofer
Holm Tetens

Geert Keil

Willensfreiheit

——

2. vollständig überarbeitete und erweiterte Auflage

DE GRUYTER

ISBN 978-3-11-027947-4
eISBN 978-3-11-027958-0

Library of Congress Cataloging-in-Publication Data
A CIP catalog record for this book has been applied for at the Library of Congress.

Bibliografische Information der Deutschen Nationalbibliothek
Die Deutsche Nationalbibliothek verzeichnet diese Publikation in der Deutschen
Nationalbibliografie; detaillierte bibliografische Daten sind im Internet
über http://dnb.d-nb.de abrufbar.

© 2013 Walter de Gruyter GmbH & Co. KG, Berlin/Boston
Satz: fidus Publikations-Service GmbH, Nördlingen
Druck und Bindung: Hubert & Co. GmbH & Co. KG, Göttingen
Printed on acid-free paper
Printed in Germany

www.degruyter.com

Vorwort zur zweiten Auflage

Die vergriffene erste Auflage dieses Buches hat erfreulich viele Leser zur philosophischen Auseinandersetzung angeregt. Für ihre Einwände und Kommentare danke ich insbesondere den Rezensenten und den Teilnehmern der beiden Buchsymposien in der *Deutschen Zeitschrift für Philosophie* 57 (2009), 119–148 und in *Erwägen – Wissen – Ethik* 20 (2009), 3–94. Die Reaktionen haben mir Anlass gegeben, meine Argumente zu überdenken, zu ergänzen und zu schärfen. Die Diskussion der Einwände ist zum größeren Teil in den Haupttext und in die Anmerkungen eingearbeitet. Auf einige besonders schwierige Punkte gehe ich im neuen Schlusskapitel ein.

Leider kann ich den Lesern der ersten Auflage nicht übersichtlich zusammenstellen, was sich verändert hat und wo. Der Text ist vollständig durchgesehen und überarbeitet. Ich habe einige Abschnitte umgestellt, zwei neue Unterkapitel geschaffen, aktuelle Literatur eingearbeitet, die Anmerkungen ergänzt, Argumente präzisiert und erweitert, zahllose einzelne Formulierungen geändert, einige polemische Zuspitzungen entfernt und andere hinzugefügt. Das Buch ist immer noch eine problemorientierte Einführung; zugleich habe ich versucht, die Eigenheiten des „fähigkeitsbasierten Libertarismus", für den ich plädiere, noch genauer herauszuarbeiten. Was die vielen steilen Thesen betrifft, die die Überarbeitung überlebt haben, so kann ich mich nun nicht mehr auf Fahrlässigkeit berufen.

Inhalt

1. Einleitung

1.1 Freiheitsbegriffe

„Willensfreiheit" gehört zu jenen Wörtern, deren bloßes Vorkommen anzeigt, dass von Philosophischem die Rede ist. Während die Freiheit in aller Munde ist, ist „Willensfreiheit" ein philosophischer Fachausdruck geblieben, der keine prägnante alltagssprachliche Verwendung hat. Wo ohne weiteren Zusatz von Freiheit die Rede ist, sind fast immer politische Freiheiten gemeint. Das gilt für den Schlachtruf der Französischen Revolution, „Freiheit, Gleichheit, Brüderlichkeit", für Rousseaus „Der Mensch ist frei geboren, und überall liegt er in Ketten", für Slogans wie „Keine Freiheit den Feinden der Freiheit", „Freiheit statt Sozialismus" oder „Die Freiheit stirbt zentimeterweise".

Eine Grundbedeutung von „frei" ist „ungehindert". Der Begriff des Ungehindertseins ist so allgemein, dass er die politische Freiheit, das freie Spiel der Marktkräfte, den freien Fall eines Steines sowie die Handlungs- und die Willensfreiheit umfasst. Danach trennen sich die Wege der verschiedenen Freiheitsarten. Um die verschiedenen Arten und vielleicht auch Begriffe der Freiheit zu sortieren, empfiehlt es sich zu fragen, *wer oder was* jeweils frei genannt wird, *wovon* jemand frei sein soll und *wozu*.[1]

Wer oder was ist frei? Im Falle der Willensfreiheit wird der Wille einer Person „frei" genannt, im Falle der Handlungsfreiheit ihr Handeln. Alternativ und vielleicht angemessener lässt sich die Person selbst *als* wollende oder *in* ihrem Handeln als das Subjekt der Freiheit auffassen. Wovon ist die Person frei und wozu? Diese Doppelfrage verweist auf die Unterscheidung zwischen *negativer* und *positiver* Freiheit. Als negative Freiheit wird die Freiheit *von* etwas bezeichnet. Straffreiheit, Steuerfreiheit, Sorgenfreiheit oder Schmerzfreiheit sind negative Freiheiten. Positive Freiheiten sind Freiheiten *zu* etwas. Politische Freiheiten wie Reisefreiheit, Niederlassungsfreiheit, Versammlungsfreiheit, Redefreiheit sind Beispiele dafür. Auf den zweiten Blick ist der Unterschied weniger klar als die „von"- und „zu"-Redeweisen nahelegen. Ist die Pressefreiheit die Freiheit, *zu* drucken, was man will, oder die Freiheit *von* Zensur? Offenbar drückt der Unterschied der Präpositionen eher eine Perspektivdifferenz aus als zwei wohlunterschiedene Arten von Freiheit. An einer Handlung lassen sich sowohl ihr positives Ziel als auch die abwesende Hinderung hervorheben.[2]

In der Philosophie werden *Willensfreiheit* und *Handlungsfreiheit* unterschieden. Letztere wird gewöhnlich als die Freiheit bestimmt, das zu tun oder zu lassen, was man will. Handlungsfreiheit besitzt man, wenn man nicht durch äußeren Zwang daran gehindert wird, seine Absichten in die Tat umzusetzen. Die politischen oder bürgerlichen Freiheiten wie Pressefreiheit, Redefreiheit oder Reisefreiheit sind Unterarten der Handlungsfreiheit. Willensfreiheit ist etwas anderes. Die Fähigkeit, frei seinen Willen zu bilden, frei zu wählen oder frei zu entscheiden, schließt klarerweise nicht die Möglichkeit ein, das Gewählte auch zu tun. Während unsere Handlungsfreiheit durch die jeweiligen tatsächlichen Optionen begrenzt ist, scheint dies für die Willensfreiheit nicht zu gelten. Wer eingesperrt ist, kann viele Dinge nicht tun, die er gern tun würde, aber seine Gedanken sind frei, wie das bekannte Lied sagt, und sein Wahl- oder Entscheidungsvermögen ist ebenfalls nicht tangiert. Durch Mauern und Fesseln allein verliert man dieses Vermögen nicht. Ebenso wenig verliert es, wer sich über das Ausmaß seiner Handlungsoptionen täuscht. Jemand könnte, so ein Beispiel von John Locke, in seinem Zimmer sitzen und sich dazu entschließen, den Raum durch die Tür zu verlassen.[3] Dass die Tür ohne sein Wissen verschlossen wurde, beeinträchtigt seine Bewegungsfreiheit, tut aber seinem Wahl- oder Entscheidungsvermögen keinen Abbruch.

Aber was genau *ist* Willensfreiheit? Der Sinn der Frage, ob der Wille selbst frei sei, versteht sich nicht von selbst. Wenn Handlungsfreiheit die Freiheit ist, zu tun, was man will, könnte Willensfreiheit analog die Freiheit sein, zu wollen, was man will. Willensfreiheit zu besitzen müsste dann die Fähigkeit einschließen, etwas anderes zu wollen, als man tatsächlich will. Nach Ernst Tugendhat ist es jedoch „nicht ohne weiteres klar, was mit dieser Frage, ob man auch anders hätte wollen können, eigentlich gemeint ist".[4] Ist gemeint, dass man sich aussuchen kann, was man will? Ein solcher Begriff der Willensfreiheit ist von vielen Philosophen kritisiert worden. Leibniz führt an, der Wille könne sich nur auf das Handeln richten, nicht auf das Wollen:

> Was das *Wollen* selbst anbetrifft, so ist es unrichtig, wenn man sagt, daß es ein Gegenstand des freien Willens ist. Wir wollen handeln, richtig gesprochen, aber wir wollen nicht wollen, denn sonst könnte man auch sagen, wir wollen den Willen haben, zu wollen, und das würde ins Endlose fortgehen.[5]

Nach Schopenhauer kann der Mensch tun, was er will, nicht aber wollen, was er will.[6] Hobbes, Locke und Russell argumentierten ebenso. Der Regresseinwand allein ist allerdings nicht stichhaltig, denn das Phänomen des höherstufigen Wollens existiert durchaus und zieht nicht zwangsläufig einen Regress nach sich. Ein Drogensüchtiger kann wollen, das Verlangen nach Drogen, das er tatsächlich hat, nicht zu haben. Daraus folgt nicht schon, dass er auch einen Willen dritter, vierter und fünfter Stufe haben können muss.

Die Rede von der Fähigkeit, seinen eigenen Willen zu wählen, hat durchaus einen vernünftigen Sinn. Allerdings kann es sich dabei nicht um die Fähigkeit handeln, seine gegenwärtigen tatsächlichen Wünsche, Neigungen oder Vorlieben anders sein zu lassen, als sie nun einmal sind. Das kann schon deshalb niemand, weil sich Fähigkeiten stets auf die Zukunft richten, nicht auf Gegenwärtiges oder gar Vergangenes. Niemand kann Tatsächliches anders sein lassen, als es aktuell ist. Dies gilt auch für unsere tatsächlichen Wünsche und Neigungen. Manche Neigungen finden wir in uns vor, ohne sie frei gewählt zu haben; es wäre töricht, dies zu leugnen. Bei der Willensfreiheit muss es um die Frage gehen, was mit diesen bestehenden Wünschen und Neigungen weiter geschieht, insbesondere darum, ob und in welcher Weise sie handlungswirksam werden.

Weniger merkwürdig als die Frage, ob man wollen kann, was man will, klingt die Frage, ob wir frei *wählen* oder *entscheiden* können. „Willensfreiheit" wird in der Philosophie weitgehend gleichbedeutend mit „Entscheidungsfreiheit" und „Wahlfreiheit" gebraucht. Dies ist ein Indiz dafür, dass es bei der Freiheit des Willens nicht um die erste Regung oder den ersten Impuls geht, sondern um eine Fähigkeit, die spätere Phasen der Handlungsvorbereitung betrifft. Entscheidungen stehen am Ende eines Willensbildungsprozesses, nicht am Anfang. Wie wird aus den Wünschen und Neigungen, die wir in uns vorfinden, eine handlungswirksame Entscheidung? Setzen sich Wünsche und Neigungen gleichsam automatisch in Handlungen um oder haben wir die Möglichkeit, innezuhalten, sie zu prüfen und uns gegebenenfalls von ihnen zu distanzieren? Entscheiden *wir* uns, bilden *wir* aus dunklen Ursprüngen eine handlungswirksame Absicht, oder stoßen uns Absichten und Entscheidungen einfach zu, so wie die ersten Neigungen und Wünsche uns zustoßen? Descartes und Locke haben in der Fähigkeit, innezuhalten und die eigenen Wünsche noch einmal zu prüfen, den wesentlichen Zug der menschlichen Willensfreiheit gesehen. Die Frage nach der Natur dieser Suspensionsfähigkeit steht im Zentrum der Willensfreiheitsdebatte, auch wenn man dies dem Wort „Willensfreiheit" nicht ansieht.

Wenn es bei der Freiheit des Willens nicht um das Vermögen geht, seine ersten Neigungen oder Regungen zu wählen, sondern darum, was mit diesen Regungen weiter geschieht, erscheint der Vorschlag plausibel, die *Bildung* des Willens als dasjenige anzusehen, was im Falle der Willensfreiheit „frei" genannt wird. Neigungen setzen sich nicht von allein in die Tat um, zwischen ihnen und Handlungen liegen die Willensbildung, die Entscheidungsfindung, die Formierung einer Absicht. Dieser Prozess kann entweder frei oder unfrei, also gehindert oder ungehindert, ablaufen. Willensfreiheit ist entsprechend als „hinderungsfreie Willensbildung" beschrieben worden.[7]

Schon das Substantiv „Wille" hat einige Philosophen irritiert. Nach Ryle ist die Substantivierung des Verbums „wollen" nicht hilfreich. Wer etwas will, übt dabei ein Vermögen aus. Dieses Vermögen oder dessen Ausübung zu einem Ding namens „Wille" zu hypostasieren, dem dann bestimmte Eigenschaften zugeschrieben werden, verschiebt die Aufmerksamkeit von der wollenden Person zu einer Instanz in ihr. Wenn dann weiterhin angenommen wird, dass in Wirklichkeit nicht wir es sind, die etwas wollen oder tun, sondern etwas in uns, eben der Wille, sind philosophische Rätsel vorprogrammiert. Locke bezeichnet die hergebrachte Frage, ob der Wille frei sei, als „absurd". Man könne nur vom Menschen fragen, ob er frei sei, nicht hingegen vom Willen, denn der Wille sei ein Vermögen, und ein Vermögen könne kein weiteres Vermögen besitzen.[8] Trotz dieser sinnkritischen Einwände erscheint es aussichtslos, die Substantivierung „Wille" einfach verbieten zu wollen. Vernünftigerweise fasst man den substantivierten Willen nicht als Agens auf, sondern als Vermögen oder als Prozess der Willensbildung. Manchmal ist mit „Wille" auch das Ergebnis dieses Prozesses gemeint. Ich übernehme in diesem Buch die traditionelle Bezeichnung „Willensfreiheit", behalte mir aber vor, das Attribut „frei" auf anderes als den Willen oder den Willensbildungsprozess anzuwenden, beispielsweise auf die wollende Person, insofern sie bestimmte Fähigkeiten hat.

Nach Seebaß ist Willensfreiheit hinderungsfreie Willensbildung. Aber *wovon* muss die Willensbildung frei sein, *wodurch* wird sie nicht behindert? Vielfache äußere Beschränkungen können jemanden hindern, zu tun, was er will, schränken also seine Handlungsfreiheit ein. Aber welche Faktoren zählen als Hinderungen der Willensbildung? Unwissen, innere Zwänge, Süchte, Phobien, starke Affekte, Erpressung, Folter – es ist umstritten, welche dieser Faktoren nicht nur die Handlungs-, sondern auch die Willensfreiheit einschränken. Hinsichtlich einiger Zwänge wird sogar argumentiert, dass sie *allein* die Willensfreiheit beschränken. Ein Erpresster und ein Drogensüchtiger täten durchaus, was sie wollen, seien aber in ihrer Willensbildung nicht frei. Oft werden diese Fälle mithilfe höherstufiger Wünsche beschrieben. Der Süchtige hat faktisch den Wunsch nach Drogen, mag aber zugleich wünschen, diesen Wunsch nicht zu haben. Ob man sagen kann, dass er tut, was er will, hängt dann davon ab, ob sein Wollen erster oder zweiter Stufe gemeint ist.

Auf der Hand liegt, dass Willensfreiheit mit einem großen Maß an politischer Unfreiheit und äußeren Zwängen verträglich ist. Wer in Ketten liegt, büßt die Freiheit des Willens nicht ein. Selbst wer bei einem Raubüberfall mit der Frage „Geld oder Leben?" konfrontiert ist, besitzt doch die Freiheit, eines von beiden zu wählen. Dass eine der beiden Entscheidungen grob unvernünftig wäre, hebt die Fähigkeit, sie selbst und begründet zu treffen, nicht auf. Cicero lehrt in diesem Sinne, dass für freie Menschen Drohungen wirkungslos seien.

Eine extreme Position in dieser Frage nehmen Kant und Sartre ein. Sie behaupten, dass der menschliche Wille selbst unter der Folter frei bleibe.

> Alle Arten von Marter können nicht seine freie Willkühr zwingen; er kann sie alle ausstehen und doch auf seinem Willen beruhen. [...] Der Mensch fühlt also ein Vermögen in sich, sich durch nichts in der Welt zu irgend etwas zwingen zu lassen. Es fällt solches zwar öfters schwer aus anderen Gründen; aber es ist doch möglich, er hat doch die Kraft dazu.[9]

Dass der Mensch „doch die Kraft" habe, selbst unter der Folter auf seinem Willen zu beharren, ist eine anthropologische Behauptung. Man spricht sehr wohl davon, dass Folter den Willen oder die Persönlichkeit zu brechen versucht. Ob es ihr im Einzelfall gelingt, ist eine andere Frage.

Unabhängig von einer Stellungnahme zu Kants anthropologischer These muss das philosophische Problem der Abgrenzung zwischen Willens- und Handlungsfreiheit gelöst werden. Dass eine Willensbildung frei ist, kann nicht heißen, dass sie keinerlei Restriktionen oder Bedingungen unterliegt. Aristoteles diskutiert das Beispiel eines Kapitäns, der im Sturm die Ladung über Bord wirft, um sein Schiff und die Mannschaft zu retten: „Schlechthin freiwillig tut das niemand, dagegen um sich und die anderen zu retten tut es jeder, der Vernunft besitzt."[10] Dieses Beispiel funktioniert wie die „Geld oder Leben"-Situation. Entscheidend ist hier der Hinweis auf die *Vernünftigkeit* der Entscheidung. Wollte man allgemein sagen, dass die freie Willensbildung durch vernünftiges Überlegen *behindert* wird, so wäre dies absurd. Auch durch Zwangslagen allein wird die Willensbildung nicht behindert. Praktisches Überlegen findet stets unter Bedingungen statt, und viele davon haben wir nicht selbst gewählt. „Zwangslagen" sind deshalb kein wohldefinierter Situationstyp. Zu überlegen ist stets, was *unter den gegebenen Bedingungen* zu tun ist. Wer hingegen, freudianisch ausgedrückt, mit dem Realitätsprinzip auf Kriegsfuß steht und nur nach dem Lustprinzip handelt, ist nicht besonders frei, sondern unreif oder irrational oder beides.

Die entscheidende Frage scheint zu sein, ob jeweils die *Fähigkeit zur Willensbildung* eingeschränkt ist oder nicht. Faktoren, die es dem Menschen unmöglich machen, begründet seinen Willen zu bilden, tangieren die Willensfreiheit. Zwangslagen und Erpressungen schränken diese Fähigkeit typischerweise nicht ein, sie betreffen vielmehr die Handlungsfreiheit. In welchem Ausmaß Süchte, Phobien, Psychosen und körperlicher Schmerz die Fähigkeit der Willensbildung einschränken, ist umstritten. Im deutschen Strafrecht ist ein Täter nur dann vermindert schuldfähig, wenn zum Zeitpunkt der Begehung der Tat seine Fähigkeiten, „das Unrecht der Tat einzusehen" oder „nach dieser Einsicht zu handeln", stark beeinträchtigt waren (§ 21 StGB). Dies muss aber im Einzelfall festgestellt und kann nicht aufgrund allgemeiner anthropologischer Überlegungen entschieden werden.

Die Abgrenzung zwischen Willens- und Handlungsfreiheit wird durch den Umstand erschwert, dass die übliche Erläuterung der Handlungsfreiheit – tun zu können, was man will – bei näherer Betrachtung ein uneinheitliches Phänomen charakterisiert. Auch bei der Handlungsfreiheit lässt sich nämlich das Merkmal des Ungehindertseins von einem Fähigkeitsaspekt unterscheiden. Wenn mit „Handlungsfreiheit" die *Fähigkeit* gemeint ist, gemäß seinem Willen zu handeln, dann bedrohen „Geld oder Leben"-Situationen die Handlungsfreiheit nicht, denn wenn der Bedrohte am Leben bleiben will, kann er durch sein Verhalten dazu beitragen. Dass er „eigentlich" etwas anderes will, nämlich sein Geld behalten *und* am Leben bleiben, tut nichts zur Sache, denn seine als Fähigkeit aufgefasste Handlungsfreiheit bleibt uneingeschränkt erhalten. Bedrohungen tangieren nicht Fähigkeiten, sondern allenfalls die Gelegenheit zu deren Ausübung. Wird „Handlungsfreiheit" hingegen als Sammelbegriff für politische und bürgerliche Freiheiten verwendet, so ist keine Fähigkeit gemeint, sondern das Freiheitsmerkmal des Ungehindertseins. Das durch Zensur und Versammlungsverbote Eingeschränkte ist kein Vermögen, sondern ein Handlungsspielraum. Es wäre für die Freiheitsdebatte viel gewonnen, wenn man sich bei der Rede von „Freiheit" häufiger Rechenschaft darüber ablegte, ob gerade vom positiven Fähigkeitsaspekt oder vom negativen Aspekt der ungehinderten Ausübung die Rede ist.

Ironischerweise zeigt das Wort „freiwillig" meist *nicht* an, dass von Willensfreiheit die Rede ist. Als Adverb zu „etwas tun" gehört „freiwillig" vielmehr in den Kontext der Handlungsfreiheit. Wer freiwillig oder aus freien Stücken etwas tut, wird nicht durch jemand anderen oder durch eine Zwangslage dazu genötigt. Die außerphilosophische Rede von freiwilligen Handlungen ist in der Regel gegenüber der Frage der Willensfreiheit indifferent.

Eine Freiheit, die so wenig Verbindung mit Freiheiten hat, an denen uns in nichtphilosophischen Kontexten liegt, erregt Misstrauen. So fühlen sich viele Menschen durch die Behauptung, dass der Wille selbst unter der Todesdrohung frei bleibe, provoziert. Auch das sarkastische Bonmot, Reichen wie Armen stünde es frei, unter Brücken zu schlafen, ist hier einschlägig. Dieser Sarkasmus beruht aber auf einem Themenwechsel. Das überragende nichtphilosophische Interesse, nicht von Obdachlosigkeit, Folter oder mit dem Tod bedroht zu werden, macht das Problem der Willensfreiheit nicht gegenstandslos.

Die Irritation über den philosophischen Begriff der Willensfreiheit könnte etwas anderes anzeigen als die Kritiker vermuten. Vielleicht ist die Freiheit des Willens nicht deshalb ein Spezialthema für die Philosophen, weil sie exotisch, irrelevant oder praxisfern wäre, sondern weil sie so grundlegend ist. Die Philosophie beschäftigt sich mit tiefliegenden Voraussetzungen unseres Denkens, Erkennens und Handelns: mit Prinzipien und Begriffen, die so allgemein sind, dass sie im Alltag und in den anderen Wissenschaften nicht thematisiert, sondern als geklärt vorausgesetzt werden. Nach Wittgenstein sind die von der Philosophie behandelten Phänomene „durch ihre Einfachheit und Alltäglichkeit verborgen".

In der Philosophie wollten wir „etwas *verstehen*, was schon offen vor unseren Augen liegt".[11] Die Willensfreiheit könnte zu diesen Phänomenen gehören, die zugleich grundlegend und durch ihre Alltäglichkeit verborgen sind. Sie könnte eine Fähigkeit sein, die wir im Alltag stets unterstellen und in Anspruch nehmen, wiewohl wir selten darüber nachdenken.

Für nicht wenige Philosophen liegt die außerphilosophische Relevanz der Willensfreiheit in dem Umstand, dass die moralische Verantwortlichkeit auf der Freiheitsannahme beruht. So lautet nach Tugendhat die entscheidende Frage: „Wie sieht die Willensfreiheit aus, wenn es möglich sein soll, eine Person zur Verantwortung zu ziehen?"[12] Dass dafür Willensfreiheit erforderlich sei und nicht bloß Handlungsfreiheit, sehe man daran, dass wir Tiere nicht zur Verantwortung ziehen, „offenbar weil es keinen Sinn ergäbe, obwohl auch sie ihre Glieder heben können, wenn sie wollen".[13]

1.2 Freiheitsprobleme

Im Unterschied zur Handlungsfreiheit wird die Willensfreiheit nicht durch äußeren Zwang eingeschränkt und nach Kant nicht einmal durch physische Gewalt. Wenn das Vermögen, seinen Willen so oder anders zu bilden, begrenzt oder sogar illusionär sein soll, müssen die Hindernisse von grundsätzlich anderer Art sein.

Die Hindernisse zerfallen in zwei Klassen. Innere Zwänge, schwere psychische Krankheiten, Süchte und verborgene Manipulationen sind geeignet, die freiheitsrelevanten Vermögen einzuschränken oder aufzuheben. Die zweite Gefährdung ist der Determinismus. Wenn unsere Willensbildung naturgesetzlich determiniert sein sollte, hätten wir nie einen anderen Willen bilden können als denjenigen, den wir tatsächlich gebildet haben. Wir glauben dann vielleicht, ergebnisoffene Überlegungen anstellen und unsere Entscheidungen selbst treffen zu können, tatsächlich aber „stehen sie nicht bei uns", um die aristotelische Formulierung zu gebrauchen. Also sind die entsprechenden Fähigkeiten illusionär. So jedenfalls sehen es die *Inkompatibilisten*, also die Vertreter der Lehre der Unvereinbarkeit von Willensfreiheit und Determinismus. Dagegen sehen die *Kompatibilisten* unsere Fähigkeit der vernünftigen Willensbildung und Entscheidung durch den Determinismus nicht gefährdet.

Es ist in der Philosophie der Gegenwart üblich geworden, das Problem der Willensfreiheit in zwei Teilprobleme aufzuspalten. Das *traditionelle Problem* lässt sich durch die Entweder-oder-Frage „Freiheit oder Determinismus?" ausdrücken. Dagegen betrifft das *Vereinbarkeitsproblem* die Frage, ob Freiheit und Determiniertheit einander ausschließen oder nicht.[14] Dass sie es tun, ist eine stillschweigende Voraussetzung des traditionellen Freiheitsproblems. Wenn diese Voraussetzung irrig sein sollte, löst sich das traditionelle Problem auf, denn dann kann der menschliche Wille ja zugleich frei und determiniert sein. Es entfällt dann auch die Nötigung, mit einer Stellungnahme zur Vereinbarkeitsfrage zugleich zur materialen Wahrheit der Determinismusthese Position zu beziehen.

Die wichtigsten in der Debatte vertretenen Positionen lassen sich in das folgende Schema eintragen:

Der Wille ist	frei	unfrei
determiniert	deterministischer Kompatibilismus (weicher Determinismus)	harter Determinismus (Inkompatibilismus I)
nicht determiniert	Libertarismus (Inkompatibilismus II)	
???	agnostischer Kompatibilismus	Freiheitsskepsis (harter Inkompatibilismus)

Die Positionen der dritten Zeile werden in vielen Darstellungen der Geographie der Freiheitsdebatte übersehen. Die dritte Zeile ist unerlässlich, weil die ersten beiden Zeilen eine interne Differenzierung im Lager des Kompatibilismus nicht erfassen, die für die jüngere Debatte von großer Bedeutung ist. In der ersten Zeile ist der Kompatibilist als jemand sortiert, der den Determinismus für wahr und mit der Freiheit vereinbar hält. Diese Auffassung entspricht derjenigen Position, die man „klassischen Kompatibilismus" genannt und Hobbes, Locke und Hume zugeschrieben hat. Einige klassische Kompatibilisten meinen sogar, dass Freiheit die Wahrheit des Determinismus *erfordert*; diese Position kann man „deterministischen Kompatibilismus" nennen.[15] Demgegenüber bleiben viele neuere Kompatibilisten bezüglich der Wahrheit des Determinismus indifferent, da sie diese Frage als für Freiheit und Verantwortlichkeit irrelevant ansehen. Diese Position, prominent vertreten durch Peter Strawson, kann man „agnostischen Kompatibilismus" nennen.[16] In den ersten beiden Zeilen lässt sich diese Differenzierung nicht berücksichtigen, da die Vierfelderwirtschaft nur Positionen zulässt, die auch zur Wahrheit der Determinismusannahme Stellung nehmen.

Das Fragezeichen in der dritten Zeile steht für die Auffassung, dass unbekannt und/oder irrelevant ist, ob der Determinismus wahr ist. Diese Auffassung lässt sich sowohl mit der Freiheitsannahme als auch mit der Freiheitsleugnung kombinieren. Die *Freiheitsskeptiker* stimmen mit den agnostischen Kompatibilisten darin überein, dass eine Entscheidung in der Freiheitsfrage unabhängig davon ist, ob wir in einer deterministischen oder in einer nichtdeterministischen

Welt leben. Für die agnostischen Kompatibilisten sind wir in jedem Fall frei, für die Freiheitsskeptiker in keinem Fall. Für die letztere Position hat Pereboom die Bezeichnung „harter Inkompatibilismus" vorgeschlagen, die erstere könnte man auch „Zweifachkompatibilismus" nennen.[17] Der Agnostizismus der dritten Zeile bezieht sich wohlgemerkt auf den Determinismus, nicht auf die Freiheitsannahme. Auch bezüglich dieser könnte, wer ausschließlich zur Frage der Vereinbarkeit Stellung nehmen möchte, agnostisch bleiben. Mithin ist auch das dreizeilige Schema noch unterkomplex.

Ferner erfasst es die Positionen des *epistemischen Indeterminismus* und des *Semi-Kompatibilismus* nicht. Der epistemische Indeterminist argumentiert, dass Freiheit die Nichtvoraussehbarkeit der jeweils eigenen Entscheidungen erfordert, nicht hingegen deren tatsächliche Indeterminiertheit. Der Semi-Kompatibilismus ist eine Position, die durch das überragende Interesse an der Frage der moralischen Zurechnung und Verantwortung motiviert ist. Er behauptet nur die Vereinbarkeit von Determinismus und moralischer Verantwortlichkeit, nicht hingegen die von Determinismus und metaphysischer Freiheit.

Das Schema weist neben seiner Unvollständigkeit noch eine andere Schwäche auf. Es erweckt den Eindruck, die Kompatibilisten hielten eben diejenigen Phänomene für vereinbar, die die Inkompatibilisten für unvereinbar hielten. Dieser Eindruck ist trügerisch, denn beide Lager legen typischerweise nicht denselben Freiheitsbegriff zugrunde. Inkompatibilisten operieren mit einem stärkeren Freiheitsbegriff als Kompatibilisten.

Aber stellen wir dieses Problem zunächst zurück, um das Verhältnis des traditionellen Freiheitsproblems zum Vereinbarkeitsproblem zu erörtern. Es ist nicht zu übersehen, dass die traditionelle Frage „Freiheit oder Determinismus?" in der Philosophie der Gegenwart unpopulär geworden ist. Die Freiheitsdebatte kreist schon seit einigen Jahrzehnten um das Vereinbarkeitsproblem, welches das traditionelle Problem aus der fachphilosophischen Diskussion weitgehend verdrängt hat. Sich auf die Frage zu beschränken, ob der Determinismus mit der Freiheit vereinbar ist oder nicht, und es dahingestellt sein zu lassen, ob er wahr ist, erscheint vielen Philosophen attraktiv. Agnostische Kompatibilisten argumentieren, dass wir mit einem Freiheitsbegriff, der mit dem Determinismus vereinbar ist, auf der sicheren Seite seien. Selbst wenn der Determinismus sich als wahr herausstellen sollte – und darüber habe nicht die Philosophie zu entscheiden, sondern die Physik –, müssten wir unsere Auffassungen über die Freiheit nicht ändern.

Diese Argumentation erscheint jedoch in mehrerlei Hinsicht als verfehlt. Zum einen ist die Frage nach der Wahrheit des Determinismus keine innerphysikalische Frage. Sie ist eine *metaphysische* Frage, was man daran sieht, dass empirische Tatsachen die Antwort unterbestimmt lassen. Das heißt nicht, dass man bei der Behandlung der Frage empirisches Wissen ignorieren könnte, und es heißt auch nicht, dass sie keiner vernünftigen Behandlung zugänglich wäre. Auch wenn metaphysische Fragen sich nicht empirisch entscheiden lassen, könnten einige von ihnen sich *unter Zuhilfenahme* empirischen Wissens *vernünftig* entscheiden lassen – das ist ein subtiler Unterschied, der leicht übersehen wird.

Die andere Fehlannahme der besagten kompatibilistischen Argumentation ist, dass wir mit unserer Freiheit auf der sicheren Seite sind, wenn wir sie nicht zu anspruchsvoll verstehen. Welche Art von Freiheit wir tatsächlich besitzen, hängt aber davon ab, wie wir und die Welt beschaffen sind, nicht davon, mit welcher *Doktrin* die Freiheit vereinbar ist. Und sollte die Aufgabe einer philosophischen Freiheitstheorie wirklich darin bestehen, auf der sicheren Seite zu bleiben? Sollte die Philosophie nicht eher im Verbund mit den anderen Wissenschaften herauszubekommen versuchen, wie sich die Sache mit der Willensfreiheit wirklich verhält?

Nun zu den Standardpositionen der ersten beiden Zeilen. Der *Inkompatibilismus* tritt in zwei Varianten auf. Die „harten Deterministen" halten den Determinismus für wahr und leugnen die Freiheit. Die umgekehrte Auffassung nennt man im englischen Sprachraum „libertarianism". Dieses Kunstwort muss so lang sein, weil die anderen Bildungen zu „liber" (*Liberalismus, Libertinismus*) schon vergeben sind. Selbst „libertarianism" hat noch eine zweite Bedeutung in der politischen Philosophie.[18] Da ohnehin ein Kunstwort vonnöten ist, werde ich zwei Silben einsparen und in diesem Buch von „Libertarismus" und „libertarischer Freiheit" sprechen. Im platonischen Geiste könnte man schlicht von den „Freunden der Freiheit" sprechen, doch dies zu sein beanspruchen Kompatibilisten ebenfalls.

Dass die libertarische Freiheit keinen griffigeren Namen hat, könnte man sich auch so erklären, dass sie keinen braucht, weil es sich nicht eigentlich um einen philosophischen Ismus handelt, sondern um eine gewöhnliche Auffassung des gesunden Menschenverstandes, die wir alle teilen, soweit wir nicht durch kompatibilistische Philosophie verbildet sind. Für diese Darstellung spricht einiges. Die meisten Nichtphilosophen, die zum ersten Mal von der Auffassung hören, dass der Wille zugleich frei und streng determiniert sei, halten dies für absurd.[19] Kompatibilismus ist eine typische Philosophentheorie, und dasselbe gilt für den Determinismus. Niemand, der nicht davon in Büchern gelesen hätte, würde den laplaceschen Determinismus für wahr halten. Niemand käme auf den Gedanken, dass seit Menschengedenken und darüber hinaus feststeht, welchen Wortlaut die Titelseite der Süddeutschen Zeitung vom 7. März 2019 haben wird. Dass niemand im wirklichen Leben an den Determinismus glaubt, ist natürlich kein besonders starkes Argument. Unbefangene Alltagsmeinungen sind häufig wahr, manchmal aber auch falsch. Der Determinismus könnte trotz seiner Unplausibilität wahr sein.

Die Intuition gegen den Kompatibilismus ist ebenso einfach und naheliegend wie die gegen den Determinismus. Wenn der universale Determinismus wahr wäre, wäre der Weltlauf ein für alle Mal festgelegt. Es gäbe an jedem Punkt nur eine einzige Möglichkeit des Weiterverlaufs. Wie sollte es in einer solchen Welt etwas für uns zu entscheiden geben? Das Vermögen der freien Entscheidung wäre eine Selbsttäuschung oder eine *Façon de parler*. Die Zukunft wäre kein offener Raum von Möglichkeiten, sondern durch vergangene Zustände und Naturgesetze alternativlos festgelegt. Dass *alternative Möglichkeiten* bestehen müssen, wenn Menschen frei entscheiden können sollen, hält der Inkompatibilist für eine Selbstverständlichkeit.

Die vorphilosophischen Intuitionen zugunsten des Indeterminismus und des Inkompatibilismus treten noch deutlicher hervor, wenn man berücksichtigt, wie wir gewöhnlich über Handlungen sprechen. Wenn wir zu anderen oder zu uns selbst sagen: „Das hättest du nicht tun sollen", dann unterstellen wir, dass dies auch möglich gewesen wäre. Aus dem Sollen *folgt* vielleicht nicht das Können, aber ohne das Können sind solche Vorhaltungen unsinnig. Wenn die Person in der gegebenen Situation nicht hätte anders handeln können, scheint jeder Vorwurf gegenstandslos zu sein. Eben diesen Zusammenhang drückt auch der römische Rechtsgrundsatz *Ultra posse nemo obligatur* aus: Über das hinaus, was er kann, ist niemand verpflichtet.

Verschiedene Philosophen waren der Auffassung, dass das Merkmal des So-oder-Anderskönnens schon in den gewöhnlichen Handlungsbegriff eingebaut ist. Man kann das technisch so ausdrücken, dass Anderskönnen und die Möglichkeit, etwas zu unterlassen, *analytische Komponenten* des Handlungsbegriffs sind. Aristoteles sagt in diesem Sinne: „Wo das Tun in unserer Gewalt ist, da ist es auch das Unterlassen".[20] Nach Thomas Reid ist das So-oder-Anderskönnen schon in das Vermögen eingeschlossen, überhaupt etwas willentlich herbeizuführen: „Power to produce any effect, implies power not to produce it. We can conceive no way in which power may be determined to one of these rather than the other, in a being that has no will".[21] Entsprechendes wird in der analytischen Handlungstheorie des 20. Jahrhunderts behauptet. Dass dort nicht mehr unablässig von Willensfreiheit und Determinismus die Rede ist, erklärt sich der finnische Philosoph Georg Henrik von Wright so, dass unsere gewöhnliche Rede über Handlungen das Freiheitsmerkmal des Anderskönnens schon einschließe:

[T]he concept of an action, the ascriptions of actions to an agent, belong to discourse in which 'free will' is taken for granted. [...] The 'freedom' or 'free will' of a man consists in the *fact* that he acts, one could say.[22]

Wenn Aristoteles, Reid und von Wright recht haben, implizieren bereits unsere gewöhnlichen Handlungsbeschreibungen eine starke Freiheitsannahme. Es gehört dann zum *Begriff* des Handlungsvermögens, dass Akteure sich in einer gegebenen Situation für oder gegen eine Handlung entscheiden können. Begriffliche Implikationen wären freilich kein regelrechter Freiheitsbeweis, aber sie verschöben immerhin die Beweislast zuungunsten des Freiheitsleugners. Er müsste dann erklären, wie es zu einer derart tiefsitzenden, in unsere gewöhnliche Zuschreibungspraxis eingebauten Annahme kommen konnte, die gleichwohl eine systematische Täuschung ist.

Ob unsere gewöhnliche Rede über Handlungen und Entscheidungen das So-oder-Anderskönnen impliziert, ist aber gerade umstritten. Viele Kompatibilisten argumentieren, dass das Anderskönnen unter identischen Umständen das wundersame Vermögen erfordern würde, Naturgesetze abzuändern. Diese Behauptung wird zu prüfen sein; vorerst habe ich nur die begriffliche These referiert, dass Anderskönnen keinen unüblich starken Freiheitsbegriff ausdrücke, sondern nichts anderes bedeute als überhaupt handeln zu können. Die Alternative dazu ist die Behauptung, dass wir in jedem Augenblick immer nur etwas naturgesetzlich Prädeterminiertes tun können. *Das* ist in der Tat eine starke These – wiewohl sie richtig sein könnte.

Dass wir im Alltag zum Nichtdeterminismus und zum Inkompatibilismus neigen, steht in scharfem Kontrast zu der Tatsache, dass die libertarische Freiheitsauffassung in der Philosophie der Gegenwart die Auffassung einer Minderheit ist. In manchen Kreisen gilt sie gar als exotische Auffassung unbelehrbarer Dualisten, die jedenfalls mit einem naturwissenschaftlichen Weltbild unverträglich ist. In der Gegenwartsphilosophie gibt es international nur wenige prominente Libertarier, und auch im deutschen Sprachraum stellen die Kompatibilisten die erdrückende Mehrheit (Beckermann, Bieri, Habermas, Lohmar, Pauen, Schälike, Tugendhat, Walde, Walter, Willaschek u.a.).[23] Diese Konstellation ist erklärungsbedürftig. In der Tat stehen den oben genannten libertarischen Intuitionen ebenfalls plausible Intuitionen gegenüber. Diese Gegenposition ist um die Überzeugung zentriert, dass die libertarische Freiheitsauffassung mit einem naturwissenschaftlichen Weltbild unverträglich sei. Sie lässt sich wie folgt zusammenfassen:

–   Alles in der Welt geht mit rechten Dingen zu. Niemand kann Naturgesetze abändern, es gibt keine Wunder, keine übernatürlichen Eingriffe, keine immaterielle Seelensubstanz, die in die Körperwelt hineinwirkt.
–   Die Körperwelt ist kausal geschlossen, jedes Ereignis hat physische Ursachen, auch wenn wir diese nicht immer kennen.

– Neben der Kausalität zwischen Ereignissen gibt es keine zweite Art von Kausalität.

– Selbst wenn die Wissenschaft den Determinismus nicht beweisen kann, ist doch die ausnahmslose Geltung des Kausalprinzips eine unerlässliche Voraussetzung wissenschaftlicher Forschung.

– Dass jemand in exakt denselben Umständen auch das Gegenteil dessen hätte tun können, was er tatsächlich getan hat, widerspricht nicht nur dem Determinismus, sondern würde Handlungen und Entscheidungen schlechthin unerklärlich und irrational machen.

Diese Liste enthält gewichtige Einwände gegen den Libertarismus. Diese Einwände machen allerdings die zuvor angeführten Intuitionen nicht gegenstandslos, sondern stellen ihnen andere gegenüber. Damit liegt eine Konstellation vor, die für philosophische Probleme typisch ist: Es gibt eine Reihe von plausiblen vor- oder halbphilosophischen Auffassungen über eine Sache, die einander widersprechen, also nicht zugleich wahr sein können. Eine philosophische Problemanalyse hat dann die Aufgabe, diese Vormeinungen zu sortieren, zu präzisieren und von irreführenden oder missverständlichen Anteilen zu befreien – in der Hoffnung, dass die Widersprüche sich als scheinbare erweisen und eine konsistente Gesamtdarstellung möglich ist.

Die Auffassung, dass die Willensfreiheit in der *Fähigkeit der vernünftigen Willensbildung und Entscheidung* besteht, wird sowohl von Kompatibilisten als auch von Libertariern vertreten. Uneins sind beide Lager über die Frage, ob diese Fähigkeit das Bestehen alternativer Möglichkeiten erfordert oder nicht, ob sie also durch den Determinismus angetastet würde oder nicht. Ein zentraler Streitpunkt ist hier das Verständnis von *Können* und *Anderskönnen*. Von Moore ist ein anspruchsloser Begriff des Anderskönnens vorgeschlagen worden, demzufolge „Er hätte anders handeln können" nichts anderes bedeutet als „Er hätte anders gehandelt, wenn er sich anders entschieden hätte". Diese sogenannte *konditionale Analyse des Könnens* ist mit dem Determinismus vereinbar. Allerdings ist sie schwerwiegenden Einwänden ausgesetzt (s. Kapitel 3.2).

Wie oben bereits bemerkt, hat die übliche Sortierung der Freiheitsdebatte nach kompatibilistischen und inkompatibilistischen Positionen einen blinden Fleck. Sie unterstellt, dass die Vereinbarkeits- und die Unvereinbarkeitsbehauptung für dieselben Phänomene gelten. Dies ist aber nur bei oberflächlicher Betrachtung der Fall. Beide Lager sprechen von „Freiheit" und „Determinismus", aber sie meinen Verschiedenes damit. Im Zentrum der inkompatibilistisch verstandenen Willensfreiheit steht das Vermögen, sich unter gegebenen Bedingungen so oder anders zu entscheiden. Demgegenüber sprechen Kompatibilisten schon von Freiheit, wenn eine Willensbildung oder Entscheidung ohne äußeren

Zwang zustande kommt. Dem Streit um Vereinbarkeit oder Unvereinbarkeit liegt also ein tieferer Dissens darüber zugrunde, welcher *Begriff* von Freiheit auf seine Vereinbarkeit mit dem Determinismus zu prüfen ist. Die ‚starke‘, libertarische Freiheit passt auch nach Auffassung der meisten Kompatibilisten nicht in eine deterministische Welt. Dies sei aber kein Verlust, da diese Art von Freiheit illusionär und nicht einmal erstrebenswert sei. Kompatibilisten sind typischerweise der Auffassung, „daß sinnvolle Freiheitsbegriffe von vornherein so *konzipiert* werden müssen, daß sie auf ein deterministisches Universum passen“.[24] Aus libertarischer Sicht läuft dies auf eine Umdefinition des gewöhnlichen Freiheitsbegriffs hinaus, der ja Anderskönnen unter gegebenen Bedingungen einschließe. Der Libertarier kritisiert also die Bereitschaft des Kompatibilisten, den Freiheitsbegriff „auch um den Preis des Verzichts auf Merkmale, die wir normalerweise mit ihm verbinden, so *abzuwandeln*, daß er auf ein deterministisches Universum paßt“.[25] Kompatibilisten bestreiten natürlich, dass es sich um eine Abwandlung handelt. Dabei legen die meisten Kompatibilisten und Libertarier durchaus einen gemeinsamen Richtigkeitsstandard zugrunde, nämlich die nichtmetaphysische Frage, auf welchen Freiheitsbegriff unsere gewöhnliche Rede- und Zuschreibungspraxis uns festlegt. Kompatibilisten wie Libertarier möchten im Unterschied zu den harten Deterministen an dieser Praxis festhalten und beanspruchen beide, den gewöhnlichen Sinn unserer Rede über freie Entscheidungen und Handlungen zu rekonstruieren. Entsprechend behaupten Vertreter beider Lager häufig, dass die jeweils andere Freiheitsauffassung die revisionäre sei.

Dem oberflächlichen Vereinbarkeitsproblem liegt also ein Dissens über den richtigen Freiheitsbegriff zugrunde. Noch seltener wird bemerkt, dass es auch im Verständnis der Determinismusannahme gravierende Unterschiede gibt. So vertreten die klassischen Kompatibilisten Hobbes, Hume und Mill einen *psychologischen* Determinismus, der schwächer ist als der moderne physikalische Determinismus, welcher eine alternativlose Fixierung des Weltlaufs durch Naturgesetze behauptet. Es liegt auf der Hand, dass die Vereinbarkeitsthese umso plausibler ist, je schwächer die zugrunde gelegten Begriffe der Freiheit und des Determiniertseins sind.

Der Umstand, dass Kompatibilisten und Inkompatibilisten häufig mit unterschiedlichen Begriffen operieren, bedeutet nicht, dass es sich beim Vereinbarkeitsproblem bloß um einen Streit um Worte handelte, den man auf sich beruhen lassen könnte. Ein solcher abwiegelnder Kommentar zum Vereinbarkeitsproblem[26] ist schon deshalb irrig, weil es sich um *wichtige* Worte handelt, an die sich eine Reihe von substantiellen Fragen knüpfen, die zwischen den Verfechtern kompatibilistischer und inkompatibilistischer Freiheitsbegriffe zusätzlich umstritten sind. Zu diesen nichtterminologischen Fragen gehört insbesondere die, welcher Sinn von „Freiheit" der für moralische Verantwortlichkeit relevante ist.[27]

Die übliche Gliederung der Debatte in kompatibilistische und inkompatibilistische Theorien ist also sachlich problematisch. Gleichwohl halte ich in diesem Buch aus Gründen der Tradition und der Darstellungsökonomie an ihr fest.

Da dieses Buch in einer Reihe namens „Grundthemen Philosophie" erscheint, ist noch eine Bemerkung zur Textsorte angebracht. Das Buch soll in erster Linie in die philosophische Willensfreiheitsdebatte einführen, hat also gewisse Darstellungspflichten zu erfüllen. Zugleich gibt der Verfasser sich auf weiten Strecken nicht die Mühe, zu verbergen, welche Auffassung er für die richtige hält. Es handelt sich um einen Text, den man im Englischen eine „opinionated introduction" nennen würde. Meine eigenen Auffassungen sind im fünften, sechsten und siebten Kapitel konzentriert, aber ich fürchte, sie sind nicht zu knapp auch in die anderen Kapitel eingesickert.

Den Grundgedanken des Libertarismus plausibel zu finden ist eines, ihn überzeugend auszuarbeiten und gegen Einwände zu verteidigen ein anderes. Wiggins hat vor vielen Jahren festgestellt:

> One of the many reasons I believe why philosophy falls short of a satisfying solution to the problem of freedom is that we still cannot refer to an unflawed statement of libertarianism.[28]

Diese Diagnose trifft heute noch zu. Aber es wird daran gearbeitet.

2. Determinismus

2.1 Was ist Determinismus?

In der neueren philosophischen Freiheitsdebatte gibt es bemerkenswert wenig Diskussion über den genauen Sinn der Determinismusthese, und noch weniger über die Frage ihrer Wahrheit. Viele Autoren begnügen sich mit einem vagen Vorverständnis von „naturgesetzlicher Determination" oder „kausaler Bedingtheit" und halten eine nähere Erörterung für nicht erforderlich. Hier ist ein Beispiel:

> Die Idee von Bedingungen und Bedingtheit, die ich hier und durch das ganze Buch in Anspruch nehme, scheint mir eine hinreichend klare Idee zu sein. [...] Die Auskunft, daß diese Idee der Bedingtheit mit der Idee des (Natur)gesetzes verknüpft ist, ist etwas, das von den meisten Autoren akzeptiert wird. Freilich stellt sich das ganze Thema, wenn man es näher beleuchtet, als äußerst vertrackt heraus [...] [Doch] glaube ich nicht, daß Details am zentralen Gedankengang etwas ändern würden.[1]

Diese Nonchalance wird verständlich, wenn man in Rechnung stellt, dass die meisten Teilnehmer der Debatte agnostische Kompatibilisten sind. Eine Präzisierung der Determinismusthese scheint in der Tat entbehrlich, wenn man die Frage nach der Wahrheit des Determinismus als für die Willensfreiheit irrelevant ansieht. Der deterministische Kompatibilist hingegen sollte sich durchaus für den genauen Sinn der Determinismusthese interessieren, ebenso der Libertarier und der harte Determinist. Insofern ist die verbreitete Nonchalance dann doch etwas erstaunlich, wo doch drei der fünf Standardpositionen auf eine Klärung der Determinismusthese angewiesen sind.

Wenn man Freiheit und Determinismus für unvereinbar hält, muss geklärt werden, *womit genau* die Freiheitsannahme nicht vereinbar ist. Hier gibt es eine Reihe von Möglichkeiten: damit, dass alles in der Welt mit rechten Dingen zugeht? Damit, dass die Körperwelt kausal geschlossen ist? Dass Personen und ihre Handlungen Teil der natürlichen Welt sind? Dass das Kausalprinzip ausnahmslos gilt? Dass es neuronale Determinanten des Verhaltens gibt? Dass der Weltlauf Naturgesetzen unterliegt, die wir nicht abändern können? Dies sind viele Möglichkeiten, die mehrheitlich nur eine lose Verbindung zum Determinismus haben. Und die Antwort auf die Vereinbarkeitsfrage muss nicht in jedem Fall gleich ausfallen.

Auch der neurowissenschaftlich inspirierte Teil der Freiheitsdebatte krankt daran, dass der genaue Sinn von Behauptungen wie „Verhalten ist neuronal determiniert" oder „Das Gehirn ist ein deterministisches System" kaum jemals geklärt wird. Auch dort begnügt man sich mit einem vagen Vorverständnis von Determiniertheit oder neuronaler Bedingtheit und hält es für ausgemacht, dass das zentrale Merkmal des libertarischen Freiheitsbegriffs – das Anderskönnen unter gegebenen Bedingungen – sich damit erledige. Ob dies tatsächlich der Fall ist, ist aber alles andere als klar. Möglicherweise ist diejenige Art von Determiniertheit, die mit der Freiheitsannahme im Konflikt liegt, eine sehr spezielle, so dass der genaue Sinn der Determinismusthese sehr wohl eine Rolle spielt.

Die These des universalen Determinismus besagt in erster Annäherung, dass der gesamte Weltlauf ein für alle Mal fixiert ist, so dass es zu jedem Zeitpunkt genau eine mögliche Zukunft gibt. Determinismus ist somit eine naturphilosophische oder metaphysische Behauptung über den Weltlauf als ganzen, keine wissenschaftliche Theorie über einen bestimmten Gegenstandsbereich. Eine berühmte Formulierung des universalen Determinismus hat im frühen 19. Jahrhundert der französische Mathematiker Pierre Simon de Laplace gegeben. Laplace fingiert eine Instanz, die das gesamte Weltgeschehen berechnen kann, den später so genannten *laplaceschen Dämon*:

> Wir müssen also den gegenwärtigen Zustand des Weltalls als die Wirkung seines früheren und als die Ursache des folgenden Zustands betrachten. Eine Intelligenz, welche für einen gegebenen Augenblick alle in der Natur wirkenden Kräfte sowie die gegenseitige Lage der sie zusammensetzenden Elemente kennte, und überdies umfassend genug wäre, um diese gegebenen Größen der Analysis zu unterwerfen, würde in derselben Formel die Bewegungen der größten Weltkörper wie des leichtesten Atoms umschließen; nichts würde ihr ungewiß sein und Zukunft wie Vergangenheit würden ihr offen vor Augen liegen.[2]

Laplace führt den Determinismus zunächst als kosmologische These ein, verallgemeinert sie aber sogleich für alle Phänomene: „Die Regelmäßigkeit, welche uns die Astronomie in der Bewegung der Kometen zeigt, ist ohne jeden Zweifel bei allen Erscheinungen vorhanden."[3] Ausdrücklich gilt der Determinismus auch für menschliche Handlungen.[4]

Bei näherer Betrachtung illustriert der laplacesche Dämon, den man heute als einen Supercomputer auffassen würde, Voraussagbarkeit, also einen epistemischen Sachverhalt. Determinismus ist hingegen eine These über das Weltgeschehen selbst. Für Laplace ist der Zusammenhang zwischen beidem der folgende: *Wenn* der Determinismus wahr ist, dann könnte der Dämon aufgrund der Kenntnis eines Anfangszustandes und der Bewegungsgesetze beliebige weitere Zustände errechnen. Gleichwohl bleibt es problematisch, dass bei Laplace zwei Ideen miteinander verknüpft werden: eine darüber, was der Fall ist, und eine darüber, was man wissen kann. Voraussagbarkeit, auch Voraussagbarkeit im Prinzip, ist ein epistemischer Begriff, und der universale Determinismus könnte durchaus wahr sein, ohne dass perfekte Voraussagen möglich sind. Vielerlei *kontingente* Schwierigkeiten für perfekte Voraussagen liegen auf der Hand: Menschliche Physiker sind nicht allwissend und werden es nie sein. Insbesondere das

Phänomen des *deterministischen Chaos* spricht dagegen, aus der Determiniertheit die Voraussagbarkeit zu folgern. Das Verhalten vieler physikalischer Systeme zeigt eine sensible Abhängigkeit von minimalen Schwankungen der Anfangsbedingungen. Selbst wenn das System deterministischen Gesetzen folgt, ist eine Vorausberechnung seines Verhaltens schon über kurze Zeiträume hinweg unmöglich. Ein geläufiges Beispiel für ein solches System ist das Doppelpendel (ein Pendel, an dessen Armende ein weiteres Pendel aufgehängt ist).

Zusätzlich gibt es *prinzipielle* Schwierigkeiten für perfekte Voraussagen. Sie werden deutlich, wenn man fragt, ob der Dämon Teil der Welt sein soll, die er beobachtet, und auf welche Weise er seine Information gewinnen soll. In unserer Welt verbraucht jede Informationsübertragung Energie, ändert also die physikalischen Daten, die ein Supercomputer oder Superwissenschaftler gewinnt. Wer Informationen sammelt, zieht Energie aus dem beobachteten System ab. Die Beträge sind sehr gering, deshalb werden sie in der klassischen Physik vernachlässigt. Wenn aber *beliebig präzise* und *beliebig detaillierte* Voraussagen des Weltlaufs gefragt sind, verbietet sich jedes Vernachlässigen. Weiterhin verbraucht nicht nur das Gewinnen von Information, sondern auch das Ausführen von Berechnungen Zeit und Energie. Da nun die Voraussage des laplaceschen Beobachters für den *gesamten* Weltlauf gelten soll, dessen Teil er ist, müsste der Beobachter die kausalen Interaktionen zwischen dem Beobachtungs- und Berechnungsprozess und dem Rest des Weltgeschehens in die Voraussage einberechnen. Dafür „müsste er eine Kopie seiner selbst als Teil enthalten und darüber hinaus noch ‚Kapazitäten frei haben‘".[5] Das ist nach den Gesetzen der Thermodynamik unmöglich. Anders ausgedrückt: Als innerweltlicher Beobachter scheitert der Dämon am *Beobachterparadox*. Ein Beobachter, der kausal mit der Welt interagiert und Information aus ihr abzieht, ‚verschmiert‘ unvermeidlich die festzustellenden Zustände und kann deshalb keine perfekten Voraussagen liefern.[6]

Wenn der Dämon hingegen nicht Teil der Welt sein soll, also nicht in innerweltliche Kausalbeziehungen eintritt, stellt sich die Frage, wie er von einem Weltzustand Kenntnis erhalten soll. Er wäre dann ein körperloser „idealer Beobachter", wie Philosophen ihn einführen, wenn sie eine allwissende Instanz fingieren möchten, ohne von Gott zu reden. Der Dämon selbst fiele in diesem Falle aus dem universalen deterministischen Zusammenhang heraus, den er berechnen soll. Er müsste auch nicht herausfinden, wie sich die Dinge verhalten, er wüsste es einfach. Die Frage, wie er es weiß, wäre unbeantwortbar oder blasphemisch. Ein solcher idealer Beobachter wäre mithin nur eine rhetorische Zutat, die der Annahme, dass das Weltgeschehen eben determiniert ist, nichts Wesentliches hinzufügen würde. Ohne eine naturwissenschaftliche Plausibilisierung seines *modus operandi* illustriert der Laplacesche Dämon den Determinismus lediglich, ohne zu dessen Begründung beizutragen. Nun bestand aber der Charme der laplaceschen Erläuterung des Determinismus gerade darin, dass sie, so Popper, „aus der Doktrin eine wissenschaftliche statt eine religiöse Wahrheit"[7] zu machen beansprucht, denn das Wissen der überlegenen Intelligenz soll ja nicht auf Eingebung, Offenbarung oder göttlichem Allwissen beruhen, sondern auf Datenerhebung und Berechnung als epistemischen Operationen, die menschliche Fähigkeiten nur dem Grad nach übersteigen.

Popper versteht unter „wissenschaftlichem Determinismus" die Auffassung, dass ein sehr guter Physiker alle Ereignisse aus Anfangsbedingungen und Gesetzen mit beliebiger Genauigkeit vorhersagen könnte. Da nun beliebige Genauigkeit aus verschiedenen Gründen nicht erreichbar ist, sieht Popper den „wissenschaftlichen Determinismus" als widerlegt an. Dieser zeichne sich eben dadurch aus, dass er die deterministische These durch Wissenschaft gestützt sieht, wohingegen der „metaphysische" Determinismus einfach behauptet, dass der gesamte Weltlauf fixiert sei, ohne sich um empirische Belege zu kümmern.[8]

Offenbar ist der laplacesche Determinismus keine durch Beobachtung und Experiment überprüfbare wissenschaftliche Theorie, sondern eine metaphysische Doktrin. Das macht sie nicht unverständlich oder gehaltlos. Anders als Popper meinte, kompromittiert das Attribut „metaphysisch" eine Theorie nicht. Es adelt sie auch nicht, sondern weist ihr lediglich einen bestimmten nichtempirischen Status zu. Schon gar nicht macht die empirische Unüberprüfbarkeit die philosophische Arbeit am Begriff überflüssig. Die Auffassung, dass eine Aussage nur sinnvoll sei, wenn man sie auch empirisch überprüfen kann, nennt man *Verifikationismus*. Im Logischen Empirismus war der Verifikationismus verbreitet, heute gilt er mit gutem Grund als Irrweg.

In jedem Falle sollte man etwas dazu sagen können, welche Daten, über die wir nicht verfügen, für oder gegen den Determinismus sprechen *würden*, und welche Überlegungen seine Annahme trotz seiner Nichtüberprüfbarkeit vernünftig machen könnten. Klar geworden ist bisher nur, dass die Bindung der Determinismusthese an die Vorhersagbarkeit zusätzliche Probleme erzeugt. Diese Probleme kann man leicht vermeiden, indem man den Determinismus ohne den Begriff der Vorhersagbarkeit formuliert. Eben dies geschieht in modernen Formulierungen. Seit der Jargon der möglichen Welten in Mode gekommen ist, erläutert man die These des laplaceschen Determinismus gern wie folgt:

> Unsere Welt W ist genau dann deterministisch, wenn eine andere mögliche Welt W', die zu irgendeinem Zeitpunkt mit unserer Welt übereinstimmt und in der dieselben Gesetze gelten, zu *jedem* Zeitpunkt mit W übereinstimmt (Montague, Earman, Lewis).[9]

Diese Formulierung lässt die Frage offen, wer oder was diese Übereinstimmung gewährleistet. Earman und Lewis legen sich in dieser Frage fest: Es sind die

Naturgesetze. Und so sah es ja auch Laplace: Ein beliebiger Momentanzustand des Universums plus die Gesamtheit der Bewegungsgesetze legen den Weltlauf für alle Zeiten fest. In einigen modernen Formulierungen qualifiziert das Wort „deterministisch" gar nicht mehr den Weltlauf selbst, sondern ist ein Attribut zu „Naturgesetz". Die deterministische These wird dann in einem zweiten Schritt als die These eingeführt, dass der Weltlauf diesen deterministischen Gesetzen folgt.[10]

Entscheidend ist, dass der laplacesche Determinismus den Weltlauf für alle Zeitpunkte und in allen Einzelheiten festlegt. Das unterscheidet ihn von nicht-physikalischen und nichtmetaphysischen Determinismen, etwa vom psychologischen oder vom historischen. Es gibt sehr gute Gründe für die Voraussage, dass der Papst am nächsten Ostersonntag den Segen *urbi et orbi* spenden wird. Diese Voraussage lässt aber offen, welche Luftmoleküle er in Bewegung setzen wird und was er in der Zwischenzeit tun wird. Es gibt viele wahre Aussagen über die Zukunft, die nicht die Wahrheit des laplaceschen Determinismus erfordern.

2.2 Logischer Determinismus und Fatalismus

Der laplacesche Determinismus macht eine *modale* Aussage über die Zukunft. Er sagt nicht bloß, dass die Zukunft so sein wird, wie sie sein wird, sondern dass sie nicht anders sein *kann*, dass sie also *notwendig* so sein wird. In dieser Notwendigkeitsbehauptung unterscheidet er sich vom sogenannten *logischen Determinismus*, welcher argumentiert, dass die Zukunft deshalb feststeht, weil bestimmte Aussagen über Zukünftiges jetzt schon wahr seien.

Betrachten wir zunächst eine bestimmte Klasse von Wahrheiten über die Zukunft. „Que sera, sera", hat Doris Day gesungen, und mit dieser Weisheit war sie auf der sicheren Seite, denn dass genau das geschehen wird, was geschehen wird, ist eine Tautologie. Zweifellos wird jeder von uns sich genau dazu entscheiden, wozu er sich entscheiden wird – wozu auch sonst? Etwa dazu, wozu er sich nicht entscheiden wird? Nun können aus einer Tautologie keine gehaltvollen Thesen folgen, also muss jeder Schluss von „Que sera, sera" auf etwas Interessantes ein Fehlschluss sein. Und in der Tat: Die modal verstärkte These über die Zukunft, derzufolge die Zukunft *notwendig* auf eine bestimmte Weise beschaffen sein wird, also *unausweichlich* ist, folgt aus „Que sera, sera" nicht, auch wenn die Sentenz häufig so ausgelegt wird.[11] Der *pragmatische Sinn* der Sentenz ist in der Tat, dass die Zukunft unausweichlich ist und sich nicht ändern lässt. Aber der Wortlaut „Was sein wird, wird sein" gibt diese Folgerung nicht her. Eine idiomatischere Übersetzung ist übrigens „Es kommt, wie es kommt".

Der *locus classicus* zur Diskussion des logischen Determinismus ist Aristoteles' Auseinandersetzung mit dem Problem der Wahrheiten über die Zukunft.

Aristoteles unterscheidet zunächst zwischen logisch notwendigen und kontingenten Wahrheiten über Zukünftiges. Notwendig wahr im logischen Sinn sind Aussagen wie „Es kommt, wie es kommt" oder „Morgen wird es regnen oder es wird nicht regnen". Solche Wahrheiten werfen keine besonderen Probleme für die Freiheit auf. Wer sich in seinem Handeln oder Wollen durch logische Gesetze eingeschränkt sähe, dem mangelte es nicht an Freiheit, sondern an intellektueller Reife. Selbst Gott in seiner Allmacht ist nicht von den Gesetzen der Logik dispensiert – so antwortete man in der Scholastik auf die Fangfrage, ob Gott einen Stein erschaffen könne, der so schwer ist, dass er ihn nicht heben kann.

Die echte Herausforderung für die Freiheit steckt in *kontingenten* Wahrheiten über die Zukunft. Aristoteles diskutiert den Beispielsatz „Morgen findet eine Seeschlacht statt". Er argumentiert unter anderem, dass es zum Sinn des praktischen Überlegens gehöre, dass die Zukunft beeinflussbar ist. Wenn der Satz jetzt schon einen Wahrheitswert hätte, stünde jetzt schon fest, dass die Seeschlacht stattfindet, „so daß wir weder Überlegungen anzustellen noch in der Erwägung tätig zu sein bräuchten, es werde, wenn wir das und das tun, das und das der Fall sein, wenn wir es aber nicht tun, nicht".[12] Die Zukunft enthielte dann keine offenen Handlungsmöglichkeiten mehr für uns, was Aristoteles offenbar für absurd hält. Man kann dies sein *Argument aus der Beeinflussbarkeit der Zukunft* nennen. Umstritten ist, ob durch die Behauptung, Aussagen über die kontingente Zukunft hätten keinen Wahrheitswert, der Satz vom ausgeschlossenen Dritten verletzt wird. Der aristotelische Text ist schwierig zu interpretieren, doch Aristoteles scheint zu vertreten, dass das *tertium non datur* nur fordert, dass jeder Satz, *wenn* er einen Wahrheitswert hat, entweder wahr oder falsch ist. Ob er einen hat, ist aber gerade umstritten. Im Alltag sagt man von Voraussagen eher, dass sie sich bewahrheiten, als dass sie wahr sind.[13]

Ob die aristotelische Argumentation schlüssig ist, dürfte sich nicht in der Debatte über Freiheit und Determinismus entscheiden, sondern in der Wahrheitstheorie und in einer Analyse der verwendeten Modalbegriffe. Möglicherweise ist schon die Rede von „jetzt schon" bestehenden Wahrheiten verwirrt. Wenn nämlich die Wahrheitswertträger nicht Behauptungen oder Sätze sind, sondern das jeweils mit ihnen Ausgesagte, und wenn Wahrheit eine unverlierbare Eigenschaft dieser Propositionen ist, wie der *Eternalismus* behauptet, dann ist das, was „jetzt schon" vorliegt, allenfalls die Äußerung, während die Wahrheit selbst keinen Zeitindex haben kann. Die Rede von „jetzt schon" bestehenden Wahrheiten wäre dann geradezu ein Kategorienfehler.[14] Ferner ist der von Aristoteles verwendete Begriff der Notwendigkeit klärungsbedürftig. Nach Aristoteles ist es „für das, was ist, notwendig, daß es ist, wenn es ist", woraus allerdings nicht folge, „daß es schlechthin mit Notwendigkeit ist".[15] Diejenige Notwendigkeit, von der im Prinzip „Alles Existierende ist notwendig" die Rede ist, ist offenbar eine andere als die Notwendigkeit, die im laplaceschen Determinismus mit den Naturgesetzen verbunden ist. Auch die Art der „Determination" ist im logischen und im physikalischen Determinismus durchaus verschieden. Es ist nicht leicht zu sehen, wie Wahrheiten, also Propositionen, überhaupt etwas „determinieren" können, wo sie doch umgekehrt ihr Wahrsein einem tatsächlichen Geschehen verdanken.

Der letztere Punkt ist schon in der Spätantike als problematisch erkannt worden. Augustinus und Boëthius setzten sich mit der Frage auseinander, ob Gottes Vorauswissen die menschliche Freiheit ausschließt. Wie soll Gott die Zukunft kennen können, wenn der Mensch in seinen Entscheidungen frei ist? Boëthius schlug eine subtile Vereinbarkeitslösung vor, die die Diskussion auf Jahrhunderte bestimmte.[16] Die wichtigsten weiteren Beiträge zu dieser Debatte stammen von Anselm von Canterbury, Bonaventura, Duns Scotus, Thomas von Aquin, Wilhelm von Ockham, Lorenzo Valla und Luis de Molina. Valla erkannte im 15. Jahrhundert deutlicher als seine Vorgänger, dass ein *Wissen* um die Zukunft diese nicht *determiniert*.[17] Wenn jemand aufgrund von Glück oder Allwissen ein Geschehen zutreffend voraussagt, hat er etwas Wahres gesagt. Die wahre Aussage verursacht das Geschehen aber nicht und macht es auch nicht im relevanten Sinn notwendig. Aussagenwahrheit legt die Zukunft nicht fest, vielmehr verhält es sich umgekehrt: Vom zukünftigen Geschehen hängt ab, welche Aussagen über dieses Geschehen wahr sind. Wenn das Vorausgesagte eintrifft, ist die Aussage wahr, aber das Vorausgesagte trifft nicht ein, *weil* es vorausgesagt wurde. Selbst wenn es wahr sein sollte, dass morgen eine Seeschlacht stattfindet, folgt daraus nicht, dass jetzt schon feststünde oder determiniert wäre, dass sie stattfindet. Darum sind wahre Voraussagen als solche auch nicht freiheitsgefährdend. Wozu auch immer ein Mensch sich frei entscheidet, die Entscheidung wird der wahren Voraussage entsprechen.

Die theologische Diskussion des Vereinbarkeitsproblems wird durch den Umstand kompliziert, dass neben dem Allwissen ja auch die All*macht* zu den christlichen Gottesattributen zählt. Wenn Gott das zukünftige Geschehen nicht nur kennt, sondern auch in der Hand hat oder lenkt, kommt seine modale Kraft dem laplaceschen Determinismus gleich. Die *Prädestinationslehre* ist eine echte deterministische Position. Für den logischen Determinismus bleibt es dabei, dass Wahres über die Zukunft zu sagen diese nicht determiniert und daher auch aus inkompatibilistischer Sicht nicht die Freiheit gefährdet.

Die über den logischen Determinismus hinausgehende Auffassung, dass die Zukunft sich nicht beeinflussen lässt, weshalb jede Anstrengung zwecklos sei, nennt man *Fatalismus*.[18] Wenn vom Determinismus auf den Fatalismus geschlossen wird, handelt es sich ebenfalls um einen Fehlschluss – denselben Fehlschluss, der am Werke ist, wenn ein Missetäter fordert, er dürfe nicht bestraft werden, weil sein Verhalten schließlich determiniert gewesen sei. Über Zenon, den Gründer der stoischen Schule, wird berichtet, er habe einen beim Diebstahl ertappten Sklaven bestraft, „und als dieser rief: ‚Es war vom Schicksal so bestimmt, ich *mußte* stehlen‘, entgegnete Zenon: ‚Auch gepeitscht werden‘."[19] Zenons bündige Antwort macht klar, warum der Verweis auf den universalen Determinismus niemals dazu dienen kann, irgendeine Forderung zu begründen. Wenn das gesamte Weltgeschehen determiniert ist, gilt dies auch für die Reaktion anderer auf meine Handlungen, für Lob und Tadel, Strafe und Lohn. Demgegenüber beruht die Forderung des Sklaven, nicht geschlagen zu werden, auf einem *halbierten* Determinismus. Wenn Menschen einander auffordern, etwas zu tun oder zu lassen, so unterstellen sie, dass dem Angesprochenen dies auch frei steht. Sollen setzt Können voraus. Diese Überlegung widerlegt den Determinismus natürlich nicht, aber sie macht klar, warum jedenfalls aus dem *universalen* Determinismus nichts Praktisches für das Strafrecht folgt. Der laplaceschen Determination wären Beklagte wie Strafrichter gleichermaßen unterworfen. Für bereichsspezifische Determinismen mag dies anders aussehen. Inkompatibilisten sagen häufig, dass Strafe in einer determinierten Welt *ungerecht* sei. Auch durch dieses Argument ergibt sich nichts Neues. Wir wären dann eben zu einer ungerechten Praxis determiniert. Und weiter: Der Inkompatibilist ist dazu determiniert, diese Praxis für ungerecht zu halten; wer es anders sieht, ist zu dieser anderen Auffassung determiniert.

Man kann Zenons Antwort auf den Sklaven so auslegen, dass beim Spiel des Aufforderns, Rechtfertigens oder Begründens schon unterstellt wird, dass der Determinismus nicht wahr ist. Dass Sollen Können impliziert, wird in der Regel zugestanden. Nicht wird hingegen allgemein zugestanden, dass Können Anderskönnen unter gegebenen Bedingungen impliziert. Es hängt hier alles vom Sinn des Ausdrucks „Können" ab. Kompatibilisten beanspruchen, die Pragmatik unserer normativen Rede erklären zu können, obwohl das libertarische So-oder-Anderskönnen illusionär sei.

Zurück zum Fatalismus. In der Stoa bezeichnete man das Argument des Fatalisten, jede Anstrengung, ein doch schon feststehendes Schicksal abzuwenden, sei zwecklos, als *das Faule Argument* (*argos logos*). Cicero referiert ein klassisches Beispiel:

> Wenn es für dich vom Fatum bestimmt ist, von dieser Krankheit zu genesen, dann wirst du genesen, ob du einen Arzt beiziehst oder nicht; und umgekehrt: Wenn es dein Fatum ist, daß du aus dieser Krankheit nicht genesen sollst, wirst du nicht genesen, ob du nun einen Arzt beiziehst oder nicht; und eines von beiden ist dein Fatum: folglich ist es sinnlos, einen Arzt zu bemühen.[20]

Worin besteht der Fehler dieser Überlegung? Nach Chrysipp besteht er in einer Fehleinschätzung der Reichweite des Fatums. Es wird der Umstand übersehen, dass mein Hinzuziehen des Arztes, wenn es denn stattfindet, „koschicksalhaft" wäre, also in mein Schicksal eingeschlossen ist, auch wenn ich dies nicht weiß. Der Kranke wird entweder gesunden oder eben nicht, aber die mögliche Welt, in der er gesundet, mag durchaus die Welt sein, in der er einen Arzt konsultiert hat. Es könnte vom Schicksal bestimmt sein, dass er *aufgrund ärztlicher Behandlung* gesundet. Fehlerhaft ist also der Schluss von „Ich werde gesunden oder nicht" auf „Einen Arzt zu konsultieren ist zwecklos". Schon das „Que sera, sera" wird ja gewöhnlich im Sinne von „Was geschieht, geschieht *ohnehin*" verstanden. Daran, so kann man nun mit Chrysipp einwenden, ist der Zusatz „ohnehin" falsch, die Kurzfassung von „ob ich mich nun anstrenge oder nicht". Wenn man an die Prädetermination durch das Fatum glaubt, kann man nicht die eigenen Überlegungen, Entscheidungen und Handlungen aus dieser Determination ausnehmen. Man kann sich auch nicht auf das Fatum *berufen*, um eine Entscheidung, etwa den Verzicht auf den Arzt, zu rechtfertigen. Chrysipps Kritik am Faulen Argument soll zeigen, dass uns diese Entscheidung niemand abnimmt. Sartre wird später sagen, wir seien „zur Freiheit verurteilt".[21]

Das Verhältnis der Stoa zum Determinismus und zum Fatalismus war ambivalent.[22] Viele Stoiker haben fatalistische Positionen vertreten, hatten aber durchaus Bewusstsein für deren Probleme. Der allgemeine Rat der Stoiker zur Lebensführung lautete: Folge der Natur! Zenon und Chrysipp veranschaulichten das *naturam sequi* durch das Gleichnis von Hund und Wagen: Der an den Wagen angebundene Hund sei gut beraten, brav neben dem Wagen herzulaufen, dann spüre er die Leine nicht. Widersetze er sich, werde er eben mitgeschleift. Ebenso sei es mit uns Menschen.[23] Doch das Gleichnis hat etwas Paradoxes. Wenn es illustrieren soll, dass mit dem Hund in jedem Fall das Unvermeidliche geschieht, ist es nicht konsistent. Der Hund kann zwar die Fahrt des Wagens nicht beeinflussen, aber er hat offenbar die Wahl, mitzulaufen oder an der Leine zu zerren. Falls er dann mitgezerrt wird und die Leine ihn würgt, geschieht dies nicht ohnehin, sondern ist Folge seiner Wahl. Vom Wagen mitgeschleift zu werden ist ein anderer Lauf der Dinge als nebenherzulaufen. Bei einem konsequenten Determinismus müssten nicht nur die Folgen der Handlung, sondern schon der *Versuch* des Hundes illusionär sein, denn Versuche sind ebenfalls etwas, was „bei uns steht" (eph' hêmin; so charakterisierten die Stoiker Handlungen, Aristoteles folgend). Im gegebenen Fall besteht der Versuch darin, dass der Hund an der Leine zerrt. Hätte er diese Wahl nicht, so wäre der Rat, das Zerren zu unterlassen, hinfällig, wie auch der stoizistische Rat „Folge der Natur!" hinfällig wäre, wenn dies zu tun nicht bei uns stünde.[24] Freilich könnte man die Analogiebasis beschränken und annehmen, dass allein die Fahrt des Wagens für den unbeeinflussbaren Weltlauf steht, nicht hingegen das widerspenstige Verhalten des Hundes. Dann aber wäre zugleich der Illustrationswert des Gleichnisses vermindert; auch der stoizistische Rat, der Natur zu folgen, hätte dann in der Analogie keinen Platz.[25]

Die innere Spannung des Gleichnisses von Hund und Wagen zeigt erneut, was schon Zenons lakonische Antwort an den diebischen Sklaven zeigte: dass man mit der Einsicht in die eigene Determiniertheit jedenfalls nichts anfangen kann. Ob der universale Determinismus nun wahr ist oder nicht, er lässt sich nicht in Verhaltensmaximen umsetzen, weder in gute Vorsätze noch in eine Forderung nach Belohnung oder Strafe noch in einen gutgemeinten Rat zur Lebensführung. Alle diese Aufforderungen enthalten *als Aufforderungen* die Unterstellung einer Wahlmöglichkeit, und deshalb führt kein Weg vom theoretischen Determinismus zum Fatalismus als einer praktischen Haltung. Freilich kann ein konsequenter Determinist die Selbstanwendung zulassen und zugestehen, dass das Geben des Rates wie dessen Befolgung oder Nichtbefolgung ebenfalls determiniert seien – wie auch jedes Argument, das jemand für oder gegen diese Lehre anführen könnte. Dieses Zugeständnis zeigt aber nur, dass ein auf sich selbst angewandter Determinismus die verpflichtende oder rational motivierende Kraft von Ratschlägen und Argumenten, also ihre *illokutionäre Rolle*, wie man in der Sprechakttheorie sagen würde, nicht rekonstruieren kann. In der Sprache des Deterministen scheint man zum Beispiel nicht sagen zu können, was gute von schlechten Argumenten unterscheidet, oder was die einsichtsvolle Befolgung eines Rates von kausalem Determiniertwerden unterscheidet.

Wie wenig man mit der Einsicht in die Wahrheit des Determinismus anfangen könnte, zeigt eindrücklich die von Richard Taylor erfundene „Story of Osmo": Ein junger Mann namens Osmo findet in einer Bibliothek ein Buch, in dem sein ganzes Leben beschrieben ist. Er beginnt mit der Lektüre, findet seine Kindheit und Jugend in allen Details korrekt dargestellt, liest mit glühenden Ohren weiter und findet auch die Gegenwart korrekt beschrieben: Er sitzt bei einem Kaffee und liest mit glühenden Ohren das Buch „The Story of Osmo". Er muss weiter erfahren, dass seine Zukunft nicht erfreulich ist und dass er früh bei einem Flugzeugabsturz sterben wird.[26] – Was soll man Osmo raten? Vielleicht, dass er kein Flugzeug mehr besteigen sollte? Aber wenn alles, was im Buch steht, wahr ist, kann er seinen Unfalltod durch nichts auf der Welt verhindern. Taylor wählt für seine Rahmenerzählung einen Ausweg auf Ödipus-Art: Osmo führt seinen Unfalltod unabsichtlich selbst herbei, indem er ihn zu verhindern sucht. Dieser Ausweg ist aber nur möglich, wenn Osmo für den Versuch, seinem Schicksal zu entgehen, *Leerstellen* der Geschichte nutzen kann. Das bedeutet jedoch, dass das Buch das Geschehen *nicht in allen Einzelheiten* beschreibt. So verhält es sich ja auch bei Ödipus: Das Orakel von Delphi sagt ihm voraus, dass er seine Mutter heiraten und seinen Vater töten wird, schweigt sich über die Details allerdings aus. Hätte das

Orakel die Zukunft genauer beschrieben, so hätte Sophokles für Ödipus andere Leerstellen finden müssen. Wäre die Voraussage *beliebig detailliert* gewesen, so hätte dies den Ödipus-Plot unmöglich gemacht. Taylor, der selbst den Fatalismus vertritt und ihn auch Osmo empfiehlt, geht also der eigentlichen Schwierigkeit aus dem Weg, die die genaue Kenntnis der eigenen Zukunft mit sich bringen würde. Es ist kein Zufall, dass Orakel sich gern in Andeutungen ergehen. Wenn ich recht sehe, ist es bisher keinem Philosophen gelungen, den psychischen Zustand einer Person, die ihre eigene Zukunft in allen Einzelheiten kennt, konsistent und psychologisch plausibel zu beschreiben. Es sind eine Reihe von Umgehungsstrategien ausprobiert worden, von denen die Ödipus-Strategie die häufigste ist.

Logische Deterministen und Fatalisten sagen oft, dass wir die tatsächliche Zukunft nicht *ändern* können. Diese Unmöglichkeit ist unbestreitbar, aber sie ist ein sprachliches Artefakt. In der Rede von der „tatsächlichen Zukunft" oder der „Zukunft, wie sie sein wird" sind unsere zukünftigen Handlungen ja schon eingeschlossen. In der Tat kann niemand die Zukunft in *dem* Sinne ändern, dass er sie anders sein lassen kann, als sie sein wird. Die Zukunft als Inbegriff dessen, was geschehen wird, ist gar kein Gegenstand unseres Handlungsvermögens. Das schließt aber nicht aus, dass, wozu ich mich entscheide, einen Einfluss darauf hat, welche der *möglichen* Zükünfte die tatsächliche sein wird.[27] Der laplacesche Determinismus bestreitet demgegenüber, dass überhaupt verschiedene Zükünfte möglich sind.

Zusammenfassend: Weder logische Wahrheiten wie die Tautologie „Que sera, sera" noch kontingente Wahrheiten über die Zukunft gefährden unsere Freiheit. Freiheitsgefährdend wäre aus inkompatibilistischer Sicht die modale Verstärkung, dass Bestimmtes *notwendigerweise*, also *unausweichlich* geschehen wird, weil es naturgesetzlich oder anderweitig determiniert ist. Dass den von Fatalisten und logischen Deterministen angeführten Wahrheiten diese Art von Notwendigkeit fehlt, übersieht man leicht, weil logische Wahrheiten ja selbst notwendig genannt werden. Aber dabei handelt es sich eben um logische Notwendigkeit, nicht um metaphysische oder naturgesetzliche. Kritik am logischen Determinismus wird deshalb häufig so ausgedrückt, dass dieser einer Verwechslung von logischer und metaphysischer (kausaler, naturgesetzlicher) Notwendigkeit erliege.[28]

2.3 Woher bezieht der Determinismus seine modale Kraft?

Der Laplace-Determinismus behauptet, dass der Weltlauf ein für alle Mal fixiert ist, so dass die Zukunft notwendigerweise so sein wird, wie sie sein wird. Diese These lässt sich als eine *modale Verstärkung* der unkontroversen Behauptung

„Que sera, sera" auffassen. Für Notwendigkeitsbehauptungen braucht es einen Grund in der Sache – etwas, was sie wahr macht. Die modale Kraft des Determinismus muss irgendwoher stammen. Man kann dies die Frage nach der *Modalitätsquelle* des Determinismus nennen. Logische Wahrheiten beziehen ihre Notwendigkeit beispielsweise aus den logischen Gesetzen oder aus den Bedeutungen der logischen Konstanten. Wird eine logische Wahrheit verneint, ergibt sich ein logischer Widerspruch. Metaphysische oder physikalische Behauptungen müssen ihre modale Kraft aus einer anderen Quelle beziehen.

In der Philosophiegeschichte sind, wenn man Subtilitäten beiseitelässt, drei Modalitätsquellen für den Determinismus erwogen worden: Gott, das Schicksal und die Naturgesetze. Die Lehre von der Determination des Weltlaufs durch Gottes Willen nennt man *theologischen Determinismus* oder *Prädestinationslehre*. Wie wir oben gesehen haben, geht die Prädestinationslehre über die Annahme von der Allwissenheit Gottes hinaus. Zur Lenkung des Weltlaufs reicht es nicht aus, dass Gott die Zukunft voraussieht, also kennt. Er muss sie auch in der Hand haben, wie auch immer das zu verstehen ist. Wie Gott es anstellt, seinen Willen in der Welt wirksam werden zu lassen, wird in den Prädestinationslehren selten genauer geklärt. Die Rede von der „Vorherbestimmung" lässt ja den fraglichen Mechanismus offen. Allein durch Gottes *Willen*, seinen *Ratschluss* oder seinen *Befehl*, so sollte man meinen, wird hienieden nicht das Geschehen beeinflusst, kein Körper von seiner Bahn abgelenkt. Dafür scheint es ausführender Organe zu bedürfen. Wie stellt Gott es an, welcher Werkzeuge bedient er sich? Vielleicht bedient er sich sogar unser, ohne dass wir es merken? Wie verhält sich seine Steuerungsleistung zu der der Naturgesetze? Grundsätzlich lassen sich zwei Positionen unterscheiden: Nach *deistischer* Auffassung hat Gott das Universum geschaffen und sich danach zurückgezogen, nach *interventionistischer* Auffassung greift er weiterhin in das Weltgeschehen ein.

Anders als das göttliche Allwissen ist die Prädestination des Weltlaufs *prima facie* freiheitsgefährdend, wie auch immer man sich den *modus operandi* dieser Determination vorstellen mag. Weitere Fragen im Umkreis des theologischen Determinismus betreffen das Verhältnis von Allwissen, Allgüte und Allmacht: Warum verhindert Gott nicht die bösen Taten der Menschen, die er voraussieht, und warum hat er dem Menschen überhaupt die Fähigkeit zum Bösen gegeben? Diese Fragen bezeichnen das *Theodizeeproblem*, also die Frage der Rechtfertigung Gottes angesichts des Bösen in der Welt. In dieser Debatte lehrte Augustinus, dass das Böse dem freien Willen des Menschen entspringt, welcher sich von Gott abwendet und vernunftwidrig das Niedere dem Höheren vorzieht. Luther leugnete die menschliche Willensfreiheit, Erasmus von Rotterdam lehrte, dass der Mensch sein Handlungsvermögen von Gott erhalten habe, in dessen Ausübung aber frei sei, so dass er sich das Böse selbst zurechnen muss.

Die zweite in der Philosophiegeschichte erwogene Modalitätsquelle ist das *Fatum*, also das Schicksal. Die Rede vom Fatum war in der Philosophie der Stoa verbreitet. Wie beim theologischen Determinismus wird die Idee der *Vorherbestimmung* ins Feld geführt, und erneut ist zu fragen, wodurch hier etwas bestimmt wird und wie die Bestimmung wirksam wird. Vielfach heißt es in den Texten der Stoiker auch, alles geschehe „aus Notwendigkeit" oder „aufgrund von Notwendigkeit". Diese Rede bekräftigt aber nur, *dass* das Geschehen determiniert ist, sie sagt nicht, wodurch und wie. Die Rede von der Notwendigkeit ist eine Reformulierung der deterministischen These, lässt aber die Modalitätsquelle im Dunkeln.

Die Stoa hatte einen schillernden Begriff vom Fatum und von der Notwendigkeit. Die Konstellation der Gestirne und das delphische Orakel sind in der stoischen Naturphilosophie keine eigenen Quellen von Notwendigkeit mehr. Cicero und Seneca fassen das Fatum als unzerbrechliche Kette natürlicher Ursachen auf. Auch wo die Notwendigkeit auf naturalistische Weise verstanden wird, war sie doch keine laplacesche. Oft war gemeint, dass nichts sich anders verhalten kann als gemäß seiner Natur: „Denn wenn der Stein aus einer gewissen Höhe losgelassen wird und kein Hindernis im Weg ist, kann er sich unmöglich nicht nach unten bewegen".[29] Ein durchgängiger Determinismus im laplaceschen Sinne ist mit dieser Notwendigkeitsbehauptung nicht verbunden, denn dafür müsste auch determiniert sein, *ob* der Stein losgelassen wird und *ob* sein Herunterfallen verhindert wird. Aber in der Natur welcher Dinge sollten diese Determinationen liegen? Die Stoiker scheinen an vielen Stellen nur eine *konditionale* Notwendigkeit anzunehmen: Das Fatum ‚determiniert' das Geschehen nur, sofern weitere Bedingungen erfüllt sind, die selbst nicht der strengen Determination unterliegen. Analog lässt sich übrigens Aristoteles' Lieblingsbeispiel für Gleichförmigkeit in der Natur, „Ein Mensch zeugt einen Menschen", deuten: *Wenn* ein Mensch etwas zeugt, dann notwendig einen Menschen und keine Fledermaus. *Ob* er es zu tun beliebt, ist eine andere Frage. Auch diese konditionale Notwendigkeit erfordert also kein deterministisches Weltbild. Die Natur einer Sache, also ihre Form- oder Materialbeschaffenheit, löst eben ein Geschehen nicht aus, ihre Rolle ist eine andere. Sie anzuführen erklärt, warum das ausgelöste Geschehen oder der erzeugte Gegenstand von bestimmter Art sind und nicht von anderer.[30] Damit überhaupt etwas geschieht, bedarf es in jedem Fall vorausgehender kausaler Determinanten; nach moderner Kausalitätsauffassung können diese Rolle nur verursachende Ereignisse spielen.

Die entscheidende kausalitätstheoretische Frage lautet aber, ob Ursachen in jedem Falle deterministischer Art sind. Ob Verursachtsein selbst schon als freiheitsgefährdend anzusehen ist, hängt ja davon ab, was Verursachtsein genau bedeutet. Chrysipp vertrat hier eine interessante Vermittlungsposition. Er sah in der Vorherbestimmung durch das Fatum lediglich eine „mithelfende Ursache", die die zusätzliche willentliche Steuerung des Geschehens nicht ausschließt. Chrysipp verwendete folgende Analogie: Wenn ein walzenförmiger Stein eine abschüssige Ebene hinabgestoßen wird, ist der Anstoßende zwar Ursache der Bewegung des Steins,

> bald jedoch rollt jener eiligst weiter, nun aber nicht, weil du es bewirkt hast, sondern wegen seiner Beschaffenheit und seiner zum Rollen geeigneten Form. Genauso sind Ordnung, Natur und Notwendigkeit des Schicksals zwar die Ursachen für die ersten Bewegungen, aber die Ausführung unserer Gedanken, Pläne und Handlungen werden doch durch den eigenen Willen eines jeden und durch seine seelischen Kräfte gelenkt.[31]

Laut Ciceros Referat lehrte Chrysipp, dass es zum Stattfinden einer Handlung stets noch der Zustimmung der Person zu ihrem Handlungsimpuls bedürfe, und diese Zustimmung stehe in ihrer Macht. Sie werde der Person zwar von außen, etwa durch eine Sinneswahrnehmung, nahegelegt, nicht aber erzwungen.[32] (Die Ähnlichkeit mit der Willens- und Urteilstheorie von Descartes ist unverkennbar.)

In der Literatur wird häufig übersehen, wie wenig diejenige Notwendigkeit, die mit der Natur der Sache verbunden ist, mit dem modernen Determinismus zu tun hat. Dass den Stoikern oft ein Determinismus im modernen Sinne zuge-schrieben wird[33], lässt sich auf eine mangelnde Würdigung der Tatsache zurück-führen, dass es sich bei „Notwendigkeit", „Determinismus", „Ursache" und „Naturgesetz" um *theoretische* Begriffe handelt, deren Sinn sich erst im Rahmen einer bestimmten Theorie konkretisiert. Zum laplaceschen Determinismus gehört wesentlich, dass Ursachen Ereignisse oder Momentanzustände sind (und nicht Substanzen oder ihre Beschaffenheit), dass die relevanten Naturgesetze stetige Verlaufsgesetze sind (und nicht eine göttliche Ordnung des Kosmos) und dass die Notwendigkeit ihre modale Kraft aus eben diesen Gesetzen bezieht (und nicht aus dem Weltfeuer, der Weltvernunft oder dem Fatum).[34]

Vom Fatum und von der göttlichen Prädestination wird im Weiteren nicht die Rede sein. Im Rest des Buches beschränke ich mich auf die Auffassung, dass der Determinismus seine modale Kraft aus den Naturgesetzen bezieht. In den Formu-lierungen von Laplace, Earman und Lewis war diese Auffassung schon vorweg-genommen. Sie ist in der Philosophie der Gegenwart so selbstverständlich, dass in einigen Determinismusdefinitionen das Attribut „deterministisch" von vornhe-rein Gesetze qualifiziert; die Determinismusthese wird dann, wie oben erwähnt, als die Auffassung eingeführt, dass der Weltlauf von deterministischen Gesetzen regiert wird.

Diese Auffassung muss wissenschaftstheoretisch noch präzisiert werden, da die Rede von „regierenden" Gesetzen, denen „gefolgt" wird, metaphorisch ist. Naturgesetze sind im Unterschied zu sozialen, juristischen oder göttlichen Gesetzen keine Vorschriften. Sie schreiben niemandem vor, was zu geschehen hat, sondern sie *beschreiben*, was geschieht oder der Fall ist. Die nichtpräskriptive Auffassung von Naturgesetzen ist wissenschaftsgeschichtlich nicht selbstverständlich; noch Descartes und Newton verstanden Naturgesetze als von Gott erlassene Regeln. Die *Façon de parler*, dass der Weltlauf durch deterministische Gesetze „regiert" wird, ist ein Relikt dieser Auffassung. Gemeint ist vernünftigerweise, dass der Weltlauf *unter diese Gesetze fällt*, also zutreffend durch sie beschrieben wird. Die wissenschaftstheoretische Standardauffassung dazu ist die deduktiv-nomologische Auffassung der wissenschaftlichen Erklärung: Dass ein zu erklärendes Ereignis unter deterministische Gesetze fällt, heißt, dass seine Beschreibung sich aus diesen Gesetzen sowie einem Satz vollständiger Anfangsbedingungen deduzieren lässt. Die deduktiv-nomologische Auffassung schließt auch die Lücke zwischen der auf den Weltlauf bezogenen und der auf Naturgesetze bezogenen Definition des Determinismus. Der Weltlauf ist insofern deterministisch, als aus deterministischen Gesetzen und der Beschreibung eines vollständigen Weltzustands Beschreibungen aller weiteren Weltzustände folgen.[35]

Wenn Naturgesetze nur beschreiben, ist allerdings nicht mehr ohne weiteres einsichtig, inwiefern sie modale Kraft besitzen sollten. Müssten sie nicht, wiewohl sie nichts vorschreiben, etwas darüber aussagen, was *notwendig* geschehen *muss*? Es ist wissenschaftstheoretisch umstritten, worauf genau der angenommene Notwendigkeitscharakter von Naturgesetzen beruht. Eine zentrale Rolle spielt jedenfalls der Umstand, dass Gesetze Allsätze sind. Sie haben die logische Form allquantifizierter Konditionalsätze, welche nicht einfach beschreiben, was geschieht, sondern sagen, was unter bestimmten Bedingungen *immer*, also *ausnahmslos* geschieht. Und ihre Allgemeinheit ist nicht auf eine Menge bisher beobachteter Fälle beschränkt – das unterscheidet sie von Humes Regularitäten –, sondern sie ist echte Universalität. „Immer" bedeutet nicht „immer, wenn wir hingesehen haben". Die Ausnahmslosigkeit eines Naturgesetzes schließt die Vergangenheit, die Zukunft und zudem *bloß mögliche* Fälle ein. Ein echtes Naturgesetz sagt nicht bloß, was stets geschieht, wenn bestimmte Bedingungen faktisch erfüllt sind, sondern auch, was unter bestimmten, aktuell nicht gegebenen Bedingungen geschehen *würde*. Nur auf diese Weise lassen sich die sogenannten akzidentellen (also zufälligen) Regularitäten vom Typus „Auf Hahnenschrei folgt Sonnenaufgang" aus dem Gesetzesbegriff ausschließen. Selbst wenn diese Regularität bisher ausnahmslos bestanden hat, ist doch der hypothetische Satz „Wenn morgen der Hahn nicht krähte, ginge die Sonne nicht auf" nicht wahr. Die besagte Eigenart von echten Naturgesetzen wird technisch so ausgedrückt, dass Naturgesetze *kontrafaktische Konditionale stützen*. Sie sind nicht bloß empirische *Immer wenn, dann*-Generalisierungen über das faktische Geschehen, sondern sie behaupten zusätzlich etwas über bloß mögliche und kontrafaktische Fälle. Dieser Umstand, den zuerst Nelson Goodman deutlich herausgestellt hat, liefert eine

Antwort auf die Frage, inwiefern Naturgesetze, obwohl sie nicht vorschreiben, gleichwohl modale Kraft besitzen. (Von Anhängern einer humeschen Gesetzesauffassung wird freilich bestritten, dass Naturgesetze überhaupt modale Kraft haben; s.u., Kap. 5.2).

Da nun kontrafaktische Fälle nicht zur erfahrbaren Welt gehören, gibt uns diese Eigenschaft von Naturgesetzen einen weiteren Hinweis darauf, warum der Laplace-Determinismus keine ohne weiteres empirisch überprüfbare These ist. Zwar steht er durch seinen Bezug auf Naturgesetze im engen Zusammenhang mit den Naturwissenschaften, doch aufgrund der mit ihm verbundenen Notwendigkeitsbehauptung kann man ihn nicht unmittelbar an der Erfahrung überprüfen. Kant hat diesen erfahrungstranszendenten Charakter modal verstärkter Behauptungen legendär so ausgedrückt, dass die Erfahrung uns zwar lehrt, dass etwas so oder so beschaffen ist, nicht hingegen, dass es so sein *muss*, also nicht anders sein *kann*.[36]

Die modale Kraft des Laplace-Determinismus stammt also aus Naturgesetzen. Aber es kommen dafür nicht beliebige Naturgesetze in Frage. In der Wissenschaftstheorie werden verschiedene Arten von Gesetzen unterschieden. Von besonderer Bedeutung ist hier die Unterscheidung zwischen *Koexistenzgesetzen* und *Sukzessionsgesetzen* bzw. *Zustands-* und *Verlaufsgesetzen*. Der Determinismus macht eine Behauptung über den Weltlauf, also über die Abfolge von Ereignissen. Er kann seine modale Kraft daher nur aus einer bestimmten Art von Gesetzen beziehen, nämlich aus solchen, die Ereignisverläufe subsumieren. Die strikten (also ausnahmslosen) Gesetze, denen der Weltlauf ihm zufolge unterliegt, sind, etwas vereinfacht ausgedrückt, Allsätze der Form „Immer wenn etwas der Art A geschieht, dann geschieht danach etwas der Art B". Die fundamentalen physikalischen Gesetze haben aber nicht diese Form. Newtons Gravitationsgesetz sagt nicht, dass jedes Mal, wenn ein Körper aus einem Meter Höhe auf den Boden fällt, er mit einer bestimmten Geschwindigkeit unten ankommt. Die meisten Körper fallen aufgrund von Kräfteüberlagerungen schneller oder langsamer, und manche werden aufgehalten, bevor sie unten ankommen. Das Gravitationsgesetz wird durch diese Fälle nicht falsifiziert, denn es sagt überhaupt nichts darüber, was tatsächlich geschieht. Es sagt etwas über das synchrone Verhältnis physikalischer Größen, nämlich darüber, wie die Gravitationskraft, die zwischen zwei Körpern besteht, sich zu ihren Massen und ihrem Abstand verhält. Boyles Gasgesetz sagt etwas über das synchrone Verhältnis von Volumen, Temperatur und Druck in einem idealen Gas. Solche Koexistenz- oder Zustandsgesetze haben keine direkte deterministische oder auch nur kausale Interpretation.

2.4 Ist der Determinismus wahr?

Der unvermittelten Frage, ob der laplacesche Determinismus wahr ist, schaltet man vernünftigerweise die Frage vor, was denn über seine Wahrheit entscheiden würde. Das Gesagte legt folgende Antwort nahe: Wenn die modale Kraft des Determinismus aus Naturgesetzen stammt, genauer aus Naturgesetzen einer bestimmten Art, dann hängt die Wahrheit des Determinismus davon ab, ob es die fraglichen Naturgesetze gibt. Alternativ kann man fragen, ob die fraglichen Naturgesetze empirisch wahr sind, also den Weltlauf zutreffend beschreiben. Ob man eher nach der Existenz oder nach der Wahrheit der Gesetze fragt, hängt von der Definition von „Naturgesetz" ab. Ich folge dem Sprachgebrauch, dass Gesetze wahre Gesetzesaussagen sind. Diesem Sprachgebrauch zufolge ist das Merkmal des Wahrseins schon in den Gesetzesbegriff eingebaut. Die Rede von „falschen" oder „lügenden" Gesetzen (Nancy Cartwright) wäre demnach eine *contradictio in adiecto*. Cartwright müsste ihre These entweder so ausdrücken, dass die fraglichen Gesetzes*aussagen* nicht wahr sind, oder ersatzweise so, dass es die entsprechenden Gesetze *nicht gibt*. Falsche Gesetzesaussagen gibt es freilich, nur drücken sie keine Gesetze aus.

Der Laplace-Determinismus kann nur wahr sein, wenn es ausnahmslose Verlaufsgesetze gibt, die den Weltlauf zutreffend beschreiben. Damit ist nicht schon gesagt, dass jemand diese Gesetze kennen muss. Der Determinismus ist schließlich eine These darüber, was der Fall ist, keine darüber, was Menschen wissen oder wissen können. Die Rede von „existierenden" Gesetzen, also wahren Gesetzesaussagen, die vielleicht niemand kennt, klingt für manche Ohren merkwürdig. Mit „Aussagen" sind hier indes nicht Äußerungen oder Sätze gemeint, sondern Aussage*inhalte*, also das mit einem geäußerten Satz jeweils Ausgesagte. Philosophen nennen diese Aussageinhalte *Propositionen*: Gebilde, die wahr oder falsch sind, auch wenn kein menschlicher Sprecher den entsprechenden Satz je äußert. Dass es überhaupt Propositionen gibt, ist natürlich eine platonistische Annahme – die man aber vermutlich braucht, um den Sinn unserer gewöhnlichen Rede über Wahrheit zu rekonstruieren.

Will man freilich die Doktrin des Determinismus nicht einfach dogmatisch behaupten, sondern begründen oder plausibel machen, so wird man das eine oder andere der erforderlichen Naturgesetze präsentieren müssen. Wenn dies nicht möglich ist, sollte man sagen können, warum, und man sollte zumindest Gründe für die Annahme nennen können, dass es solche Gesetze gleichwohl gibt. An dieser Stelle kommt nun die in der neueren Wissenschaftstheorie diskutierte *Gesetzesskepsis* ins Spiel. Die durch Cartwrights provozierend betiteltes Buch *How the Laws of Physics Lie* populär gewordene gesetzesskeptische These besagt, dass kein uneingeschränkt wahrer *Immer wenn, dann*-Satz über empirische Phänomene je präsentiert worden ist, und dass auch wenig dafür spricht, dass es solche Gesetze überhaupt gibt. Alle Kandidaten für solche Gesetze würden nämlich durch Gegenbeispiele falsifiziert: „[T]here are no exceptionless quantitative laws in physics [...]. In fact our best candidates are known to fail".[37] *Ein* Grund dafür ist schnell genannt: Es kann jederzeit passieren, dass just in dem Moment, wo das A-Ereignis eingetreten ist und das B-Ereignis folgen müsste, etwas dazwischenkommt. Da nun das Gesetz, als empirischer Allsatz, behauptet, dass jedes Mal, wenn die Bedingungen des Vordersatzes erfüllt sind, das im Nachsatz Beschriebene geschieht, muss ein solcher Fall als Falsifikation des Gesetzes angesehen werden. Ähnlich hatte schon Michael Scriven einige Jahrzehnte zuvor behauptet: „The most interesting fact about laws of nature is that they are virtually all known to be in error".[38]

Vielleicht sollte man hier besser von „Regularitätsskepsis" sprechen, denn unter der Bezeichnung „Gesetzesskepsis" wird noch eine zweite Auffassung vertreten, die sich exklusiv gegen den Notwendigkeitscharakter von Naturgesetzen richtet. Sie wird unter anderem von Bas van Fraassen vertreten. Wie wenig dessen Auffassung „that there are no laws of nature"[39] mit Cartwrights Regularitätsskepsis zu tun hat, zeigt seine rhetorische Frage: „If we say that the regularities are all there is, shall we be so badly off?"[40] Am Bestehen ausnahmsloser Regularitäten zweifelt van Fraassen also gerade nicht.

Das Zugeständnis, dass physikalische Gesetze keine wahren Allaussagen über empirische Regularitäten machen, ist Naturwissenschaftlern schneller abgerungen, als viele Philosophen denken. Die gesetzesskeptische These ist leicht aufgestellt; die interessante Aufgabe besteht darin, die unweigerlich folgenden „Ja, aber"-Reaktionen zu parieren. In der Wissenschaftstheorie liegt eine ganze Palette von schadensbegrenzenden Gegenreden gegen die Gesetzesskepsis vor. Hier sind einige davon: Naturgesetze seien immerhin *approximativ* wahr. Oder: Sie seien keine Aussagen über empirische Gegenstände, sondern über *ideale* Gegenstände einer Modellwelt. Oder: Sie müssten durch *ceteris paribus*-Klauseln abgestützt werden. Oder: Sie müssten als *statistische* Verallgemeinerungen aufgefasst werden. Oder: Gesetze seien *dispositionale* Aussagen über das Verhalten, das Systeme in ungestörten Situationen zeigen *würden*. Oder: Gesetze seien *instrumentalistisch* oder *normativ* zu interpretieren.

Diese Gegenreden lassen sich gut systematisieren, indem man fragt, welches Merkmal der Gesetzesartigkeit jeweils betroffen ist. Die meisten Reaktionen auf die Gesetzesskepsis laufen darauf hinaus, dass von den drei Gesetzesmerkmalen *wahr*, *strikt* und *empirisch gehaltvoll* jeweils eines zugunsten der anderen beiden aufgegeben wird. Ein Instrumentalist der Naturgesetze behauptet beispielsweise: Gesetze sind strikt, also ausnahmslos, und empirisch gehaltvoll, aber nicht wahr. Ein Modellplatonist sagt: Gesetze sind strikt und wahr, aber handeln nicht von der empirischen Welt. Wer *ceteris paribus*-Gesetze propagiert, sagt: Gesetze sind wahr und empirisch gehaltvoll, aber nicht strikt. Man kann jeweils zwei der Bedingungen auf Kosten der dritten erfüllen, aber eine fehlt immer.[41]

Die Gegenreden gegen die Gesetzesskepsis müssen wir hier nicht weiterverfolgen, da unser Einführungskontext ein eng begrenzter war. Es ging um den Laplace-Determinismus, und dieser kann nur durch eine bestimmte Art von Gesetzen gestützt werden, nämlich durch empirische Verlaufsgesetze über tatsächlich Geschehendes. Die fundamentalen Naturgesetze, auf deren Entdeckung die Physiker mit Recht stolz sind, sind aber überhaupt keine Sukzessionsgesetze über Ereignisse, sondern Koexistenzgesetze über Universalien, Erhaltungssätze, Aussagen über Kräftegleichgewichte und Symmetriegesetze. Solche Gesetze sind aber nicht kausal interpretierbar. Deshalb fixieren sie auch nicht alternativlos den Weltlauf, stützen nicht den Laplace-Determinismus und sind nicht freiheitsgefährdend.

Ich verkenne nicht den Umstand, dass deterministische Prozesse in der Physik durch Differentialgleichungen beschrieben werden und nicht durch alltagssprachliche Sätze der Form „Immer wenn etwas der Art A geschieht, dann geschieht danach etwas der Art B". In unserem Kontext geht es aber nicht darum, welche Form die relevanten physikalischen Gesetze tatsächlich haben, sondern darum, welche sie haben müssten (oder Sätze welcher Art sie implizieren müssten), um den Laplace-Determinismus zu stützen.

Oft wird behauptet, dass durch Differentialgleichungen ausgedrückte Bewegungsgesetze eine *indirekte* kausale Interpretation hätten, insofern man Sukzessionsgesetze aus ihnen *ableiten* könne.[42] Koexistenz- und Sukzessionsgesetze ließen sich schließlich durch Differenzieren und Integrieren ineinander überführen.[43] Diese Auffassung hat ihren blinden Fleck darin, dass mathematische Operationen nicht den ontologischen Unterschied zwischen Universalien und Instanzen überbrücken. Koexistenzgesetze handeln ja vom Verhältnis zwischen Eigenschaften, also von Universalien, und aus Aussagen über Universalien lassen sich grundsätzlich keine Aussagen darüber ableiten, was tatsächlich in der Welt geschieht.[44] Betrachten wir zur Illustration das Pendelgesetz. Als Koexistenzgesetz macht es eine Aussage über das Verhältnis zwischen Pendellänge und Schwingungsperiode eines idealen Fadenpendels. Um ein kausal interpretierbares Sukzessionsgesetz zu erhalten, müsste man einen Allsatz über eine Abfolge formulieren. Ein naheliegender Kandidat ist: „Immer wenn sich die Länge des Pendels um den Betrag x ändert, ändert sich die Periode um den Betrag y." Bei näherer Betrachtung subsumiert dieser Allsatz allerdings keine kausalen Episoden, denn das *Ereignis* der Pendelschwingung lässt sich nicht durch die Änderung der Pendellänge herbeiführen, sondern nur dadurch, dass man das Pendel in Bewegung versetzt. Von dieser Ursache ist in unserem Pseudo-Sukzessionsgesetz überhaupt nicht die Rede. Darüber, ob ein Pendel jemals schwingen wird, macht es keine Aussage. Und das ist auch gut so, denn wenn es eine machte, wäre sie falsch. Das Schwingen eines Pendels kann auf mannigfache Weise verhindert und gestört werden. Dass wir durch solche Störungen das Pendelgesetz nicht falsifiziert sehen, zeigt gerade, dass das Gesetz keine Allaussage über empirische Regularitäten macht und auch keine impliziert. Die ausnahmslose Regularitätsbehauptung ist falsch, als Koexistenzgesetz über Universalien ist das Pendelgesetz wahr. Falsches kann nicht aus Wahrem folgen, also ist die Ableitbarkeitsthese unhaltbar.

A fortiori besteht kein *notwendiger* Zusammenhang zwischen den beiden Eigenschaften, die das Pendelgesetz korreliert. Nach Armstrong bestehen Naturgesetze in der Relation des „Nezessitierens" zwischen physischen Eigenschaften. Diese Gesetzesauffassung krankt daran, dass Armstrong nicht erklären kann, woher die behauptete Notwendigkeit stammen soll und was es überhaupt heißen kann, dass Eigenschaften als solche – also nicht deren Instanzen – einander notwendig machen.[45]

Von besonderem Interesse ist indes eine weitere Gegenrede. Möglicherweise verdankt sich der gesetzesskeptische Einwand, dass sämtliche Allaussagen über empirische Verläufe Ausnahmen unterworfen sind, also durch Gegenbeispiele falsifiziert werden, einer zu einfachen Vorstellung davon, worin der empirische Gehalt physikalischer Sukzessionsgesetze besteht. Vielleicht ist es von vornherein eine unvernünftige Erwartung, dass *einzelne* Verlaufsgesetze zutreffend beschreiben, was ausnahmslos geschieht. In der wirklichen Welt liegt stets eine *Überlagerung* physikalischer Kräfte vor, und es ist kein Wunder, dass Gesetze, die einzelne dieser Kräfte oder Bewegungstendenzen beschreiben, nicht zugleich deren Zusammenwirken beschreiben können. Laplace hat dieses Problem vorausgesehen, denn in seiner Darstellung sind die Ursachen und Wirkungen nicht gewöhnliche Ereignisse, sondern komplette Weltzustände: „Wir müssen also den gegenwärtigen Zustand des Weltalls als die Wirkung seines früheren und als die Ursache des folgenden Zustands betrachten".[46] Dieser Überlegung folgend lässt sich die Falsifikationsanfälligkeit gewöhnlicher Verlaufsgesetze auf den Umstand zurückführen, dass ihre Vorder- und Nachsätze eben keine vollständigen Weltzustände beschreiben. So hat Russell bündig festgestellt: „Alle Kausalgesetze sind Ausnahmen unterworfen, wenn die Ursache nicht den Zustand des ganzen Weltalls umfaßt".[47] Die laplacesche Reaktion auf das Überlagerungsproblem hat indes einen hohen Preis. Wenn allein komplette Weltzustände als Ursachen zählen, kennen Menschen nicht nur kein Kausalgesetz, sondern zudem kein einziges wahres singuläres Kausalurteil. Alle gewöhnlichen Kausalurteile wie „Der Bruch des Fensters wurde durch einen Steinwurf verursacht" oder „Ursache der Erwärmung des Steins war die Sonneneinstrahlung" wären dann falsch.

Oft wird angenommen, dass die Wahrheit des Laplace-Determinismus davon abhängt, ob die fundamentalen physikalischen Gesetze und die physikalischen Theorien, denen sie angehören, deterministischen Charakters sind oder nicht. Doch auf den zweiten Blick besteht zwischen dem deterministischen Charakter physikalischer Gesetze und Theorien und der Behauptung, dass der *Weltlauf* deterministisch ist, eine große Lücke. Deterministische Theorien und deterministische Gesetze sind ja billig zu haben, man muss sie bloß aufstellen. Damit sie den Schluss auf die Wahrheit des Laplace-Determinismus erlauben, müssten solche Theorien und Gesetze den Weltlauf in allen Einzelheiten korrekt beschreiben. Sie müssten die *ganze* Wahrheit über das Weltgeschehen sagen, also eine „theory of everything" sein. Solange eine solche Gesamttheorie nicht zur Verfügung steht, wird jede vorausgesagte Aufeinanderfolge von Phänomenen für Störungen und Kräfteüberlagerungen anfällig sein, über die die einzelne Theorie nichts sagt. Diese Lücke ist in der neueren Literatur verschiedentlich bemerkt worden: Ohne eine allumfassende Theorie besteht „a large gap between the determinism of a given physical theory, and the bolder, vague idea that motivated the traditional formulations: the idea that the world in itself is deterministic".[48]

Es ist wichtig zu sehen, dass diese Lücke nicht nur die Bestätigbarkeit, sondern auch die Widerlegbarkeit der Determinismusthese betrifft. Um den Determinismus wirklich auf den Prüfstand zu stellen, müsste man das Universum zweimal in exakt denselben Zustand versetzen können. Solange man dies nicht kann, lässt sich das unterschiedliche Verhalten eines Systems bei der Wiederholung eines Experimentes stets den minimal unterschiedlichen Anfangs- oder Randbedingungen zuschreiben:

> As long as it is not the case that the entire universe was in perfectly identical states t and t', [an object] O's different behaviour at those two points in time can always be attributed to different causes acting on it. [...] Thus we could suggest that the doctrine of determinism implies that if the total state of the universe was ever identical with a state that had obtained at any time in its past, the universe would from then onward go through eternally recurring cycles.[49]

Der Determinist kann deshalb stets argumentieren, dass falsifizierende Gegenbeispiele gegen vorhandene Gesetze und Theorien seine Doktrin nicht widerlegen. Die Welt ist eben nur einmal da. Und schlimmer noch: Je genauer wir den Vordersatz eines Verlaufsgesetzes spezifizieren, desto geringer ist die Wahrscheinlichkeit, dass sich der derart spezifizierte Zustand jemals wiederholt. Russell hat diesen inversen Zusammenhang zwischen Wiederholbarkeit und Genauigkeit beschrieben: „As soon as the antecedents have been given sufficiently fully to enable the consequent to be calculated with some exactitude, the antecedents have become so complicated that it is very unlikely they will ever recur."[50]

Gleichwohl ist die Diagnose richtig, dass der Determinismus eng mit der Idee von der *ewigen Wiederkehr des Gleichen* verbunden ist. Da der Weltlauf aber keine Neustart-Taste hat, lässt sich das Prinzip, dass Zustände sich in bestimmten Zeitabständen wiederholen, nur in einer kontrafaktischen Version aufrechterhalten. Mill hat das Prinzip deshalb im Konjunktiv formuliert: „If the whole prior state of the universe could again recur, it would again be followed by the present state".[51] Diese hypothetische Behauptung lässt sich experimentell weder bestätigen noch falsifizieren. Vielleicht ist sie wahr, aber schon die Frage, was als Bestätigung zählen würde, führt in Abgründe.[52]

Mit der Frage, ob der Laplace-Determinismus wahr ist, sind wir nur wenig weitergekommen. In dem Umstand, dass man aus dem deterministischen Charakter physikalischer Gesetze und Theorien nicht auf den deterministischen Charakter des Weltlaufs schließen kann, dokumentiert sich der *metaphysische* Charakter des laplaceschen Determinimus. Metaphysische Doktrinen lassen sich nicht empirisch testen. Wir können deshalb auch die üblichen Hinweise auf den *nicht*deterministischen Charakter moderner physikalischer Theorien auf sich beruhen lassen. Ob und in welchen Theorien deterministische Gesetze durch probabilistische ersetzt worden sind, ob es in der Quantenwelt indeterministisch zugeht, obwohl die Schrödingergleichung deterministisch ist[53], ob es verborgene Parameter geben könnte, ob die Existenz kosmischer Singularitäten den Determinismus durchlöchert, ob selbst die klassische Mechanik genaugenommen keine deterministische Theorie ist – diese in der Wissenschaftstheorie der Physik diskutierten Fragen[54] sind für die Wahrheit des Laplace-Determinismus strenggenommen irrelevant, weil sie nur Eigenschaften physikalischer Gesetze und Theorien betreffen, nicht den Weltlauf als ganzen.

Die Lücke zwischen Gesetzen und Weltlauf wäre geschlossen, wenn man im Antezedens eines kausalen Sukzessionsgesetzes einen vollständigen Weltzustand aufführen könnte. Genau dann, sagt der Determinist voraus, gäbe es keine Gegenbeispiele mehr. Leider ist dies ein Überprüfungsverfahren für den laplaceschen Dämon, nicht für menschliche Physiker. Laplace spricht freilich von einem solchen Supergesetz, welches alle Naturkräfte synthetisiert, so dass es „in derselben Formel die Bewegungen der größten Weltkörper wie des leichtesten Atoms" subsumieren würde. Die Pointe des Laplace-Determinismus besteht ja darin, dass jeder beliebige faktische Weltzustand gemeinsam mit diesem Supergesetz jeden anderen festlegt. Leider kennen wir dieses Gesetz nicht. Nach Popper soll aber der physikalische Determinismus, anders als die theologische Prädestinationslehre, „wie ein Ergebnis des Erfolgs der empirischen Naturwissenschaft aussehen, oder wenigstens so, als werde er durch sie gestützt".[55] Wir hatten die deterministische These ja als modal verstärkte Regularitätsbehauptung aufgefasst, die ihre modale Kraft aus den Naturgesetzen bezieht. Nun sehen wir, dass bei

Laplace das Verhältnis von metaphysischer These und empirischem Beleg nachgerade umgekehrt ist. Die fraglichen Naturgesetze kennt niemand, das Supergesetz erst recht nicht, doch wenn man von der Wahrheit des Determinismus schon überzeugt ist, könnte man die Karikatur dieses Supergesetzes mechanisch erzeugen, indem man die Beschreibungen zweier beliebiger Weltzustände F und G als Vorder- und Nachsatz in das Gesetzesschema $\forall x\, (Fx \rightarrow Gx)$ einsetzt und damit *ex hypothesi* etwas Wahres sagt. Eine Rechtfertigung für den Determinismus bietet die bloße Versicherung, dass das fragliche Supergesetz existiert und der laplacesche Dämon es kennt, natürlich nicht. Indem man die Existenz des Gesetzes einfach postuliert, genießt man, wie Russell einmal in anderem Zusammenhang sagte, alle Vorteile des Diebstahls gegenüber ehrlicher Arbeit.[56]

Ich fasse den bisherigen Argumentationsgang noch einmal zusammen:

(1) Der Determinismus sagt, dass die Zukunft notwendig so sein wird, wie sie sein wird. Er geht über die Tautologie „Que sera, sera" hinaus.
(2) Dies wirft die Frage auf, woher die modale Kraft des Determinismus stammen soll.
(3) Im Rahmen eines naturwissenschaftlichen Weltbildes scheiden Gottes Wille und das Fatum als Modalitätsquellen aus; es bleiben die Naturgesetze.
(4) Nicht Naturgesetze jedweder Art sind zur Stützung des Determinismus geeignet, sondern nur solche, die Aussagen über empirische Ereignisfolgen machen oder implizieren. In Ermangelung einer anderen Modalitätsquelle steht und fällt der Determinismus mit der Annahme, dass der Weltlauf ausnahmslosen Sukzessionsgesetzen unterliegt.
(5) Die Physik scheint keine ausnahmslos geltenden Gesetze über empirische Verläufe zu kennen. Die fundamentalen Naturgesetze sind von anderer Art.

In dieser Lage ist als Remedium vorgeschlagen worden, den Determinismus von vornherein nur für isolierte Systeme zu formulieren, und deterministische Theorien aufzufassen als „describing single completely isolated systems, each alone in the universe".[57] Dieser Bezug auf isolierte Systeme würde den Determinismus indes wieder zu einer kontrafaktischen These machen, wie schon Mills Prinzip der hypothetischen Wiederkehr des Gleichen. In unserer Welt gibt es keine vollständig kausal voneinander isolierten Systeme. Der Wissenschaft bleibt nichts anderes übrig, als kausal interagierende Systeme zu untersuchen, denn schon die Prozesse des Messens und Beobachtens beruhen auf kausalen Interaktionen zwischen System und Beobachter. Die physische Welt mag als ganze kausal geschlossen sein, doch innerhalb dieser Welt gibt es keine geschlossenen Teilsysteme. Durch die Formulierung des Determinismus für isolierte Systeme würde auch die globale Regularitätsbehauptung wieder zu einer kontrafaktischen.

Näher betrachtet heißt das aber, dass sie aufgegeben würde, denn, so Cartwright, „a counterfactual uniformity is no uniformity at all".[58]

Der Determinismus würde auf diese Weise nicht bloß eine kontrafaktische, sondern sogar eine kontra*legale* These, die *nomologisch unmögliche* Welten fingiert. Der Grund ist der folgende: Man würde durch das Fingieren isolierter physikalischer Systeme, die durch je eigene Gesetze geregelt werden, mehrere miteinander unvereinbare (un)mögliche Welten erhalten, in denen jeweils andere Gesetze und Kräfte durch eine *ceteris absentibus*-Klausel weggedacht wären. Eine *ceteris absentibus*-Klausel hat den Inhalt „und wenn es keine anderen Kräfte gäbe". Jede Zurückübersetzung der entsprechenden Theorien in eine indikativische Formulierung müsste scheitern, denn es gibt hienieden keine Situation, in der nur eine der vier physikalischen Grundkräfte anwesend wäre. In jeder der fingierten Welten, in der nur eine der Grundkräfte herrschte, wären die Existenzpräsuppositionen der übrigen Gesetze negiert, denn man kann zeigen, dass es ohne die Anwesenheit der durch die *ceteris absentibus*-Klausel ausgeschlossenen Kräfte die Gegenstände nicht einmal gäbe, von denen das solchermaßen abgeschirmte Gesetz spricht.[59]

Diese zugegebenermaßen komplizierte Überlegung verbaut dem Deterministen einen naheliegenden Ausweg: Ausnahmen und Störungen, so hat schon Mill argumentiert, seien bloßer Schein, denn der jeweils störende Einfluss unterliege ja selbst wieder einem deterministischen Gesetz, nur eben einem anderen. Dieses Argument verfängt nur, wenn schon gesichert ist, dass der Weltlauf ausnahmslosen Sukzessionsgesetzen unterliegt. Steht eben dies zur Debatte, handelt es sich um eine *petitio principii*. Der Determinist kann sich zur Erklärung von Anomalien nicht auf andere putative Gesetze berufen, denn diese sind in derselben Lage. Die Anomalie würde wie ein Schwarzer Peter endlos zwischen den verschiedenen Theorien herumgereicht. Solange das Überlagerungsproblem nicht gelöst ist, ist die Behauptung, dass das jeweils Dazwischentretende seinerseits ein deterministischer Verlauf sei, schlicht zirkulär. Was wir allerdings wissen, ist, dass eine auftretende Störung keinem Naturgesetz *widerspricht*. Dies wissen wir sogar *a priori*, da man nur wahre Allaussagen Gesetze nennt.

Die größte Schwierigkeit für die Überprüfung des Determinismus ist mithin das Überlagerungsproblem. Die übliche Fixierung auf die Fragen, ob es in der Quantenwelt indeterministisch zugeht und ob es verborgene Parameter geben könnte, verdeckt diese Schwierigkeit eher.

Wir sehen nun, dass und warum der laplacesche Determinismus durch physikalische Belege weder definitiv falsifiziert noch verifiziert werden kann. Eben dies macht ihn zu einer metaphysischen These. Deshalb ist auch die sich auf den Determinismus berufende Leugnung der Willensfreiheit eine metaphysische These, keine wissenschaftliche. Die Unmöglichkeit eines definitiven empirischen

Nachweises schließt freilich schwächere Formen der empirischen Stützung oder Kritik nicht aus. Physikalisches Wissen könnte den Determinismus mehr oder weniger *plausibel* machen. Doch selbst wenn der laplacesche Determinismus nach allem, was wir wissen, sehr unplausibel ist, kann sein Vertreter stets argumentieren, dass die Doktrin gleichwohl wahr sein könnte. Sie lasse sich von menschlichen Physikern nicht hinreichend belegen, weil die Welt nur einmal da ist und eine gleiche Verteilung von Elementarteilchen bislang kein zweites Mal vorgekommen ist. Laplace fingiert einfach die Existenz eines Supergesetzes, in dessen Vorder- und Nachsatz man beliebige Weltzustände einsetzen kann und damit immer etwas Wahres sagt. Diese Überlegung stützt den Determinismus allerdings nicht, sondern illustriert ihn nur. Laplace ist von der Wahrheit des Determinismus eben schon überzeugt, trägt aber nichts zu dessen wissenschaftlicher Begründung bei.

Wir müssen uns an dieser Stelle mit dem Zwischenfazit begnügen, dass jedenfalls *eine* in der Freiheitsdebatte anzutreffende Stilisierung unhaltbar ist: die des Deterministen als eines Freundes der Wissenschaften, der die Empirie auf seiner Seite hat und mit der Fackel der Aufklärung dem unbelehrbaren Libertarier gegenübertritt, der sich an den metaphysischen Indeterminismus klammert, um die Willensfreiheit zu retten. Angesichts der Schwierigkeit, auch nur ein einziges empirisch adäquates deterministisches Verlaufsgesetz aufzutreiben, drängt sich die Frage auf, was hier eigentlich der empirische Befund ist und was die metaphysische Behauptung. Der Wissenschaftstheoretiker Suppes geht so weit, die übliche Zuordnung umzukehren: „Free will, as exemplified in voluntary motion, is the hard empirical fact. Determinism [...] is the transcendental metaphysical assumption".[60]

Wissenschafts- und philosophiegeschichtlich kann man mit nur leichter Vergröberung sagen, dass der Determinismus eine Erfindung der Neuzeit ist. Die Stoa hat von der Notwendigkeit und vom Fatum gesprochen, die christliche Philosophie hat die Prädestinationslehre hinzugefügt, doch je genauer man hinsieht, desto geringer wird die Ähnlichkeit mit dem Laplace-Determinismus. Im Rückblick erscheint der neuzeitliche Determinismus als ein philosophiegeschichtlicher Sonderweg. Im 17. Jahrhundert verallgemeinerte man den großen Erklärungserfolg der Newtonschen Mechanik zu einem „mechanistischen Weltbild". Die Metapher von der Weltmaschine, also die Vorstellung der Welt als eines kraftschlüssigen Räderwerks, in dem alle Zahnräder ohne Spiel ineinandergreifen, war aber weder Ergebnis noch Voraussetzung wissenschaftlicher Forschung, sie war spekulative Metaphysik.

2.5 Determinismus und Kausalprinzip

Der Laplace-Determinismus wird nicht selten *kausaler* Determinismus genannt. Während diese Bezeichnung geeignet ist, den laplaceschen vom logischen und vom theologischen Determinismus abzusetzen, ist sie unglücklich, insofern sie eine umstrittene Konzeption der Kausalität voraussetzt.

Viele Autoren verwenden „Kausalprinzip" und „Determinismusprinzip" gleichbedeutend, etwa Galen Strawson: „‚Determinism' will be taken to be the thesis that every event has a cause".[61] Kant hat es ebenso gesehen. Er fasst das Kausalprinzip „Jedes Ereignis hat eine Ursache" als gleichbedeutend mit dem Prinzip „Jedes Ereignis unterliegt ausnahmslosen Gesetzen" auf. Die Gleichsetzung von Kausalprinzip und Determinismus, die übrigens auch in der Strafrechtslehre verbreitet ist, ergibt sich immer dann, wenn eine nomologische Auffassung der Kausalität vertreten wird, genauer: wenn zusätzlich zum allgemeinen Kausalprinzip die kausalitätstheoretische These vertreten wird, dass eine Kausalbeziehung zwischen zwei Ereignissen genau dann besteht, wenn es ein striktes Kausalgesetz gibt, das den fraglichen Fall subsumiert. Davidson hat diese kausalitätstheoretische These das *Prinzip vom nomologischen Charakter der Kausalität* genannt. Die nomologische Kausalitätsauffassung ist eine modale Verschärfung der humeschen Regularitätstheorie. Bloße empirische Regularitäten, so der Standardeinwand gegen Hume, könnten auch zufällig sein, für Kausalität sei eine stärkere Beziehung der notwendigen Verknüpfung erforderlich, die Gesetzesauffassung liefere eben diese Verstärkung.

Kant hielt die Gesetzesauffassung der Kausalität für alternativlos. Worin sollte eine kausale Beziehung sonst bestehen, wenn nicht in einer streng allgemeinen und notwendigen Verknüpfung? Ein unabhängiges Argument für die Gesetzesauffassung der Kausalität sucht man bei Kant vergebens. Er hielt die Gesetzesauffassung schlicht für einen analytischen Bestandteil des Kausalbegriffs.[62] In der neueren Wissenschaftstheorie sind indes verschiedene Theorien der Kausalität entwickelt worden, die ohne ausnahmslose Kausalgesetze auskommen.

Auch Laplace bedient sich des kausalen Idioms, wenn er, wie zitiert, „den gegenwärtigen Zustand des Weltalls als die Wirkung seines früheren und als die Ursache des folgenden Zustands" betrachtet. Diese Darstellung erfordert eine eigenwillige Auffassung kausaler Relata: Ursachen und Wirkungen wären nicht gewöhnliche Ereignisse, sondern Momentanzustände des Universums. Im Umkehrschluss würde dies bedeuten, dass alle gewöhnlichen Kausalurteile der Art „Der Steinwurf hat den Bruch des Fensters verursacht" als falsch angesehen werden müssen, da nur eine Teilursache genannt sei. Wir haben oben gesehen, was Laplace zu dieser eigenwilligen Auffassung kausaler Relata zwingt:

der Umstand, dass alle Kausalgesetze Ausnahmen unterworfen sind, „wenn die Ursache nicht den Zustand des ganzen Weltalls umfaßt".[63]

Gegen die Gleichsetzung von Verursachung und laplacescher Determination spricht weiterhin, dass die Kausalbeziehung hinsichtlich der Zeitrichtung asymmetrisch ist – Früheres verursacht Späteres, nicht umgekehrt –, während die Beziehung der laplaceschen Determination in beiden Zeitrichtungen gilt.

Warum ist es für die Freiheitsdebatte wichtig, ob das Determinismusprinzip mit dem Kausalprinzip identisch ist oder nicht? Es ist mindestens deshalb wichtig, weil einige Libertarier die Freiheit zwar mit dem Determinismus für unvereinbar halten, nicht hingegen mit der universalen Geltung des Kausalprinzips. Robert Kane, der profilierteste Vertreter dieser Position, leugnet nicht, dass Handlungen und Entscheidungen Ursachen haben, nur hätten sie keine *deterministischen* Ursachen. Kane stützt sich auf eine nichtdeterministische Konzeption der Ereigniskausalität, ohne sie allerdings auszuarbeiten. Und da die anderen beiden Spielarten des Libertarismus – die nichtkausale und die akteurskausale – von schwerwiegenden Einwänden betroffen sind (s.u., Kap. 4.4), ist die Unterscheidung von Kausalprinzip und Determinismusprinzip für inkompatibilistische Freiheitsauffassungen von großem Interesse.

Das allgemeine Kausalprinzip („Jedes Ereignis hat eine Ursache") stammt nach Kant nicht aus der Erfahrung, sondern liegt aller Erfahrung zugrunde, handelt aber gleichwohl von der Welt, ist also nicht analytisch. Es ist ein synthetischer Satz a priori. Das Kausalprinzip ist eines der wenigen Beispiele, die Kant überhaupt für synthetische Sätze a priori gibt. Zugleich gesteht er zu, dass einzelne Kausalgesetze durch das allgemeine Kausalprinzip unterbestimmt bleiben und sich nicht a priori deduzieren lassen. Hier „muß Erfahrung dazu kommen".[64] Wenn das Kausalprinzip ein synthetischer Satz a priori ist, lässt es sich nicht durch Erfahrung widerlegen. Nach Stegmüller ergibt sich seine Nichtwiderlegbarkeit schon aus logischen Gründen. Bei dem Prinzip „Zu jedem Ereignis gibt es eine Ursache" handle es sich

> um eine kombinierte All- und Existenzbehauptung. Und da bekanntlich Allsätze nicht verifizierbar und Existenzsätze nicht falsifizierbar sind, so kann das allgemeine Kausalprinzip weder das eine noch das andere sein. Die Nichtverifizierbarkeit teilt das Kausalprinzip mit den übrigen Naturgesetzen. Während aber diese [...] auf Grund von Beobachtungen widerlegt werden können, kann nichts, was sich auch in der Welt ereignen mag, dem Kausalprinzip widersprechen.[65]

Dass ein Ereignis keine Ursache hat, lässt sich empirisch nie erweisen, denn ein scheinbar unverursachtes Ereignis könnte stets eine Ursache haben, die wir noch nicht gefunden haben. Der Physiker Werner Heisenberg sieht durch unsere Unkenntnis auch das Determinismusprinzip betroffen:

An der scharfen Formulierung des Kausalgesetzes: wenn wir die Gegenwart genau kennen, können wir die Zukunft berechnen, ist nicht der Nachsatz, sondern die Voraussetzung falsch. Wir können die Gegenwart in allen ihren Bestimmungsstufen prinzipiell nicht kennen lernen.[66]

Hier werden mehrere Fehler auf einmal gemacht: Das Kausalprinzip wird mit dem Determinismus gleichgesetzt, Determiniertheit mit Vorhersagbarkeit, aus der Nichtüberprüfbarkeit des Vordersatzes wird fälschlich geschlossen, dass mit dem Kausalprinzip selbst etwas nicht stimmt.

Nun sind Kants Analogien der Erfahrung, zu denen das allgemeine Kausalprinzip gehört, *regulative* Prinzipien, keine konstitutiven. Dies hat man im Falle des Kausalprinzips so interpretiert, dass dieses den Naturforscher zur fortgesetzten Suche nach den Ursachen eines Ereignisses verpflichte, nicht hingegen garantiere, dass diese Suche in jedem Einzelfall erfolgreich ist. Mit dem Verweis auf seinen regulativen Charakter wird nicht nur das allgemeine Kausalprinzip, sondern häufig auch der Laplace-Determinismus verteidigt. Es ließe sich, so das Argument, die Wahrheit des Determinismus zwar nicht beweisen, da wir den Weltlauf nicht wiederholen können, doch sei die Annahme des Determinismus eine unerlässliche Voraussetzung der wissenschaftlichen Forschung. Andernfalls würden wir vor dem Unerklärlichen kapitulieren, und diese Haltung sei mit dem Geist wissenschaftlicher Forschung unvereinbar.

Man kann bezweifeln, dass diese Argumentationslinie eng mit dem Determinismus zusammenhängt. Sich nicht mit im Prinzip Unerklärlichem abzufinden ist eine vernünftige Haltung, aber dass allein deterministische Kausalerklärungen als Erklärungen zählen, ist eine Zusatzbehauptung, die eigens begründet werden müsste. Zum Geist wissenschaftlicher Forschung dürfte die Annahme gehören, dass alles in der Welt mit rechten Dingen zugeht und dass es keine Wunder gibt. Aber diese Formulierungen sind viel schwächer als die These des Laplace-Determinismus. Auch der Indeterminist beruft sich ja nicht auf Wunder, sondern hält es für eine erforschbare physikalische Tatsache, dass beispielsweise gewisse Phänomene der Quantenwelt keinen deterministischen, sondern nur probabilistischen Gesetzen unterliegen. Er verbietet dem Deterministen auch nicht das Weiterforschen, also die Suche nach sogenannten verborgenen Parametern, aber er hält es für unklug, sein gesamtes wissenschaftliches Weltbild an die Annahme zu binden, dass es solche verborgenen Parameter geben muss, welche die *prima facie* indeterministische Quantenwelt wieder deterministisch machen.

Der Determinismus gilt in der modernen Physik als weithin diskreditiert, während die Kausalität quicklebendig ist. Auch dieser Umstand spricht dafür, Kausalprinzip und Determinismus zu entkoppeln. Dass diese Entkopplung möglich ist, zeigen die zahlreichen nichtdeterministischen Kausalitätsauffassungen, die in der jüngeren Wissenschaftstheorie entwickelt worden sind.[67]

Hinsichtlich des Freiheitsproblems dürfte der vernünftige Kern des Misstrauens gegen nichtdeterministisch verursachte Ereignisse der *Zufallseinwand* sein: Entscheidungen, die nicht streng determiniert sind, seien von Zufallsereignissen ununterscheidbar, Zufälligkeit schließe aber vernünftige Steuerbarkeit aus. Kant argumentiert ebenso: Wo vom deterministisch verstandenen Kausalprinzip abgegangen werde, überantworte man den Menschen „dem blinden Zufalle, bei welchem aller Vernunftgebrauch aufhört".[68] Auf diesen Einwand wird zurückzukommen sein.

2.6 Bereichsdeterminismen

Der Laplace-Determinismus ist keine wissenschaftliche Theorie über einen bestimmten Gegenstandsbereich, sondern eine empirisch nicht überprüfbare These über den Weltlauf als ganzen. Nimmt man in der aktuellen Freiheitsdebatte auf den Laplace-Determinismus Bezug, so zieht man sich leicht den Vorwurf zu, man führe Debatten des 19. Jahrhunderts. In den aktuellen Kontroversen, die stark durch die Lebenswissenschaften geprägt sind, ist mit der Berufung auf „deterministische" Zusammenhänge gerade nicht der universale Laplace-Determinismus gemeint. Hier werden vielmehr *bereichsspezifische* Determinismen ins Feld geführt: der genetische, der neurophysiologische und der psychologische. Die Älteren erinnern sich noch an weitere Bereichsdeterminismen, den ökonomischen und den historischen.

Ein für einen bestimmten Gegenstandsbereich formulierter Determinismus ist nicht mit einem zu verwechseln, dessen determinierende Kraft eingeschränkt ist. Eine Doktrin, der zufolge bestimmte Determinanten ein Geschehen oder Verhalten nicht alternativlos festlegen, sondern nur dazu disponieren oder es wahrscheinlich machen, verdient den Namen „Determinismus" nicht. Die Determinismusthese lässt ihrem Sinn nach diese Abschwächung nicht zu. Ein Bereichsdeterminismus erlaubt auch keine nichtdeterminierten Ereignisse in seiner Domäne, denn ein auf diese Weise eingeschränkter Determinismus wäre aus logischen Gründen vom Nichtdeterminismus ununterscheidbar. In diesem Sinne sagt Popper: „Wenn nur ein einziges (zukünftiges) Ereignis nicht vorherbestimmt ist, muß der Determinismus aufgegeben werden, und der *Indeterminismus* ist wahr."[69]

Bereichsspezifische Determinismen behaupten durchaus die durchgängige Determination des jeweiligen Bereichs, lassen aber offen, wie dieser Bereich sich zum Rest der Welt verhält. Die jeweils untersuchten Determinanten werden von

Bereichsdeterministen auf Nachfrage nicht als kausal hinreichende Bedingungen ausgegeben, denn „einige der Faktoren, die ein Ereignis determinieren, befinden sich sozusagen nicht im Blickfeld".[70] Indem ein Determinist von bestimmten Kausalfaktoren abstrahiert, erwirbt er freilich nicht das Recht, sie für irrelevant zu halten.

Betrachten wir zunächst den psychologischen Determinismus. Die Psychologie behandelt einen Ausschnitt der Welt, nämlich diejenigen Wesen, Prozesse und Zustände, die sich psychologisch beschreiben lassen, da sie psychische Eigenschaften haben. Klassische Kompatibilisten wie Locke, Hume und Mill formulierten ihren Determinismus psychologisch. Nach Locke streben Menschen stets Lust oder die Vermeidung von Unlust an, und ihre Handlungen werden vom jeweils drängendsten Unbehagen (*uneasiness*) bestimmt. Hume lehrt, „daß eine große Gleichförmigkeit unter den Handlungen der Menschen bei allen Völkern und zu allen Zeiten besteht".[71] Handlungen werden aus Motiven und Charakterzügen erklärt, gleiche Motive führen zu gleichen Handlungen. Mill zufolge strebt der Mensch stets nach Lust, und der jeweils stärkste Antrieb setzt sich durch. Ein psychologischer Determinist war auch Schopenhauer: Es sei „jede Tat eines Menschen das notwendige Produkt seines *Charakters* und des eingetretenen *Motivs*".[72] Diese Autoren sprechen von Notwendigkeit, Gleichförmigkeit von Motiven und Eigenheiten der menschlichen Natur, doch von physikalischen Gesetzen, die den Weltlauf alternativlos festlegen, ist nicht die Rede. Auch das Verhältnis der angeblichen „Determination" von Handlungen durch psychische Motive zum universalen naturgesetzlichen Determinismus wird nicht geklärt.

Auch Kant vertrat den psychologischen Determinismus:

> Man kann also einräumen, daß, wenn es für uns möglich wäre, in eines Menschen Denkungsart [...] so tiefe Einsicht zu haben, daß jede, auch die mindeste Triebfeder dazu uns bekannt würde, imgleichen alle auf diese wirkende äußere Veranlassungen, man eines Menschen Verhalten auf die Zukunft mit Gewißheit, so wie eine Mond- oder Sonnenfinsternis, ausrechnen könnte [...].[73]

Indem Kant den psychologischen Determinismus als die These der präzisen Vorhersagbarkeit zukünftiger Handlungen formuliert, kann er allerdings seine Haltung zum universalen physikalischen Determinismus nicht offen lassen, und in der Tat vertrat Kant beide Determinismen.

Bereichsdeterminismen werfen verschiedene Fragen auf, von denen ich zwei herausgreifen möchte: Wie steht es um ihre empirische Überprüfbarkeit? Könnte einer der Bereichsdeterminismen wahr sein, ohne dass der Laplace-Determinismus wahr ist?

Die erste Frage diskutiere ich anhand des psychologischen Determinismus. Kants Behauptung, dass sich das zukünftige Verhalten eines Menschen wie eine

Mond- oder Sonnenfinsternis ausrechnen lasse, steht unter dem Vorbehalt der genauen Kenntnis nicht nur seiner „Denkungsart", sondern auch aller „äußeren Veranlassungen", die Kant auch „Gelegenheitsursachen" nennt. Durch diesen Vorbehalt lässt sich jede Fehlprognose auf den Umstand schieben, dass die genaue Kenntnis dieser Faktoren eben nicht vorgelegen habe. Die menschliche Psyche interagiert vielfältig mit dem Rest der Welt, infolgedessen ist der psychologische Determinismus grundsätzlich nicht leichter überprüfbar als der laplace-sche. Andererseits können psychologische Deterministen durchaus auf erfolgreiche Prognosen aus psychischen Motiven und Charakterzügen verweisen. Russell gibt ein Beispiel: Wir könnten

> die Handlungen anderer Leute oftmals voraussehen, besonders wenn sie schon älter sind. So sehr wir den alten, unsere Einsamkeit auf dem Lande teilenden Herrn auch schätzen: sobald die Rede einmal auf Waldhühner kommt, wissen, wir, daß er die Geschichte von den Waldhühnern in der Kadettenmesse erzählen wird.[74]

Russell fügt mit feiner Ironie hinzu, dass diese Vorhersehbarkeit natürlich nur für die anderen gilt, nicht für uns selbst: „Wir selbst sind natürlich nicht so mechanisch veranlagt; wir erzählen niemals eine Anekdote zweimal derselben Person [...]; obgleich wir einmal Bismarck begegnet sind, so sind wir doch imstande, ihn erwähnen zu hören, ohne gleich von unserer Begegnung mit ihm zu reden."[75]

Es liegt nahe, zutreffende Voraussagen von Handlungen als Indiz für die Wahrheit des psychologischen Determinismus zu werten. Für sich genommen beweist aber eine begrenzte Vorhersehbarkeit menschlicher Handlungen wenig. Dies zeigt folgendes Beispiel von Gerhard Roth: Jemand hat einen Text mit vielen schwierigen Argumenten verloren und schreibt ihn neu. Später findet er den verloren geglaubten Text wieder und stellt fest, dass die beiden Texte einander sehr ähneln. Nach Roth belegt das Beispiel die These des psychologischen Determinismus, dass „in uns ähnliche Anstöße zu ähnlichen Gedankengängen führen, ohne dass wir uns dessen bewusst sind".[76] Ebenso gut könnte man aber argumentieren, dass die Geschichte Folgendes zeigt: Was gestern gute Argumente waren, sind noch heute welche, und glücklicherweise sind disziplinierte Denker in der Lage, der inneren Logik eines Gedankengangs mehr als einmal zu folgen.

Psychologische Deterministen halten Libertariern häufig entgegen, sie müssten menschliche Akteure für kapriziöse Wesen mit unvorhersehbaren Entschlüssen halten, die jederzeit Beliebiges tun können. Diese Zuschreibungen beruhen auf Verwechslungen. Determiniertheit wird mit schwächeren Zusammenhängen verwechselt, präzise Voraussagen mit groben, Nichtdeterminiertheit mit Zufall. In der Philosophiegeschichte werden viele Autoren als psychologische Deterministen bezeichnet, die bei näherem Hinsehen nur schwache Determinationsbeziehungen annehmen. So lehrt Hume zwar, dass gleiche Motive zu gleichen Handlungen führen, und dass dieser Zusammenhang „so regelmäßig und gleichförmig ist wie jener zwischen Ursache und Wirkung in irgendeinem Bereich der Natur".[77] Er fügt jedoch hinzu: „Gleichförmigkeit in jeder Einzelheit gibt es nirgends in der Natur."[78] Hume behauptet also nur eine *begrenzte* Gleichförmigkeit der Handlungsverursachung durch Motive, wobei es ihm primär darauf ankommt, dass psychologische Regularitäten nicht weniger streng sind als andere. Da Hume nun die Einschränkung der Gleichförmigkeit nicht unserer Unkenntnis, sondern der Natur der Sache zurechnet, kann man mit gutem Grund bezweifeln, dass er ein Determinist war.

In der Sache ist Humes Parallelisierung angreifbar. Die offenkundige Nichtvorhersagbarkeit historischer Ereignisse, die ja größtenteils aus Handlungen bestehen, sollte stutzig machen. Danto hat folgende Asymmetrie zu bedenken gegeben: Ein angeblich 1815 geschriebenes Buch, das ein späteres historisches Ereignis, beispielsweise die Schlacht von Iwo Jima, in allen Einzelheiten beschreibt, würde man unweigerlich als eine Fälschung ansehen. Fände sich dagegen unter den Papieren Newtons eine korrekte Himmelskarte für das Jahr 1960, so würde man nicht zwingend eine Fälschung vermuten.[79] Diese Asymmetrie widerspricht der Behauptung, dass die Gleichförmigkeit der Natur in allen Bereichen gleich groß sei. Die Gravitationsbewegungen der Himmelskörper sind aufgrund der Massen- und Entfernungsverhältnisse für äußere Einflüsse weniger anfällig als die menschliche Psyche und soziale Interaktionen, und darum lassen sie sich auch besser voraussagen. Der Unterschied ist graduell, aber unleugbar.

Die These des Determinismus besagt allerdings nicht, dass Anfangsbedingungen und Naturgesetze das Geschehen begrenzt vorhersehbar machen, sondern dass sie es bis in alle Einzelheiten festlegen. Ein weniger strenger Determinismusbegriff wäre auch philosophisch uninteressant. Kaum jemand leugnet eine begrenzte, ungenaue Vorhersagbarkeit zukünftiger Ereignisse. Mit der Prognose, dass in Kalifornien irgendwann ein größeres Erdbeben stattfinden wird, dürfte man auf der sicheren Seite sein. Von Determinismus spricht man erst, wenn Anfangsbedingungen und Gesetze, und seien es psychologische, die Zukunft alternativlos und in allen Einzelheiten festlegen, so dass sich für einen idealen Beobachter auch menschliche Handlungen mit beliebiger Genauigkeit vorhersagen, eben „wie eine Mond- oder Sonnenfinsternis ausrechnen" ließen.

Für uns Sterbliche sind psychologische Voraussagen einstweilen deutlich unsicherer als kosmologische. Die Gesellschaft würde beispielsweise viel darum geben, bei Sexualstraftätern zuverlässige Rückfallprognosen treffen zu können. Dabei wäre man mit vergleichsweise wenig zufrieden: Es würde schon genügen zu wissen, *ob* ein zu entlassender Täter rückfällig werden wird, selbst wenn man nicht vorhersagen kann, wann und wo.

Unsere zweite Frage lautete, ob einer der bereichsspezifischen Determinismen wahr sein könnte, selbst wenn der universale Determinismus es nicht ist. Diese Frage betrifft das Verhältnis der Gegenstandsbereiche von Physik und Einzelwissenschaften. Einzelwissenschaftliche Theorien haben es nicht mit dem Weltlauf als ganzem zu tun, sondern mit Ausschnitten desselben. Die Gebiete der einzelnen Wissenschaften unterscheiden sich voneinander aber nicht gleichsam geographisch; das Gebiet der Biologie verhält sich zu dem der Chemie nicht wie der linke zum rechten Niederrhein. Wissenschaften gewinnen ihre Gegenstände durch *Aspektierung*, nicht durch *Parzellierung*. Die Welt ist nur einmal da, und verschiedene Disziplinen untersuchen verschiedene Aspekte oder Eigenschaften dieser einen Welt. Auch der Geltungsanpruch eines bereichsspezifischen Determinismus ist deshalb nicht in geographischer Hinsicht eingeschränkt. Wenn einer der Bereichsdeterminismen wahr wäre, würde dies nicht bedeuten, dass es in einem bestimmten Raum/Zeit-Gebiet deterministisch zuginge und außerhalb nicht.

Der Laplace-Determinismus behauptet die Fixierung des Weltlaufs durch Naturgesetze. Dafür muss er die Wissenschaft namens Physik nicht erwähnen. Er ist aber eng mit der *physikalistischen* Annahme verbunden, dass alles, was in der Welt geschieht, auf dem Verhalten der kleinsten Bausteine des Universums beruht. Für die Welt des Geistes bedeutet dies, dass nichts in ihr anders sein könnte, als es tatsächlich ist, ohne dass auch in der physischen Welt etwas anders wäre. Wenn ich in diesem Augenblick einen Gedanken hätte, den ich tatsächlich nicht habe, müsste es auch in der Körperwelt einen Unterschied geben. Diesen Zusammenhang nennt man die *Supervenienz des Mentalen auf das Physische*. Man kann auch vom *ontologischen Primat der Mikroebene* sprechen. Ob und in welchem Umfang dieser Primat in erfolgreiche theoretische Reduktionsprogramme umgesetzt werden kann, ist eine andere Frage. Behauptet wird nur, dass die bereichsspezifischen Determinanten – Gene, die Umwelt, Hormone, Bereitschaftspotentiale, Vorurteile, Charakterzüge – nur dadurch wirken können, dass zugleich eine Neuverteilung der Elementarteilchen stattfindet. Die Annahme des Primats der Mikroebene gehört nicht zur Bedeutung von „Determinismus", aber es ist nicht zu sehen, wie dieses asymmetrische Verhältnis sich umkehren lassen sollte. Geschehnisse jedweder Art, so die übliche Auffassung, fallen unter physikalische Gesetze, während biologische Gesetze nur Prozesse in Lebewesen beschreiben, psychologische Gesetze nur solche in Lebewesen mit einer Psyche. Es ist nicht zu sehen, wie biologische oder psychologische Gesetze das Verhalten von Elementarteilchen fixieren sollten, über das sie ja gar nichts aussagen. *Wenn* der Weltlauf alternativlos festgelegt wird, dann durch Gesetze einer idealen Physik.

Dem *neurophysiologischen* Determinismus zufolge ist das Gehirn ein deterministisches System. Was kann damit gemeint sein? In der Kybernetik bezeichnet man als „deterministischen Automaten" eine Maschine, deren Output vollständig durch ihren Anfangszustand, den Input und das Programm bestimmt wird. Bei Eingabe eines Befehls geht sie in einen eindeutig bestimmten Folgezustand über. Wenn das Gehirn ein deterministischer Automat sein soll, müsste sein Output vollständig durch diese drei Faktoren bestimmt werden. Es müssten dann deterministische Verlaufsgesetze existieren, die die Korrelation dieser Faktoren zutreffend beschreiben. „Wenn der Determinismus recht hat", behauptet Popper, „dann sollte es einem Physiker oder einem Physiologen, der nichts von Musik versteht, im Prinzip möglich sein vorauszusagen, auf welche Stelle des Papiers Mozart seine Feder setzen wird, indem er Mozarts Gehirn untersucht".[80]

Warum kennen die Neurowissenschaften solche Gesetze nicht? Hier wird zum einen darauf verwiesen, dass das Gehirn ein hochkomplexes biologisches System ist, dessen Struktur durch vergangenen Input geprägt worden ist. Von der Gesamtheit der vergangenen Einflüsse hat aber niemand hinreichende Kenntnis. Hinzu kommt, dass ein arbeitendes Gehirn laufend neuem sensorischem Input unterliegt, so dass die Beschränkung auf vergangenen Input den zu erwartenden Output unterbestimmt lassen muss. Zum Teil baut der laufende Input sogar die Struktur des Gehirns um; diese *Plastizität* des Gehirns hat man in der frühen Hirnforschung unterschätzt. In neurophysiologischem Vokabular formulierte deterministische Verlaufsgesetze könnten nur dann wahre Allaussagen über Input-Output-Korrelationen liefern, wenn die Verarbeitung eines gegebenen Inputs kausal isoliert vonstatten ginge, wenn also die Dynamik des Gehirns durch keinerlei äußere Faktoren beeinflusst werden könnte. Doch tatsächlich ist das Gehirn, wie jedes andere physische System, nicht kausal gegen seine Umwelt isoliert. Es ist mannigfachen Einflüssen ausgesetzt. Schon die Möglichkeit des plötzlichen Todes des Organismus, der das Gehirn beherbergt, schließt deterministische Zusammenhänge aus. Auch die Arbeitsweise des Gehirns ist also vom Überlagerungsproblem betroffen. Es besteht kein Grund zu der Annahme, dass es ausnahmslos wahre Verallgemeinerungen über die Interaktion des Gehirns mit beliebigen Umwelteinflüssen gibt.

Natürlich widerlegt der Umstand, dass neuronale Prozesse durch nichtneuronale beeinflusst werden, nicht den Laplace-Determinismus. Er besagt auch nicht, dass es bei der kausalen Interaktion zwischen Gehirn und Umwelt nicht mit rechten Dingen zuginge. Er macht es aber schwierig, genau anzugeben, worin die These des neurophysiologischen Determinismus eigentlich besteht. Die von einem Bereichsdeterminismus untersuchten „Determinanten", so habe ich oben gesagt, sind keine kausal hinreichenden Bedingungen. Das bedeutet aber nicht, dass ein Bereichsdeterminist daran zweifeln dürfte, dass es zu jedem

Ereignis eine Menge kausal hinreichender Bedingungen *gibt*. Er kann hinsichtlich dieser Frage nicht einmal Urteilsenthaltung üben, andernfalls würde er das neuronale Geschehen nicht für alternativlos fixiert halten. Da er aber nicht mit denjenigen Entitäten befasst ist, die allein im Verhältnis vollständiger Determination zueinander stehen, nämlich mit kompletten Weltzuständen, könnte man argumentieren, dass ein Bereichsdeterminismus genaugenommen den Namen „Determinismus" nicht verdient.[81] Man könnte aber auch argumentieren, dass ein Bereichsdeterminismus dann seinen Namen verdient, wenn er *vor dem Hintergrund des Laplace-Determinismus* vertreten wird.

Angesichts der Möglichkeiten, die Arbeit des Gehirns von außen zu beeinflussen, könnte man noch anführen, dass das Gehirn eben nur als isoliertes System deterministischen Gesetzen folge. Diese Replik kennen wir bereits aus der Diskussion des Laplace-Determinismus. Auch hier wurde vorgeschlagen, den Determinismus von vornherein nur für isolierte Systeme zu formulieren. Dieser Bezug auf isolierte Systeme würde den Determinismus indes zu einer kontrafaktischen These machen, die das Verhalten empirischer Systeme unterbestimmt lässt. Der Begriff des deterministischen Systems würde auch trivialisiert, wenn man sich das Absehen von möglichen Störungen erlaubt.

Die Formulierung deterministischer Verlaufsgesetze, die den faktischen Output lebender Gehirne mit beliebiger Genauigkeit vorauszusagen gestatten, ist nicht einmal ein vernünftiges Forschungsprogramm. Die Wissenschaft strebt solche Prognosen und Gesetze nicht an, denn das „würde die Kombination von physischen Anfangsbedingungen aller Art bedeuten"[82], und dies ist kein vernünftiges Ziel irgendeiner Einzelwissenschaft. Und sollte sich der Determinismus einmal auf irgendeine Weise widerlegen lassen, müssten nach van Inwagen keine Lehrbücher umgeschrieben werden, „simply because no scientist has ever claimed to be able to predict the actual course of events in a living brain".[83]

Falkenburg hat jüngst kritisiert, dass es „im aktuellen Streit um Freiheit und Neurodeterminismus" vor allem an einer Auseinandersetzung „mit den faktischen Erklärungsleistungen der Hirnforschung" fehlt.[84] Diese Kritik ist völlig berechtigt. Es existiert eine große Kluft zwischen programmatischen Bekenntnissen zum neuronalen Determinismus und der tatsächlichen Erklärungs- und Forschungspraxis der Neurowissenschaften. Die in den Neurowissenschaften vorherrschenden Erklärungsformen sind von der Angabe deterministischer Verlaufsgesetze denkbar weit entfernt. In der Wissenschaftstheorie der Lebenswissenschaften hat man begonnen, die Eigenarten der dort vorherrschenden Erklärungen genauer zu untersuchen. Die Vertreter des „neuen Mechanismus" (Craver, Bechtel) argumentieren in expliziter Abkehr vom deduktiv-nomologischen Modell der wissenschaftlichen Erklärung, dass die Erklärung eines biologischen Phänomens in der Beschreibung des *Mechanismus* besteht, der das Phänomen produziert. Die Erläuterungen, was genau ein Mechanismus ist, sind uneinheitlich und häufig unklar. Konsens besteht jedenfalls darüber, dass in mechanistischen Erklärungen die Korrelierung mentaler Phänomene mit neuronalen Prozessen nicht dadurch geschieht, dass die Phänomene mithilfe deterministischer Verlaufsgesetze deduziert würden.

Ich fasse meine Diskussion des Verhältnisses zwischen Laplace-Determinismus und bereichsspezifischen Determinismen zusammen: Ein Bereichsdeterminismus könnte allenfalls dann ohne Rücksicht auf den Laplace-Determinismus wahr sein, wenn es innerhalb des Universums kausal gegen ihre Umgebung abgeschirmte Systeme gäbe, also Systeme, die nicht mit ihrer Umwelt interagieren. Nur dann wäre es möglich, dass bereichsspezifische deterministische Verlaufsgesetze, beispielsweise über die Arbeitsweise von Gehirnen, das tatsächliche Verhalten ihres Gegenstands zutreffend beschreiben und zu prognostizieren erlauben.[85] Die Formulierung schwächerer Korrelationen stützt keinen Determinismus, auch keinen bereichsspezifischen. Insbesondere würde es nicht ausreichen, dass zum Beispiel eine bestimmte genetische Ausstattung oder eine hirnanatomische Besonderheit ein Lebewesen zu bestimmtem Verhalten *disponiert*. Man nennt solche disponierenden Faktoren zwar manchmal Determinanten, aber solange die Theorie nicht außerdem festlegt, wann und wo sich welche Disposition manifestiert, sind die Bezeichnungen „genetischer Determinismus" und „neurophysiologischer Determinismus" verfehlt.

Man übersieht das leicht, weil in der Wissenschaft, und erst recht in der Populärwissenschaft, mit dem Attribut „deterministisch" überaus nachlässig umgegangen wird. Zur Nachlässigkeit kommt das erwähnte Lückenproblem hinzu: Man spricht von deterministischen Systemen, deterministischen Theorien und deterministischen Gesetzen und unterschlägt die große Lücke zu der empirischen Behauptung, dass das entsprechende System sich tatsächlich deterministisch verhält. Von Wortführern der neurowissenschaftlich inspirierten Freiheitskritik wird unverdrossen und meist unwidersprochen behauptet, „dass es auch bei den hochstufigen Prozessen in unserem Gehirn, die für die Steuerung unseres Verhaltens zuständig sind, deterministisch zugeht"[86], ohne dass der Versuch gemacht würde, diese Lücke zu schließen, die Determinismusbehauptung auf die faktische Erklärungspraxis der Neurowissenschaften zu beziehen und die schwierige Frage, worin ein empirischer Nachweis der Wahrheit des Determinismus bestehen könnte, auch nur in den Blick zu nehmen. Der Determinismus wird nicht belegt, sondern nur behauptet, und als einzige Alternative zu ihm wird der dualistische Interaktionismus ausgegeben, der die Energieerhaltungssätze verletze. Dem Libertarier wird die Annahme kausaler Eingriffe immaterieller Seelensubstanzen in die Körperwelt unterstellt. Es wird synchrone mit diachroner Determination verwechselt, Verursachung mit physischer Realisierung, Theorien mit dem, was sie beschreiben. Diese philosophischen Fehler werden indes mit empirischen Befunden vermengt, was eine Auseinandersetzung mit den tatsächlichen Befunden der Neurowissenschaften erschwert. Gleichwohl muss die Relevanz der neurowissenschaftlichen Forschungsergebnisse für das Freiheitsproblem natürlich geprüft werden. Von der unklaren These des neuronalen Determinismus ist dabei kein großer Aufschluss zu erwarten; man wird sich vielmehr den einzelnen empirischen Befunden zuwenden müssen.

3. Kompatibilismus

3.1 Klassischer Kompatibilismus

Kompatibilismus ist die Lehre, dass Freiheit und Determinismus miteinander vereinbar sind. Hume prägte für diese Lehre das Stichwort von einem „reconciling project".[1] Man nennt den Kompatibilismus gelegentlich auch „weichen Determinismus", im Unterschied zum „harten Determinismus", der die Freiheit leugnet. Diese Bezeichnungen, die William James eingeführt hat, sind missverständlich, da die Stellungnahme zur Vereinbarkeitsfrage ja keine Spielart des Determinismus ist, sondern eine unabhängige These. Ein Kompatibilist muss zur Frage nach der materialen Wahrheit des Determinismus nicht Stellung nehmen, und einige Kompatibilisten tun das auch nicht. Das kompatibilistische Lager zerfällt, wie in der Einleitung beschrieben, in agnostische und in deterministische Kompatibilisten.

Als „klassischen Kompatibilismus" bezeichnet man die freiheitstheoretischen Auffassungen von Hobbes, Locke, Hume und Mill. Freiheit fassen diese Autoren als die ungehinderte Ausübung der Fähigkeit auf, zu tun, was man will. Zerlegt man diese Erläuterung in ihre Bestandteile, so besteht die Freiheit des klassischen Kompatibilismus aus zwei Elementen: (a) dem Vermögen, seinem Willen gemäß zu handeln, (b) der Abwesenheit von Zwang und äußeren Hindernissen bei der Ausübung dieses Vermögens. Diese Erläuterung provoziert den Einwand, dass von *Willens*freiheit hier gar nicht die Rede sei, denn in (a) ist vom willentlichen Handeln die Rede, nicht von der Willensbildung, während (b) eine Bedingung dafür benennt, dass man sein Handlungsvermögen auch ausüben kann. In der Tat sagen viele Kompatibilisten ausdrücklich, dass allein unsere Handlungen frei genannt werden können, nicht hingegen der Wille.

Auch in Humes Freiheitsdefinition scheint nur von Handlungsfreiheit die Rede zu sein, also davon, dass man das, was man will, auch tun kann:

> Unter Freiheit können wir somit nur *eine Macht, zu handeln oder nicht zu handeln, entsprechend den Willensentscheidungen,* verstehen [...]. Diese bedingte Freiheit wird allgemein jedem zugestanden, der kein Gefangener ist und nicht in Ketten liegt.[2]

Vom Willen ist im klassischen Kompatibilismus nur insofern die Rede, als das Tun vom Willen abhängt. Freies Handeln ist willensgemäßes Handeln, wobei über die Art der Willensbildung nichts weiter gesagt wird. Nun könnte man argumentieren, dass das fragliche Vermögen des willentlichen Handelns komplex ist und noch weiter zerlegt werden kann. Tugendhat zerlegt das Vermögen im Anschluss an Aristoteles in eine rationale und eine akteurskausale Komponente:

Der Akteur habe zum einen „die Fähigkeit zu überlegen", zum anderen die Fähigkeit, „das Ergebnis seiner Überlegungen handlungswirksam werden zu lassen".[3] Der Freiheitsspielraum des Akteurs geht nun für Tugendhat auf den Umstand zurück, dass ein *rationales* Vermögen im Spiel ist:

> Es ist gerade das Überlegen, in dem der Freiheitsspielraum des So-oder-So-Könnens für den Handelnden selbst geöffnet ist. Er steht vor einer Situation, in der es vom Ergebnis seines Überlegens abhängt, was geschehen wird.[4]

Die entsprechende Formulierung des Aristoteles lautet, dass es *beim Handelnden selbst steht*, die Handlung auszuführen oder nicht.

Kann man diese Auffassung noch kompatibilistisch nennen? Das hängt davon ab, ob das Ausführen der gewählten Handlung und die Art der Willensbildung als determinismusverträglich aufgefasst werden. Für Hume steckt die kompatibilistische Pointe darin, dass Handlungen nicht unverursacht, sondern *auf die richtige Art* verursacht sein müssen, um frei zu sein, nämlich durch innere, mentale Ursachen. Hingegen bringt Tugendhats aristotelisch inspirierte Rede vom So-oder-Anderskönnen die zusätzliche Auflage ins Spiel, dass alternative Möglichkeiten bestehen müssen, die die Person im Überlegen oder im Handeln ergreifen kann. Das Bestehen alternativer Möglichkeiten des Weiterverlaufs definiert aber den *In*determinismus. Wenn das überlegungsabhängige So-oder-Anderskönnen in diesem Sinne gemeint ist, hat man es also nicht mehr mit einer kompatibilistischen Position zu tun.[5] Man kann den Unterschied so ausdrücken, dass im letzteren Fall eine *Zwei-Wege-Fähigkeit* angenommen wird, während der klassische Kompatibilismus nur fordert, dass die Person das, was sie tatsächlich tut, willentlich und ungehindert tut. Kein Kompatibilist möchte indes von der Rede lassen, dass Handelnde etwas *können*. Der Verzicht auf die Rede von Fähigkeiten oder Vermögen wäre eine dramatische Abweichung von unseren Alltagsauffassungen. So kann es nicht verwundern, dass ein Hauptstrang der neueren Kompatibilismusdebatte mit der Klärung des Sinns von „Können" und „Anderskönnen" befasst ist.

Was Aristoteles betrifft, so ist dessen Position zum Vereinbarkeitsproblem nicht leicht einzuschätzen.[6] Die antike griechische Philosophie hat kein eigenes Wort, das sich mit „Willensfreiheit" übersetzen ließe. Für Platon obliegt es dem vernünftigen Seelenteil, die Begierden im Zaum zu halten; diese Auffassung würde durch eine freiheitstheoretische Reformulierung nur verzerrt. Aristoteles entwirft im dritten Buch seiner *Nikomachischen Ethik* eine Handlungstheorie und Zurechnungslehre, die das überlegte Streben nach dem, was in unserer Macht steht (*prohairesis*), in den Mittelpunkt stellt. Ein konturierter Begriff des freien Willens findet sich erst bei den Stoikern.[7] Aristoteles nennt „unfreiwillig" ein Handeln, das „aus Zwang oder Unwissenheit geschieht".[8] Zöge man den Umkehrschluss, dass alle anderen Handlungen als frei zählen, erhielte man die Auffassung des klassischen Kompatibilismus: Alle nichterzwungenen Handlungen sind frei. Dies gälte auch für naturgesetzlich determinierte Handlungen. Insofern ist Aristoteles verschiedentlich als Ahnherr des Kompatibilismus reklamiert worden. Dass alle nichterzwungenen Handlungen frei sind, ist aber in moderner Terminologie eher eine Bemerkung zur Handlungs- als zur Willensfreiheit.

Schwer einzuschätzen ist seine Auffassung auch deshalb, weil Aristoteles keinen Begriff der naturgesetzlichen Determination im modernen Sinne verwendet. Er spricht von „Notwendigkeit", aber diese Notwendigkeit speist sich, wie später bei den Stoikern, aus einer anderen Modalitätsquelle, nämlich aus der Natur der Dinge. Indeterministische und inkompatibilistische Aristoteles-Interpretationen stützen sich meist auf einen anderen Text, das oben schon erwähnte Seeschlacht-Kapitel der Schrift *Peri hermeneias*. Aristoteles argumentiert dort unter anderem, dass, wenn die Aussage „Morgen findet eine Seeschlacht statt" jetzt schon wahr wäre, es nicht mehr von unseren Überlegungen und Handlungen abhinge, ob die Seeschlacht stattfindet. Es geschähe dann „alles mit Notwendigkeit" und stünde nicht mehr bei uns, und so könne es sich ja nicht verhalten.[9] Dieses nur angedeutete Argument aus der Beeinflussbarkeit der Zukunft hat man als eine *reductio ad absurdum* der Determinismusannahme ausgelegt. Wie die Formulierung, dass etwas „bei uns steht", genau zu interpretieren ist, ist allerdings umstritten.

Locke gilt als klassischer Kompatibilist, der eine wohlverstandene Freiheit für mit dem Determinismus vereinbar hält. Nach üblicher Interpretation beschränkt er die menschliche Freiheit auf die Handlungsfreiheit, vertritt einen psychologischen Determinismus und hält das Verlangen nach einer Indifferenzfreiheit des Willens für fehlgeleitet. Bei näherer Betrachtung zeigt sich, dass mehrere Elemente dieser Standardinterpretation fragwürdig sind.

Der Wille ist nach Locke eine Kraft oder ein Vermögen des Geistes, „to prefer the motion of any part of the body to its rest".[10] Jeder Mensch „finds in himself a power to begin or forbear [...] several actions in himself".[11] Der Wille ist allerdings kein Vermögen der Selbstbewegung, sondern wird seinerseits durch Leidenschaften bestimmt. Locke vertritt eine hedonistische Psychologie, derzufolge jeder Mensch nach Lust strebt und stärker noch nach der Vermeidung von Unlust. Was den Willen bestimmt, ist das jeweils drängendste Unbehagen („most pressing uneasiness"). Frei zu sein ist keine Eigenschaft des Willens, sondern eine des Menschen. Frei ist der Mensch, insofern sein Tun von seinem Wollen abhängig ist. Unsere Freiheit besteht „in our being able to act or not to act, according as we shall choose or will".[12] Gegen stärkere Freiheitsbegriffe argumentiert Locke zunächst, dass der Mensch sich gegenüber einmal ins Auge gefassten Handlungsoptionen nicht indifferent verhalten kann. Es liegt nicht in seiner Macht, eine ausführbare Handlung, die er überhaupt in Betracht zieht, nicht zum Gegenstand seines Wollens oder Nichtwollens zu machen.[13] Ferner steht es ihm nicht frei, sich andere Ziele zu setzen als das eigene Glück. Dass wir stets Lust bzw. Unlustvermeidung anstreben, liegt in der menschlichen Natur. Locke formuliert seinen Determinismus also nicht als naturgesetzlichen, sondern als allgemeine Aussage über die Natur der menschlichen Psyche. Unsere hedonistische Natur beeinträchtigt aber eine wohlverstandene Freiheit nicht, denn wahre Freiheit ist an die Vernunft gebunden. Wenn Freiheit darin bestünde, sich in Schande und Unglück zu stürzen und dabei alle Vernunftgründe in den Wind zu schlagen, dann wären Narren als einzige frei.[14]

Die Bindung der Freiheit an das Streben nach Glück und an Vernunftgründe scheint Locke aber nicht so aufzufassen, dass unser Wollen und Handeln durch Glücksstreben und Vernunft *determiniert* werden. Er stellt das praktische Überlegen nicht als einen naturgesetzlichen Mechanismus mit einem vorherbestimmten Ausgang dar, sondern als eine Fähigkeit, von der Menschen einen vernünftigen Gebrauch machen können und sollen. In diesem Zusammenhang bringt Locke einen zweiten Freiheitsbegriff ins Spiel, nämlich „a power to *suspend* the execution and satisfaction of any of its desires"[15] zugunsten einer nochmaligen Prüfung, ob das Gewünschte tatsächlich glücksbefördernd ist. Dieses Vermögen des Innehaltens, der Distanznahme und der vernünftigen Prüfung sei „the source of all liberty; in this seems to consist that, which is (as I think improperly) called 'free will'".[16] Dass Menschen dieses Suspensionsvermögen besitzen, ist, wie Locke wiederholt betont, eine empirische Tatsache. Die Erfahrung zeige, dass wir unsere Leidenschaften durchaus beherrschen können, wenn zum Beispiel hochgestellte Personen anwesend sind. Wenn wir es aber in ihrer Anwesenheit können, dann auch allein.[17]

Wie das Vermögen des Innehaltens und Prüfens der eigenen Wünsche freiheitstheoretisch zu interpretieren ist, ist alles andere als klar. Das Suspensionsvermögen passt nicht ohne weiteres zu der Standardinterpretation, dass Locke als ein psychologischer Determinist die Willensfreiheit leugnet und die Handlungsfreiheit kompatibilistisch auffasst. Vor allem steht das Suspensionsvermögen in einer deutlichen Spannung zu seiner hedonistischen These, dass stets das drängendste Unbehagen den Willen bestimmt.[18] Offenbar heißt „bestimmen" hier nicht „deterministisch verursachen", denn sonst müsste es der Person naturgesetzlich unmöglich sein, den Weg vom drängendsten Unbehagen zu einer handlungswirksamen Entscheidung zu blockieren. Wenn wir Suspensionsfähigkeit besitzen, muss die Person, wenn sie in ihrer Willens*bildung* nicht frei ist, zu einem späteren Zeitpunkt noch eingreifen können. Sie muss das Vermögen besitzen, einen durch ein aktuelles Unbehagen bestimmten Willen nicht handlungswirksam werden zu lassen. An welcher Stelle genau man das Suspensionsvermögen ansiedelt, ist indes für die Vereinbarkeitsfrage nicht entscheidend, denn in einer deterministischen Welt ist jede Unterbrechung eines Determinationszusammenhangs naturgesetzlich unmöglich.

Das macht die Frage, wie Lockes psychologischer Determinismus zum Suspensionsvermögen passen soll, umso drängender. Dass die handlungswirksame Entscheidung von einer vernünftigen Prüfung vorhandener Wünsche abhängt, kann ein Determinist nur dann zugeben, wenn er die vernünftige Prüfung ihrerseits als deterministischen Prozess auffasst, der dieselbe Notwendigkeit oder Unausweichlichkeit besitzt wie die kausale Determination durch physische oder psychische Ursachen. Wäre dies der Fall, so sähe sich Locke dem Einwand ausgesetzt, dass die Rede vom Suspensionsvermögen eine bloße *Façon de parler* wäre. Locke erörtert diese Frage aber nicht näher, weil er von vornherein keinen Konflikt zwischen Vernunft und Freiheit sieht. Als Argument dafür findet sich nur die bereits zitierte polemische Bemerkung: „If to break loose from the conduct of reason [...] be liberty, true liberty, madmen and fools are the only freemen".[19] Diese Bemerkung stellt aber einen Themenwechsel dar. Umstritten ist zwischen dem Kompatibilisten und dem Libertarier nicht, ob Menschen sich von vernünftigen Gründen leiten lassen sollten oder nicht, sondern ob das Überlegen in Wirklichkeit ein naturgesetzlicher Mechanismus mit determiniertem Ausgang ist. In diesem Fall wäre aus inkompatibilistischer Sicht das Vermögen des Innehaltens und Prüfens eine bloße Illusion, denn alternative Überlegungswege wären tatsächlich naturgesetzlich verschlossen.

Einige Autoren sprechen in der Tat von einem *rationalen Determinismus*. Wenn der Ausgang einer Überlegung tatsächlich durch die Qualität der Gründe prädeterminiert wäre, gehörte der Mensch gleich zwei deterministischen Ordnungen an, einer kausalen und einer rationalen.[20] Es gibt aber eine entscheidende Disanalogie zwischen naturgesetzlicher und rationaler „Determination": Da Menschen sich durchaus irrational verhalten können, während sie nicht die Fähigkeit haben, den Naturgesetzen zuwider zu handeln, trifft es nicht zu, dass vernünftige Gründe ebenso alternativlos determinieren wie ein naturgesetzlicher Zusammenhang. Insofern verdient der „rationale Determinismus" seinen Namen nicht. Die modale Eigenart der noch so starken rationalen Motivation gegenüber der naturgesetzlichen Determination hat Habermas in der Formel vom „zwanglosen Zwang des besseren Arguments" ausgedrückt.

Rekapitulieren wir den Textbefund: Nach Locke steht es zum einen nicht in der Macht des Menschen, sich andere Ziele als das eigene Glück zu setzen. Zweitens steht es nicht in seiner Macht, sich indifferent zu einer Handlungsoption zu verhalten, auf die er erst einmal sein Denken gerichtet hat. Aber offenbar steht es in unserer Macht, unsere Gedanken auf etwas zu richten oder davon abzuwenden. Wir sind den aktuellen Leidenschaften nicht ausgeliefert, sondern können unsere Aufmerksamkeit auf etwas anderes richten, uns andere Güter vorstellen, vergleichen und abwägen. An vielen Stellen vertritt Locke die Auffassung, dass die abwägende Person durchaus auch auf ihre Willensbildung selbst Einfluss nehmen kann. Wir vermögen durch reifliche Überlegung auf den Willen einzuwirken;[21] wir können starke Wünsche davon abhalten, den Willen zu bestimmen und handlungswirksam zu werden.[22] Kurz: Das drängendste Unbehagen wird „for the most part" handlungswirksam, „but not always".[23] Diese Stellen lassen sich kaum anders auslegen, als dass Locke in seiner Lehre vom Suspensionsvermögen seinen psychologischen Determinismus zurücknimmt oder einschränkt. Ein eingeschränkter Determinismus ist aber logisch mit dem Nichtdeterminismus äquivalent. Wenn das drängendste Unbehagen nur meistens den Willen bestimmt, bringt es die Handlung nicht unausweichlich hervor. Es disponiert, determiniert aber nicht. Bei näherer Betrachtung lässt sich Lockes Freiheitsauffassung also nicht dem Kompatibilismus zurechnen. Locke hat nicht gezeigt, dass das Suspensionsvermögen in eine deterministische Welt passt.

Hume hat mit seinem „reconciling project with regard to the question of liberty and necessity"[24] dem klassischen Kompatibilismus das Stichwort geliefert. Aber was genau wollte Hume als miteinander vereinbar erweisen? Zunächst ist zu bemerken, dass seine Auffassung von der Regelmäßigkeit der Natur deutlich hinter dem laplaceschen Determinismus zurückbleibt. Als Empirist fragt Hume nicht, was kausale Verknüpfungen ihrem Wesen nach sind, sondern, auf welche Weise wir die Begriffe von Ursache und Wirkung erwerben. Seine Antwort lautet, dass wir aufgrund wiederholter Beobachtung gleichartiger Fälle eine Assoziationsgewohnheit ausbilden, nämlich die Gewohnheit, „beim Auftreten des einen Ereignisses dessen übliche Begleiterscheinung zu erwarten".[25] Für die Ausbildung dieser Erwartung reiche jedoch eine begrenzte Gleichförmigkeit aus, und mehr Regularität biete die Natur auch nicht: „Gleichförmigkeit in jeder Einzelheit gibt es nirgends in der Natur".[26] Von ausnahmslosen deterministischen Verlaufsgesetzen sind Humes Regularitäten weit entfernt.[27]

Bemerkenswert ist weiterhin, dass Hume zwar keinen echten Determinismus vertritt, seinem Gegner aber die extreme Auffassung unterstellt, es gebe keinerlei „Gleichförmigkeit im menschlichen Handeln", so dass es unmöglich wäre, „irgendwelche allgemeinen Beobachtungen über die Menschheit zu sammeln" und aus Erfahrungen induktive Schlüsse zu ziehen.[28] Dieser rhetorische Trick wird in der Literatur nur selten durchschaut: Hume stellt die Verneinung des Determinismus als die extreme Auffassung dar, dass es in der Welt völlig chaotisch zugeht und dass Menschen nicht einmal minimal stabile Charakterzüge aufweisen. Diese Auffassung ist sein Kritikziel. Dass es leicht zu treffen ist, liegt auf der Hand. Humes Darstellung ist, wie wir später sehen werden, eine grobe

Verzerrung der libertarischen Gegenposition, die aber viele Interpreten davon ablenkt, dass Hume selbst nur an begrenzte Gleichförmigkeiten glaubt.

Von dem, was in der Gegenwartphilosophie unter „Kompatibilismus" verstanden wird, ist Humes Vereinbarkeitsbehauptung fast ebenso weit entfernt wie diejenige Lockes. Um ein Kompatibilist zu sein, muss man zwar den Determinismus nicht für wahr halten – agnostische Kompatibilisten tun es nicht –, aber man muss seine Vereinbarkeitsbehauptung auf den Determinismus beziehen und nicht auf etwas ungleich Schwächeres.

Mill, der Nachzügler unter den Britischen Empiristen, vertritt eine nomologisch verschärfte Regularitätsauffassung der Kausalität. Er ersetzt Humes Regularitäten durch echte Gesetze und kennzeichnet diese durch ihre Ausnahmslosigkeit, die über eine Menge beobachteter Fälle hinausgeht.[29] In der Darstellung seines Kompatibilismus[30] macht er aber von dieser Verschärfung keinen Gebrauch. Er beschränkt sich dort darauf, die Rede von einer „notwendigen" Verknüpfung als irreführend abzulehnen und die Verwechslung von Verursachung und Zwang zu kritisieren. In Mills politischer Philosophie kommt die Verteidigung des politischen Liberalismus hinzu (*On Liberty*), die ohne Ertrag für den Kompatibilismus bleibt. Ferner erörtert Mill, wie man die stets nach Lust strebenden und ihren stärksten Antrieben folgenden Menschen zu sozialverträglichen Wesen und verantwortlichen Staatsbürgern macht. Die Kunst besteht ihm zufolge darin, durch Erziehung oder Selbsterziehung die Furcht vor Strafe und, besser noch, vor Reue selbst zu den stärksten Antrieben zu machen.[31] Zu den äußeren Sanktionen sollen also innere hinzukommen. Eine Diskussion der Frage, wie Selbsterziehung, Handlungs- und Wunschkontrolle in einer Laplace-deterministischen Welt möglich sein sollen, sucht man bei Mill vergebens, und auch einen anspruchsvollen Begriff der *Willens*freiheit hat er nicht ausgebildet.

Im 20. Jahrhundert hat der Kompatibilismus beständig an Terrain gewonnen. Einflussreiche Kompatibilisten der ersten Jahrhunderthälfte waren Moore, Schlick und Ayer. Alle drei verstanden unter Freiheit primär die ungehinderte Verwirklichung des eigenen Willens, also Handlungsfreiheit, während sie das zusätzliche Verlangen nach Willensfreiheit für irregeleitet hielten. Am Beispiel von Schlick wird deutlich, wie eng der Kompatibilismus der Auffassung verwandt ist, dass es sich beim Willensfreiheitsproblem um ein *Scheinproblem* handelt. Zum „sogenannte[n] Problem der Willensfreiheit" bemerkt Schlick nämlich:

> Dabei ist diese Scheinfrage durch die Bemühungen einiger gescheiter Köpfe längst erledigt worden [...], ganz besonders klar durch *Hume*, und es ist wirklich einer der größten Skandale der Philosophie, dass immer noch soviel Papier und Druckerschwärze an diese Sache verschwendet werden – gar nicht zu reden von dem Denkaufwand, der wichtigeren Fragen hätte zugewandt werden können (vorausgesetzt, dass er für solche ausgereicht hätte).[32]

Schlick selbst verwendet Papier und Druckerschwärze für den Nachweis, dass man unter Freiheit gemeinhin die Abwesenheit von Zwang verstehe, dass Naturgesetze uns nichts aufzwingen, sondern lediglich allgemeingültige Aussagen machen, und dass wir den Determinismus (worunter er das Kausalprinzip versteht) zwar nicht beweisen könnten, aber im praktischen Verhalten voraussetzen müssten, da andernfalls Strafe wirkungslos bliebe und unverursachtes Wollen die Verantwortung aufhöbe.[33] Diesem auf Hume zurückgehenden Argument folgt auch der Rechtstheoretiker Hans Kelsen.[34] Dass das Problem der Vereinbarung von Freiheit und Determinismus durch Hume und andere längst gelöst sei, behauptet noch der sonst so besonnene Davidson:

> Hobbes, Locke, Hume, Moore, Schlick, Ayer, Stevenson und viele andere haben das Mögliche bzw. Erforderliche getan, um die Verwechslungen aus dem Weg zu räumen, die den Eindruck erwecken können, der Determinismus verhindere die Freiheit.[35]

Die *Diagnose von Verwechslungen* ist ein Leitmotiv des Kompatibilismus. Wenn die einschlägigen Verwechslungen, insbesondere die von Verursachung und Zwang, einmal beseitigt seien, verschwinde der Anschein der Unvereinbarkeit. Die Grenzen zwischen dem Kompatibilismus und der Auffassung, dass es sich beim Freiheitsproblem um ein Scheinproblem handelt, sind deshalb fließend. Schon Hume hat in diesem Sinne behauptet, dass „alle Menschen von jeher in der Lehre von Notwendigkeit und Freiheit einig gewesen sind, wenn man diesen Ausdrücken einen vernünftigen Sinn gibt, und daß sich die ganze bisherige Kontroverse bloß um Worte gedreht hat".[36]

Hinsichtlich des klassischen Kompatibilismus lässt sich folgendes Zwischenfazit ziehen: Da das Verständnis von „frei" und „determiniert" zwischen Libertariern und Kompatibilisten stark schwankt, ist die Vereinbarkeitsbehauptung als solche theoretisch relativ uninteressant. Nachdem wir im vorigen Kapitel die These des laplaceschen Determinismus erörtert haben, drängt sich die Einschätzung auf, dass es unter den Philosophen, die dem klassischen Kompatibilismus zugerechnet werden, kaum klare Vertreter dieser Position gibt. Um in einem theoretisch anspruchsvollen Sinn Kompatibilist zu sein, müsste man die Vereinbarkeit der Freiheit mit dem ‚echten' Determinismus erweisen. Dieser Versuch findet sich bei den Britischen Empiristen nicht. Sie formulieren ihren Determinismus als psychologische These über die begrenzte Gleichförmigkeit der menschlichen Natur. Das Verhältnis dieser These zur Behauptung, dass Anfangsbedingungen und physikalische Gesetze den Weltlauf alternativlos festlegen, wird nicht geklärt.

Freilich kommt es nicht auf den Wortlaut an: Es wäre eine anachronistische Erwartung, dass Locke oder Hume ihren Determinismus in exakt denselben Worten ausdrücken, in denen Laplace es zu Beginn des 19. Jahrhunderts getan hat. Ebenfalls irrelevant ist, dass das Wort „Determinismus" noch nicht in Gebrauch war (Hume sprach von „the doctrine of necessity"). Der Grundgedanke des neuzeitlichen Determinismus, die Auffassung des Universums als eines lückenlosen, durch physikalische Gesetze beschreibbaren Mechanismus, war aber spätestens seit Newton und Boyle in der Welt, und das Beispiel Kants zeigt, dass man auch im 18. Jahrhundert schon einen modernen physikalischen Determinismusbegriff haben konnte.

Der Inkompatibilist van Inwagen vermerkt mit kokettem Bedauern, dass er sich nicht gern in einen Kampf begebe, in dem die gegnerischen Truppen von Hobbes, Hume und Mill angeführt werden.[37] Dem Manne kann geholfen werden: Die gegnerischen Truppen scheinen bei näherer Betrachtung führungslos zu sein.

3.2 Moore über Können und Anderskönnen

Im 20. Jahrhundert ist der Kompatibilismus durch Überlegungen verschiedener Art erneuert und präzisiert worden. Die drei wichtigsten dieser weiterführenden Überlegungen waren die von Moore, Strawson und Frankfurt.

Moores Beitrag gehört in den Kontext der *Philosophie der normalen Sprache*, welche die Analyse gewöhnlicher Redeweisen zur Aufklärung philosophischer Probleme nutzt. Moore nähert sich dem Vereinbarkeitsproblem über eine Bedeutungsanalyse der Redewendung „Er hätte anders handeln können", die ja keine Erfindung der philosophischen Fachsprache ist. Seine Analyse nimmt ihren Ausgang von der Feststellung, dass das Wort „können" mehrdeutig ist. Es sei daher möglich, dass es in einem Sinn von „können" zutrifft, dass jemand hätte anders handeln können, als er tatsächlich gehandelt hat, in einem anderen Sinn hingegen nicht. Moores Behauptung lautet nun, dass es mindestens *einen* unproblematischen Sinn von „Er hätte anders handeln können" gibt, in dem mit dem Satz etwas Wahres gesagt wird, und genau diese Wahrheit sei mit dem Determinismus vereinbar.

Diesen unproblematischen Sinn bringe die sogenannte *konditionale Analyse* des Könnens ans Licht. Moores Beispielsatz lautet „Ich hätte heute morgen zwei Kilometer in zwanzig Minuten laufen können". Dieser Satz sei zu analysieren als: „Ich hätte es getan, wenn ich mich dazu entschieden hätte". Die letztere Aussage scheint nun mit dem Determinismus (Moore sagt wie Schlick: mit dem Kausalprinzip) vereinbar zu sein, denn sie sagt ja nichts darüber, *ob* es möglich gewesen wäre, dass ich mich anders entscheide. Der Grundgedanke der konditionalen Analyse des Könnens findet sich schon bei Augustinus, später dann bei Leibniz, im Britischen Empirismus und bei Schopenhauer.[38]

Moore erwägt alternativ auch die Analyse: „Ich hätte *gekonnt*, wenn ich mich dazu entschieden hätte", verwirft sie jedoch, „um eine mögliche Komplikation zu vermeiden".[39] Die Komplikation, die er dem Leser nicht mitteilt, dürfte in folgendem Einwand bestehen: Ob jemand eine bestimmte Fähigkeit besitzt, ist nicht davon abhängig, ob er sich dazu entscheidet, sie zu aktualisieren. Fähigkeiten büßt man nicht dadurch ein, dass man sie nicht ausübt.

Moore hat recht mit dem Hinweis, dass das modale Hilfsverb „können" verschiedene Arten von Möglichkeit ausdrücken kann. In dem Satz „Es kann sein, dass Schweine fliegen können" kommt das Verb zweimal vor. Beim zweiten Vorkommen bezeichnet es eine Fähigkeit: Dass Schweine fliegen können, ist gleichbedeutend damit, dass sie die Fähigkeit haben zu fliegen. Im Satzteil „Es kann sein" ist „kann" hingegen nicht durch „ist fähig" ersetzbar. Halten wir also fest: „Können" drückt manchmal eine Fähigkeit aus, manchmal nicht. Moore macht auf einen wichtigen Unterschied aufmerksam, nämlich auf den zwischen Handlungen, die im Bereich der Fähigkeiten einer Person liegen, und solchen, die es nicht tun.

Umstritten ist nun, ob Moores Analyse den Fähigkeitssinn des Könnens richtig wiedergibt. Es kommt durchaus vor, dass wir den Besitz einer Fähigkeit an weitere Voraussetzungen binden, die sich in einem Bedingungssatz explizit machen lassen. Häufig geschieht aber die Zuschreibung der Fähigkeit nicht konditional, sondern kategorisch. John Austin hat Moore in einer subtilen Kritik entgegengehalten, dass Sätze mit „können" nicht stets eine Ergänzung durch einen Bedingungssatz verlangen: Das Können ist nicht „constitutionally iffy".[40] Dass man eine Fähigkeit besitzen kann, ohne sie auszuüben, wurde bereits bemerkt. Austin führt zusätzlich an, dass der Besitz einer Fähigkeit nicht erfordert, dass mir die entsprechende Handlung immer gelingt, wenn ich es versuche. Es ist also falsch, dass ich die Fähigkeit nur dann habe, wenn es mir im Falle einer positiven Entscheidung auch gelingt, sie auszuüben. Letzteren Zusammenhang scheint Moores Analyse zu behaupten.

Das Vereinbarkeitsproblem selbst ist durch diese Kritik an Moores konditionaler Analyse noch nicht berührt. Selbst wenn der Sinn von „Ich konnte anders handeln" durch „Ich hätte es getan, wenn ich mich dazu entschieden hätte" richtig wiedergegeben wäre, würde dies die Frage der Vereinbarkeit mit dem Determinismus noch nicht beantworten.

Die Attraktivität der mooreschen Analyse für den Kompatibilismus besteht in dem Umstand, dass am Andershandelnkönnen festgehalten wird, ohne dass die Analyse sich darauf festlegt, dass der Handelnde zuvor anders hätte entscheiden können. Indem die letztere Frage offengelassen wird, tritt aber eine Problemverschiebung ein. Wer am Freiheitsproblem interessiert und nicht schon auf den Kompatibilismus eingeschworen ist, möchte ja wissen, ob sich der Handelnde anders hätte entscheiden können. Auf diese offene Frage der konditionalen Analyse haben Campbell, Broad, Chisholm und viele andere hingewiesen. Man könnte hinzufügen, dass die Frage schon durch eine Analyse von „anders handeln können" beantwortet werden müsste, denn plausiblerweise sind Entscheidungen selbst zurechenbare Handlungen, nämlich mentale.

Einige Autoren argumentieren, dass Moores Analyse durch Gegenbeispiele als unangemessen erwiesen wird, in denen psychischer Zwang vorliegt. Wer unter pathologischem innerem Zwang gehandelt hat, hätte einen bestimmten Wunsch nicht bilden können. *Wenn* er diesen Wunsch gehabt hätte, hätte er freilich nach ihm gehandelt. Nach Moores Analyse war eine solche Person fähig, anders zu handeln. Das aber sei absurd.[41] Die Person tat, was sie wollte, aber dies festzustellen und davon abzusehen, wie ihr Wille zustande gekommen ist, verschiebe lediglich das Problem.

Mit dem Einwand der Problemverschiebung hat Moore sich bereits auseinandergesetzt. Seine Antwort lautet, dass wir uns sehr wohl auch anders hätten entscheiden können, was nämlich nichts anderes bedeute als: „daß wir uns so entschieden haben würden, wenn wir uns entschieden hätten, diese Entscheidung zu treffen".[42] Moore wendet mithin seine konditionale Analyse einfach ein zweites Mal an, diesmal auf „entscheiden können". Es liegt auf der Hand, dass ihm dieser Zug nur eine kurze Atempause gewährt, denn der Libertarier wird nun fragen, ob dem Entscheider denn seine erste Entscheidung freistand. Moore könnte die Antwort ein weiteres Mal verschieben, dann entsteht ein Regressproblem. Das Problem der Verschiebung lässt sich auch so ausdrücken, dass der unbefangene Freiheitsfreund schließlich an Anderskönnen *unter gleichen Bedingungen*, also bei identischer Vorgeschichte, interessiert ist. Dass jemand hätte anders handeln können, wenn die Bedingungen – zum Beispiel die vorangegangene Überlegung und Entscheidung – anders gewesen wären, ist ja unkontrovers.

Ob Moores Bedingungsanalyse des Könnens determinismusverträglich ist, lässt sich erst entscheiden, wenn man neben dem Können auch die anderen involvierten Arten von Möglichkeit und Unmöglichkeit ins Spiel bringt. „Können" kann, wie Moore richtig feststellt, verschiedene Arten von Möglichkeit ausdrücken, ebenso kann „nicht können" verschiedenartige Unmöglichkeiten ausdrücken. Drei Arten von Unmöglichkeit sind hier zu unterscheiden:[43]

(a) *Logische* oder *begriffliche Unmöglichkeit*: „Es kann nicht sein, dass p" kann erstens bedeuten, dass p logischen Gesetzen oder begrifflichen Wahrheiten widerspricht. Dass wir der Logik „unterworfen" sind, wird allgemein als nicht freiheitsgefährdend angesehen. Die scholastische Frage, ob Gott, der doch allmächtig ist, einen Stein schaffen kann, der so schwer ist, dass er ihn selbst nicht heben kann, ist hier einschlägig. Man hat sie so beantwortet, dass selbst Gottes Allmacht nicht die Fähigkeit einschließt, logisch Unmögliches zu tun.

(b) *Naturgesetzliche Unmöglichkeit*: Dass etwas Bestimmtes nicht der Fall sein oder nicht geschehen kann, kann zweitens bedeuten, dass es den Naturgesetzen widerspricht. Von dieser Art Unmöglichkeit handelt die These des universalen Determinismus. Dass Naturgesetze und Anfangsbedingungen jeden Weltzustand notwendig machen, bedeutet, dass es naturgesetzlich unmöglich ist, dass jemals etwas anderes geschieht als das Tatsächliche.

(c) *Praktische Unmöglichkeit*: Der dritte Sinn von „nicht können" drückt fehlende Fähigkeit oder fehlende Gelegenheit aus. Moore konnte 100 Meter nicht in zehn Sekunden laufen; diese Unmöglichkeit beruhte auf kontingenten Tatsachen, nicht auf einem logischen oder physikalischen Gesetz. Eine Welt, in der Moore ein Weltklassesprinter geworden wäre, widerspricht nicht den Naturgesetzen. Aber auch ein Weltklassesprinter kann diese Leistung nicht auf weichem Sand erbringen, es bedarf neben der Fähigkeit der äußeren Gelegenheit.

Wenn nun der Kompatibilismus wahr sein soll, dann muss die naturgesetzliche Unmöglichkeit, dass jemals etwas anderes geschieht als das Tatsächliche, also (b), mit dem Umstand vereinbar sein, dass Menschen etwas können, also Fähigkeiten im Sinne von (c) besitzen. Dass Menschen etwas können, darf für den Kompatibilisten nicht bedeuten, dass es in ihrer Macht steht, ob etwas Bestimmtes geschieht oder vielmehr etwas anderes, denn dies widerspräche dem Determinismus. Es darf nicht bedeuten, dass irgendjemand einen Unterschied für den Lauf der Dinge machen kann, ob nun durch sein Wollen oder durch sein Handeln.

Nach Moore folgt aus dem Determinismus lediglich, „daß in einem bestimmten Sinn des Wortes ‚können' nichts anderes jemals hätte geschehen können als das, was geschehen ist".[44] In einem anderen Sinne von „können", nämlich dem von ihm analysierten, sei dies durchaus möglich. Moore ist also der Auffassung, dass die Möglichkeit im Sinne von Fähigkeit die naturgesetzliche Unmöglichkeit überleben kann. Diese Auffassung gehört zum Kernbestand kompatibilistischer Freiheitsauffassungen. Es ist nun zu fragen, ob Moore auch ein Argument dafür hat. Der Determinismus ist ja eine universale These über die naturgesetzliche Fixierung des gesamten Weltlaufs, alle menschlichen Strebungen und Handlungen eingeschlossen. *Prima facie* macht die naturgesetzliche Unmöglichkeit aufgrund dieser Universalität alle schwächeren Möglichkeiten, die ihr entgegenstehen, gegenstandslos.

Marcus Willaschek hat mich darauf aufmerksam gemacht, dass meine Rede von „naturgesetzlicher Unmöglichkeit" zweideutig ist. An manchen Stellen in der ersten Auflage dieses Buches bezeichnete ich als unmöglich das, „was den Naturgesetzen widerspricht", an anderen Stellen verstünde ich darunter „Unmöglichkeit relativ zu den Naturgesetzen *plus* bestimmten Anfangsbedingungen". Die letztere Art von Unmöglichkeit, auf die allein die Vereinbarkeitsbehauptung des Kompatibilisten sich beziehe, solle man besser „deterministische Unmöglichkeit" nennen.[45] – Mit „naturgesetzlicher Unmöglichkeit" meine ich hier und im Folgenden stets das, was Willaschek „deterministische Unmöglichkeit" nennt: dass ein alternativer Verlauf *unter den obwaltenden Bedingungen* naturgesetzlich unmöglich ist. Diese Bedingungen explizit zu erwähnen ist in der Freiheitsdebatte oft redundant, denn mit der retrospektiven Frage, ob die Person hätte anders handeln können, wird *ex post* nach der Möglichkeit einer Alternative zu einer tatsächlich ausgeführten Handlung gefragt. Mit dem Bezug auf die tatsächliche Handlung werden die damals obwaltenden Bedingungen mitbezeichnet, auch wenn sie nicht im Einzelnen beschrieben werden.[46]

Die Modalitäten (a), (b) und (c) bestehen zusammen in ein und derselben Welt und bilden eine hierarchische Struktur. In Bezug auf eine logisch unmögliche Handlung würde man gar nicht erst fragen, ob sie denn wenigstens naturgesetzlich oder praktisch möglich sei. Logische Unmöglichkeit übertrumpft gewissermaßen die Naturgesetze und unsere Fähigkeiten. Zweitens limitieren Naturgesetze und die Anfangsbedingungen unsere praktischen Möglichkeiten. Wenn die Naturgesetze den Weltlauf alternativlos fixieren, dann ist nicht zu sehen, wie durch unsere Handlungsfähigkeit plötzlich wieder Alternativen ins Spiel kommen können sollten. Wiewohl „können" nicht überall dasselbe bedeutet, werden ja durch die Rede von meiner Fähigkeit, etwas Bestimmtes zu tun, die anderen Bedingungen – logische und naturgesetzliche – nicht hinfällig. Damit ich fähig bin, unter gegebenen Bedingungen Bestimmtes zu tun, darf dies in *keinem* Sinne von „unmöglich" ausgeschlossen sein. Ich kann ja nichts *tun*, was in der Welt aktuell nicht *geschehen* kann. Erst wenn alle Bedingungen – logische, naturgesetzliche und praktische – gemeinsam erfüllt sind, ist es mir möglich, bei einer bestimmten Gelegenheit eine bestimmte Handlung auszuführen. Erst wenn es möglich *sans phrase* ist, ist es auch praktisch möglich.[47]

Warum leugnen oder übersehen Vertreter der konditionalen Analyse des Könnens diesen Zusammenhang? Der Hauptgrund dürfte sein, dass die konditionale Analyse allein auf die Fähigkeit abstellt, von der Gelegenheit zu deren Ausübung aber absieht. Mein Begriff der „praktischen Möglichkeit" umfasst hingegen Fähigkeit und Gelegenheit. Unter Libertariern besteht keine Einigkeit darüber, ob der Determinismus nur die Gelegenheit verschließt oder auch Fähigkeiten aufhebt. Jedenfalls steht bei der Frage, ob jemand hätte anders handeln können, als er tatsächlich gehandelt hat, die Möglichkeit *sans phrase* zur Debatte, die ich nun verlegenheitshalber „metaphysische Gesamtmöglichkeit" nenne.[48] Wird das Anderskönnen bejaht, so bedeutet dies, dass es nichts gab, was eine andere Handlung unmöglich gemacht hätte – nicht logische Gesetze, nicht Naturgesetze und Anfangsbedingungen, nicht mangelnde Fähigkeit oder Gelegenheit.

Dieser Bezug auf die metaphysische Gesamtmöglichkeit ergibt auch in moralischen Kontexten einen guten Sinn. Wenn jemand, dem ein Fehlverhalten vorgeworfen wird, zurückfragt, ob er denn anders hätte handeln können, dürfte man ihm aus kompatibilistischer Sicht antworten: Ja, denn anders zu handeln lag im Bereich deiner Fähigkeiten und hätte nicht gegen logische Gesetze verstoßen. Anderes hat es leider unmöglich gemacht, dass du anders handelst, nämlich die Naturgesetze gemeinsam mit den gegebenen Bedingungen. Es war also unmöglich, dass du anders handelst, doch da es in *einem* Sinn von „können" möglich war, warst du verantwortlich und wirst bestraft. – Würde nicht ein jeder, der nicht über Kompatibilismus in Büchern gelesen hätte, diese Begründung für einen schlechten Scherz halten? Sollen impliziert nicht *irgendein* Können. Wenn jemand hätte anders handeln sollen, hätte anders zu handeln in der gegebenen Situation nicht unmöglich sein dürfen. Die mit dem universalen Determinismus verbundene metaphysische Unmöglichkeit drückt man am besten als die Unmöglichkeit aus, dass jemals etwas anderes geschieht als das Tatsächliche.

Kompatibilisten argumentieren freilich, dass Menschen auch in einer deterministischen Welt Fähigkeiten und Gelegenheiten zu deren Ausübung besitzen.[49] *Kontextualistische* Kompatibilisten nehmen eine interessante Vermittlungsposition ein: „Es gibt Kontexte, in denen die Aussage ‚A kann sich so oder anders entscheiden' *falsch* ist, wenn der Determinismus gilt (*strikte* Kontexte, in denen alle vergangenen Tatsachen relevant sind), und es gibt Kontexte, in denen dieselbe Aussage wahr ist, obwohl der Determinismus gilt".[50] Kontextualistische Positionen sind in anderen Gebieten der Philosophie ein Aufklärungsfortschritt. Ob sie es auch hier sind, hängt von der konkreten Ausgestaltung der Idee ab. Willaschek argumentiert, dass es in Kontexten, in denen es „nur" um Verantwortungszuschreibung geht, allein auf Überlegens- und Steuerungsfähigkeiten ankomme, und diese könne es auch in einer deterministischen Welt geben.[51] Ob Letzteres zutrifft, gehört aber zur ursprünglichen Streitfrage zwischen dem Kompatibilisten und dem Libertarier.

Einstweilen ist festzuhalten, dass die konditionale Analyse des Könnens kein Argument dagegen liefert, dass die Rede vom Anderskönnen das Bestehen alternativer Möglichkeiten voraussetzt. Moores ursprüngliche Analyse verschiebt das Problem lediglich von der Handlung auf die Entscheidung. Und sein Argument, dass es zumindest *einen* Sinn von „können" gebe, in dem Menschen auch in einer deterministischen Welt anders hätten handeln können, greift zu kurz. Allein indem man sich auf einen in der normalen Sprache etablierten Sinn von „können" beruft und diesen zum relevanten erklärt, hebelt man nicht den Umstand aus, dass naturgesetzliche Unmöglichkeit andere, schwächere Möglichkeiten verschließt. In unserer gewöhnlichen Rede über Fähigkeiten ist schon *präsupponiert*, also stillschweigend unterstellt, dass wir unsere Fähigkeiten stets im Bereich des naturgesetzlich und logisch Möglichen ausüben. Dass es nicht immer eigens erwähnt wird, zeigt nur, wie selbstverständlich diese Unterstellung ist.

Die Beschränkung der konditionalen Analyse auf einen bestimmten Sinn des Könnens und auf bestimmte Arten von Hinderungen ist mithin kurzsichtig. Die natürlichen Sprachen verfügen im Bereich der Handlungseinschränkungen über ein reiches Wortfeld: Zwang, Behinderung, Nötigung, Verbot, Manipulation, Gewalt, Erpressung, Drohung, Druck. Kompatibilisten können mit Recht darauf verweisen, dass viele dieser Ausdrücke für Hinderungen einer bestimmten Art reserviert sind, und dass *sozialer* Zwang besonders stark als freiheitsbeschränkend erfahren wird. Logische und naturgesetzliche Unmöglichkeit werden im Allgemeinen nicht als Freiheitseinschränkung *erfahren*, doch dieser Umstand ist für die Vereinbarkeitsfrage irrelevant. Er zeigt allenfalls, dass die Willens- und Absichtsbildung von vornherein unter diesen Restriktionen steht und dass vernünftige Menschen sich nicht gegen sie auflehnen. Es bleibt dabei, dass sich die verschiedenartigen Bedingungen aufaddieren, und dass wir in jeder Situation nur das tun können, was durch keine der drei genannten Bedingungen ausgeschlossen wird.

3.3 Strawson über moralische Reaktionen

Eine weitere Überlegung zur Stützung der Vereinbarkeitsthese, die über den klassischen Kompatibilismus hinausweist, stammt von Peter Strawson. Sein Aufsatz „Freedom and Resentment" aus dem Jahre 1962 handelt von unseren „reactive attitudes". Gemeint sind emotional gefärbte moralische Haltungen und Reaktionen wie Dankbarkeit, Wohlwollen, Übelnehmen, Verachtung oder Zuneigung, die wir gegenüber anderen Personen und ihren Handlungen einnehmen, sowie unsere Praxen des Tadelns und Lobens, Strafens und Belohnens, in denen diese Haltungen ihren Ausdruck finden. Von Freiheit ist bei Strawson kaum die Rede. Man kann sagen, dass er die Fähigkeit der freien Wahl indirekt thematisiert, nämlich im Spiegel der Reaktionen anderer auf die Ausübung dieser Fähigkeit. Ein frei handelndes Wesen zu sein bedeutet dann, ein geeignetes Objekt für die genannten „nicht-distanzierten" Haltungen zu sein. Diese Haltungen und Praxen sind überdies in reziproke Verhältnisse eingebettet, sie sind „natürliche menschliche Reaktionen auf den guten oder bösen Willen oder die Gleichgültigkeit anderer uns gegenüber, wie sie in *ihren* Haltungen und Handlungen sich zeigt".[52]

Ein Fortschritt gegenüber dem klassischen Kompatibilismus besteht darin, dass Strawson Belohnung und Strafe nicht mehr sozialtechnologisch verkürzt. Bei vielen früheren Kompatibilisten werden Strafe und Belohnung allein dadurch gerechtfertigt, dass sie das Verhalten anderer erfolgreich beeinflussen. Indem Strawson unsere moralischen Haltungen als nicht begründungsbedürftige Reaktionen in der menschlichen Natur verankert, gelangt er über diese instrumentalistische Deutung hinaus.

Strawsons Hauptthese lautet nun, dass dieses Geflecht von Haltungen und Praxen eine *Lebensform* bildet, die wir nicht als ganze aufgeben könnten, selbst wenn wir den Determinismus für wahr hielten. Sein Kompatibilismus besteht in der Behauptung, dass unser Festhalten an diesen Haltungen und Praxen nicht die Falschheit des Determinismus erfordere. Dabei leugnet Strawson nicht, dass wir unsere teilnehmende, nicht-distanzierte Einstellung im Einzelfall durch eine „objektive" ersetzen können. Wir machen kleine Kinder oder psychisch gestörte Personen zum Objekt sozialer Techniken wie Erziehung, Abrichtung oder Therapie. Aber die Einnahme einer objektiven Haltung ist eben nicht der Normalfall, sondern der begründungsbedürftige Ausnahmefall, und die Begründung kann nach Strawson nicht der Determinismus sein. Der Determinismus ist eine universale These und begründet gerade nicht die Ausnahme von der Regel.

Wie schon Moore lässt Strawson den genauen Sinn der Determinismusthese offen, ja er behauptet sogar, nicht einmal genau zu wissen, was die These des Determinismus besagt. Auf dieses kokette Eingeständnis hin könnte man Strawson raten, sich durch Blick in ein gutes Philosophielexikon Aufschluss zu verschaffen. Doch sein Eingeständnis hat die rhetorische Funktion, dem Leser die *Irrelevanz* der Determinismusfrage nahezubringen. Strawson erweist sich durch diesen Zug als Vertreter des *agnostischen* Kompatibilismus. Dabei argumentiert er strenggenommen nicht für die Vereinbarkeit von Freiheit und Determinismus, sondern nach eigenem Bekunden für „die *Irrelevanz* desjenigen Begriffs von ‚determiniert sein‘, der der zentrale Begriff des Determinismus sein muß".[53] Irrelevant sei der Determinismus sowohl für unser Recht zur Einnahme nichtdistanzierter Einstellungen gegenüber anderen Personen wie auch für den gelegentlichen Wechsel zu einer objektiven Einstellung.

Welchen Ertrag Strawsons Argumentation für die Begründung oder Plausibilisierung des Kompatibilismus erbringt, ist alles andere als klar. Rekapitulieren wir drei Hauptthesen:

- Wir nehmen nichtdistanzierte Einstellungen gegenüber anderen Menschen ein, ohne intensiv über Determinismus nachgedacht zu haben, oft auch ohne genau zu wissen, was die These des Determinismus eigentlich besagt.
- Wir könnten diese Einstellungen und Praxen nicht insgesamt aufgeben, selbst wenn wir dies aus theoretischen Gründen für richtig hielten, denn unsere Lebensform radikal zu ändern liegt nicht in unserer Natur.
- Wenn wir in bestimmten Fällen einen Täter wegen mangelnder Zurechnungsfähigkeit entschuldigen, dann ist unser Grund dafür nicht der Glaube an den universalen Determinismus.

Die zentrale Stellung der These der *Unaufgebbarkeit* verführt dazu, Strawsons Argumentation gegen den Strich zu lesen, denn diese These ist ja nicht charakteristisch für den Kompatibilismus. Dass wir unsere auf nichtdistanzierten Haltungen beruhende Lebensform nicht einfach aufgeben könnten, selbst wenn wir es wollten, zeigt ja noch nicht, dass wir den Determinismus ernstlich für wahr halten können. Dafür müsste unabhängig argumentiert werden, was Strawson als agnostischer Kompatibilist aber nicht tut. Ein Libertarier wird Strawsons Argumentation einfach umdrehen: Dass wir jemanden für das, was er getan hat, loben oder tadeln, beruht auf der Annahme, dass er eine Wahl hatte. Eine Wahl zu haben heißt aber, so oder anders wählen zu können. Der Handelnde hat eine von mehreren bestehenden Möglichkeiten ergriffen – diese Annahme bringt jedenfalls jeder mit, der noch nicht durch kompatibilistische Philosophie belehrt worden ist. So betrachtet, spricht der Umstand, dass wir unsere moralischen und moralähnlichen Reaktionen nicht nach Belieben abstellen können, dafür, dass wir auch die Annahme, dass Menschen sich im Normalfall auch anders hätten entscheiden können, nicht einfach aufgeben können. Das wiederum würde bedeuten, dass wir den Determinismus, der ja die direkte Negation des Bestehens alternativer Möglichkeiten ist, gar nicht ernsthaft für wahr halten können. Strawson hat recht, dass wir im Alltag wie vor Gericht Menschen verantwortlich machen oder entschuldigen, ohne einen Gedanken an den Determinismus zu verschwenden. Daraus folgt aber nicht, dass unsere Praxen auch in einer deterministischen Welt gerechtfertigt wären. Zwischen beiden Behauptungen besteht eine große Lücke.

Anhänger von Strawsons Argumentation schließen oft stillschweigend aus dem psychologischen Befund, dass nicht jeder für die Metaphysik des Determinismus und der Willensfreiheit Interesse aufbringt, oder aus dem soziologischen Befund, dass bestimmte Fragen in bestimmten Kontexten nicht diskutiert werden, darauf, dass die eigene Position mit jedweder Antwort vereinbar sei. Vor Gericht wird nicht über Determinismus gestritten, man selbst ist indifferent oder agnostisch, also könne von der Antwort nichts Wesentliches abhängen. Dieser Schluss ist natürlich ungültig. Eine – etwas schiefe – Analogie: Der genaue Wert bestimmter Naturkonstanten interessiert die meisten Menschen nicht. Gleichwohl gilt, dass es uns nicht einmal gäbe, wenn der Wert vom tatsächlichen nur um ein Geringes abwiche. Die Indifferenz der agnostischen Kompatibilisten gegenüber der Determinismusfrage zeigt mitnichten, dass der Determinismus wahr sein könnte oder dass von der Antwort nichts abhinge.

Kompatibilisten führen bisweilen an, sie hätten keine Schwierigkeiten damit, sich als vollständig determiniert zu begreifen. Diese Bemerkung hat aus zwei Gründen keinen Beweiswert: Dass jemand keine Schwierigkeiten verspürt, etwas Bestimmtes zu glauben oder zu behaupten, ist eine psychologische Selbstauskunft. Menschen haben auch keine Schwierigkeiten, bestimmte Widersprüche zu glauben, wenn sie nur gut genug verborgen sind. Dadurch verschwinden die Widersprüche nicht. Wenn hingegen die Selbstauskunft als Bemerkung darüber gemeint ist, wie der Determinismus „sich anfühlt", ist ihr entgegenzuhalten, dass man das nur wissen kann, wenn man in einer deterministischen Welt lebt. Dass dies der Fall ist, kann der Kompatibilist aber nicht gewährleisten.

Zu der schwierigen Frage, wie man sich menschliche Handlungen und Entscheidungen ohne das Bestehen alternativer Möglichkeiten vorzustellen hat, nimmt Strawson überhaupt nicht Stellung. Dazu passt, dass er den genauen Sinn nicht nur der Determinismusthese, sondern auch der libertarischen Gegenposition offen lässt. Nur der Schlusssatz seines Aufsatzes, in dem er sich gegen den „Rekurs auf die obskure und panikhafte Metaphysik der libertarischen Willensfreiheit"[54] wendet, deutet an, dass Strawson offenbar Standardeinwände gegen die libertarische Freiheitskonzeption teilt, ohne sie dem Leser allerdings mitzuteilen.

Strawsons Argumentation hat viele Anhänger gefunden, so dass man heute von den „reactive attitude theories" als einer eigenen Spielart des Kompatibilismus spricht.[55] Eine wichtige neuere Ausarbeitung dieses Ansatzes stammt von Wallace. Dieser argumentiert, dass unsere Praxen des Be- und Entschuldigens nicht durch das metaphysische Prinzip gerechtfertigt würden, dass die Person anders hätte handeln können, sondern durch den Umstand, dass die Person überlegt oder absichtlich gehandelt hat. Es wäre nämlich *unfair*, eine Person für etwas verantwortlich zu machen, was sie nicht absichtlich getan hat. Wir unterstellten einander die Fähigkeit, moralische Gründe zu erkennen und unser Handeln danach auszurichten, aber für diese Fähigkeiten sei kein Anderskönnen unter gleichen Bedingungen erforderlich. Entscheidend seien die Fähigkeiten, nicht das Bestehen alternativer Möglichkeiten.[56]

Dass diese Gegenüberstellung sinnvoll ist, bestreiten Inkompatibilisten. Der Libertarier wie auch der harte Determinist behaupten, dass die Deliberations- und Entscheidungsfähigkeiten unter deterministischen Bedingungen strenggenommen nicht existieren. Um dies zu behaupten, muss der harte Determinist nicht leugnen, dass wir in freiheitsunterstellender Weise über unsere Überlegungen, Entschlüsse und Fähigkeiten *reden*. Er hält aber diese Reden für bloße *Façons de parler* und die entsprechenden Überzeugungen und Fähigkeiten für illusionär, während der Libertarier sie für bare Münze nimmt und umgekehrt den Determinismus ablehnt.

Dem inkompatibilistischen Einwand hält Wallace entgegen, dass man unterscheiden müsse „between the familiar notions of capacity, ability, power, and difficulty, on the one hand, and on the other the technical notion of physical necessity or impossibility".[57] Der „gewöhnliche" Begriff des Könnens sei sehr wohl mit dem Determinismus vereinbar. Dieser Zug erinnert an Moores Vorgehen, verschiedene Sinne von Anderskönnen zu unterscheiden und seine Analyse auf den ihm genehmen, determinismusverträglichen Sinn zu beschränken. Um überzeugend für den Kompatibilismus zu *argumentieren*, reichen aber begriffliche Unterscheidungen nicht aus. In einer deterministischen Welt ist es naturgesetzlich unmöglich, dass jemals etwas anderes geschieht als das Tatsächliche. Dieser Umstand vernichtet nach inkompatibilistischer Argumentation alle Entscheidungsspielräume, die in der Zuschreibung von Fähigkeiten wie auch in den „general powers of reflective self-control", auf die es Wallace ankommt, vorausgesetzt sind. Strawson und Wallace müssten zeigen, was an diesem Argument falsch ist.

Einige Kompatibilisten argumentieren, dass der Determinismus mit kausal *hinreichenden* Bedingungen befasst sei, während für die Zurechnung von Handlungen nur der *notwendige* Beitrag relevant sei, den der Handelnde geleistet habe. Und unter deterministischen Annahmen bleibe die kontrafaktische Abhängigkeit bestehen, dass ohne meinen Willen, meinen Entschluss oder meine Anstrengung die Handlung nicht vorgekommen wäre. Diese Konditionale ließen sich sogar kausal interpretieren, so dass der Akteur auch einen kausalen Beitrag geleistet hätte.[58] Die Argumentation übersieht oder unterschlägt, dass in einer Menge kausal hinreichender Bedingungen die fraglichen notwendigen Bedingungen schon eingeschlossen sind. Das Stattfinden meiner Handlung wäre in einer deterministischen Welt von einer Bedingung – meiner Entscheidung – kontrafaktisch abhängig, die ihrerseits naturgesetzlich determiniert ist. Damit liegt wieder dieselbe Situation vor wie bei Moore: Die Rede „Ich hätte anders gehandelt, wenn ich mich anders entschieden hätte" mag für den unbefangenen nichtphilosophischen Hörer suggerieren, dass ich auch anders hätte handeln können, tatsächlich wird aber angenommen, dass jede andere Handlungs- und Entscheidungsmöglichkeit naturgesetzlich verschlossen war.

3.4 Frankfurt über alternative Möglichkeiten

Harry Frankfurts Beitrag zur Vereinbarkeitsdebatte besteht in einem direkten Angriff auf die Relevanz der Bedingung der alternativen Möglichkeiten. Frankfurt diskutiert allerdings nicht die Vereinbarkeit des Determinismus mit der Willensfreiheit, sondern die mit der moralischen Verantwortlichkeit. Wie genau sich die moralische Verantwortlichkeit zur Freiheitsannahme verhält, erörtert er nicht.

Die Auffassung, dass eine Person für ihr Handeln nur dann moralisch verantwortlich ist, wenn sie auch anders hätte handeln können, nennt Frankfurt „the principle of alternative possibilities" (PAP). Dieses Prinzip ist sein Kritikziel:

Moralische Verantwortlichkeit erfordere *nicht* Andershandelnkönnen. Damit geht er über Moore hinaus, der ja noch versucht hat, irgendeinen Sinn von „Er hätte anders handeln können" zu retten.

Um PAP zu widerlegen, ersinnt Frankfurt folgendes Gedankenexperiment: Jones steht vor einer Entscheidung. Black möchte sicherstellen, dass diese Entscheidung auf eine bestimmte Weise ausfällt. Er beobachtet Jones und wartet ab. Wenn Jones die Entscheidung in seinem, Blacks, Sinne trifft, lässt er den Dingen ihren Lauf. Ist Jones hingegen im Begriff, sich gegen Blacks Wünsche zu entscheiden, greift dieser ein und manipuliert Jones, beispielsweise durch geschickte Eingriffe in dessen Gehirn.[59]

Für Frankfurts Argument ist nun der Fall von Interesse, in dem Black *nicht* eingreift, weil Jones ohnehin die Black genehme Entscheidung trifft. In diesem Fall gelte nämlich Folgendes: Jones hätte in dieser Situation nicht anders handeln können, da Black jede andere Handlung verhindert hätte. Gleichwohl würden wir, so Frankfurt, nicht zögern, Jones für sein Handeln moralisch verantwortlich zu machen. Damit ist für Frankfurt gezeigt, dass moralische Verantwortlichkeit keine alternativen Möglichkeiten erfordert. In den Fällen, in denen Black tatsächlich eingreift, würden wir Jones freilich nicht verantwortlich machen, aber Frankfurt beschränkt seine Betrachtung auf den beschriebenen Fall, in dem eine *kontrafaktische Überdetermination* von Jones' Entscheidung vorliegt. Frankfurt-Fälle sind eine Variante der „scheuen Dispositionen" (*finkish dispositions*), die unter denjenigen Bedingungen, unter denen die sich manifestieren müssten, gerade verschwinden.

Ein erster möglicher Einwand ist schnell ausgeräumt: Wir hatten gesehen, dass bei Moore das Problem des Andershandelnkönnens auf das Andersentscheidenkönnen verschoben wurde. Frankfurt spricht zwar ebenfalls von Handlungen, aber der Witz seiner Geschichte besteht gerade darin, dass Blacks Eingriffsmöglichkeit in den Entscheidungsprozess von Jones verlagert ist. Wenn Jones lediglich an der Ausführung einer Körperbewegung gehindert werden könnte, für die er sich schon entschieden hat, hätte Frankfurt aus libertarischer Sicht das Thema verfehlt. Es wäre dann nur Jones' Handlungsfreiheit tangiert, nicht seine Willensfreiheit. So aber gilt, dass Jones sich nicht einmal anders hätte *entscheiden* können.

Viele Kommentatoren haben die Frage gestellt, woher Black eigentlich wissen soll, wozu Jones sich entscheiden wird. Frankfurts Formulierung dazu lautet: „If it does become clear that Jones is going to decide to do something else [...]".[60] Es müsste also ein Anzeichen geben, das Black zuverlässig vorherzusagen erlaubt, wie Jones sich entscheiden würde. Nun gibt es zwei Möglichkeiten: Entweder spielt die Geschichte in einer deterministischen Welt oder in einer indeterministischen. Daraus ergibt sich folgendes Dilemma:[61] Ist die Beziehung zwischen dem Anzeichen und der Entscheidung deterministisch, so handelt es sich aus inkompatibilistischer Sicht um keine freie Entscheidung, für die man Jones verantwortlich machen könnte. An dieser Stelle entspinnt sich typischerweise ein Streit über die Beweislast. Beide Lager werfen einander vor, sich von vornherein in zirkulärer Weise auf einen inkompatibilistischen bzw. einen kompatibilistischen Freiheitsbegriff zu stützen.[62] Ist die Beziehung zwischen Anzeichen und Entscheidung hingegen nicht deterministisch, warum soll dann gelten, dass Jones nicht anders hätte entscheiden können? Wenn das Anzeichen nicht erlaubt, Jones' Wahl sicher vorauszusagen, ihm also eine alternative Wahlmöglichkeit belässt, hätte Frankfurt sein Beweisziel verfehlt. Man könnte argumentieren, dass Frankfurt den Determinismus annehmen *muss*, denn wie sollte Black sonst vorher wissen können (statt bloß zu vermuten), wie Jones sich entscheiden will? Frankfurt behauptet demgegenüber, „some sort of causal relation" zwischen Anzeichen und Entscheidung reiche aus. Zugleich nennt er diese Beziehung „invariable".[63] Kurz: er laviert.

Sehen wir noch etwas genauer hin. Wird eine deterministische Beziehung zwischen Indiz und Entscheidung angenommen, so könnte man das Indiz einfach als einen Ausschnitt der kausal hinreichenden Antezedensbedingungen für Jones' Entscheidung auffassen. Das Problem ist allerdings, dass zu diesem Zeitpunkt nicht die kausal hinreichenden Bedingungen für das vorliegen können, was *tatsächlich* geschehen wird, denn falls Jones im Begriff ist, sich ‚falsch' zu entscheiden, wird Black ja eingreifen, also eine andere mögliche Zukunft wirklich werden lassen. Die bloße Möglichkeit, dass Blacks Intervention Jones' Entscheidung verhindert, zeigt, dass ihr Stattfinden nicht schon naturgesetzlich feststeht. Das Indiz ist vielmehr eines dafür, was geschehen *würde*, wenn Black nicht eingriffe.

Der Grund für diesen kausalitätstheoretisch prekären Status des Anzeichens ist ein alter Bekannter: Black wird einerseits ein sicheres Wissen über die Zukunft zugesprochen, andererseits soll er durch sein Handeln die Zukunft beeinflussen können. Dies passt nicht zusammen. In Frankfurts Geschichte werden nur die Fähigkeiten und Optionen von Jones problematisiert, nicht hingegen die von Black. Wenn Black seinerseits ein frei Handelnder ist, der eine von mehreren Möglichkeiten ergreifen kann, lebt er offenbar in einer Welt, in der alternative Möglichkeiten bestehen.[64] Nun leben Black und Jones aber in derselben Welt. Es kann nicht sein, dass Jones' Entscheidungen naturgesetzlich determiniert sind, Blacks aber nicht, denn der Determinismus ist eine globale Doktrin über den Weltlauf.

Nun geht es in Frankfurts Szenario um die durch Black verschlossenen alternativen Möglichkeiten, nicht um die naturgesetzlich verschlossenen. Dieser Umstand könnte den gerade erörterten Einwand entkräften, gibt dafür aber einem neuen Nahrung: Dass einige der für Jones naturgesetzlich offenen alternativen Möglichkeiten durch einen anderen Faktor wieder verschlossen werden, muss den Inkompatibilisten nicht stören, denn diejenigen alternativen Möglichkeiten, die er für das Vermögen der freien Wahl fordert, sind die naturgesetzlich offenen. Durch Zwang oder verborgene Manipulation verschlossene Möglichkeiten betreffen den traditionellen Streit zwischen Kompatibilisten und Inkompatibilisten nicht, denn dieser dreht sich um die Vereinbarkeit der Freiheit mit dem universalen Determinismus. Wenn Frankfurts Szenario über die Vereinbarkeitsfrage entscheiden sollte, hätte es also das Thema verfehlt. (Aber wir erinnern uns: Frankfurt hat ohnehin nicht die Vereinbarkeit des Determinismus mit der metaphysischen Freiheit im Auge, sondern die mit der moralischen Verantwortlichkeit.)

Hinsichtlich der Frage, wie sich der auf Black zurückgehende Ausschluss alternativer Möglichkeiten zu dem auf den Determinismus zurückgehenden verhält, ist in der kompatibilistischen Literatur wie folgt argumentiert worden: (1) Der kontrafaktische Manipulator und der Determinismus sind jeder für sich hinreichend, um alternative Möglichkeiten auszuschließen. (2) Frankfurt hat gezeigt, dass der kontrafaktische Manipulator für die Verantwortungszuschreibung irrelevant ist. (3) Also ist es plausibel, dass auch der Determinismus dafür irrelevant ist.[65]

Dieses Argument erscheint mir nicht überzeugend, weil es über die wesentliche Unähnlichkeit beider „Determinationen" hinweggeht. Frankfurt selbst antwortet auf den Einwand, dass ein menschlicher Manipulator auf andere Weise „determiniert" als Naturgesetze, dass Black kein wesentliches Element seines Gedankenexperiments sei. Man könne ihn genauso gut durch eine Maschine oder durch natürliche Ursachen ersetzen.[66] (In diesem Falle würde sich auch die Frage erübrigen, ob Black seinerseits ein frei Wählender ist.) Ob diese Ersetzung für Frankfurts Beweisziel wirklich unschädlich wäre, ist äußerst zweifelhaft. Die Behauptung lautete ja dann, dass wir Jones auch unter Bedingungen strenger naturgesetzlicher Determination noch moralisch verantwortlich machen würden. Diese Behauptung ist aber nicht mehr durch dieselben Intuitionen gestützt wie in Frankfurts ursprünglicher Geschichte. Der ganze Charme der Geschichte wäre dahin; wir wären auf die schlichte Antithese kompatibilistischer und inkompatibilistischer Intuitionen zurückgeworfen. Es ist auch zu vermuten, dass unsere Neigung, Jones für seine Wahl verantwortlich zu machen, gerade damit zusammenhängt, dass *nicht* klar gesagt wird, ob wir es mit einer deterministischen Welt zu tun haben. Überdies ist es schwer, sich den *modus operandi* eines Naturgesetzes oder einer natürlichen Kraft vorzustellen, die gezielt auf geplante Entscheidungen einer bestimmten Art anspricht und sie verhindert.

Der neben der „dilemma defense" meistdiskutierte Einwand gegen Frankfurts Angriff auf das Prinzip der alternativen Möglichkeiten ist das „flicker of freedom"-Argument. Diesem Argument zufolge hat Jones entgegen Frankfurts Situationsbeschreibung bei näherer Betrachtung doch einen Entscheidungsspielraum, wenn auch einen sehr kleinen. Ganz kurz vor der eventuellen Intervention habe Jones eine Wahl, und diese Wahl *erzeuge* erst das Anzeichen. Man kann dies so ausdrücken, dass er anders hätte *überlegen* und *wollen* können, und dass er auch hätte *versuchen* können, anders zu entscheiden. Dieses Wollen und dieser Versuch standen bei ihm, in dieser Wahlmöglichkeit bestehe Jones' Freiheit. Kurz: Auch in Frankfurt-Szenarien existiere noch eine Alternative, also habe Frankfurt sein Beweisziel verfehlt.

Gegen das „flicker of freedom"-Argument wird eingewandt, dass dieses minimale Aufflackern für Willensfreiheit nicht genüge. Es sei nicht „robust" genug, weil es keinen Unterschied im Lauf der Dinge mache.[67] Das scheint aber falsch zu sein: Was in beiden Fällen gleich wäre, ist der Ausgang der Entscheidung. Gleichwohl ist ein Lauf der Dinge, in dem Jones selbst entscheidet, verschieden von einem, in dem seine Entscheidung durch Black induziert wird, nachdem Jones anders zu entscheiden versucht hat. Die Entscheidung wäre in jedem Fall die Black genehme gewesen, sie hätte denselben *Gehalt* gehabt, doch beides wären verschiedene *Ereignisse* gewesen.[68] Dass für diesen Freiheitsfunken wenig Zeit bleibt und dass er empirisch schwer festzustellen sein mag, ist freiheitstheoretisch nicht von Belang.

Das Argument des verbleibenden Freiheitsfunkens ist auch geeignet, unsere moralischen Intuitionen zu erklären. Was wir Jones trotz der kontrafaktischen Überdetermination seiner unmoralischen Entscheidung vorwerfen, ist seine unakzeptable Überlegung oder, im Falle der Gedankenlosigkeit, seine mangelnde Anstrengung, seine Motivationslage zu einer moralisch akzeptablen zu machen. Wenn er infolge eines Umstands, den er nicht zu vertreten hat, nicht anders entscheiden konnte, aber auch nicht anders *wollte*, machen wir ihn für Letzteres moralisch verantwortlich. Dies zeigt sich auch daran, dass Jones sich nicht auf die kontrafaktische Überdetermination durch Black *berufen* könnte, um seine unmoralische Handlung zu entschuldigen. Die Verteidigung des Akteurs „Ich konnte nicht anders!" würden wir, wie Rosenthal bemerkt, „nur dann als Entschuldigung akzeptieren, wenn sich darin eine Distanz zu der einschlägigen Motivationslage ausdrückt. Wir verstehen eine solche Aussage grundsätzlich so, dass der Sprecher wenigstens in der Rückschau gerne anders gehandelt hätte, aber durch irgendwelche Faktoren daran gehindert war".[69] Wenn der Akteur nicht anders konnte, aber auch nicht anders wollte, wäre seine Verteidigung, er habe nicht anders gekonnt, ein Fall von Chuzpe.

Ob diese Erklärung unserer moralischen Intuitionen auch dem Kompatibilisten offen steht, ist nicht ausgemacht. Wallace sieht den Grund dafür, dass wir Jones für seine Entscheidung verantwortlich machen, darin, dass er seine Fähigkeit des praktischen Überlegens ausgeübt hat. Wenn nun Jones in einer deterministischen Welt lebt, ist seine Entscheidung naturgesetzlich determiniert. Ob man in einer solchen Welt überhaupt noch von *Entscheidungen, praktischen Überlegungen* und *Handlungen* sprechen könnte, ist aber zwischen Kompatibilisten und Inkompatibilisten gerade umstritten. Wer diese Begriffe für in einer deterministischen Welt unproblematisch anwendbar hält, setzt die Vereinbarkeit schon voraus, für die allererst zu argumentieren wäre. Frankfurts Aufsatz enthält kein Argument, das diesen Streit entscheiden könnte.

Schließlich ist darauf zu bestehen, dass Frankfurts Kritik am „Prinzip der alternativen Möglichkeiten" den Sinn des inkompatibilistischen So-oder-Anders-könnens gerade verfehlt. Der Libertarier fordert ein Anderskönnen unter gleichen Umständen. Er behauptet, dass jemand unter den gegebenen Bedingungen anders hätte entscheiden können, als er tatsächlich entschieden hat. Wenn man diese Behauptung angreifen möchte, darf man diese Bedingungen natürlich nicht verändern. In Frankfurts alternativem, nichtverwirklichtem Szenario sind aber die Bedingungen verändert – vielleicht nicht in einer frühen Phase der Willensbildung, aber jedenfalls noch vor Handlungsbeginn. (Wenn Black erst während der Handlung eingriffe, müsste ja eingewandt werden, dass nur Jones' Handlungsfreiheit tangiert ist, nicht seine Willensfreiheit.) In Frankfurts Szenario wäre Jones unter *anderen* Bedingungen als den zu Handlungsbeginn gegebenen manipuliert worden; eben diese Möglichkeit ist aber für die Behauptung des Libertariers, die ein Anderskönnen bei gegebener Vorgeschichte annimmt, irrelevant.[70] Man kann diesen Einwand noch zuspitzen: Aus libertarischer Sicht sind für Freiheit und moralische Zurechnung Zwei-Wege-Vermögen erforderlich. Der Akteur muss fähig sein, so oder anders zu entscheiden. In Frankfurts Szenario besteht die nichtverwirklichte alternative Möglichkeit aber gerade darin, dass keine Entscheidung und genaugenommen auch keine Handlung stattfindet, da Jones die Dinge gerade aus der Hand genommen werden. Wenn Black eingriffe, wäre Jones nicht mehr *als Akteur* beteiligt. Aus diesem Grund hat Frankfurts Gedankenexperiment gegen ein wohlverstandenes Prinzip der alternativen Möglichkeiten keine Beweiskraft. Das Freiheitsmerkmal des So-oder-Anderskönnens lässt sich nicht durch ein Szenario widerlegen, in dem eine der alternativen möglichen Welten gar keine entscheidende und handelnde Person enthält.

Ein Verteidiger Frankfurts könnte einwenden, dass viele der genannten Probleme Frankfurt nicht kümmern müssen, weil dieser ja nur erweisen möchte, dass moralische Verantwortung keine alternativen Möglichkeiten erfordert, nicht, dass Freiheit dies nicht tut. Man hat diese Position später *Semi-Kompatibilismus* genannt. John Martin Fischer, der diese Bezeichnung eingeführt hat, vertritt ausdrücklich die Auffassung, dass Freiheit sehr wohl alternative Möglichkeiten erfordere und also nicht mit dem Determinismus vereinbar ist.[71] Wir können die Frage hier offen lassen, ob die Zuschreibung moralischer Verantwortung mit schwächeren Annahmen auskommt als die Zuschreibung von Willensfreiheit. Allerdings erinnere ich an das Argument, dass gerade der „Freiheitsfunken" im Willensbildungsprozess die Verantwortungszuschreibung in Frankfurt-Fällen gut erklärt. Für die klassische Vereinbarkeitsfrage trägt Frankfurts Gedankenexperiment jedenfalls nichts aus, wiewohl sie häufig so rezipiert wird. Tatsächlich hat Frankfurts Kritik am Prinzip der alternativen Möglichkeiten die Vereinbarkeitsdebatte nicht vorangebracht, sondern durch seinen schwer erkennbaren Themenwechsel vor allem Verwirrung gestiftet.

Das ist ein aus kompatibilistischer Sicht ernüchterndes Ergebnis. Auch der neben Moore und Strawson dritte heilige Text des neueren Kompatibilismus scheint bei genauerer Betrachtung für das Vereinbarkeitsproblem nicht einschlägig zu sein.

3.5 Kompatibilistische Freiheiten

Die gemeinsame Auffassung aller Kompatibilisten ist, dass das Bestehen alternativer Möglichkeiten im Sinne einer objektiven Nichtdeterminiertheit des Weltlaufs für Freiheit nicht erforderlich ist. Diese Auffassung lässt die Frage offen, was denn dann für Freiheit erforderlich ist.

Aus Sicht des klassischen Kompatibilismus sind Handlungen und Entscheidungen nicht indeterminiert, sondern müssen auf geeignete Art determiniert sein, um als frei zu gelten. Sie müssen vom Willen des Handelnden abhängen. Als Faktoren, die eine Handlung unfreiwillig machen, nennt Aristoteles Zwang und Unwissenheit. Diese kurze Liste haben andere Philosophen verlängert: Auch innere Zwänge wie Psychosen, starke Affekte, Süchte und verfestigte Gewohnheiten schränkten die Freiheit ein. Hier besteht allerdings eine theoretische Spannung innerhalb des kompatibilistischen Lagers, denn Humes Bestimmung der Freiheit als einer Fähigkeit, „zu handeln oder nicht zu handeln, entsprechend den Willensentscheidungen", schließt diese Faktoren nicht aus. Innere Zwänge ändern nichts an der geforderten Abhängigkeit der Handlung vom Willen, sondern beeinträchtigen den Prozess der Willens*bildung*.

Die mangelnde Sensibilität des klassischen Kompatibilismus für innere Zwänge und Faktoren, die den Willensbildungsprozess unfrei machen, ist oft kritisiert worden. Frankfurt schlägt im konstruktiven Teil seiner Freiheitslehre den Bezug auf *höherstufige Wünsche* vor. Im Unterschied zu anderen Tieren haben

Menschen nicht bloß gewöhnliche Wünsche, sondern auch Wünsche, die sich auf diese Wünsche erster Ordnung richten. So könnte ein Alkoholiker zwei Wünsche zugleich haben: den Wunsch, Alkohol zu trinken, und den Wunsch, dass er diesen Wunsch nicht hätte. Er würde seine Alkoholsucht viel lieber überwinden, doch ändert dieser höherstufige Wunsch nichts an seinem dringenden Verlangen, hier und jetzt etwas zu trinken. Während nun ein triebhafter Mensch (*wanton*) sich einfach seinen Wünschen erster Stufe überlässt und sich nicht fragt, ob sie auch handlungswirksam werden sollen, sei für das *Personsein* wesentlich, sich diese Frage zu stellen.[72] Frankfurt spricht davon, dass ein Süchtiger wider Willen sich nicht mit seinen Wünschen erster Ordnung *identifiziert*.[73] Eben dies sei aber für Willensfreiheit zusätzlich erforderlich. Von ihrer Willensfreiheit mache eine Person Gebrauch, wenn sie sich in ihrem Handeln von demjenigen Willen leiten lässt, den sie haben will. Man nennt diese Auffassung eine *Theorie der hierarchischen Motivation*.

In der Debatte über Frankfurts Vorschlag ist schnell deutlich geworden, dass die Übereinstimmung zwischen den Wünschen erster und zweiter Ordnung nicht genügt. So könnte ein Mitglied einer Sekte durchaus den Wunsch zweiter Ordnung haben, stets das zu wünschen, was die Sekte von ihm fordert, ohne über diesen Wunsch jemals nachgedacht zu haben. Auch Wünsche zweiter Stufe können also unreflektiert sein, sie können beispielsweise durch subtile Manipulation erzeugt worden sein. Muss man also zusätzlich eine dritte Ebene fordern, auf der der Akteur sich mit seinen Wünschen zweiter Ordnung identifiziert? Hier droht ein Regress. Um ihn abzuwenden, führt Frankfurt den Begriff des „wholehearted commitment" ein: In der Psyche einer Person, die sich mit ganzem Herzen einer Sache verschrieben hat, gibt es keine versteckten oder unausgetragenen Konflikte. Die Person ist, wie sie sein möchte, sie ist völlig im Einklang mit sich und hat keinen Anlass mehr, weiter über ihre Wünsche nachzudenken.[74]

Der kompatibilistische Aspekt dieser Auffassung wird darin gesehen, dass eine solche Person die Einstellungen, nach denen sie ihr Leben ausrichtet, nicht selbst gewählt haben muss und sie in vielen Fällen auch nicht ändern kann. Frankfurt führt als Beispiel an, dass Eltern gewöhnlich ihre Kinder lieben und unfähig sind, daran etwas zu ändern. Er spricht von einer „volitionalen Notwendigkeit" lebensgeschichtlich verfestigter Wünsche, Einstellungen und Charakterzüge. Solche Verfestigungen beschränken zweifellos unseren Entscheidungsspielraum, ohne dass wir diese Beschränkungen als freiheitsgefährdend erfahren. Was wir nicht ändern können, aber auch nicht ändern wollen, schränkt unsere Freiheit nicht ein.

Frankfurts Lehre der volitionalen Notwendigkeit provoziert den Kommentar, dass das Faktum der charakterlichen Verfestigung als solches schwerlich relevant ist.[75] Für die Frage, welcher Verlust an Wahlmöglichkeiten als Beschränkung der freien Willensbildung zählt und welcher nicht, sollte es schon eine Rolle spielen, was sich da verfestigt hat. Seebaß weist darauf hin, dass nur ein Ausschluss von Möglichkeiten, die für mich *bedeutsam* oder *wesentlich* sind, als Freiheitseinschränkungen erfahren wird. Dass ich durch einen Konzertbesuch eine belanglose Fernsehsendung verpasse oder dass ich niemals alle Staubpartikel in meinem Arbeitszimmer werde zählen können, mache mich nicht unfrei.[76] Frankfurt sieht es ähnlich. In den volitional notwendigen Einstellungen einer Person drücke sich gerade ihr *Wesen* aus, und es wäre merkwürdig, wenn unsere Freiheit gerade in dem irrationalen Bestreben bestehen sollte, zu ändern, was man weder ändern kann noch will.

Von libertarischer Seite wird gegen Theorien der hierarchischen Motivation eingewandt, dass beliebig hochstufige Wünsche, Charakterzüge und Persönlichkeitsmerkmale durch heimliche Manipulation erzeugt worden sein können. In den negativen Sozialutopien der Romanliteratur – Huxleys *Brave New World*, Orwells *1984* und besonders Skinners *Walden Two* – wird geschildert, wie durch verborgene Indoktrination, Konditionierung, Gehirnwäsche oder Drogen Bedürfnisse erzeugt werden können. Die derart manipulierten Menschen sind subjektiv glücklich und leben im Einklang mit sich und ihrer Umgebung. Zweifellos beeinträchtigen verborgene Manipulationen – heute würde man noch subliminale Reize anführen – die Freiheit der Willensbildung, doch solange diese Beeinflussung den Opfern nicht bekannt wird, werden sie nicht den Wunsch entwickeln, etwas an sich oder ihrer Lage zu ändern. Der Einwand lautet also, dass alle von Frankfurt angeführten Bedingungen für freie Willensbildung in einer solchen Gesellschaft erfüllbar wären und dass aus Frankfurts kompatibilistischer Perspektive gar nicht gesagt werden kann, was den Manipulierten eigentlich fehlt. Und in der Tat nennt Skinner seine Kommune *Walden Two* provozierend „den freiesten Ort auf Erden".[77]

Der Kompatibilist hat an dieser Stelle zwei Möglichkeiten. Er könnte den Stier bei den Hörnern packen und bestreiten, dass verborgene Steuerung die Freiheit der Manipulierten einschränkt. Auf diese Weise hat beispielsweise Hobbes die Vereinbarkeit der theologischen Prädestinationslehre mit der Freiheit verteidigt. Oder er kann die Parallele zwischen naturgesetzlicher und sozialer Determination bestreiten: Freiheit sei mit dem laplaceschen Determinismus vereinbar, nicht aber mit Fremdkontrolle und Manipulation, auch wenn diese unbemerkt bliebe.[78]

Für den Libertarier, der objektiv bestehende Wahlmöglichkeiten fordert, greifen beide Reaktionen zu kurz. Dass ich keine Gründe sehe, mich unfrei zu fühlen, ist eines, dass es keine Gründe *gibt*, ein anderes. Libertarier begnügen sich also nicht mit einem Urteil aus der Ersten-Person-Perspektive der betreffenden Person. Sie binden die Freiheit der Willensbildung an eine Bedingung, die aus der Perspektive der manipulierten Person möglicherweise nicht erkennbar ist. Viele Kompatibilisten argumentieren an dieser Stelle, dass eine solche Freiheit *praktisch irrelevant* sei. Diesem Einwand kann der Libertarier immerhin entgegenhalten, dass kaum jemand, der zwischen beiden Welten wählen könnte, ein Leben in *Walden Two* vorziehen würde. Und auch Menschen, die sich schmerzhaft aus Abhängigkeiten befreit haben, etwa aus den Fängen einer Sekte, wünschen sich selten den alten Zustand zurück. Die auf Selbsttäuschung beruhende Freiheitsillusion wird allgemein als bemitleidenswerter Zustand angesehen. Bei Goethe heißt es entsprechend: „Niemand ist mehr Sklave, als der sich für frei hält, ohne es zu sein."[79] Aus Sicht eines *fähigkeitsbasierten* Libertarismus (s.u., Kap. 5) kommt es allerdings nicht darauf an, ob eine Person die Beeinträchtigung ihres Willensbildungsprozesses faktisch erkannt hat, sondern ob sie die *Fähigkeiten* dazu besaß, die Manipulation zu durchschauen und ihren Willen aufgrund eigener Überlegungen zu bilden.

Viele Kompatibilisten fragen, wie eine Determination, von der niemand weiß, unsere Freiheit gefährden können sollte. Der sogenannte *epistemische Indeterminismus*, eine weitere Spielart des Kompatibilismus, behauptet, dass man aus prinzipiellen Gründen selbst in einer deterministischen Welt die eigenen zukünftigen Entscheidungen nicht kennen kann. Niemand könne seine eigenen Entscheidungen voraussagen, bevor sie stattgefunden haben. Der Grund dafür besteht für Donald MacKay in dem Umstand, dass meine Einsicht in meinen eigenen aktuellen Gehirnzustand diesen ändern würde. Für uns Sterbliche ist Wissenserwerb ein Vorgang, der Zeit braucht und von Veränderungen im Gehirn begleitet ist. In dem Augenblick, wo ich Wissen von meinem Gehirnzustand erworben habe, sei dieses schon wieder veraltet und könne selbst bei Wahrheit des Determinismus nicht für akkurate Vorhersagen verwendet werden.[80] Der epistemische Indeterminismus argumentiert weiter, dass die Nichtvorhersagbarkeit der jeweils eigenen Entscheidungen eine notwendige Bedingung der Willensfreiheit ist. Für Wittgenstein ist die Bedingung sogar hinreichend: Willensfreiheit bestehe darin.[81] Weitere Vertreter des epistemischen Indeterminismus sind Planck, Moore sowie in jüngerer Zeit Habermas, Nida-Rümelin, Walde und Pothast. Eine Spielart des Kompatibilismus ist der epistemische Indeterminismus, weil die Unmöglichkeit der Vorhersage eigener Entscheidungen nicht erfordert, dass die Entscheidung objektiv indeterminiert ist. Ich mag sogar *glauben*, dass ich in meinem Überlegen und Entscheiden determiniert bin, ich darf nur nicht wissen, wozu.

Die meisten epistemischen Indeterministen sind der Auffassung, dass Willensfreiheit keine Tatsachenfrage, sondern eine Frage der Perspektive ist. So gilt Max Planck zufolge: „Von außen, objektiv betrachtet, ist der Wille kausal determiniert; von innen, subjektiv betrachtet, ist der Wille frei".[82] Ähnlich behauptet Pothast, „dass einer Person, die vor einer Entscheidung steht, unter normalen Bedingungen ihre Sicht der offenen Wahl nicht bestritten werden kann", selbst wenn der Beobachter weiß, dass „der Handelnde hätte nicht anders handeln können".[83] Ansätze zu einer perspektiven- oder aspektdualistischen Freiheitsauffassung finden sich auch bei Kant, der erklärt, „daß wir den Menschen in einem anderen Sinne und Verhältnisse denken, wenn wir ihn frei nennen, als wenn wir ihn, als Stück der Natur, dieser ihren Gesetzen für unterworfen halten".[84]

Demgegenüber halten Libertarier Willensfreiheit für eine robuste Tatsache, die nicht auf einer Perspektivendifferenz beruht. Sie lehnen es ab, die Freiheit der Willens- und Entscheidungsbildung auf die jeweilige Erste-Person-Perspektive zu relativieren, selbst wenn niemand diese Perspektive verlassen kann. Der libertarische Freiheitsbegriff wird von Kompatibilisten deshalb häufig als *metaphysisch* bezeichnet.

Abzuschließen bleibt noch die Diskussion über Frankfurts Forderung nach einer Identifikation des Akteurs mit seinen handlungsleitenden Wünschen. Diese Forderung verweist auf Fähigkeiten der reflektierten Stellungnahme und Selbstbeurteilung, die in einfachen kompatibilistischen Motivationstheorien unberücksichtigt bleiben. Höherstufige Wünsche scheinen auch eine vernünftige Lesart der Formel „wollen, was man will" zu sein, die Leibniz und Schopenhauer so rätselhaft fanden. Es drängt sich allerdings der Eindruck auf, dass Frankfurt bei der Bestimmung dieser Fähigkeiten der Selbststellungnahme zu kurz greift. Der Grundfehler der hierarchischen Motivationstheorie wird von einigen Kritikern darin gesehen, dass Frankfurt bei den *Wünschen* des Akteurs stehenbleibt, statt auf *Handlungsgründe* Bezug zu nehmen. Der Bezug auf die Fähigkeit, nach Gründen zu handeln, ist ein gemeinsamer Nenner vieler neuerer kompatibilistischer Auffassungen (z.B. Beckermann, Bieri, Dennett, Fischer und Ravizza, Glover, Habermas, Nozick, Pauen, Wallace, Willaschek, Wolf). Was Gründe gegenüber Wünschen auszeichnet, ist ihre eingebaute *normative* Dimension, die durch ihren Bezug zum Begriff der Vernunft zustande kommt. Gründe sind auf ihre Qualität beurteilbar, und ein guter Grund ist ein *vernünftiger* Grund. Ein guter praktischer Grund ist einer, aus dem man vernünftigerweise handeln sollte. Inwieweit uns die Entscheidung, *ob* wir vernünftig sein wollen, frei steht, ist eine abgründige Frage, die sich nur im Rahmen einer fähigkeitsbasierten Freiheitsauffassung klären lässt.

Manche Autoren bestimmen die Fähigkeit, nach Gründen zu handeln, eher formal als die Fähigkeit, praktische Überlegungen anzustellen und dabei seine eigenen Präferenzen zu überprüfen. Andere bestimmen sie zusätzlich material: In Susan Wolfs „Reason View" wird die freie Willensbildung an die Fähigkeit gebunden, das Gute und Wahre zu erkennen und im Handeln anzustreben. Die freie, verantwortliche Person sei fähig, *das Richtige* zu tun – das rational und moralisch Gebotene –, und zwar aus den richtigen Gründen.[85] Fischer und Ravizza vertreten die schwächere Auffassung, dass aus Gründen ausgeführte Handlungen *über-*

legungszugänglich sind. Eine Entscheidung einer Person sei nicht deshalb frei, weil sie unter gegebenen Umständen auch anders ausfallen könnte, sondern weil sie das kontrafaktische Merkmal der „reasons-responsiveness" aufweist: Hätte die Person gute Gründe für eine andere Wahl, so würde sie anders wählen. Diese Auffassung hat Ähnlichkeiten mit Moores Analyse des Könnens, soll aber pathologische Zwänge und Süchte ausschließen: In solchen Fällen sei die Entscheidung der Person nicht überlegungszugänglich.[86]

Schon Locke hatte das Spannungsverhältnis von Wünschen und Gründen erkannt, als er die Fähigkeit des Innehaltens und des Suspendierens beliebiger Wünsche als zentrales Freiheitsmerkmal bezeichnete.[87] Dieses Suspensionsvermögen schließt die Fähigkeit ein, sich aus Gründen von seinen ursprünglichen Wünschen zu distanzieren und sie zugunsten anderer Gesichtspunkte zu frustrieren. Eben dies erwarten wir von einer vernünftigen Person. Bedenkenlos und ohne Rücksicht auf Verluste den jeweiligen Wünschen des Augenblicks zu folgen ist eben irrational. Im britischen Empirismus und dem durch ihn beeinflussten Mainstream der analytischen Philosophie des Geistes wurde der Unterschied von Wünschen und Gründen indes meist ignoriert, weil man Humes Dogma von der motivationalen Ohnmacht der Vernunft folgte. Hume lehrte, dass allein Leidenschaften (*passions*) handlungsmotivierende Kraft haben und dass die praktische Vernunft als „Sklavin der Leidenschaften" allein ein instrumentelles Vermögen der klugen Mittelwahl sei. Kant hingegen spricht auch der Vernunft motivationale Kraft zu und vertritt mit großer Emphase, dass dem Menschen als einzigem Wesen der „Abbruch aller Neigungen" möglich sei: Wir könnten „jede noch so große Triebfeder zur Übertretung [des moralischen Gesetzes] durch festen Vorsatz überwältigen".[88] Freiheit könne deshalb auch als „Vermögen, stets nach der Vernunft zu handeln"[89], bestimmt werden.

Die von Locke und Kant beschriebene Fähigkeit, sich von seinen Wünschen und Neigungen zu distanzieren, kann nicht allein in der Existenz höherstufiger Wünsche bestehen und auch nicht in der Fähigkeit, solche auszubilden. Nida-Rümelin beschreibt die Unzulänglichkeit der hierarchischen Theorie Frankfurts so:

> Die Begrifflichkeit Frankfurts steht gewissermaßen auf dem Kopf und muss auf die Füße gestellt werden: Es ist nicht die Existenz von *Wünschen* einer bestimmten Sorte, nämlich Volitionen zweiter Ordnung, die das Person-Sein ausmacht, sondern es ist die Fähigkeit, Gründe abzuwägen, die *Wünsche zweiter Ordnung* hervorbringt.[90]

Das Suspensionsvermögen beruht auf der Fähigkeit der vernünftigen Überprüfung von Wünschen und Neigungen, die wir in uns vorfinden. Statt jeden Wunsch sofort in die Tat umzusetzen, können Personen ihn zum Gegenstand praktischen

Überlegens machen, indem sie im Lichte von Gründen, an die sie zunächst nicht gedacht hatten, überlegen, was zu tun alles in allem das Beste ist. Man verpasst die Pointe dieser Fähigkeit, wenn man ihren dynamischen Aspekt übersieht. Gemeint ist nicht die Fähigkeit, etwas anderes zu wollen, als man aktuell will, also die Gegenwart anders sein zu lassen, als sie ist – dies kann niemand –, sondern die Fähigkeit, bestehende Antriebe zu prüfen und also seinen Willen *umzubilden*. Natürlich ist die Formung des Willens ein Vorgang in der Zeit.

Locke bezeichnet das Vermögen der Selbstdistanzierung als „the source of all liberty". Wie wir oben gesehen haben (Kap. 3.1), versucht er allerdings nicht ernsthaft, dessen Determinismusverträglichkeit zu erweisen. Gleichwohl nehmen etliche erklärte Kompatibilisten das Lockesche Suspensionsvermögen in Anspruch, behaupten also, dass die Fähigkeit zur Selbstdistanzierung aufgrund vernünftiger Überlegung nicht die Existenz alternativer Möglichkeiten erfordere. Die libertarische Gegenthese lautet, dass es zum *Sinn* des praktischen Überlegens, Abwägens und Entscheidens gehört, dass der Ausgang der Überlegung ergebnisoffen ist. Das kann er aber nur sein, wenn er nicht naturgesetzlich determiniert ist. Wenn die alternativen Entscheidungsmöglichkeiten, die der Überlegende erwägt, tatsächlich bis auf eine verschlossen sind, und sei es ohne sein Wissen, so gibt es für ihn buchstäblich nichts zu entscheiden und auch nichts zu überlegen.[91] In diesem Kontext gehört auch das *Selbstanwendungsargument* gegen die vernünftige Vertretbarkeit des Determinismus. Der Determinist muss ja den Ausgang jeder eigenen Überlegung, also auch sein Eintreten für die deterministische These, als determiniert auffassen. Das widerspreche aber, so das Argument, dem pragmatischen Sinn des Überlegens, des Argumentierens und des Vertretens einer These. Das „self-defeating argument" widerlegt allerdings nicht den Determinismus, sondern zeigt bestenfalls, dass das Argumentieren einer Logik folgt, die der naturgesetzlichen Determination inkommensurabel ist.

Das inkompatibilistische Argument aus dem Sinn des Überlegens und Argumentierens hält der Kompatibilist für fehlerhaft. Ihm zufolge gehört es nur zum Sinn des Überlegens, dass der Ausgang der Überlegung vom Überlegungsprozess abhängig ist – so wie für Moore der Sinn des Anderskönnens darin besteht, dass die Handlung von der Entscheidung abhängig ist. Es komme auf die richtige *Art* der Determination an. Das äußerste einem Kompatibilisten mögliche Zugeständnis ist eine epistemisch relativierte Ergebnisoffenheit. Kapitan argumentiert in diesem Sinn, dass der Überlegende *nicht glauben dürfe*, dass es für den Ausgang seiner Überlegung deterministische Ursachen gibt.[92]

Nun ist aber bei Annahme des Laplace-Determinismus nicht nur der Ausgang der Überlegung, sondern auch der Überlegungsvorgang selbst prädeterminiert. Nennen Kompatibilisten eine Entscheidung von ihren Determinanten, die ihrerseits determiniert sind, „abhängig", so greifen sie damit ein Element aus einem komplexen Bedingungsgefüge heraus und suggerieren dabei eine Asymmetrie, die tatsächlich nicht besteht. Ohne weiteren Zusatz wird „Abhängigkeit" ja gewöhnlich als asymmetrische Beziehung verstanden. Tatsächlich kann man aber, da laplacesche Determination zeitsymmetrisch ist, mit gleichem Recht und im gleichen Sinne von „abhängig" sagen, dass die sogenannten Determinanten von der späteren Entscheidung abhängig sind: Wäre die Entscheidung anders ausgefallen, so wären auch ihre Determinanten andere gewesen. Diese kontrafaktische Abhängigkeit beweist aber für die Freiheit nichts. Warum sollte es dann die umgekehrte tun? Wenn der Determinismus wahr ist, hätten beide, die Entscheidung und deren Determinanten, nicht anders sein können als sie tatsächlich waren. Je zwei Weltzustände sind auf dieselbe Weise miteinander verknüpft wie beliebige zwei andere, nämlich über deterministische Naturgesetze. Die Rede von der „Abhängigkeit" der Entscheidungen von der Überlegung suggeriert eine Asymmetrie, die in einer deterministischen Welt nicht besteht. Die kompatibilistische Behauptung, dass ein bestimmtes Bedingungsverhältnis aus dem komplexen Bedingungsgefüge freiheitsverbürgend sei, muss sich auf ein anderes, vom Determinismus unabhängiges Alltagsverständnis von „Abhängigkeit" stützen. Die unscharfe Rede von der „richtigen Art der Determination" überspielt die wesentliche Ungleichheit der Abhängigkeiten. Den freiheitskonstitutiven Sinn der „Abhängigkeit" der Entscheidung von der Überlegung in einer Weise zu explizieren, die der Libertarier nicht ebenfalls in Anspruch nehmen kann, ist keine leichte Aufgabe.

Kompatibilisten lehnen einen „starken" Freiheitsbegriff, der alternative Möglichkeiten erfordert, ab, halten aber typischerweise an anderen Freiheitsmerkmalen wie Urheberschaft, Willentlichkeit, Zurechenbarkeit und Zugänglichkeit für Gründe fest. Allen einschlägigen Freiheitsmerkmalen trüge der Kompatibilismus Rechnung, nur die Annahme alternativer Möglichkeiten müsse aufgegeben werden. Auf diese Auffassung reagieren einige Libertarier dadurch, dass sie mehrere *Arten* von Freiheit unterscheiden. Nachdem sie die kompatibilistische Freiheit durchaus würdigen, behaupten sie die Existenz einer zusätzlichen Art von Freiheit, die der Kompatibilist nicht rekonstruieren könne. Ein gutes Beispiel dafür ist Kane. Libertarier behaupten nach Kane, „that there is *at least one* kind of freedom that is incompatible with determinism, and it is a *significant kind of freedom worth wanting*".[93]

Diese Linie erscheint im Lichte des Gesagten zu defensiv. Das Argument des Libertariers sollte nicht lauten, dass es neben den vom Kompatibilismus angenommenen Freiheiten noch eine weitere gibt, sondern dass selbst die vermeintlich anspruchslosen Freiheiten bei Lichte betrachtet in einem deterministischen Universum nicht existieren, sondern implizit die Existenz alternativer Möglichkeiten voraussetzen. Kompatibilisten sprechen weiterhin von *Entscheidungen* und von *Handlungen*, von *Personen* als *aktiven Urhebern* ihrer Handlungen, vom Vermögen des *Innehaltens* (Beckermann), von *personaler Autonomie* (Pauen) und der *Bestimmung des Willens durch das eigene Urteil* (Bieri), investieren aber zu wenig Arbeit in die Erklärung, wie all dies mit einem universalen Determinismus vereinbar sein soll. Ich werde unten argumentieren, dass Kompatibilisten allgemein das Ausmaß unterschätzen, in dem der Determinismus Grundbegriffe und -annahmen unseres gewöhnlichen Weltverständnisses untergräbt, wobei ihnen zugute kommt, dass sie meistens mit einem blassen, unkonturierten Determinismusbegriff arbeiten.

Ähnlich sollte der Libertarier auf die Unterscheidung zwischen zwei Arten von Fähigkeiten reagieren, die einige Kompatibilisten vornehmen. Die „two-way ability", also das So-oder-Anderskönnen, lehnen Kompatibilisten ab, es bleibe das gewöhnliche Können, die „one-way ability". Dass jeder Handelnde eine solche Fähigkeit besitze, sei nachgerade trivial, „on the assumption that there is a legitimate sense of ‚able' in which any agent was able to act as she in fact acted".[94] Jeder war zu dem fähig, was er getan hat – das scheint eine unproblematische Instanz des korrekten Schlusses von der Wirklichkeit auf die Möglichkeit zu sein (*ab esse ad posse valet*). Nun geht es hier nicht um den Schluss auf die logische Möglichkeit, sondern um den auf eine praktische *Fähigkeit*, unser Handlungsvermögen. In einer deterministischen Welt gibt es aber aus libertarischer Sicht gar keine Handlungen, die ihren Namen verdienen, und auch kein Vermögen dazu. Der zitierte Schluss „Any agent was able to act as she in fact acted" ist gültig, doch ist in ihm schon präsupponiert, dass es Handlungen, Handelnde und Handlungsfähigkeiten gibt.

Pauen fragt, welche zusätzliche Freiheit sich für einen Handelnden durch den Indeterminismus ergeben soll.[95] Lohmar fragt, welche zusätzlichen Fähigkeiten ein Akteur dadurch erwirbt, dass man ihn in eine indeterministische Welt versetzt.[96] Beide Fragen sind aus libertarischer Sicht ungereimt. Sie setzen voraus, dass es in einer deterministischen Welt Akteure und Handlungen gibt, die der Libertarier dann noch mit exotischen Zusatzmerkmalen auszustatten versucht. Ob es in einer deterministischen Welt überhaupt Handelnde und Handlungen gäbe, wie wir sie kennen, ist aber gerade umstritten. Man kann den Dissens auch über den Begriff der Fähigkeit ausdrücken: Für den Libertarier sind freiheitskonstitutive Fähigkeiten „two-way abilities", die offene Möglichkeiten erfordern. Deshalb ist er schlecht beraten, eine zusätzliche, „tiefere" Freiheit zu fordern, die nicht schon im menschlichen Handlungsvermögen involviert wäre. Er sollte einfach darauf bestehen, dass Unterlassbarkeit eine analytische Komponente des Handlungsbegriffs und libertarische Willensfreiheit ein integraler Bestandteil eines angemessen verstandenen Handlungsvermögens ist.[97] Unsere gewöhnliche Rede über Handlungen, Überlegungen und Entscheidungen ist im Rahmen der selbstverständlichen vortheoretischen Annahme entstanden, dass die Zukunft offen und beeinflussbar ist und dass wir im Entscheiden und Handeln eine dieser offenen Möglichkeiten ergreifen. Wer diese Annahme zurückzieht, weil er den Weltlauf für alternativlos fixiert hält, sollte besser von *Quasi*-Entscheidungen, *Quasi*-Handlungen, *Quasi*-Überlegungen, *Quasi*-Fähigkeiten und *Quasi*-Freiheit sprechen.[98]

Die libertarische Freiheitsauffassung hat ihre eigenen Probleme, die im nächsten Kapitel diskutiert werden. Der angemessene Kommentar des Libertariers zu den ‚gewöhnlichen' Freiheiten des Kompatibilisten sollte aber lauten, dass *keine* Freiheit, die ihren Namen verdient, ohne offene Möglichkeiten auskommt. Alternative Möglichkeiten sind nicht alles, was es für Freiheit braucht, aber ohne alternative Möglichkeiten ist alles nichts.

Weder im klassischen Kompatibilismus noch in seinen Weiterentwicklungen durch Moore, Strawson und Frankfurt gibt es ein Argument dafür, dass Freiheit im starken Sinne – Anderskönnen unter gleichen Umständen – mit dem Determinismus vereinbar ist. Argumentiert wird vielmehr dafür, den libertarischen Freiheitsbegriff durch einen anderen zu ersetzen. Es ist insofern irreführend, die Vereinbarkeitsfrage als den Kern des Streits anzusehen. Der Streit dreht sich wesentlich um den angemessenen Freiheits*begriff*.

4. Inkompatibilismus

4.1 Libertarismus und harter Determinismus

Inkompatibilismus ist eine Position zum Vereinbarkeitsproblem, die sich hinsichtlich der Frage, welche der beiden unvereinbaren Optionen in unserer Welt realisiert ist, neutral verhält. Der Inkompatibilismus kann mit beiden Auffassungen kombiniert werden: Der *harte Determinismus* hält den Determinismus für wahr und Freiheit für nichtexistent. Dem *Libertarismus* zufolge verhält es sich umgekehrt: Der Wille ist frei, der Determinismus ist falsch.

In der fachphilosophischen Diskussion ist der Libertarismus seit geraumer Zeit stärker präsent als der harte Determinismus. Es gibt nur wenige Gegenwartsphilosophen, die die Existenz selbst der kompatibilistisch konzipierten Freiheit rundheraus bestreiten. Am nächsten kommen dieser Position Pereboom, Honderich und Galen Strawson. Von einigen Autoren wird die deterministisch motivierte Freiheitsskepsis mit einer Zusatzthese verbunden: Die *Illusionstheorien* (Smilansky, Wegner, Guckes) bezeichnen die Willensfreiheit nicht einfach als nichtexistent, sondern als systematische Täuschung, deren Wurzeln es zu verstehen gelte. Smilansky vertritt zusätzlich die Auffassung, dass das Fortbestehen der Illusion des freien Willens befördert werden müsse, weil andernfalls ein moralisches Desaster drohe.

Die von William James eingeführte Bezeichnung „harter Determinismus" wird in der jüngeren Diskussion nur noch selten verwendet. Stattdessen spricht man von „Freiheitsskepsis" oder „hartem Inkompatibilismus" (Pereboom). Mit der terminologischen geht auch eine argumentative Verschiebung einher: Die Nichtexistenz der Freiheit wird im harten Inkompatibilismus nicht mehr aus der materialen Wahrheit des Determinismus gefolgert, sondern aus der Behauptung, dass Freiheit weder mit dem Determinismus noch mit dem Indeterminismus vereinbar sei. Freiheitsskeptiker leugnen also die Freiheit unabhängig von einer Entscheidung in der Determinismusfrage.

Der Freiheitsskeptiker Galen Strawson argumentiert, dass die libertarische Idee der Letzturheberschaft, die zum Beispiel Kane vertritt, in einen Regress führe. Um die letzten oder ersten Urheber unserer Handlungen und Entscheidungen zu sein, müssten wir unsere handlungsbestimmenden Wünsche und deren vergangene Determinanten selbst wählen, und dies sei unmöglich (dies ist eine Variante des unten behandelten Konsequenzarguments). Strawsons „Basisargument" für die Freiheitsskepsis[1] nimmt seinen Ausgang von der Annahme, dass, was eine Person tut, durch das bestimmt wird, was sie ist. (Wenn „bestimmen" hier „determinieren" heißt, handelt es sich um die These des psychologischen

Determinismus.) Um frei und verantwortlich wählen zu können, was man tut, müsse man deshalb letztlich wählen können, wer oder was man sei. Man müsse sich seinen eigenen Charakter aussuchen können. Das aber sei unmöglich, weil jede Handlung ja schon auf einem bestimmten Charakter beruhe. Nur eine *causa sui* – ein Attribut, das nach scholastischer Auffassung allein Gott zukommt – könne ihre Natur oder ihren Charakter selbst bestimmen. In der kürzesten Version lautet Strawsons Basisargument:

(P1)   Niemand ist Ursache seiner selbst.

(P2)   Um frei und verantwortlich zu sein, müsste man Ursache seiner selbst sein.

(K)   Niemand ist frei und verantwortlich.

Man erkennt unschwer, dass die Schwachstelle von Strawsons Basisargument die zweite Prämisse ist. Ihr liegt die Annahme zugrunde, dass die Handlungen einer Person durch ihren Charakter *determiniert* werden. Strawson leugnet zwar, dass er den psychologischen Determinismus voraussetzt, aber wenn man stattdessen einen schwächeren Zusammenhang einsetzt, lässt sich die zweite Prämisse nicht mehr motivieren. Ohne psychologischen Determinismus hängt das klappernde Regressargument, dass Freiheit und Verantwortung das Gottesattribut der *causa sui* erfordern, in der Luft.

In der Sache ist schon die Annahme fragwürdig, dass der Charakter einer Person und ihre Handlungen sich zueinander wie distinkte Glieder einer Kausalkette verhalten. Psychologisch plausibler sind Theorien der „Selbstkonstitution", denen zufolge Personen sich und ihren Charakter durch ihre Handlungen konstituieren.[2] Lebensgeschichtlich setzen sich solche Konstitutionsprozesse aus zurechenbaren und nicht zurechenbaren Beiträgen zusammen, deren relative Gewichte notorisch schwierig zu bestimmen sind. Es ist ein wesentlicher Vorzug eines *fähigkeitsbasierten* Freiheitsbegriffs, dass er keine solche biographische Faktorenanalyse erfordert. Auch für unsere alltägliche und rechtliche Zurechnungspraxis scheint sie weitgehend irrelevant zu sein: Nur extrem unglücklich verlaufene Sozialisationen lassen sich zu Exkulpationszecken anführen.

Wie Strawson haben schon Nietzsche und Schopenhauer die Willensfreiheit geleugnet, indem sie die Handlungszurechnung auf die Charakterwahl verschoben. Nietzsche vertritt eine dezidierte Freiheitsskepsis, Schopenhauer entwickelt am Ende seiner scharfen Freiheitskritik die positive Auffassung, dass man für den eigenen Charakter sehr wohl Verantwortung trage.[3]

Da der harte Inkompatibilist die Freiheit weder mit dem Determinismus noch mit dem Indeterminismus für vereinbar hält, muss er auch für den Fall Sorge tragen, dass der psychologische Determinismus falsch ist. Gegen libertarische Freiheitsauffassungen verwenden harte Inkompatibilisten meist die gleichen Argumente wie Kompatibilisten, insbesondere den Zufallseinwand: In einem indeterministischen Universum liege jeder Entscheidung letztlich ein Zufallsereignis zugrunde, und eine zufällige Wahl unterminiere gerade, woran dem Libertarier gelegen sei.

Auf den harten Inkompatibilismus und die Illusionstheorien werde ich im Folgenden nur noch sporadisch eingehen. Aus der bloßen Tatsache, dass es sich um radikale Minderheitspositionen handelt, folgt natürlich nicht, dass sie nicht wahr oder gut begründet sein können. Aber ihre intuitive Unplausibilität verschiebt zumindest die Begründungslast. Allgemein sind in der Gegenwartsphilosophie Positionen, die eine radikale Revision von Grundannahmen unserer „deskriptiven Metaphysik" (Peter Strawson) fordern, auf dem Rückzug. Beispielsweise wird in der neueren Erkenntnistheorie die Auseinandersetzung mit der radikalen Skepsis eher als argumentative Fingerübung angesehen denn als drängendes Menschheitsproblem. Ähnliches gilt für die radikale Moralskepsis. Und in der gegenwärtigen Freiheitsdebatte teilen die Hauptkontrahenten, die Kompatibilisten und die Libertarier, gerade die Auffassung, dass unser praktisches Selbstverständnis als zurechnungsfähig und verantwortlich Handelnde nicht zur Disposition steht. Beide Lager beanspruchen, dieselben alltäglichen Phänomene und Redeweisen verständlich zu machen, und sind gerade auf Basis dieser Gemeinsamkeit interessante Gegner füreinander. Der zentrale Streitpunkt zwischen Kompatibilisten und Libertariern ist die Frage, ob unsere gewöhnliche Rede über frei gewählte Handlungen und Entscheidungen die Falschheit des Determinismus voraussetzt oder nicht.

Auch wenn die Theorien der radikalen Freiheitsleugner keine prominente Rolle spielen werden, kommen doch deren wichtigste Argumente vor. Es geht also nicht viel verloren. Insbesondere der Zufallseinwand gegen den libertarischen Freiheitsbegriff wird eingehend diskutiert. Die *Illusionstheorien* sind zum Teil durch neuere neurowissenschaftliche Forschung motiviert; auf diesen Zusammenhang werde ich im 6. Kapitel zurückkommen.

4.2 Das Konsequenzargument

Hinsichtlich der Nichtvereinbarkeitsthese haben wir uns bisher mit der Intuition beholfen, dass es buchstäblich nichts zu entscheiden gibt, wenn der Weltlauf durch Naturgesetze ein für alle Mal fixiert ist. Während diese Unvereinbarkeit vielen unmittelbar einleuchtet, leuchtet sie Kompatibilisten nicht ein. Um die Unvereinbarkeit von Freiheit und Determinismus deutlich sichtbar zu machen, haben Inkompatibilisten das sogenannte *Konsequenzargument* ersonnen. Es besteht aus zwei Prämissen und einer Konklusion:

(P1) Wenn der Determinismus wahr ist, folgen unsere Handlungen aus Naturgesetzen und Ereignissen der fernen Vergangenheit.

(P2) Es steht nicht in unserer Macht, die Naturgesetze oder die Ereignisse der fernen Vergangenheit zu ändern.

(K)   Also stehen auch die kausalen Konsequenzen der Vergangenheit und der Naturgesetze nicht in unserer Macht, unsere eigenen Handlungen eingeschlossen.[4]

Was ist durch dieses Argument gewonnen? Es beansprucht, aus allseits akzeptierten Prämissen eine Folgerung abzuleiten, die der Kompatibilist zwar ablehnt, die er aber vernünftigerweise nicht ablehnen dürfte. Wenn er es gleichwohl tut, scheint er eine der beiden Prämissen ablehnen zu müssen.

Die erste Prämisse ist nur eine Erläuterung oder eine direkte Konsequenz aus der These des Determinismus. Der Determinismus ist eine universale Behauptung über den Weltlauf. Unsere Handlungen – oder die ihnen entsprechenden Ereignisse – sind Teil des Weltlaufs, also unterliegen auch sie der Determination durch Naturgesetze und Antezedensbedingungen. Die zweite Prämisse ist zweiteilig: Dass wir die Vergangenheit nicht ändern können, ist unkontrovers. Dass wir die Naturgesetze nicht ändern können, sollte ebenfalls unkontrovers sein, wenn man sich klar macht, was gemeint ist. Nach van Inwagen ist gemeint, dass wir ein Naturgesetz nicht *falsch machen* können („render false"). Wir können zwar Gesetzeshypothesen *als falsch erweisen* – das verstehen Philosophen gewöhnlich unter „falsifizieren" –, doch niemand kann Wahres in Falsches verwandeln. Anders gesagt: Was auch immer wir falsch machen oder als falsch erweisen, es wird kein Naturgesetz gewesen sein, denn wir nennen nur wahre Propositionen Naturgesetze.

Freilich gibt es einen Sinn, in dem unser Anderskönnen auf die Vergangenheit ‚durchschlägt'. Man kann so argumentieren: Hätte ich anders gehandelt als ich tatsächlich gehandelt habe, wäre auch die Vergangenheit anders gewesen. Das bedeutet aber nur, dass man unter Annahme des Determinismus aus einer anderen Gegenwart auf eine andere Vergangenheit *schließen* kann. Es bedeutet nicht, dass jemand die Vergangenheit in dem Sinn „ändern" kann, dass er durch sein Handeln dafür sorgen kann, dass sie anders war, als sie tatsächlich gewesen ist.

Wenn der Kompatibilist die beiden Prämissen akzeptieren muss, kann er nur noch die Schlussregel angreifen. Eben dies haben verschiedene Kompatibilisten getan. Sie halten das in Anspruch genommene Prinzip „Wenn aus der Wahrheit von p notwendig die von q folgt, dann folgt aus der Notwendigkeit oder Unabänderlichkeit von p die von q" für ungültig. Dieses Prinzip heißt in der Literatur auch „Regel β" oder „Transferprinzip". Angegriffen wird es mithilfe folgender Überlegung: Wenn man für das Können bzw. Nichtkönnen, von dem in der Konklusion die Rede ist, Moores konditionale Analyse einsetzt, dann ergibt sich, dass jemand sehr wohl anders handeln könnte und also seine eigene Handlung in seiner Macht steht. Sie steht in dem Sinne in seiner Macht, dass sie anders ausgefallen wäre, wenn er zuvor anders überlegt und entschieden hätte. Damit wäre die Diskussion an die konditionale Analyse des Könnens zurückverwiesen. Van Inwagen gibt zu, dass diese Analyse das Konsequenzargument ungültig machen würde, doch er hält sein Schlussprinzip für intuitiv plausibler als die konditionale Analyse.[5]

Das Konsequenzargument ist kein Argument für den Libertarismus, sondern eines für die Unvereinbarkeitsthese. In der Sache glaubt van Inwagen als Libertarier natürlich, dass die Konklusion falsch ist, und dass man daraus auf die Falschheit des Determinismus rückschließen kann. Wenn man schon fest davon überzeugt bin, dass Handlungen in der Macht der Handelnden stehen, kann man die dem Argument zugrunde liegende Überlegung umkehren: Mein Handeln steht in meiner Macht, dies ist bei Annahme des Determinismus nur möglich, wenn die Naturgesetze oder die Vergangenheit anders wären. Beides ist nicht möglich, also muss der Determinismus falsch sein. Das Argument hat dann die Form einer *reductio ad absurdum* der Determinismusannahme.

Ein augenfälliger Zug des Konsequenzarguments ist die Erwähnung der fernen Vergangenheit („remote past") in den beiden Prämissen. Es stellt sich die Frage, welche Funktion dieser Bezug hat, da doch dem Laplace-Determinismus zufolge *jeder beliebige* Weltzustand gemeinsam mit den Naturgesetzen jeden anderen Weltzustand festlegt. Laplace-Determiniertsein ist eine zeitsymmetrische Angelegenheit. Gewöhnlich nimmt man an, durch die kausale Konnotation von „determinieren" verleitet, dass die Vergangenheit die Gegenwart festlegt, doch dem Determinismus zufolge kann man im gleichen Sinne von „festlegen" sagen, dass die Gegenwart die Vergangenheit festlegt oder die Zukunft die Gegenwart. Ein Argument, das exklusiv auf die Unbeeinflussbarkeit der Vergangenheit abstellt, trägt dieser Symmetrie nicht Rechnung. Man darf die Beziehung des Laplace-Determinierens nicht mit der Kausalbeziehung verwechseln. Ein kausales Gesetz erlaubt gemeinsam mit den Antezedensbedingungen den Schluss auf das Eintreten des Explanandum-Ereignisses, aber Explanandum und Gesetz erlauben keinen Rückschluss auf das Vorliegen der Antezedensbedingungen. Das Explanandum hätte ja auch durch anderes verursacht werden können. In einer deterministischen Welt besteht diese Asymmetrie nicht; jeder beliebige Weltzustand ist gemeinsam mit den Naturgesetzen eine hinreichende Bedingung für jeden anderen früheren oder späteren. Um diesen wesentlichen Unterschied zwischen Kausalbeziehung und laplacescher Determinismusbeziehung nicht verschwimmen zu lassen, sollte man die Rede vom „kausalen Determinismus" vermeiden.[6]

Welche Funktion hat also van Inwagens Bezug auf die ferne Vergangenheit bzw. auf Ereignisse vor meiner Geburt? Es könnte sich um eine rhetorische Dramatisierung handeln, die den Kompatibilisten mit ins Boot holen soll, indem sie an die von ihm geteilte Überzeugung appelliert, dass die Vergangenheit sich nicht ändern lässt. Das Konsequenzargument auf diesen Umstand stützen ist aber unglücklich, denn für den laplaceschen Deterministen, dessen Position die erste Prämisse beschreiben soll, ist die Asymmetrie zwischen der Unbeeinflussbarkeit der Vergangenheit und der der Zukunft bloßer Schein. Für ihn kann *nichts* jemals anders sein, als es tatsächlich ist. Indem van Inwagen die Nichtbeeinflussbarkeit der Vergangenheit ins Spiel bringt, verbindet er den Determinismus mit einer Behauptung, die für diesen gar nicht spezifisch ist. Dieser Missgriff ist allerdings weit verbreitet und findet sich zum Beispiel auch bei Kant, welcher den Determinismus nur deshalb als freiheitsgefährdend ansieht, weil dann Handlungen „ihre bestimmende Gründe *in der vorhergehenden Zeit* haben (die mit dem, was sie in sich hält, nicht mehr in unserer Gewalt ist)".[7]

Es ist argumentiert worden, dass der Bezug auf die *ferne* Vergangenheit, genauer: auf die Zeit vor der Geburt des Akteurs, für das Konsequenzargument sehr wohl einen Unterschied mache. Während wir nämlich die Ereignisse vor unserer Geburt nicht in der Hand hatten, befinden sich unter den vergangenen Ereignissen unserer Lebenszeit solche, „in Bezug auf die wir sehr wohl eine Wahl hatten".[8] Beispielsweise hatte ich nach van Inwagen die Wahl, mich nicht zu betrinken, während ich danach nicht mehr die Wahl hatte, die in volltrunkenem Zustand begonnene Schlägerei zu unterlassen.[9] Dies hatte ich nicht mehr in der Hand, weil ich *mich* nicht mehr in der Hand hatte.

Bei näherer Betrachtung spielt auch diese Asymmetrie für das Vereinbarkeitsproblem keine Rolle. Inkompatibilismus ist die Lehre von der Unvereinbarkeit der Willensfreiheit mit dem Determinismus, nicht mit anderen Faktoren. Neben dem Determinismus gibt es andere freiheitseinschränkende Faktoren, die aber schon deshalb separat diskutiert werden sollten, weil Inkompatibilisten diese Freiheitseinschränkungen nicht leugnen. Auch in einer nichtdeterministischen Welt lässt sich die Vergangenheit, sei es die nahe oder die ferne, nicht ändern; auch in einer nichtdeterministischen Welt beeinträchtigt ein Vollrausch die Fähigkeit, überlegt seinen Willen zu bilden. Deshalb sind diese beiden Beschränkungen für das Vereinbarkeitsproblem irrelevant. Van Inwagens Beispiel beruht – ähnlich wie die Frankfurt-Fälle – auf einem Themenwechsel, der durch das eminente Interesse an der Rechtfertigung der Zuschreibung moralischer Verantwortung motiviert sein dürfte. Relevant ist van Inwagens Beispiel für die Frage, ob selbstverschuldete Steuerungsunfähigkeit die moralische und rechtliche Verantwortung aufhebt.

Meinem Einwand, dass die Nichtbeeinflussbarkeit der Vergangenheit zwischen Kompatibilisten und Inkompatibilisten nicht kontrovers ist, könnte man entgegenhalten, dass es gerade kennzeichnend für ein gutes Argument sei, an von den Kontrahenten geteilte Annahmen zu appellieren. Das Konsequenzargument solle Prämissen und Schlussregeln explizit machen, die hinter der Unvereinbarkeitsthese stecken, die dem Kompatibilisten als solche nicht unmittelbar einleuchtet. Nun wird aber dieses dialektische Ziel durch den Umweg über die Nichtbeeinflussbarkeit der Vergangenheit gerade konterkariert, indem die erste Prämisse den eigentlichen Grund für die Unvereinbarkeit von Freiheit und Determinismus in irrelevanter Weise spezifiziert. Der Inkompatibilist täte besser daran, klarzustellen, dass die Freiheitsgefährdung *allein* von der deterministischen Lehre ausgeht, dass niemals etwas anderes geschehen kann als das Faktische – weder in der Gegenwart noch in der Zukunft noch in der Vergangenheit.

Ich fasse meine Kritik am Konsequenzargument zusammen: Ein Argument, das den Nachweis der Unvereinbarkeit von Freiheit und Determinismus zum Ziel hat, hat sich am Gehalt der Determinismusthese zu orientieren. Im laplaceschen Determinismus spielen die Asymmetrien der Zeit und der Kausalität keine Rolle. Während diese Asymmetrien für unser Wollen, praktisches Überlegen und Handeln wesentlich sind, sind sie für den Determinismus und seine modale Kraft irrelevant. Ein Argument zugunsten des Inkompatibilismus sollte deshalb ohne Bezug auf die Zeitrichtung formuliert sein. Es darf die modale Kraft des Determinismus, die ihn erst freiheitsunverträglich macht, nicht an die vermeintlich asymmetrische Abhängigkeit späterer von früheren Zuständen binden. Die vom Determinismus behauptete metaphysische Notwendigkeit besteht darin, dass in einer deterministischen Welt zu keiner Zeit etwas anderes geschehen kann als das, was tatsächlich geschieht. Die Quelle dieser Notwendigkeit – das Fatum, Gottes Wille, die Naturgesetze – muss strenggenommen in der Determinismusdefinition nicht genannt werden, wiewohl es gute Gründe dafür gibt, das Vereinbarkeitsproblem anhand der am ehesten verständlichen Modalitätsquelle zu diskutieren. Um von der Behauptung des Deterministen, dass es im Weltlauf keine alternativen Möglichkeiten gibt, zum Inkompatibilismus zu gelangen, bedarf es nur noch der Annahme, dass auch unsere Handlungen und Entscheidungen zum Weltlauf gehören. In einer deterministischen Welt kann nichts anderes geschehen als das Faktische, also können wir auch nicht anders handeln als wir es tun. In einer deterministischen Welt gibt es keine Alternativen, also auch keine für uns. Der Rest sind Bedeutungsanalysen von „fähig sein", „handeln", „entscheiden", „eine Wahl haben", „beeinflussen", „verändern", „kontrollieren" etc., die van Inwagen ebenso wie ich gegen die kompatibilistischen Konditionalanalysen verteidigen muss.

Wenn Kompatibilisten die Behauptung nicht akzeptieren, dass bei Annahme des Determinismus niemand je seine Handlungen wählt oder das Geschehen beeinflusst, liegt das daran, dass über den Sinn des betreffenden Handlungsverbs keine Einigkeit besteht. Bei Lichte betrachtet besteht also der Kern des Dissenses in der Erläuterung des zentralen Handlungsverbs. Wenn der Sinn des Verbs sich im Sinne des Inkompatibilisten klären ließe, wäre die Konklusion „Niemand hat seine Handlungen in der Hand" nur noch eine unproblematische Instanz der Allaussage „Niemand hat je einen Weltzustand in der Hand". Gesucht ist mithin ein Verb, das das Nichtbestehen alternativer Möglichkeiten der Rede über Fähigkeiten und Handlungen kommensurabel macht. Die metaphysische Unmöglichkeit, von der der Determinismus handelt, muss der Rede von der Fähigkeit oder Unfähigkeit, seine Handlungen auszuführen, kommensurabel gemacht werden. Als Mittelbegriffe bieten sich die Verben „wählen" oder „entscheiden" an. Der Inkompatibilist könnte dann argumentieren:

(1) Wenn der Determinismus wahr ist, bestehen niemals alternative Möglichkeiten des Weiterverlaufs.
(2) Wenn niemals alternative Möglichkeiten des Weiterverlaufs bestehen, gibt es auch niemals etwas zu wählen oder zu entscheiden.
(3) Also entscheiden wir auch nicht über die Ausführung unserer Handlungen.

Jäger hat zu diesem Argument angemerkt, dass ich nicht vom „Weiterverlauf" sprechen sollte, wenn mir der zeitsymmetrische Charakter des Determinismus so wichtig ist. [10] Nun, für die laplacesche Determination ist die Zeitrichtung irrelevant, aus der Sicht menschlicher Akteure sieht es anders aus: Für Wesen, die „vorwärts" leben, überlegen und handeln, wäre die Determiniertheit der Zukunft ein größeres Problem als die der Vergangenheit, und um das Handeln geht es nun einmal im Konsequenzargument. Hinsichtlich des Determinismus bleibt es dabei, dass die Nichtexistenz alternativer Möglichkeiten den zeitlich gerichteten Weiterverlauf der Welt *umfasst*, aber nicht auf ihn beschränkt oder über ihn definiert ist.

Dieses schlanke Argument für den Inkompatibilismus, das nicht auf die Vergangenheit Bezug nimmt, bietet gegenüber van Inwagens Konsequenzargument eine Reihe von Vorteilen:

– Es entnimmt das Nichtwählenkönnen unmittelbar der Determinismusdefinition und benennt direkt den Grund dafür, dass niemand je anders hätte handeln können: dass nämlich in einer deterministischen Welt zu keiner Zeit etwas anderes geschehen kann als das, was faktisch geschieht.

– Es vermeidet jeden Anschein, dass der Inkompatibilismus etwas mit dem unkontroversen Umstand zu tun habe, dass wir die Vergangenheit nicht ändern können.

– Es trägt dazu bei, den laplaceschen Determinismus vom Kausalprinzip zu entkoppeln, was ein Desideratum für die Theorie der Kausalität ist. Dass laplacesche Determinationsbeziehungen keine Kausalbeziehungen sind, erklärt zwar nicht, warum es Kausalbeziehungen auch in einer nichtdeterministischen Welt gibt, räumt aber ein Hindernis für diese Einsicht aus dem Weg.

– Es deckt auch Determinismen ab, die über andere Modalitätsquellen als die Naturgesetze definiert sind, ferner den Fall, dass der über Naturgesetze definierte physikalische Determinismus aus begrifflichen Gründen scheitern sollte, weil der Begriff von mit Modalkraft ausgestatteten Naturgesetzen nicht verständlich zu machen ist oder in unserer Welt keine Anwendung hat („humesche Supervenienz").

Freilich ist nicht zu erwarten, dass der Kompatibilist sich von diesem Argument überzeugen lässt. Er wird einen Sinn von „wählen" oder „entscheiden" geltend machen, demzufolge (2) falsch ist und mithin (3) nicht folgt. Dabei wird er sich auf Moores konditionale Analyse oder eine sehr ähnliche berufen. Wir hatten allerdings gesehen, dass die konditionale Analyse für „entscheiden" noch unplausibler ist als für „können". Insbesondere wird in ihr übersehen, dass die beiden Modalitäten, die im Spiel sind, nämlich die praktische und die naturgesetzliche, zusammenwirken. Es ist bisher nicht gezeigt worden, wie die praktische Fähigkeit die naturgesetzliche Unmöglichkeit alternativer Verläufe überleben kann.

4.3 Anderskönnen unter gegebenen Bedingungen

Libertarier sprechen zum einen von *alternativen Möglichkeiten*, zum anderen vom *Andershandelnkönnen*. Vom Weltlauf als ganzem wird gesagt, dass zu jedem gegebenen Zeitpunkt verschiedene Möglichkeiten des Weiterverlaufs bestehen. Die für Handlungen spezifizierte Version wird aus irgendeinem Grunde meist in der Vergangenheitsform formuliert und sagt, dass ein Akteur unter den gleichen Bedingungen hätte anders handeln können („He could have acted otherwise"). Es liegt auf der Hand, dass das Andershandelnkönnen eine *Spezifizierung* des allgemeinen Prinzips ist, denn unsere Handlungen sind ja Teil des Weltlaufs. Wenn es wahr sein soll, dass jemand hätte anders handeln können, muss auch gelten, dass anderes hätte geschehen können. Allerdings erschöpft sich der Sinn der ersten Formulierung nicht in dem der zweiten.

Der Umstand, dass Handlungen und Entscheidungen als raumzeitliche Vorkommnisse Teil des Weltlaufs sind, ist der Hauptgrund für die mangelnde Plausibilität aspekt- und sprachendualistischer Lösungen des Freiheitsproblems. Wir erinnern uns an Plancks Diktum: „Von außen, objektiv betrachtet, ist der Wille kausal determiniert; von innen, subjektiv betrachtet, ist der Wille frei".[11] Die Bedingung des Bestehens alternativer Möglichkeiten bildet das *Tertium comparationis* zwischen subjektiver und objektiver Betrachtung. Wenn es wahr sein soll, dass wir so oder anders wollen, entscheiden oder handeln können, dann muss etwas auch so oder anders geschehen können, da hilft keine Perspektivenunterscheidung. Auch die angebliche Inkommensurabilität von „Ursachen-Sprachspiel" und „Gründe-Sprachspiel", die im Anschluss an Wittgenstein und Ryle behauptet worden ist, hilft nicht. Die sogenannten Sprachendualisten haben bestritten, dass menschliche Handlungen überhaupt sinnvoll auf ihre Ursachen befragbar seien. Ereignisse hätten Ursachen, Handlungen hingegen Gründe; das Ursachen-Sprachspiel sei auf Handlungen nicht sinnvoll anwendbar (Kenny, Melden, Ryle, Habermas). Diese Art von Kompatibilismus hat man treffend als die Lösung karikiert, die Streitenden in verschiedene Zimmer zu sperren.

Der metaphysische Begriff der alternativen Möglichkeit ist gegenüber Perspektiven- und Sprachspielunterscheidungen neutral. Anderskönnen unter gegebenen Bedingungen impliziert, dass zu keinem Zeitpunkt vor dem tatsächlichen Handlungsbeginn feststeht, ob die Handlung stattfinden wird. Es gibt, mit anderen Worten, vor Handlungsbeginn keine kausal hinreichenden Bedingungen für das Stattfinden der Handlung. Der Person ist es stets noch möglich, die Handlung zu unterlassen, weiterzuüberlegen und sich umzuentscheiden. Der Bezug auf den Zeitpunkt der Handlung ist entscheidend, denn mit dem Handlungsbeginn ist der Freiheitsspielraum natürlich vernichtet. Das Stattfinden der Handlung verschließt vorher bestehende alternative Möglichkeiten, denn niemand kann die Vergangenheit anders sein lassen, als sie war.[12]

Das Anderskönnen unter gegebenen Umständen wird von Kompatibilisten als kühne These angesehen, als Ausdruck eines „starken" Freiheitsbegriffs, mit dem besondere Begründungslasten verbunden sind. Libertarier sehen es typischerweise anders. Sie führen an, dass das So-oder-Anderskönnen, also die „two-way ability", schon zum *Sinn* unserer gewöhnlichen Rede über Handlungen und Entscheidungen gehöre. Auch der Schuldbegriff des deutschen Strafrechts beruht auf der Unterstellung des Anderskönnens. Dem Täter wird nach Welzel der „persönliche Vorwurf" gemacht, „daß er die rechtswidrige Handlung nicht unterlassen hat, obwohl er sie unterlassen konnte".[13]

Dass das menschliche Handlungsvermögen seiner Natur nach ein „Vermögen zum Gegenteiligen" ist, liegt nach Aristoteles daran, dass es ein *rationales* Vermögen ist: „Denn die vernunftlosen Vermögen sind jedes nur *einer* Tätigkeit fähig, die vernünftigen aber sind des Entgegengesetzten fähig."[14] Kenny hat die aristotelische Lehre so interpretiert, dass bei vernünftigen Vermögen sämtliche für die Aktualisierung notwendigen Bedingungen vorliegen können, ohne dass die Fähigkeit ausgeübt wird. Es bedarf stets noch eines aktiven Zutuns des vernünftigen Wesens, beispielsweise seiner Entscheidung – anders als bei Dispositionen wie der Wasserlöslichkeit des Zuckers oder dem Speichelfluss des Hundes, die sich bei Vorliegen der geeigneten Bedingungen automatisch manifestieren.[15]

Da es nicht in allen Situationen eine genuine zweite Handlungsoption gibt, erläutert man den Zwei-Wege-Charakter des menschlichen Handlungsvermögens am besten über die Unterlassbarkeit. Die aristotelische These des Vermögens zum Gegenteiligen besagt dann nicht, dass es beim Handeln stets noch eines separaten Vermögens zum Unterlassen bedürfte, sondern dass ein und dasselbe Vermögen sich sowohl im Tun als auch im Unterlassen zeigen kann: „Wo das Tun in unserer Gewalt ist, da ist es auch das Unterlassen".[16]

Nach Tugendhat, der hier Aristoteles folgt, ist es „gerade das Überlegen, in dem der Freiheitsspielraum des So-oder-so-Könnens für den Handelnden selbst geöffnet ist. Er steht vor einer Situation, in der es vom Ergebnis seines Überlegens abhängt, was geschehen wird."[17] Aristoteles zufolge ist die Vernunft für das Anderskönnen freilich nicht allein verantwortlich, sondern nur im Zusammenspiel mit dem Willen. Das kann man sich anhand von Situationen klarmachen, in denen die vorliegenden Gründe nur *eine* vernünftige Entscheidung offen lassen. In diesen Fällen wäre jede andere Entscheidung irrational, was aber nicht bedeutet, dass sie dem Akteur schlechthin verschlossen wäre. Es ist schließlich im Reiche der Natur, dass Menschen irrational wählen. Unser Vermögen der Wahl *erschöpft* sich nicht in dem der vernünftigen Wahl. Descartes hat diese Überlegung radikalisiert und das Vermögen der Ja/nein-Stellungnahme zu Handlungsoptionen allein dem Willen zugeschrieben. Auf die schwierige Frage, ob und in welchem Sinne Willensfreiheit ei... ...gen zum Unvernünftigen einschließt, wird zurückzukommen sein.

Anderskönnen unter gegebe... ...nden wird von Kompatibilisten als steile These angesehen, aber nac... ...referierten Auffassung heißt Anderskönnen nichts anderes als überh... ...eln können. Handelnkönnen impliziert schon, so oder anders zu kö... Anderskönnen ist, technisch ausgedrückt, eine *analytische Kompor*... ...Handelnkönnens. Wer nicht so oder anders kann, kann überhaupt nic... ...ernative dazu ist die Auffassung, dass wir in jedem Augenblick immer n... ...rädeterminiertes tun können. *Das* ist in der Tat eine steile These.

Die Analytizitätsthese verschiebt den Gehalt des „starken" Freiheitsbegriffs auf den Begriff des Tuns, Vollziehens oder Handelns. Wenn das Anderskönnen bzw. das Unterlassen analytisch zum Handlungsbegriff gehört, implizieren schon unsere gewöhnlichen Handlungsbeschreibungen eine massive Freiheitsmetaphysik. Es gäbe keinen Grund, das Vokabular des Handelns in Anschlag zu bringen, wenn in meinem Körper nur etwas Prädeterminiertes, Unausweichliches geschähe. Diese Sicht der Dinge hat auch der Handlungstheoretiker von Wright vorgeschlagen:

> [T]he concept of an action, the ascriptions of actions to an agent, belong to discourse in which 'free will' is taken for granted. [...] The 'freedom' or 'free will' of a man consists in the *fact* that he acts, one could say. [...] The 'mystery' of freedom, if there is one, is the 'mystery' of the fact that there *are* agents and actions.[18]

Die Frage, warum viele Philosophen Anderskönnen unter gegebenen Bedingungen als kühne These ansehen, ist damit noch nicht geklärt. Man kann vermuten, dass die übliche *retrospektive* Formulierung des Anderskönnens dabei eine wichtige Rolle spielt: „Hätte er anders handeln können?" Dieser Bezug auf die Vergangenheit bringt eine zusätzliche Komplikation ins Spiel, die mit dem Freiheitsproblem nichts zu tun hat, nämlich den Umstand, dass man die Vergangenheit nicht ändern kann, der ja allseits akzeptiert wird. „Die vergangenen Bedingungen waren nun einmal so, wie sie waren" – dies ist wahr genug, aber für die Frage des Anderskönnens irrelevant. Unsere Fähigkeit, etwas zu tun oder zu entscheiden, richtet sich immer auf die Zukunft, nicht auf die Vergangenheit. (Auch auf die Gegenwart richtet sie sich nur in einem ungenauen Sinne, denn genaugenommen zerfällt ja jede vermeintlich gegenwärtige Zeitspanne in vergangene und zukünftige Teile.)

Auch die Rede von „identischen" Umständen, unter denen man so oder anders hätte handeln können, wird erst durch die retrospektive Formulierung nötig. Leicht wird dann die modale Variation des Weltlaufs mit einer zeitlichen Wiederholung verwechselt. Es wird dann zu bedenken gegeben, dass das Prinzip des Anderskönnens unter identischen Bedingungen *unanwendbar* sei, da in der wirklichen Welt Entscheidungssituationen niemals in allen Details wiederkehren. Eine Formulierung des Anderskönnens im Präsens zeigt die Irrelevanz auch dieser Überlegung: Wir handeln in *gegebenen* Umständen, nicht in „identischen". Die obwaltenden Umstände sind, wie sie sind, und können nicht zugleich anders sein. Das Vermögen, zu entscheiden und zu handeln, haben wir entweder in diesen Umständen oder wir haben es überhaupt nicht. Es dient deshalb der Klarheit, das Anderskönnen ins Präsens zurückzuholen. Wer leugnet, dass jemals jemand „unter identischen Umständen" anders hätte entscheiden können, der leugnet auch, dass jemand jetzt, unter den gegebenen Umständen, so oder anders entscheiden kann.

Welche Art von Freiheit ist nun mit dem So-oder-Anderskönnen bezeichnet, die Willensfreiheit oder die Handlungsfreiheit? Bestimmt man die Letztere als das Vermögen, zu tun, was man will, und die Erstere als das Vermögen, zu wollen, was man will, so muss die Antwort wohl lauten: „Keine von beiden". Es scheint hier eine terminologische Lücke zu bestehen. Das fragliche aktive Vermögen schließt aus libertarischer Sicht die Fähigkeit ein, eine von mehreren bestehenden Möglichkeiten zu verwirklichen, mithin die Zukunft auf eine von mehreren möglichen Weisen weiterverlaufen zu lassen. Diese Fähigkeit wird voranalytisch durch Aristoteles' Formulierung ausgedrückt, dass „bei uns steht" (eph' hêmin), welche Handlung stattfindet. Durch das Wort „Willensfreiheit" ist dieses Vermögen unglücklich ausgedrückt. Beim libertarisch verstandenen Handlungsvermögen geht es um die Fähigkeit, bestimmte meiner Wünsche, Absichten oder Gründe handlungswirksam zu machen oder dies zu verhindern. Genauer könnte man vom Vermögen sprechen, seinen Willen handlungswirksam zu machen *zu versuchen*, denn äußere Hindernisse gefährden ja die libertarische Freiheit nicht. Da aber Versuche ebenfalls Handlungen sind, nämlich nicht erfolgsimplizierend beschriebene, ändert sich durch die Präzisierung nichts Wesentliches.

Erst der Zukunftsbezug verdeutlicht aber, was vernünftigerweise gemeint ist: Es ist nicht die Fähigkeit gemeint, einen anderen Willen zu haben als man aktuell hat. Dies wäre absurd, wiewohl es eine gängige Karikatur von „Willensfreiheit" ist. Es ist auch nicht die Fähigkeit gemeint, das aktuell nicht Gewollte handlungswirksam zu machen, also wider seinen Willen zu handeln. Gemeint ist die Fähigkeit, eine gegebene Motivlage *nicht* unmittelbar handlungswirksam werden zu lassen. Eine zentrale Komponente des libertarischen Handlungsvermögens ist somit das von Locke beschriebene Suspensionsvermögen. Vorhandene Wünsche oder Antriebe setzt eine Person nicht natur- oder vernunftnotwendig in die Tat um, vielmehr bleibt sie weiteren vernünftigen Gründen zugänglich und hat stets die Fähigkeit, weiterzuüberlegen und sich umzuentscheiden.

Moores konditionale Analyse des Könnens versucht demgegenüber, einen determinismusverträglichen Sinn von „Anderskönnen" zu retten: Eine Person hätte insofern anders handeln können, als sie anders gehandelt hätte, wenn sie sich anders entschieden hätte. Unter deterministischen Bedingungen gilt allgemein, dass der Weltlauf zu einem bestimmten Zeitpunkt nur dann hätte anders sein können, als er tatsächlich war, wenn er sich schon vorher verzweigt hätte (oder wenn die Naturgesetze andere gewesen wären). Das Problem für den Deterministen ist nun, dass die besagte Schwierigkeit nach jeder Vorverlegung des „Abweichungswunders" (David Lewis) erneut auftritt: Der Determinist ist gezwungen, die Abweichung vom Tatsächlichen immer weiter vorzuverlegen.

Man kann deshalb sagen, dass der Mooresche Hinweis, die Abweichung hätte schon früher geschehen müssen, aus dem Munde eines Deterministen *unredlich* ist. Tatsächlich ist ein Determinist ja der Auffassung, dass die Abweichung *überhaupt nicht* geschehen konnte: Nicht jetzt, nicht gestern und nicht in grauer Vorzeit konnte etwas anderes als das Faktische geschehen. Nicht das Geringste hätte in einer deterministischen Welt jemals anders sein können, wenn nicht schon die gesamte Vergangenheit anders gewesen wäre.[19] Wenn wir aber niemals annehmen dürfen, dass in einer gegebenen Situation mehrere Möglichkeiten des Weiterverlaufs bestehen, wird auch der Sinn des *Fingierens* alternativer Geschehensverläufe fragwürdig. Der mooresche Kompatibilist behauptet zwar, dass wir mit „Anderskönnen" meinen, dass jemand unter bestimmten kontrafaktischen Bedingungen anders gehandelt hätte. Wenn er aber als Determinist zugleich behauptet, dass diese Bedingungen niemals erfüllt sein konnten, da ihr Bestehen naturgesetzlich ausgeschlossen war, ist seine Auffassung gleichbedeutend damit, dass die Person in der gegebenen Situation eben *nicht* anders handeln konnte.

Die offensichtliche Tatsache, dass das Anderskönnen unter gegebenen Bedingungen nicht mit dem Determinismus vereinbar ist, mag die Ablehnung der libertarischen Freiheit durch die *deterministischen* Kompatibilisten erklären. Sie erklärt aber nicht hinreichend den Widerstand der *agnostischen* Kompatibilisten. Die geringe Popularität des libertarischen Freiheitsbegriffs unter Fachphilosophen muss zusätzliche Gründe haben, die mit internen Schwierigkeiten des Libertarismus zusammenhängen. Viele Kritiker bezweifeln den Nutzen des Indeterminismus für die Freiheitsannahme und halten die metaphysischen Kosten der libertarischen Freiheit für zu hoch, ohne selbst überzeugte Deterministen zu sein.

4.4 Mythen über den libertarischen Freiheitsbegriff

Der Kern des libertarischen Freiheitsbegriffs ist das Anderskönnen unter gegebenen Bedingungen. In der jüngeren Freiheitsdebatte wird dieses den Libertarismus definierende Merkmal allerdings mit einer Reihe von Zusatzbehauptungen verknüpft, die mit der Sache wenig zu tun haben. Da diese Zusatzbehauptungen dem Libertarier häufig unterschoben werden, um die Unhaltbarkeit seiner Position zu erweisen, spreche ich von *Mythen* über die libertarische Freiheitsauffassung. Erst wenn diese Mythen als irrelevante Zusätze erkannt sind, kann die Hauptschwierigkeit des Libertarismus, nämlich das Zufallsproblem, scharf in den Blick genommen werden. Ich werde weitgehend darauf verzichten, diese Mythen mit Zitaten zu belegen. Jeder, der sich in der Literatur umsieht, stößt schnell auf diese Behauptungen.[20]

(i) Der Mythos der Unbedingtheit: *Libertarische Freiheit ist Freiheit von allen Bedingungen*

Ein freier Wille, wie der Libertarier ihn fordert, ist nach dieser Auffassung ein durch nichts bedingter Wille. Insbesondere ist er unabhängig von den Einstellungen, dem Charakter und den Überlegungen der wollenden Person. Völlig unabhängig von diesen Faktoren kann ihr Willensentschluss auf beliebige Weise ausfallen. In Bieris Freiheitsbuch wird ein solcher durch nichts bedingter Wille ausführlich beschrieben und kritisiert. Schopenhauer hat ganz ähnlich eingewandt, dass ein „freier Wille [...] ein solcher [wäre], der durch gar nichts bestimmt würde, dessen einzelne Äußerungen (Willensakte) also schlechthin und ganz ursprünglich aus ihm selbst hervorgingen".[21] Ein freier Wille, der keinerlei Bedingungen unterläge, ist nach Bieri nicht bloß illusorisch, er ist auch nicht wünschenswert. Freiheit, die zu haben sich lohnt, ist etwas anderes als ein kapriziöses, unkontrollierbares Vermögen.[22] In der philosophischen und theologischen Tradition hat man die unbedingte Freiheit häufig „Willkürfreiheit" oder „Indifferenzfreiheit" (*liberum arbitrium indifferentiae*) genannt. Da aber durchaus Unterschiedliches darunter verstanden wurde, werde ich diese Terminologie beiseitelassen.

Versteht man unter unbedingter Freiheit die Fähigkeit, losgelöst von seinen psychischen Dispositionen grundlos zu wählen, also jederzeit Beliebiges zu wollen oder zu tun, so kann man Bieri darin zustimmen, dass dies keine erstrebenswerte Art von Freiheit ist. Schon Hume argumentierte, dass eine solche Freiheit die Zurechnung von Handlungen gerade unmöglich mache. Damit man einer Person ihre Entschlüsse und Handlungen zurechnen kann, müsse sie eine hinreichende charakterliche Stabilität aufweisen. Wir tadeln und loben ja nicht die Taten selbst, sondern Personen *für* ihre Taten, und wir möchten dadurch das künftige Verhalten der Person beeinflussen. Bei Wesen mit zu erratischen Lebensäußerungen liefe diese Praxis ins Leere.[23]

Unter den Mythen des Libertarismus führe ich die Lehre von der unbedingten Freiheit auf, weil kein libertarischer Philosoph von Rang sie explizit vertreten hat. Auch bei Bieri wird das Phantom des durch nichts bedingten, grundlosen Willens nur eloquent heraufbeschworen, nicht aber aus der philosophischen Freiheitsdebatte entwickelt. Am nächsten kommt der Idee der grundlosen Wahl noch der *acte gratuit* im französischen Existentialismus, aber auch dort handelt es sich eher um einen literarischen Topos als um eine philosophische These. Gide, Breton, Sartre und Camus waren fasziniert von dem unmotivierten, bedenkenlos und gleichsam spielerisch ausgeführten Verbrechen, Gide prägte dafür den Begriff des *acte gratuit*. Bezeichnenderweise ist auch Bieris Gewährsmann eine literarische Figur, nämlich Dostojewskis Mörder Raskolnikow.

Um einen Beitrag zur Vereinbarkeitsdebatte zu leisten, wäre zu zeigen, dass die Abwesenheit einer laplaceschen Determination gleichbedeutend mit der Annahme eines im beschriebenen Sinne unbedingt freien Willens ist, so dass der Libertarier auf letztere Annahme festgelegt wäre. Die den Mythos der unbedingten Freiheit pflegen, entziehen sich dieser Aufgabe, indem sie ihren Determinismusbegriff nonchalant im Unklaren lassen. So auch Bieri: „Die Idee von Bedingungen und Bedingtheit, die ich hier und durch das ganze Buch in Anspruch nehme, scheint mir eine hinreichend klare Idee zu sein", „Details" würden „am zentralen Gedankengang" nichts ändern.[24] Das ist eine kühne Flurbereinigung. Der rhetorische Effekt der Rede von der „unbedingten" libertarischen Freiheit bei unspezifischem Determinismusbegriff besteht dann darin, dass die libertarische Freiheitsauffassung als Extremposition erscheint und der deterministische Kompatibilismus als eine Auffassung des gesunden Menschenverstandes – während es sich bei angemessener Rekonstruktion gerade umgekehrt verhält.

Es gibt allerdings noch einen anderen Sinn, in dem man das Vermögen der freien Wahl „unbedingt" oder „absolut" nennen könnte. Dieser andere Sinn betrifft die Frage, ob es sich um ein *kategorisches* oder um ein *graduelles* Vermögen handelt, ob es also Abstufungen zulässt oder nicht. Descartes hat in dieser Frage wie folgt argumentiert: Der menschliche Wille besteht in der Fähigkeit der Ja/nein-Stellungnahme zu gegebenen Handlungsoptionen. Der Verstand legt dem Willen eine Option zur Beurteilung vor, der Wille entscheidet frei über die Ausführung. Diese Fähigkeit der freien Wahl ist nach Descartes insofern vollkommen, als sie nicht steigerbar ist. Der Wille jedes Menschen ist „so vollkommen und so groß [...], daß ich mir nicht etwas noch Vollkommeneres und noch Größeres denken könnte".[25] Der Grund dafür ist ein logischer: Das Vermögen zur Ja/nein-Stellungnahme schöpft den gesamten logischen Raum aus. Nicht einmal Gott, sagt Descartes, könnte in dieser Hinsicht eine vollkommenere Freiheit besitzen. Insbesondere hängt das Vermögen der freien Wahl nicht von der Größe des jeweiligen Spielraums ab. Ein Zuwachs an Optionen ist eben kein Zuwachs am *Vermögen* der Wahl.

Es gibt also durchaus einen Sinn, in dem „kategorische", „absolute" oder „vollkommene" Freiheit nicht absurd ist – wenn man nämlich darunter nicht die Fähigkeit versteht, unter gegebenen Bedingungen Beliebiges zu wollen oder zu tun, sondern das Vermögen, unter den bestehenden Optionen, so wenige es auch sein mögen, zu wählen. Libertarier können ohne weiteres zugestehen, dass viele Arten von Freiheit gradierbar sind, klarerweise etwa politische Freiheiten. Allein diejenige Freiheit, die ihm besonders am Herzen liegt, das Vermögen des So-oder-anders-Wählens, scheint aus logischen Gründen keine Gradierung zuzulassen. Es ist entweder vorhanden oder eben nicht. Welche Rolle die Gründe, Urteile und der Charakter einer Person bei der Ausübung dieses Vermögens spielen, bleibt natürlich zu klären.

Werden der gradierbare und der nichtgradierbare Freiheitsbegriff nicht auseinandergehalten, kommt es zu Paradoxien. Dazu ein Beispiel aus der Strafrechtsliteratur: Jemand wird „durch die Drohung, sein Kind werde andernfalls getötet, zur Begehung einer Sachbeschädigung genötigt". Das So-oder-Anders-können scheint nicht tangiert, denn „genausogut könnte er sich weigern und das Leben seines Kindes riskieren". Zugleich aber behauptet der Autor, dass durch die Drohung „die Freiheit seiner Entscheidung eingeschränkt ist".[26] Was genau ist hier eingeschränkt? Das Eingeschränkte ist *nicht* das Vermögen der Wahl, sondern die Menge der vernünftigen Optionen. Wird nun beides mit demselben Ausdruck bezeichnet, hier mit „Freiheit der Entscheidung", so entsteht der falsche Eindruck, ein und dasselbe Phänomen werde zugleich gradiert und nicht gradiert.

(ii) Der Mythos des Dualismus: *Libertarier leugnen, dass Personen und ihre Entscheidungen Teil der einen, natürlichen Welt sind*

Behauptet wird mit anderen Worten, dass Libertarier cartesische oder kantische Dualisten sein müssen. Descartes lehrt, dass die denkende Substanz nicht im Raum ausgedehnt ist, aber dennoch kausal in die Körperwelt hineinwirkt. Nach Kant wirken sich freie Handlungen in der Welt der Erscheinungen aus, gehen aber ihrerseits auf „intelligibele Ursachen" zurück, die „samt ihrer Kausalität außer der Reihe" stehen.[27]

Die Behauptung, dass die libertarische Freiheitsauffassung den Geist/Körper-Dualismus impliziert oder voraussetzt, wird besonders im durch die neuere Hirnforschung angeregten Teil der Freiheitsdebatte vertreten. Hier wird argumentiert, dass der Libertarier als Indeterminist schließlich bestreite, dass mentale Prozesse durch Hirnprozesse „bedingt" oder „festgelegt" sind. So referiert Roth die libertarische Freiheitsauffassung wie folgt: Der „freie Akt darf natürlich selbst nicht wieder zerebral bedingt sein, sondern muß völlig immateriell, d.h. ohne jede Hirnaktivität vor sich gehen".[28] Wenn der Libertarier behaupte, dass die freie Wahl einer Person nicht durch Vorgänge in ihrem Gehirn „bedingt" sei, dann hänge er offenbar dem cartesischen Dualismus an. Wolf Singer schreibt: „Verschaltungen legen uns fest: Wir sollten aufhören, von Freiheit zu sprechen. [...] Keiner kann anders, als er ist."[29]

Was ist hier schiefgelaufen? Es wurde der synchrone Sinn von „determinieren", „festlegen" oder „bedingen" mit dem diachronen Sinn dieser Ausdrücke verwechselt. Dasjenige Festlegen, von dem der Determinismus spricht, ist ein Vorgang in der Zeit. Dasjenige Festlegen, von dem Roth und Singer hier sprechen, ist hingegen eine Beziehung zwischen einer Hirnaktivität und ihrer zeitgleichen

mentalen Entsprechung. Die Verwechslung der beiden Arten von „Determination"
führt zur Identifikation des neuronalen Substrats oder Korrelats eines mentalen
Ereignisses mit dessen Ursache. Zwischen einem mentalen Ereignis und seinem
zeitgleichen physischen Substrat kann es aber keine Kausalbeziehungen geben,
weder in der einen noch in der anderen Richtung. Wenn man hier überhaupt von
„festlegen" sprechen möchte, dann ist das ein anderer Sinn von festlegen als der
für den Determinismus einschlägige. (Eine Analogie: Eine bestimmte Bewegung
zweier Schachfiguren legt fest, dass es sich um eine Rochade handelt, aber sie
legt nicht fest, welcher Zug als nächster ausgeführt wird.)

Mentale Ereignisse sind nach allem, was wir wissen, physisch realisiert. Dass
diese Realisierungsbeziehung nichts mit dem Determinismus zu tun hat, sieht
man schon daran, dass es diese Art von Abhängigkeit des Mentalen vom Physischen sowohl in einer deterministischen als auch in einer indeterministischen
Welt geben kann. Es ist auch nicht zu sehen, wie die Realisierungs- oder Super-
venienzbeziehung für sich genommen freiheitsgefährdend sein sollte. Singers
schiefe Formulierung „Keiner kann anders, als er ist" zeigt diese in der Literatur leider häufige Verwechslung beider Arten von „Determination" schon an der
sprachlichen Oberfläche an. Tatsächlich ist das Anderskönnen des Libertariers
kein Anderskönnen *gegenüber einem aktuellen physiologischen Geschehen* – das
wäre absurd –, sondern es ist ein Anderskönnen *bei gegebener Vorgeschichte*.
Niemand kann die Gegenwart anders sein lassen, als sie nun einmal ist, aber
ein Handelnder kann den weiteren Lauf der Dinge beeinflussen. Dass Menschen dieses Vermögen haben, ist durch die Weisheit „Keiner kann anders, als
er ist" schon deshalb nicht widerlegbar, weil jedes Können sich auf eine Tätigkeit
bezieht, die aktuell noch nicht ausgeführt ist.[30]

Aus diesem Grunde ist allgemein die Erforschung neuronaler Korrelate des
Mentalen für das Freiheitsproblem irrelevant – solange keine deterministische
Zusatzprämisse ins Spiel kommt. Warum sollte der Umstand, dass mentale
Prozesse physisch realisiert sind, dass also in meinem Gehirn etwas vorgeht,
während ich etwas denke oder will, meine Freiheit gefährden? Wer hier einen
Widerspruch sieht, der gründet seine Freiheit tatsächlich auf den Dualismus.
Solche Philosophen gibt es natürlich, aber wir sollten dabei bleiben, sie Geist/
Körper-Dualisten zu nennen. Libertarier müssen diese Auffassung nicht vertre-
ten. Die Unvereinbarkeit, auf die der Libertarier verpflichtet ist, ist eine zwischen
Freiheit und Determinismus, nicht zwischen Freiheit und Naturzugehörigkeit des
Menschen.

Wir werden unten sehen, dass der dualistische Mythos, also die Annahme,
libertarische Freiheit sei auf den cartesianischen Dualismus verpflichtet, auch
bei der Interpretation der Libet-Experimente eine zentrale Rolle spielt.

(iii) Der Mythos des unbewegten Bewegers: *Nach libertarischer Auffassung können frei wählende Personen Wunder bewirken, haben also die Fähigkeit, Naturgesetze abzuändern, oder sind erste Beweger, die Kausalketten in Gang setzen*

In beiden Fällen, so der Einwand weiter, leugnen Libertarier das Prinzip der kausalen Geschlossenheit der Körperwelt bzw. die Geltung physikalischer Erhaltungssätze.[31]

Beginnen wir mit der Behauptung, Libertarier hielten Wunder für möglich. Ein Wunder ist nach Hume „eine Verletzung der Naturgesetze".[32] Wenn man unter einem Naturgesetz, wie wir es getan haben, eine wahre Gesetzesaussage versteht, muss man den Vorwurf etwas umformulieren, denn dann ist die Rede von einer „Verletzung" oder einem „Verstoß" schief. Der Einwand müsste dann so lauten, wie van Inwagen ihn formuliert: Niemand kann Naturgesetze falsch machen.

Dass niemand Naturgesetze falsch machen kann, glaubt der Libertarier auch, denn dies ist ja eine der Prämissen des Konsequenzarguments. Der Streit geht um die Frage, ob man Naturgesetze falsch machen können *müsste*, um in den Genuss libertarischer Freiheit zu kommen. Dies wäre dann der Fall, wenn man behauptet, die Naturgesetze seien so beschaffen, dass sie stets alle Handlungsmöglichkeiten bis auf eine verschließen, kurz: wenn man den Determinismus als wahr voraussetzt. Solange keines dieser Naturgesetze vorgewiesen wird, sollte der Libertarier von dieser Auffassung nicht allzu beeindruckt sein. Wir erinnern uns: Naturgesetze schreiben nicht vor, was zu geschehen hat, sondern *beschreiben* in systematisierter Form, was stets geschieht oder wie die Welt beschaffen ist. Um wahre Allsätze zu sein, dürfen Naturgesetze keine Gegeninstanzen haben. Menschen können Naturgesetze in der Tat nicht falsch machen; das liegt allein daran, dass in den Gesetzesbegriff das Merkmal des Wahrseins schon eingebaut ist. Menschen können sehr wohl Gesetzes*kandidaten* als falsch *erweisen*. Durch eine solche Falsifikation wird gezeigt, dass etwas, was man für ein Gesetz hielt, nur eine falsche Gesetzeshypothese war. Wunder braucht es dafür nicht.

Die Behauptung, dass Libertarier Handelnde als erste Beweger auffassen, die Kausalketten in Gang setzen, ist nicht so leicht zurückzuweisen, denn in der Tat gibt es prominente Libertarier, die dies vertreten haben. Der Akteurskausalist Chisholm spricht dieses große Wort gelassen aus: „Each of us, when we act, is a prime mover unmoved."[33] Als Handelnde verursachten wir Ereignisse, ohne dass es Ursachen für unsere Handlungen gebe. Bei Kant gibt es ähnliche Formulierungen: Wir hätten das Vermögen „„mitten im Laufe der Welt verschiedene Reihen, der Kausalität nach, von selbst anfangen zu lassen".[34]

Diese Formulierungen sind interpretationsbedürftig. In der neueren Literatur sind drei kausalitätstheoretische Interpretationen der libertarischen Freiheitsauffassung unterschieden worden (Clarke, O'Connor). Libertarier können das Anderskönnen *akausal, akteurskausal* oder *indeterministisch ereigniskausal* auffassen:

(a) *Akausalisten* oder *Nonkausalisten* behaupten, dass freie Entscheidungen oder freie Handlungen keine Ursachen haben (Ginet, McCann). Man spricht hier auch von „kontrakausaler Freiheit".

(b) *Akteurskausalisten* behaupten, dass Entscheidungen oder Handlungen Akteure als Ursachen haben (Reid, Chisholm, R. Taylor, Clarke, O'Connor, Lowe, Meixner).

(c) *Indeterministische Ereigniskausalisten* behaupten, dass Entscheidungen und Handlungen auf indeterministische Art durch Ereignisse verursacht werden (Kane, Ekstrom, Mele, McCall, Keil).

Die Lehre von der akausalen oder kontrakausalen Freiheit gibt dem Einwand Nahrung, dass der Libertarismus mit einem wissenschaftlichen Weltbild unvereinbar sei. Entscheidungen und Handlungen sind ja Ereignisse oder gehen jedenfalls mit solchen einher. Das allgemeine Kausalprinzip lautet in Kants Formulierung: „Jedes Ereignis hat eine Ursache". Wenn der Libertarier behauptet, dass Entscheidungen oder Handlungen unverursacht geschehen, leugnet er das allgemeine Kausalprinzip, und das zu tun ist keine Kleinigkeit, denn dieses Prinzip ist nach Kant eine Bedingung der Möglichkeit der Naturerkenntnis.

Nun hatten wir oben das Kausalprinzip vom Determinismusprinzip unterschieden. Dass jedes Ereignis eine Ursache hat, ist nicht gleichbedeutend damit, dass jedes Ereignis unter deterministische Sukzessionsgesetze fällt. Die Gesetzesauffassung der Kausalität ist vielmehr eine kausalitätstheoretische Zusatzannahme, zu der es Alternativen gibt. Zur Annahme einer kontrakausalen Freiheit neigen Libertarier, die das Kausalprinzip mit dem Determinismus identifizieren. Auch Kant konnte sich schlicht nicht vorstellen, was denn Verursachung sonst sein sollte, wenn nicht Determination durch strenge Naturgesetze. Und dass Letzteres mit der Freiheit unvereinbar ist, kennzeichnet ja gerade den Inkompatibilismus, den der Libertarier vertritt. Sobald alternative, nichtdeterministische Auffassungen der Kausalität entwickelt werden, sinkt die Attraktivität der kontrakausalen Freiheit für den Libertarier.

Eine dieser Alternativen ist die Akteurskausalität. Kant führte zur Auflösung des Freiheitsproblems eine zusätzliche Kausalitätsart ein, die er der gewöhnlichen Naturkausalität zur Seite stellte und „Kausalität aus Freiheit" nannte.[35] Akteurskausalität ist eine Spezies von *Substanzkausalität*, der schon von Aristoteles vertretenen Auffassung, dass nicht Ereignisse, sondern natürliche Substanzen *causae efficientes* sind. In der analytischen Handlungstheorie hat Chisholm diese Idee unter dem Titel *Agent Causality* wiederbelebt und theoretisch ausgearbeitet. Die Pointe dieser zusätzlichen Kausalitätsart gegenüber der gewöhnlichen Ereigniskausalität besteht darin, dass Akteurskausalisten als erstes Relatum der Kausalrelation nicht ein Ereignis ansehen, sondern eine Person. Wenn eine Person „eine Reihe von Begebenheiten von selbst anfängt", also eine Kausalkette in Gang setzt, dann ist nicht *etwas in ihr* die Ursache für ihre Körperbewegung, sondern *sie selbst* verursacht im Wortsinne ihre Handlung. In Chisholms Worten: „In doing what we do, we cause certain events to happen, and nothing – or no one – causes us to cause those events to happen."[36]

Die größte theoretische Schwierigkeit der Akteurskausalität besteht im sogenannten *Datiertheitsproblem*. Es wurde einflussreich von Broad formuliert[37]und lässt sich wie folgt zusammenfassen: Handlungen sind etwas, was zu einer bestimmten Zeit vorkommt. Die Nennung der Ursache für eine Handlung sollte erklären können, warum die Wirkung zu diesem bestimmten Zeitpunkt eintritt und nicht zu einem beliebigen anderen. Der bloße Verweis auf die Person kann dies aber nicht erklären. Die Person war schon zuvor da und wird auch nachher noch da sein. Sie ist, wie Aristoteliker sagen, eine beharrende Substanz, die den Veränderungen, die an oder in ihr stattfinden, zugrunde liegt und sie überdauert. Die Nennung der Person beantwortet deshalb nicht die Frage, warum zum fraglichen Zeitpunkt eine Wirkung eintritt. Also können Personen nicht im Wortsinne Ursachen von etwas sein. – Dies schließt nicht aus, dass sie es im elliptischen oder metonymischen Sinn sein können: Die Ursache von Caesars Tod war nicht Brutus, aber es mag ein von Brutus ausgeführter Dolchstoß gewesen sein. Dolchstöße sind gewöhnliche Ereignisse, mithin macht die elliptische Interpretation Akteurskausalität überflüssig.

Der Datiertheitseinwand gegen die Annahme einer eigenen Akteurskausalität ist ein sehr starkes Argument, das bisher niemand entkräften konnte. Allerdings verfehlt die elliptische Interpretation das Interesse des Akteurskausalisten, denn dieses Interesse galt ja nicht der Kausalbeziehung zwischen dem Dolchstoß und Caesars Tod, sondern der zwischen Brutus und dem Dolchstoß. Eine nahe liegende Reaktion wäre diese: Dann ist die Ursache für die Handlung eben nicht die Person selbst, sondern ihr Entschluss oder ihre Entscheidung, also ein geistiger Akt, der der Person zurechenbar ist. Diese Antwort ist aber eine Rückkehr zur ereigniskausalen Theorie der Handlungsverursachung, welche die Ursache als etwas ansieht, was im Handelnden stattfindet und der Handlung unmittelbar vorausgeht.

Die ereigniskausale Lesart lehnen Akteurskausalisten ab, weil sie nach ihrer Auffassung die Freiheit preisgibt. Kant und Chisholm meinen, dass unser Vermögen, eine Handlung anzufangen, *nur* durch die Annahme einer eigenen Kausalitätsart verständlich gemacht werden kann. Das Argument dafür ist bei Chisholm ganz einfach: Wenn die Handlung durch Ereignisse verursacht wurde, und seien es mentale Ereignisse, dann stand die Handlung ja nicht in der Macht des Handelnden. Wenn Ereignisse in mir die Ursache waren, dann gilt, dass ich in der gegebenen Situation *nicht* anders hätte handeln können, als ich eben gehandelt habe.[38]

Diese inkompatibilistische Überlegung ist nur dann plausibel, wenn Ursachen kausal hinreichende Bedingungen sind, wenn man also die Gesetzesauffassung der Kausalität und den Determinismus zugrunde legt. Tut man das nicht, so bräuchte es einen zusätzlichen Grund, warum Verursachtsein freiheitsgefährdend sein soll. Dieser zusätzliche Grund lässt sich auch rekonstruieren; er verbirgt sich in Chisholms nur halb ironischer Rede, Handelnde müssten unbewegte Beweger sein. Diese Rede zeigt an, dass es neben dem So-oder-Anders-können noch ein zweites Modell oder Merkmal der libertarischen Freiheit gibt, nämlich die Vorstellung des Akteurs als einer ersten Quelle seiner Handlung – das *Ursprungsmodell* (*source model*). Diejenigen Inkompatibilisten, die ihre Position auf das Ursprungsmodell gründen statt auf das Anderskönnen, nennt man *source incompatibilists*. Die Forderung, wir müssten die originären Quellen unserer Handlungen sein, kann sich auf die aristotelische Formulierung berufen, eine handelnde Substanz habe „das Prinzip der Bewegung in sich selbst". Wird das Vermögen der Selbstbewegung kausal als Vermögen gedeutet, eine neue Kausalkette schlechthin beginnen zu lassen, so provoziert das Ursprungsmodell die einschlägigen Einwände: Wenn anlässlich jeder Handlung eine neue Kausalkette beginnt, scheinen Kräfte oder Energien aus dem Nichts zu entstehen, und das würde die physikalischen Erhaltungssätze wie auch das allgemeine Kausalprinzip verletzen. Dass dem Weltlauf ein erster Beweger zugrunde liege, ist schwer genug zu verstehen; dass gleich Scharen unbewegter Beweger unterwegs sein sollen, die immerfort neue erste Ursachen in die Welt setzen, würde Naturwissenschaft, und nicht nur die, sehr schwierig machen. Manche Kritiker *definieren* libertarische Positionen über das Ursprungsmodell und dessen „Letztheitsbedingungen".[39] Dieses Junktim muss natürlich zurückgewiesen werden.

Die Probleme, die sich aus der kausalen Deutung des Ursprungsmodells ergeben, kann man auch in die Frage kleiden, wie Akteurskausalität denn mit der gewöhnlichen Ereigniskausalität vermittelt werden soll, so dass beide Verursachungsarten in derselben Welt nebeneinander bestehen können. Kant hat die beiden Kausalitätsarten auf zwei Welten verteilt, die empirische und die intelligible; dieser Zug löst das Vermittlungsproblem nicht, sondern lässt es in aller Schärfe hervortreten.

Wenn man die akteurskausale und die akausale Variante des Libertarismus ablehnt, bleibt nur die ereigniskausale. Hier besteht die Herausforderung darin, zu erklären, wie Handlungen Ursachen haben können und es zugleich wahr sein soll, dass die Person unter den gegebenen Umständen auch anders hätte handeln können. Von der kausalen Seite her gefragt: Warum sollte man ein Ereignis oder ein Ensemble von Antezedensbedingungen, das seine Wirkung nicht unausweichlich macht, noch eine Ursache nennen? Die Entkopplung von Kausalprinzip und Determinismusprinzip, für die ich oben argumentiert habe, gibt ja noch keine positive Antwort auf die Frage, worin eine Kausalbeziehung denn dann besteht, wenn nicht in einer Instanz einer strengen Gesetzmäßigkeit. An dieser Stelle wäre der Begriff einer *nichtdeterministischen Ereigniskausalität* zu präzisieren. Leider hat der prominenteste Vertreter des ereigniskausalen Libertarismus, Robert Kane, diese Auffassung kausalitätstheoretisch nicht näher ausgearbeitet. Erst wenn man das getan hat, wird der Libertarier den Mythos des Ersten Bewegers überzeugend zurückweisen können. Erst dann kann er plausibel machen, warum das Vermögen, unter gegebenen Bedingungen so oder anders zu handeln, nicht die Fähigkeit erfordert, Wunder zu bewirken, Naturgesetze oder Erhaltungssätze zu verletzen oder unverursachte Ursachen in die Welt zu setzen. – Die aussichtsreichste nichtdeterministische Theorie der Ereigniskausalität ist meines Erachtens eine singularistische Variante der kontrafaktischen Theorie.[40]

(iv) Der Mythos der Lücke: *Für freie Entscheidungen muss es eine spezielle Art von neuronaler Indeterminiertheit geben – Determinationslücken in Gehirnprozessen, in die der freie Wille hineinstoßen kann*
    Dies ist eine Auffassung, die durch Epikur und Descartes bekanntgeworden und in Verruf gekommen ist. Nach Epikur lässt die Natur geringe „willkürliche" Bahnabweichungen der Seelenatome zu (*clinamen atomorum*). Diese geringfügigen Abweichungen machen es den Lebewesen möglich, willentlich eine Bewegung in Gang zu setzen, sind aber so klein, dass sie die beobachtbare Regelmäßigkeit der Natur nicht tangieren.[41] Descartes hatte ein ähnliches Argument: Die Zirbeldrüse sei so locker im Gehirn aufgehängt, dass an dieser Stelle, und nur dort, die Seele – über die Vermittlung der feinstofflichen „*esprits animaux*" – auf die Körperwelt einwirken kann.[42]
    Im 20. Jahrhundert hat eine Reihe von Physikern und Philosophen, angefangen mit Jordan in den 30er Jahren, dafür argumentiert, dass der *quantenmechanische Indeterminismus* die libertarische Freiheit ermögliche. Der Hirnforscher Eccles lehrte, dass Quantenunbestimmtheiten in den Synapsen dem nichtmateriellen Geist einen kleinen Freiraum zur Kontrolle von Gehirnprozessen verschaffen. Der Physiker und Mathematiker Penrose vertritt eine verwandte Auffassung, allerdings auf monistischer Grundlage.[43] Innerhalb der philosophischen Freiheitsdebatte verficht der Libertarier Kane eine Variante der Clinamen-Theorie: Im Gehirn gebe es chaotische Prozesse, die durch Quantenereignisse beeinflusst werden können. In Situationen, in denen Personen zwischen verschiedenen

Motiven hin- und hergerissen sind und sich letztlich für eine der Handlungsoptionen entscheiden, werden chaotische neuronale Prozesse in Gang gesetzt.[44]

Mehrheitlich ist die Auffassung, dass Quantensprünge uns frei machen, mit Hohn und Spott überzogen worden, wobei der *Zufallseinwand* (s.u.) die zentrale Rolle gespielt hat. Wie sollten, so fragte Schrödinger schon 1936, bloße Zufallsereignisse unsere Freiheit gewährleisten? Und wie schafft es der Geist, seine Entscheidungen zeitlich exakt in die minimalen Kausallücken zu platzieren, deren Auftreten schließlich unvorhersehbar ist?[45] Die Natur müsste ja nicht bloß Kausal- oder Determinationslücken enthalten, diese müssten auch systematisch mit freien Entscheidungen korrelieren. Worin genau der Zusammenhang zwischen neuronalem Chaos und freien Entscheidungen bestehen soll, kann auch Kane nicht befriedigend erklären. *Entsprechen* chaotische Prozesse freien Entscheidungen, *ermöglichen* sie sie, *erklären* sie sie?

Der Auffassung, es müsse für freie Entscheidungen eine spezielle Art von neuronaler Indeterminiertheit geben, liegt ein Missverständnis über die Natur des Determinismus und entsprechend des Indeterminismus zugrunde. Wer nach einer speziellen Art von Indeterminiertheit bei freien Entscheidungen sucht, wie auch Kane es tut, scheint allgemein den Determinismus für wahr zu halten. Genau diese Auffassung wird dem Libertarismus auch von seinen Kritikern zugeschrieben: „Die Idee der Willensfreiheit mutet uns zu, in einem ansonsten deterministisch verfaßten Bild von der Welt lokale Löcher des Indeterminismus zu akzeptieren."[46] Nun ist aber der Laplace-Determinismus ein universales Prinzip, und die Einschränkung, dass ein universales Prinzip nur lokal gilt, wäre selbstwidersprüchlich. Entsprechend ist auch Indeterminiertheit, wie sie oben eingeführt wurde, nämlich über die Gesetzesskepsis, kein lokaler Zug der Welt, sondern ein globaler. Indeterminismus – und vielleicht sollte man besser vom Nichtdeterminismus sprechen – ist nichts anderes als die Auffassung, dass der Laplace-Determinismus nicht wahr ist, dass also der Weltlauf nicht durch Anfangsbedingungen und Sukzessionsgesetzen alternativlos fixiert wird. In diesem Sinne ist dann aber *kein* Ereignis determiniert. Und dann muss es keine Lücken oder gesetzlose Inseln im Meer der strengen Determination geben, denn schon dieses Meer gibt es nicht. Deshalb ist die Rede von einzelnen nichtdeterminierten Ereignissen strenggenommen ein Kategorienfehler, denn der Gehalt des Laplace-Determinismus zeigt sich erst in der allquantifizierten Form deterministischer Gesetze bzw. des von Laplace fingierten Supergesetzes. Dass in einem Einzelfall alles wie prognostiziert vonstatten geht, ist kein Beleg für den Determinismus, denn dieser behauptet, dass nichts als das Tatsächliche geschehen *könnte*. Diese modale Behauptung wird nicht dadurch wahr, dass oft genug das Erwartete geschieht.

In gewisser Weise ist jedes einzelne Ereignis indeterminiert, wenn der ganze Weltlauf es ist. Dass ich gleichwohl die Rede von einzelnen nichtdeterminierten

Ereignisse einen „Kategorienfehler" nenne, bedarf der Erläuterung.[47] Man kann von keinen zwei Einzelereignissen sinnvoll fragen, ob sie in der Beziehung der laplaceschen Determination zueinander stehen, denn das tun bei Laplace allein Gesamtzustände des Universums. Dies festzuhalten ist schon deshalb unerlässlich, weil andernfalls die Falsifikation lokaler Verlaufsgesetze der Art „Auf Ereignisse des Typs A folgen stets Ereignisse des Typs B" den Determinismus widerlegen würde. Walde wendet nun ein, dass man „einen globalen Indeterminismus gar nicht ohne einen lokalen Indeterminismus vertreten kann": Wie könne ersterer wahr sein, „wenn man mit Bezug auf Ereignisabfolgen innerhalb dieses Systems in keinem einzigen Fall sagen darf, dass sich zwei Ereignisse indeterministisch oder, in der Keilschen Redeweise, nichtdeterministisch zueinander verhalten?"[48] Warum man dies nicht oder nur um den Preis des Missverständnisses sagen darf, sollte nun klar sein: weil einzelne Ereignispaare gar keine Kandidaten dafür sind, in der Beziehung zueinander zu stehen, die allein die theoriegeladene Bezeichnung „deterministisch" verdient.

Der Weltlauf instantiiert entweder ein laplacesches Supergesetz, das man sich als eine Synthese aller bekannten und noch unbekannten Naturgesetze vorstellen mag, oder er tut es nicht, dann ist der Determinismus falsch. Wenn der Weltlauf nicht determiniert ist, ist *in gewissem Sinne* auch kein einzelnes Ereignis determiniert, nur dass die letztere Formulierung missverständlich ist. Was ich zurückweisen wollte, war die Frage nach dem *Ort* der Determinationslücke. Determiniert oder nicht determiniert zu sein sind modale Eigenschaften, die keinen Ort haben. Träger dieser Eigenschaft sind Gesamtzustände der Welt. Ausbuchstabiert wird deren Nichtdeterminiertsein durch die Eigenschaft, keine Instanz des von Laplace fingierten Supergesetzes zu sein. Auch diese Eigenschaft und dieses Gesetz haben keinen Ort. Einen Ort für etwas zu suchen, was seiner Natur nach keinen Ort haben kann, ist ein Kategorienfehler.

In der Literatur zum Libertarismus wird umfänglich die Frage diskutiert (z.B. Double, Kane, Mele, Fischer, Ekstrom, McCall, Franklin), wo genau in der zur Handlung führenden Kausalkette das indeterministische Element lokalisiert sei, ob im Moment der Entscheidung, im vorausgehenden Überlegungsprozess oder noch früher.[49] Indeterminiert könnte zum Beispiel sein, welche Gründe dem Überlegenden überhaupt in den Sinn kommen. Auch diese Debatte lebt vom Mythos der lokalen Determinationslücke. – Die Rede von einer „Lücke" ist so metaphorisch wie die von einem „lückenlosen Zusammenhang". Was genau soll da lückenlos sein? Wenn die Rede vom lückenlosen Zusammenhang nicht räumlich oder zeitlich gemeint ist, mag sie auf der Metapher der Weltmaschine beruhen, also auf der mechanistischen Vorstellung der Welt als eines kraftschlüssigen Räderwerks, in dem alle Zahnräder ohne Spiel ineinandergreifen. Das ist eine eindrucksvolle Metapher, aber sie erklärt den Sinn der deterministischen Lehre nicht und ersetzt auch kein Argument für deren Wahrheit. Ohne die suggestive Metapher ist man auf die Frage zurückverwiesen, woher der Determinismus seine modale Kraft beziehen soll. Die einschlägige Antwort lautet: aus den Naturgesetzen. Es ist einfach nicht zu sehen, wie man bei der Erläuterung des laplaceschen Determinismus die Frage umgehen könnte, ob der Weltlauf ausnahmslosen Sukzessionsgesetzen unterliegt oder eben nicht.[50]

Der Mythos der lokalen Determinationslücken ist so tückisch, weil er so nahe an der Wahrheit ist. Wer partout von „Determinationslücken" sprechen will, kann dies tun, er muss nur erklären, was er damit meint. Der Lückendiskurs könnte einfach eine Reformulierung der Rede von alternativen Möglichkeiten sein. Lücken wären dann offene Möglichkeiten oder Spielräume, also diejenigen möglichen Verläufe, die durch Naturgesetze nicht ausgeschlossen sind. Insofern ich auch anders hätte handeln können, als ich tatsächlich gehandelt habe, habe ich meine Handlung in eine „Determinationslücke" platziert. Es bleibt aber dabei: Nicht von deterministischen Sukzessionsgesetzen subsumiert zu werden ist eine Eigenschaft, die keinen Ort hat. Was an einem bestimmten Ort auftreten kann, sind Ereignisfolgen, die ein vermeintlich deterministisches Sukzessionsgesetz falsifizieren. Während das Falsifizierende – eine Ereignisfolge – einen Ort hat, hat das Falsifizierte – ein Wahrheitswertträger – keinen.[51]

Behauptet der Indeterminismus als globale Doktrin, dass die Welt sich vollständig aus Determinationslücken im haltbaren Sinn des Worts zusammensetzt? Nein, aus einem wohlverstandenen Indeterminismus folgt nicht, dass jederzeit Beliebiges geschehen kann. Viele mögliche Verläufe sind durch Naturgesetze ausgeschlossen. Die Naturgesetze lassen sich als Beschreibungen von *Restriktionen* auffassen, die einige Möglichkeiten verschließen und andere offen lassen (s.u., Kap. 5.2). Es kann deshalb keine Rede davon sein, dass der Libertarier die Naturgesetze leugnet oder abändern will. Vielmehr weist er auf den Umstand hin, dass die naturgesetzlichen Restriktionen zu schwach sind, um alle alternativen Möglichkeiten auszuschließen: „There is much freedom left after they [sc. the constraints from physics] are satisfied".[52]

Damit schließe ich meine Liste der Mythen über den Libertarismus. Die Argumentationslinie war die folgende: Vieles, was dem Libertarier an Auffassungen zugeschrieben wird, gehört nicht zu den definierenden Merkmalen seiner Position. Um seine Freiheitsauffassung evaluieren zu können, muss man sie von allen Zutaten befreien, auf die der Libertarier nicht *qua Libertarier* verpflichtet ist. Übrig bleibt das Anderskönnen unter gegebenen Bedingungen. Es ist dasjenige Merkmal, das die libertarische Freiheitsauffassung auszeichnet.

Freilich lassen sich andere terminologische Strategien denken. Man hat in jüngerer Zeit Libertarier, die ihre Position weder auf den Substanzendualismus noch auf Akteurskausalität stützen, als „Nichtstandardlibertarier" bezeichnet.[53]

Mit diesem Sprachgebrauch wird suggeriert, dass der Standardlibertarismus über kühne und weithin abgelehnte Auffassungen definiert ist. Namen sind Schall und Rauch; insofern ist ein Streit darüber, wie viel Wahrheit in den Mythen über den Libertarismus stecken mag, müßig. Für meine terminologische Strategie spricht aber ein starker Grund: Das So-oder-Anderskönnen ist das einzige Merkmal libertarischer Freiheitsauffassungen, das weder unter ihren Anhängern noch unter ihren Kritikern umstritten ist.

4.5 Das Zufallsproblem

Der Zufallseinwand gegen die libertarische Freiheitsauffassung muss gesondert abgehandelt werden, weil er nicht auf einer Fehlzuschreibung beruht. Er markiert ein echtes und vermutlich das schwierigste Problem des Libertarismus. Hier sind einige Varianten des Einwandes:

–   Wenn wir unter identischen Bedingungen so oder anders entscheiden könnten, wären unsere Entscheidungen *grundlos, irrational, unerklärlich, unverständlich, kapriziös, erratisch.*
–   Wenn Entscheidungen nicht determiniert sind, sind sie Produkte des Zufalls. Wie aber sollte eine bloß zufällige Wahl dem Libertarier weiterhelfen?
–   Wenn die Handlung nicht naturgesetzlich determiniert ist, kann sie auch nicht durch den Handelnden determiniert sein.
–   Indeterminiertheit vergrößert unsere Freiheit nicht, sondern unterminiert Vernünftigkeit, Kontrolle, Zurechenbarkeit und Verantwortlichkeit.
–   Der Libertarismus ist inkohärent, denn der Indeterminismus, der Vernünftigkeit, Kontrolle, Zurechenbarkeit und Verantwortlichkeit gewährleisten soll, schließt diese gerade aus. Das Freiheitsmerkmal des Anderskönnens liegt im Konflikt mit den Bedingungen der Verständlichkeit und Zurechenbarkeit der Entscheidung.

Ich verzichte auf Belege. Jeder, der sich in der Literatur umsieht, stößt schnell auf diese Formulierungen. Der Zufallseinwand ist übrigens nicht an eine kompatibilistische Argumentation gebunden. Er wird auch von Freiheitsskeptikern verwendet, die Freiheit für weder mit dem Determinismus noch mit dem Indeterminismus vereinbar halten.

Man kann zwischen zwei Stoßrichtungen des Zufallseinwands unterscheiden. Entweder steht die *Rationalität* einer Entscheidung zur Debatte oder ihre *kausale Erklärbarkeit.* Im ersten Fall gefährdet der Zufall die Vernünftigkeit oder Verständlichkeit der Wahl und der Person. Im zweiten Fall lautet der Einwand, dass zufällige Ereignisse gegen das deterministisch verstandene Kausalprinzip verstoßen.

Es liegt auf der Hand, dass die erste Version des Einwands die interessantere ist. Die zweite Version zeigt einfach die mangelnde Bereitschaft an, andere Erklärungen zu akzeptieren als deterministische. Dass nicht jedes Ereignis deterministisch verursacht oder mithilfe deterministischer Gesetze erklärbar ist, behauptet der Libertarier qua Indeterminist ja gerade, deshalb taugt dieser Hinweis als solcher nicht zum Einwand gegen ihn.[54] Handlungen und Entscheidungen haben entweder deterministische Ursachen oder nicht, der Libertarier kann daran nichts ändern. Ein Determinist, der mit dem Zufall auf Kriegsfuß steht wie Einstein („Gott würfelt nicht"), sollte seine Energie auf den Nachweis konzentrieren, dass es in der Natur keinen Zufall *gibt*. Wenn wir in einer nichtdeterministischen Welt leben, ist des Libertariers Behauptung, dass der Determinismus mit der Freiheit unvereinbar sei, das geringste Problem des deterministischen Kompatibilisten.

In der Sache setzt die Behauptung, dass unter indeterministischen Annahmen die kausale Genese einer Handlung oder Entscheidung unerklärlich werde, ein angreifbares Kausalitätsverständnis voraus. Wir scheinen jede Menge wahrer singulärer Kausalurteile und auch einige leidlich gute kausale Erklärungen zu kennen, die nicht deterministischer Art sind. In der Wissenschaftstheorie liegt eine Reihe von Theorien der Kausalität vor, die die Existenz kausaler Beziehungen nicht an deterministische Sukzessionsgesetze binden. Die kausale Version des Zufallseinwands krankt also wiederum an der voreiligen Identifikation von Kausalprinzip und Determinismusprinzip.

Die andere Stoßrichtung des Zufallseinwands ist somit nicht nur dialektisch, sondern auch sachlich die interessantere. Die Rede von „grundlosen", „irrationalen" oder „kapriziösen" Entscheidungen zeigt an, dass auf die *Rationalität* oder *Intelligibilität* einer nichtdeterminierten Entscheidung abgestellt wird. Man nennt diese Version des Zufallseinwands deshalb auch den *Intelligibilitätseinwand*. Dessen Hintergrund ist die Auffassung, dass Freiheit, an der uns gelegen sein sollte, an vernünftige Gründe gebunden ist. Eine freie Wahl bestehe nicht im unkontrollierbaren Auftreten spontaner Willkürakte, sondern in der vernünftigen Selbstbestimmung im Handeln. Beide Versionen des Zufallseinwands lassen sich auch in der Begrifflichkeit der *Zurechnung* formulieren: Im einen Fall steht die kausale („objektive") Zurechnung zur Debatte, im anderen die intentionale („subjektive").

Der Zufallseinwand markiert ein ernstes Problem, aber er trifft den Libertarier nicht wehrlos. Ich möchte im Folgenden eine siebenschrittige libertarische Antwortstrategie skizzieren:

(i) *Indifferenzfreiheit und Buridan-Situationen*

Zunächst ist eine Unterscheidung zwischen zwei Typen von Entscheidungssituationen hilfreich. Soll das Zufallsproblem für den Libertarier primär in Situationen auftreten, in denen ein Gleichgewicht der Gründe und Gegengründe besteht, oder soll es in Situationen auftreten, in denen eine Entscheidung wider bessere Einsicht getroffen wird? Traditionell nannte man das Vermögen, sich unter gleichen Bedingungen so oder anders zu entscheiden, *Willkür-* oder *Indifferenz*freiheit. Leibniz beschrieb die *libertas indifferentiae* als die Fähigkeit, sich „entgegen allen Eindrücken [...], die aus dem Verstande kommen" zu entscheiden, „was die wahre, an die Vernunft gebundene Freiheit zerstören" und also „nichts nutzen würde".[55] Kant argumentierte ganz ähnlich: Um der Freiheit willen den Determinismus aufzugeben hieße, den Menschen dem „blinden Zufall" zu überantworten, „bei welchem aller Vernunftgebrauch aufhört".[56]

Wenn man die Indifferenzfreiheit wie Leibniz, Locke und Descartes als die Fähigkeit auffasst, beste Gründe in den Wind zu schlagen und dem eigenen Urteil zuwiderzuhandeln, übersieht man aber einen Situationstyp, der auch für Leibnizens „wahre, an die Vernunft gebundene Freiheit" eine Herausforderung darstellt: die Situation von Buridans Esel, der sich zwischen zwei gleich großen Heuhaufen entscheiden muss und nicht den geringsten Grund dafür hat, den einen gegenüber dem anderen zu bevorzugen. In einem solchen Fall ist das vernünftige Abwägen eine geringe Hilfe bei der Entscheidung. Die Polemik Lockes, Verrückte und Narren seien als einzige frei, wenn die Freiheit in der Fähigkeit bestehe, sich von der Führung der Vernunft loszureißen[57], läuft angesichts von Buridan-Situationen ins Leere. Freilich wird ein vernünftiger Mensch – anders als Buridans Esel, der angeblich verhungerte – auch dann eine der beiden Optionen wählen, wenn er keinen Unterschied zwischen ihnen erkennen kann. Als „Grund" für seine Wahl könnte er anführen, dass eine Option so gut wie die andere sei. Die Schwierigkeit ist nur, dass dies auch ein guter Grund für die andere Option gewesen wäre. Worin also unterschied sich seine Wahl von einer bloß zufälligen? Die Möglichkeit von Buridan-Situationen ist ein Indiz dafür, dass das Zufallsproblem nicht allein den Libertarier betrifft, sondern unter bestimmten Bedingungen auch den Kompatibilisten, der die Freiheit einer Entscheidung daran bindet, dass sie aus Gründen erfolgte.

In der Sache können beide wie folgt argumentieren: Während eine Entscheidung wider das eigene beste Urteil mit Recht „irrational" oder „kapriziös" genannt wird, sind bei einer Entscheidung in Indifferenzsituationen die Anforderungen an gute Gründe herabgesetzt. Wenn eine bestimmte Handlung weder rational *geboten* noch rational *verboten* ist, liegt sie im Bereich des rational *Erlaubten*, und in solchen Fällen müssen die Anforderungen für eine vernünftige Entscheidung – besser vielleicht: für eine nicht unvernünftige – modifiziert werden: Vernünftig sind dort alle Entscheidungen, die nicht durch gute Gründe ausgeschlossen sind.[58] In Buridan-Situationen willkürlich die Symmetrie zu brechen, indem man etwa durch innerliches Werfen einer Münze einen Zufallsgenerator simuliert, ist nicht irrational.

Die dialektische Situation ist nun die folgende: Wenn Gründe und Gegengründe sich exakt die Waage halten, sind Libertarier und Kompatibilisten hinsichtlich des Intelligibilitätseinwands in derselben Lage. Der einzige Unterschied besteht darin, dass deterministische Kompatibilisten davon überzeugt sind, dass die Entscheidung – wie alles andere – naturgesetzlich determiniert war. Dieser Umstand macht die Entscheidung aber nicht rationaler. Um herauszuarbeiten, was am Zufallsproblem exklusiv dem Libertarier vorgeworfen wird, müssen wir Buridan-Situationen deshalb beiseitelassen.

(ii) *Positive und negative Freiheit*
Das zweite Problem des Zufallseinwands betrifft die Formulierungen, dass der Indeterminismus dem Libertarier doch „nichts nützt", „nicht weiterhilft" oder seine Freiheit „nicht verständlich macht". Die Antwort muss lauten, dass der Indeterminismus auch nicht diese Aufgabe hat. Hier ist die Unterscheidung zwischen dem positiven und dem negativen Teil einer Freiheitslehre einschlägig. Zum einen muss Willensfreiheit positiv als Vermögen erläutert werden, beispielsweise als das komplexe Vermögen, praktische Überlegungen anzustellen, vorfindliche Wünsche oder Antriebe eingehend zu prüfen und sie gegebenenfalls zu suspendieren, zu einer Entscheidung zu kommen und diese handlungswirksam werden zu lassen. Diese positive Erläuterung fällt nicht bei allen Libertariern gleich aus; deren gemeinsamer Nenner ist ja allein das ‚starke' Freiheitsverständnis, welches Anderskönnen unter gegebenen Umständen erfordert. Es liegt auf der Hand, dass der bloße Indeterminismus für eine positive Erläuterung der Willensfreiheit nicht ausreicht. Die ontische Möglichkeit alternativer Verläufe besteht ja auch für Wesen oder Dinge, denen niemand einen freien Willen oder überhaupt einen Willen zuerkennen würde. „Frei" im hier interessierenden Sinne kann auch nicht bloß „ungehindert" heißen, sonst wäre auch ein fallender Stein frei. Eine positive Erläuterung der Freiheit muss ein echtes Vermögen beschreiben, keine bloße Möglichkeit: eine *potentia*, keine bloße *possibilitas*.

Zum anderen muss dieses Vermögen in die Welt passen. Die physische Welt darf nicht so sein, dass die Existenz oder Ausübung dieses Vermögens unmöglich wäre. Dafür ist der *negative* Teil einer Freiheitslehre zuständig. Dieser negative Teil mag aus heterogenen Elementen zusammengesetzt sein, zu denen aus libertarischer Sicht der Umstand gehört, dass wir nicht in einer deterministischen Welt leben. Ob der Determinismus nur die Ausübung des Vermögens schon dessen Existenz verunmöglichen würde, ist unter Libertariern umstritten. In jedem Fall lautet die These des Libertariers nicht, dass Freiheit im Nichtdeterminiertsein *besteht*, sondern dass sie es *erfordert*. Indeterminismus ist keine positive Erläuterung von „freier Entscheidung", sondern er ist nur für das *Nihil obstat* zuständig.

Die genannte Variante des Zufallseinwands beruht mithin auf einer Verwechslung der Aufgaben des positiven und des negativen Teils einer Freiheitslehre. Vom negativen Teil wird fälschlich erwartet, dass er das Vermögen der Freiheit positiv erläutert oder verständlich macht. Als Vermögen muss die Freiheit aber unabhängig erläutert werden; danach bleibt nur noch zu prüfen, ob das derart erläuterte Vermögen auch in die Welt passt. Unter die *Mythen* über den Libertarismus habe ich die Verwechslung der positiven und der negativen Aufgaben einer Freiheitslehre nicht aufgenommen, weil einige Libertarier dem monierten Fehler gefährlich nahe sind.[59]

(iii) *Indeterminiert, also zufällig?*

Eine dritte Schwachstelle des Zufallseinwands ist der Schluss von „nicht determiniert" auf „bloßes Produkt des Zufalls". Der Zufallseinwand stellt die Alternative determiniert/zufällig als erschöpfend dar; es ist aber alles andere als klar, dass es sich so verhält. Darüber ist allerdings nicht leicht Einigkeit zu erzielen, weil der Sinn des Ausdrucks „eine Sache des bloßen Zufalls" meist nicht geklärt wird.

Im Kontext des Zufallseinwands wird „zufällig" in der Regel nicht als wahrscheinlichkeitstheoretischer oder physikalischer Fachterminus verwendet, sondern als ein Ausdruck der Alltagssprache. Ein Geschehen im nichttechnischen Sinn als „zufällig" zu bezeichnen konnotiert „unvorhersehbar", „nicht steuerbar" und „nicht zurechenbar". Eben auf diese Konnotation stützt sich der Zufallseinwand. Dass es wesentlich auf die Nichtsteuerbarkeit ankommt, zeigt auch die Art und Weise, wie Vertreter des Zufallseinwands Wahrscheinlichkeit ins Spiel bringen. Folgende verbreitete Argumentationslinie soll zeigen, dass der Indeterminismus dem Libertarier nichts nützt: Wenn der Weltlauf nicht deterministischen Gesetzen unterliegt, unterliegt er probabilistischen. Diese drücken entweder subjektive oder objektive Wahrscheinlichkeiten aus. Subjektive spiegeln nur das Maß unseres Unwissens und sind metaphysisch uninteressant. Objektive Eintrittswahrscheinlichkeiten aber bieten dem Libertarier keinen Vorteil gegenüber dem Determinismus, solange man nicht annimmt, dass Handelnde an diesen objektiven Wahrscheinlichkeiten, die ja auf physikalischen Gesetzen beruhen, etwas ändern können. Aus dieser Überlegung heraus fordert der Libertarier Ginet, eine Handlung müsse *unverursacht* sein. Wäre sie indeterministisch verursacht, so unterläge sie stochastischen Gesetzen, ihre Eintrittswahrscheinlichkeit stünde vorab fest und die Handlung wäre nicht „up to the agent".[60]

Diese Konsequenz ergibt sich allerdings nur, wenn man indeterministische Verursachung über objektive Eintrittswahrscheinlichkeiten erläutert. Allein da-

durch, dass man der Disjunktion von „deterministisch verursacht" und „zufällig"
ein drittes Disjunkt „probabilistisch verursacht" hinzufügt (oder dieses als Präzisierung des zweiten auffasst), ergibt sich für die Zurechenbarkeit der Handlung
in der Tat nichts Neues. Der Einwand wird stets lauten, dass wir als Handelnde
an den deterministischen, zufälligen oder eben probabilistischen Zusammenhängen nichts ändern können. Deshalb wird ein Libertarier vernünftigerweise
die Forderung nach einem Ändernkönnen des Unabänderlichen von vornherein
zurückweisen. Er wird nicht nur akzeptieren, dass wir deterministische Gesetze
nicht falsch machen können, er wird das auch in Bezug auf probabilistische
Gesetze akzeptieren. Um nicht erneut vom negativen Teil der Freiheitslehre etwas
zu fordern, was zu ihrem positiven Teil gehört, wird er sich auf die Behauptung
beschränken, dass unseren Vermögen keine Naturgesetze welcher Art auch
immer *entgegenstehen*.

Physikalisch oder naturphilosophisch betrachtet können wir den Schluss von
„nicht determiniert" auf „bloßes Produkt des Zufalls" auf sich beruhen lassen.
Der Begriff des zufälligen Ereignisses lässt sich ohne große Schwierigkeiten so
definieren, dass die Alternative von „determiniert" und „zufällig" erschöpfend
ist. Ein „zufälliges" Ereignis ist dann schlicht eines, das eine objektive Eintrittswahrscheinlichkeit von weniger als 1 besitzt. Was die Rede von „zufällig" geschehenden Entscheidungen und Handlungen freiheitstheoretisch brisant macht, ist
etwas anderes, nämlich die der Konnotation der Nichtzurechenbarkeit, die der
Begrifflichkeit der Wahrscheinlichkeitstheorie inkommensurabel ist.

(iv) *Zufällig, also nicht zurechenbar*
Machen wir also einen neuen Anlauf und fragen, unter welchen Bedingungen
wir einer Person ein Geschehen zurechnen. Handlungstheoretisch ist die Unterscheidung verschiedener Segmente oder Phasen einer Handlung geboten: Nach
der Zurechenbarkeit kann man mindestens hinsichtlich des praktischen Überlegens, des Überlegungsergebnisses, der Entscheidung, der Ausführung der Basishandlung und des Eintritts des Handlungserfolgs fragen. Die klarsten Intuitionen
darüber, inwiefern Zufalls- oder Glückskomponenten die Zurechnung tangieren,
haben wir in Bezug auf den Handlungserfolg. Unter Bedingungen epistemischer
Unsicherheit ist kein angestrebter Handlungserfolg je vorab garantiert, denn er
kann stets durch unvorhergesehene Störungen vereitelt werden. In einer nichtdeterministischen Welt ist der Erfolg selbst bei perfekter Information noch unsicher; Akteure besitzen keine „antecedent determining control" (Kane).[61] Wenn
wir einer Person den Erfolg ihrer absichtlich ausgeführten Handlung nur dann
zurechnen dürften, wenn er vorab garantiert war, dürften wir es mithin nie.
Tatsächlich rechnen wir aber Handlungserfolge sogar in Fällen zu, in denen sie
nicht einmal wahrscheinlich waren. Einen Attentäter, der unter schwierigsten

Bedingungen ins Ziel trifft, exkulpiert man nicht durch den Hinweis, dass der Schuss leicht hätte danebengehen können. Dies gilt moralisch wie juristisch. In der strafrechtlichen Zurechnungslehre sind differenzierte Figuren dafür entwickelt worden, die „objektive Zurechnung" in solchen Fällen zu rechtfertigen (z.B. „Verwirklichung des gesetzten Risikos"). Ein zweites Beispiel: Jemand möchte eine bestimmte sportliche Leistung erbringen. Er ist aufgrund seiner Trainingsleistungen unsicher, ob es gelingen wird, versucht es aber trotzdem. *Wenn* der Versuch gelingt, wird ihm der Erfolg unstrittig zugerechnet. Er hat absichtlich gehandelt, er hat sich bemüht und genau dieses Ergebnis angestrebt, insofern war das Ergebnis kein reiner Zufall.[62]

Der Vertreter des Zufallseinwands könnte nun insistieren, dass der Akteur *den Eintritt des Erfolgs* nicht frei gewählt habe. Das ist richtig, doch gegen welche Auffassung vom menschlichen Handeln soll das ein Einwand sein? Allgemein gilt, dass die Welt etwas hinzutun muss, damit unsere Handlungen gelingen. Handlungserfolg ist vorab nicht garantiert, sondern widerfährt dem Handelnden. Erfolg braucht *etwas* Glück, und das Glückhaben unterliegt naturgemäß nicht der Kontrolle des Glücklichen. Kurz: Die Alternative „determiniert oder zufällig" zeichnet ein grundfalsches Bild des Handelns. Unser Handeln ist, so John Austin, „wesentlich der Möglichkeit ausgesetzt, gelegentlich und ohne besonderen Grund erfolglos zu bleiben".[63] Wird im Misserfolgsfall eingewandt, es müsse „doch gewiß *etwas* gegeben haben, das mein Versagen bewirkt und es mir unmöglich gemacht hat, zu treffen"[64], so zeigt der Sprecher nur, dass sein Glaube an den Determinismus so stark ist, dass die Rede von Glück und Pech für ihn unverständlich wird. Unser Alltagsverständnis des Handelns ist ein anderes: Handeln hat – wie das Erkennen – eine Widerfahrniskomponente, welche in den Schlüssen von „nicht determiniert" auf „bloß zufällig" und auf „nicht zurechenbar" übersehen wird. Ein Handlungserfolg, den wir angestrebt und befördert haben, wird uns mit Recht zugerechnet, auch wenn er nicht durch einen deterministischen Zusammenhang garantiert war.

Diejenigen Zufallselemente, die nicht in den handelnden Personen angesiedelt sind, nennt Al Mele „agent-external luck".[65] Nun stellt aber der Zufallseinwand gegen die libertarische Freiheitsauffassung typischerweise auf frühere, akteurs*interne* Handlungsphasen ab, insbesondere auf die Entscheidungsphase. Hier sind die Intuitionen weniger klar. Gilt, was für den Handlungserfolg gilt, *mutatis mutandis* auch für Entscheidungen, die der eigentliche Gegenstand des Streites sind? Aus libertarischer Sicht stand bis zum Zeitpunkt der tatsächlichen Entscheidung nicht fest, welche Entscheidung die Person treffen würde. Dieser Umstand allein impliziert aber nicht, dass ihre Entscheidung ein zufälliges, nicht zurechenbares Geschehen war. Die Person kann durchaus mit guten Gründen entschieden haben, nur dass Entscheidungen allgemein auf nichtdeterministische Weise von Gründen abhängen. Chrysipp, Cicero, diverse Scholastiker, Leibniz und Chisholm haben für diese Abhängigkeit die Formel vorgeschlagen, dass Gründe geneigt machen, ohne zu nötigen (*inclinant, non cogunt*).[66] Bloß disponierende Gründe sind keine deterministischen Ursachen. Die kausale Variante des Zufallseinwands hatten wir aber ohnehin schon als dialektisch uninteressant beiseitegelegt. Dass nichtdeterminierte Entscheidungen sich nicht zurechnen lassen, ist jedenfalls nicht gezeigt worden. Der Vertreter des Zufallseinwands *nennt* einfach jeden Zusammenhang, der nicht deterministisch ist, „zufällig" und suggeriert, dass es keines weiteren Arguments bedarf. Dies ist ein rhetorischer Zug, der für die Zurechnungsfrage nichts austrägt und von dem man sich nicht verwirren lassen darf.

Betrachten wir nun die der Entscheidung vorangehende Überlegungsphase. Hier moniert der Vertreter des Zufallseinwands, dass nur deterministische Verbindungen zwischen Überlegung, Entscheidung und Handlung das praktische Überlegen rational machen: „Ökonomisch gesprochen: Glaube ich an den Indeterminismus, dann muss ich Überlegungen als spekulative Investitionen betrachten, die mit dem Risiko des Totalausfalls behaftet sind."[67] Wenn das Ergebnis der Überlegung nicht meine handlungswirksame Entscheidung determiniert, bestünde stets die Möglichkeit, „dass ich diejenige Alternative wähle, die im Lichte meiner eigenen Überlegungen betrachtet die schlechtere ist".[68] In der Tat: In einer nichtdeterministischen Welt ist das Wirksamwerden meiner Überlegung nicht naturgesetzlich garantiert. Entscheidend ist aber die Frage, ob die *Rationalität* des praktischen Überlegens durch die mangelnde Garantie beeinträchtigt wird. *Prima facie* reicht ein schwächerer Zusammenhang aus: Instrumentell rational ist ein Versuch, wenn er erfahrungsgemäß mit hinreichender Wahrscheinlichkeit zum Erfolg führt. Dazu Rosenthal: „Zu überlegen, was man tun sollte, hat [...] nur dann Sinn, wenn die Person davon ausgehen darf, dass sie das Resultat ihrer Überlegung mit hoher Wahrscheinlichkeit in eine entsprechende Handlung umsetzen wird".[69] Der Libertarier wird auch diese schwächere Bedingung, die Rosenthal als „Abweichung vom deterministischen Idealfall" charakterisiert, noch für zu stark halten.[70] Warum sollte es für den Sinn des praktischen Überlegens nicht genügen, dass die Person davon ausgehen darf, dass ein begründeter Entscheidungsvorschlag zustande kommt, zu dem sie – so die Stoiker und Descartes – willentlich bejahend oder verneinend Stellung nehmen kann? Um den Zufallseinwand nicht erneut auf den Plan zu rufen, sollte diese Stellungnahme freilich nicht auf erratische Weise geschehen, sondern gemäß der leibnizschen Formel „incline sans necessiter". In jedem Fall scheint eine Erfolgs*garantie* für den Versuch, durch Überlegen seine eigenen Entscheidungen zu beeinflussen, weder für den Sinn des praktischen Überlegens noch für die Zurechnung erforderlich zu sein. Wir machen einander auch für Versuche verantwortlich und werfen einander gegebenenfalls mangelnde Anstrengung vor. Für den Misserfolg machen wir jemanden nur verantwortlich, wenn er ihn durch eigenes Zutun, also bei größerer Anstrengung oder allgemein bei besserem Einsatz seiner Fähigkeiten, hätte vermeiden können.

Damit sind wir bei der Zurechnung der *Anstrengung*, die ich oben unter den Handlungsphasen nicht aufgeführt habe, weil man sie besser als Modus statt als zeitliche Phase auffasst. Manche Philosophen lokalisieren das Zufallsproblem dort, wo einer überlegenden Person bestimmte Gesichtspunkte in den Sinn kommen oder eben nicht. Mele hat plausibel argumentiert, dass dieses Zufallsmoment die Zurechnung des Überlegungsergebnisses nicht ausschließt, da zum einen der kausale Input einer Überlegung stets noch normativ evaluiert werden muss und da wir zum anderen die Fähigkeit besitzen, aktiv nach relevanten Gesichtspunkten zu suchen und damit die Aussichten zu steigern, dass sie uns in den Sinn kommen.[71] Kurz: Was wir im Fall eines defizitären Überlegungsprozesses vorwerfen, ist mangelnde Anstrengung oder mangelnde Sorgfalt. Will der Vertreter des Zufallseinwands wirklich behaupten, dass wir das in einer nichtdeterministischen Welt nicht dürften, weil selbst maximale Anstrengung den Erfolg nicht garantiert?

Im Lager der Libertarier gibt es, wie bereits erwähnt, eine ausgedehnte Diskussion darüber, wo genau in der Überlegungs- und Entscheidungsphase indeterministische Elemente die Freiheit ermöglichten und wo sie ihr abträglich seien.[72] Diese Diskussion krankt daran, dass laplacesche Indeterminiertheit kein lokaler Zug der Welt ist, sondern ein globaler. Wenn es hingegen um die Zurechenbarkeit geht, also um diejenige Nichtzufälligkeit, an der einem – kompatibilistischen oder libertarischen – Freund der Freiheit gelegen sein muss, ist die Unterscheidung von Phasen oder Stadien sinnvoll und relevant. Die Diskussion um den Ort des zurechenbaren Beitrags des Akteurs wird also auch von Libertariern in verfehlter Terminologie geführt. Für die legitime Frage, welche Phasen eines Geschehens ein Akteur in der Hand hat und in welchem Umfang, sollte die Ablehnung der deterministischen Lehre, derzufolge Menschen den Lauf der Dinge unterschiedslos *nicht* in der Hand haben, keine Rolle spielen.

Verschiedene Kompatibilisten haben argumentiert, der Indeterminismus *lockere die Verbindung* zwischen der Person, ihren Überlegungen und der Handlung. Diese Rede suggeriert, dass eine philosophische Freiheitsauffassung nach Belieben über diese Verbindung verfügen könne. Die kausalen und rationalen Verbindungen zwischen uns und unseren Handlungen sind aber so locker oder fest, wie sie nun einmal sind; philosophische Doktrinen können daran nichts ändern. Der kompatibilistische Vertreter des Zufallseinwands müsste sich konsequenterweise zu der These bekennen, dass Zurechenbarkeit die Wahrheit des Determinismus *erfordert*. Der Kompatibilist, der nichtdeterministische Verbindungen für zu locker hält, kann nicht agnostisch bleiben, sondern verpflichtet sich auf die Wahrheit des Determinismus – und trägt damit das Risiko, im Falle der Falschheit des Determinismus mit leeren Händen dazustehen.

Das Argument des *deterministischen* Kompatibilisten, dass an der Steuerbarkeit des Geschehens auch dem Libertarier gelegen sein müsse, weshalb dieser den Determinismus nicht ablehnen dürfe, überspielt einen entscheidenden Unterschied. Dem Libertarier ist an der Steuerbarkeit *durch den Akteur* gelegen, während der deterministische Kompatibilist der Auffassung ist, dass ein Steuerungsprozess deterministische Zusammenhänge instantiieren muss. Warum gerade das Instantiieren deterministischer Zusammenhänge die Steuerbarkeit und die Zurechenbarkeit der Handlung gewährleisten sollen, ist schwer zu verstehen. Auch Kompatibilisten möchten jemanden dafür verantwortlich machen, *welche* Entscheidung er getroffen hat, und dafür ist der behauptete Umstand, dass naturgesetzlich garantiert war, dass er diejenige Entscheidung fällt, die er faktisch gefällt hat, ganz irrelevant.

Der kleine vernünftige Kern der Ablehnung des Indeterminismus dürfte ein anderer sein. Er besteht in der Bedingung, dass die Welt nicht so chaotisch sein darf, dass sie vernünftige Handlungsplanung ausschließt. Dafür muss es hinreichend regelmäßige Verbindungen zwischen Überlegungen, Entscheidungen, Körperbewegungen und Handlungserfolgen geben. Dieser vernünftige Kern wird von Vertretern des Zufallseinwands fälschlich mit der Determinismusthese identifiziert.

Ich fasse meine Kritik am Kurzschluss von der Zufälligkeit auf die Nichtzurechenbarkeit zusammen: Die Rede von der „Zufälligkeit" eines indeterministischen Geschehens als solche trägt nichts aus. Man kann „zufällig" so anspruchslos definieren, dass Nichtdeterminiertsein Zufälligkeit impliziert. Aus dieser blassen, negativ bestimmten Zufälligkeit lässt sich aber nicht die Nichtzurechenbarkeit einer Handlung folgern, die ja die eigentliche Pointe des Zufallseinwands ist. Was der Libertarier leugnet, ist nicht der Zufall qua Indeterminiertsein, sondern die Berechtigung des Zufalls*einwands*: dass Indeterminiertsein Zurechnung ausschließt.

(v) *Kanes „Zwei-Wege-Rationalität"*

Ins Herz der libertarischen Freiheitsauffassung zielt der Zweifel an der Verständlichkeit oder Intelligibilität des Anderskönnens unter identischen Bedingungen. Diese Fassung des Zufallseinwands lässt sich in folgenden Fragen ausdrücken: Wenn die Person sich unter gleichen Bedingungen, und das heißt doch wohl *aufgrund der gleichen Überlegung* und *mit den gleichen Gründen,* anders entschieden hätte, wäre diese Entscheidung dann nicht unverständlich oder irrational gewesen?[73] Wie hätte es rational sein können, *aus denselben Gründen,* aus denen man *F* getan hat, etwas anderes als *F* zu tun? Bestünde die Freiheit des Libertariers dann nicht, wie Locke, Leibniz und viele andere behauptet haben, in der fragwürdigen Fähigkeit, seinem eigenen besten Urteil zuwiderzuhandeln? Und ist es nicht absurd, eine Entscheidung durch Angabe von Gründen oder Präferenzen zu „erklären", die auch die gegenteilige Entscheidung „erklärt" hätten?[74]

Die Antwort des Libertariers sollte lauten, dass die Person im naturgesetzlich möglichen Alternativfall *nicht* aus den gleichen Gründen etwas anderes getan hätte. Diese auf den ersten Blick überraschende Antwort gibt auch Robert Kane, der sie mit Beispielen moralischer oder prudentieller Konflikte wie dem folgenden erläutert: Eine Geschäftsfrau ist auf dem Weg zu einer wichtigen Besprechung. Auf diesem Weg beobachtet sie einen Straßenüberfall und steht nun vor der Entscheidung, ob sie Hilfe holt oder weitergeht. Hilfe zu holen würde bedeuten, dass sie nicht rechtzeitig zum Meeting kommt und höchstwahrscheinlich einen für ihre Firma existenzsichernden Auftrag verliert. Sie ist also in einer Situation, in der sie für beide Optionen starke Gründe hat, für das Weitergehen wie für das Stehenbleiben.[75] Nach Kane gilt nun Folgendes: Wie auch immer sie sich entscheidet, sie wird es aus einem Grund getan haben. Keine der beiden Entscheidungen wäre grundlos, irrational oder kapriziös, auch wenn ihre tatsächliche Entscheidung vorab nicht determiniert ist. Für beide Optionen hat sie Gründe, und weil sie beides aus einem Grund getan hätte, würde sie auch für jede der Handlungen verantwortlich gemacht – anders als ein Akteur, der sein Ziel auch hätte verfehlen können und dem sein Misserfolg nicht zugerechnet worden wäre. Zugerechnet wird nur der gelungene Versuch, während bei der Geschäftsfrau nach Kane „Zwei-Wege-Rationalität" vorliegt, in welcher sich „plurale willentliche Kontrolle" ausdrückt.[76] Für beide Optionen hat die Person Gründe, wiewohl vor ihrer Entscheidung nicht feststeht, aus welchem dieser Gründe sie handeln wird. Nach Kane ist der Ausgang der Überlegung in solchen Entscheidungskonflikten unabsehbar und dem Überlegenden gleichwohl zurechenbar.

Gegen diese Antwort erhebt Beckermann folgenden Einwand:

> Die Bedingung [der pluralen willentlichen Kontrolle] ist nicht schon dann erfüllt, wenn die getroffene Entscheidung die ist, die der Handelnde treffen wollte. Vielmehr muss er die Entscheidung getroffen haben, *weil* er sich für diese Handlung entscheiden wollte. Und wie soll das in Kanes Modell möglich sein? Welche Entscheidung jemand treffen wollte, steht erst fest, nachdem er die Entscheidung getroffen hat. [...] Entscheidet er sich für A, bewertet er die Gründe für A höher, entscheidet er sich für B, bewertet er die Gründe für B höher. Für *diese Wahl* zwischen den Gründen für A und den Gründen für B hat der Handelnde aber keinerlei Gründe. Vielmehr hängt diese Wahl nur davon ab, wie das zentrale Quantenereignis ausfällt. [...] So gesehen, scheint die Entscheidung aber doch zufällig, irrational und unverständlich zu sein.[77]

Diese Erklärungslücke hat schon Thomas Nagel libertarischen Handlungserklärungen vorgehalten: Die Erklärung durch nichtdeterminierende Gründe

> cannot explain precisely what it is supposed to explain, namely *why I did what I did rather than an alternative that was causally open to me*. It says I did it for certain reasons, but does not explain why I didn't decide not to do it for other reasons.[78]

Mele drückt dieses Zufallsproblem so aus, dass nichts den Unterschied zwischen den beiden möglichen Welten erkläre: derjenigen, in der die Person sich für A entscheidet, und derjenigen, in der sie sich für B entscheidet: „If nothing accounts for the difference, the difference is just a matter of luck".[79]

Die Frage, was am Ende die Wahl bestimmt, hat wiederum eine kausale und eine rationale Lesart. Aus den oben genannten Gründen beschränke ich mich auch hier auf die rationale. Wenn es darum geht, die Rationalität des Akteurs zu sichern, lässt sich Kanes „Zwei-Wege-Rationalität" gegen Beckermanns Zusatzforderung verteidigen. Kane hat wohlgemerkt Situationen im Sinn, in denen beide Gründe aus Sicht der Person gleich viel wiegen. Wenn nun gefordert wird, dass es in einer solchen Situation stets höherstufige Gründe dafür geben müsse, die Gründe für A denen für B vorzuziehen, wird gar kein spezifisches Problem des Libertariers benannt, sondern eines, von dem Kompatibilisten gleichermaßen betroffen sind. Entweder sind Buridan-Situationen mit gleichwertigen Handlungsoptionen im Reiche der Natur oder nicht; ob sie es sind, hängt sicherlich nicht davon ab, ob man Kompatibilist oder Libertarier ist. Sollte es in solchen Situationen einen dezisionistischen Rest geben, so wäre es unbillig, diesen Umstand dem Libertarier anzulasten. *Wenn* eine Entscheidung unter Indifferenzbedingungen eo ipso „zufällig, irrational und unverständlich" wäre (Beckermann), gälte dies für einen Kompatibilisten nicht minder. Tatsächlich ist es aber *nicht* irrational, sich in Buridan-Situationen ohne zusätzliche Gründe „einfach so" für eine der Optionen zu entscheiden.

Beiseite bemerkt: Auch die Behauptung der psychologischen Deterministen Locke, Mill und Schopenhauer, das aktuell stärkste Motiv bestimme stets die Handlung, hat keinen übermäßigen Erklärungsgehalt. Handlungen sicher prognostizieren zu können behauptet niemand, also wird *ex post* von der Handlung abgelesen, welches dieses stärkste Motiv war. Besonders krude ist das Vorgehen von Hobbes: Dieser bestimmt den Willen als „the last appetite [...] immediately adhering to the action".[80] Der Wille wird also über seine zeitliche und/oder kausale Position bestimmt. Wenn er die „letzte Regung vor der Handlung" ist, ist es definitorisch wahr, dass auf ihn die Handlung erfolgt. Entsprechend schließt Hobbes messerscharf, dass es sich, wenn die gewollte Handlung nicht erfolgt, eben nicht um „the last appetite" gehandelt hat, sondern bloß um eine Neigung („an inclination").

Kane versucht die angeblich verbleibende Erklärungslücke wie folgt zu schließen: Die Gründe, die die Person für die widerstreitenden Optionen hat, bestimmen nicht die genaue Größe ihrer Anstrengung, den einen oder den anderen Grund handlungswirksam zu machen. Es fehlt noch ein letzter „Ruck", und den erklärt Kane so: Der Handelnde kommt schließlich zu der Überzeugung, dass der Grund für A gewichtiger ist und entscheidet sich dafür, A zu tun. Wie und warum kommt er zu dieser Überzeugung? *Indem* er den Entscheidungskonflikt durch die Willensanstrengung beendet. Die Entscheidung erklärt also die Überzeugung und die Überzeugung die Entscheidung. Das sei natürlich ein Zirkel, aber kein leerer. Es sei informativ, ein und dasselbe Geschehen einmal in seinem volitiven, einmal in seinem kognitiven Aspekt zu beschreiben, die sich wechselseitig erklären oder erhellen.[81]

Man kann nach Kane also sagen, dass der Akteur den Handlungsgrund durch seine Entscheidung effektiv *macht*. Das ist kausalitätstheoretisch nicht so rätselhaft, wie es klingt, und verpflichtet auch nicht auf die Annahme von Akteurskausalität. Ich biete folgende ereigniskausalistische Rekonstruktion an: Singuläre Kausalurteile des Typs „A hat B verursacht" werden *ex post* gefällt, also angesichts zweier vorliegender Ereignisse. Der Grund dafür ist, dass solche Urteile das Bestehen einer Relation behaupten. Dafür müssen aber die Relata vorliegen. Wenn das als Wirkung bezeichnete Ereignis nicht vorliegt, ist die singuläre Kausalaussage nicht wahr. Allerdings *behauptet* man mit der Aussage „A hat B verursacht" nicht, dass beide Ereignisse stattgefunden haben, sondern *präsupponiert* es – so wie man mit „Heinrich ist der Bruder von Thomas" präsupponiert, dass die beiden genannten Personen existieren. *Behauptet* wird in einem Kausalurteil, dass die Relata in einer bestimmten Beziehung zueinander stehen. Man kann also durchaus sagen, dass das Vorkommen der Wirkung dazu beiträgt, dass das Kausalurteil wahr ist. So interpretiert, ist Kanes Rede, dass der Grund erst durch die Entscheidung des Akteurs wirksam wird, kausalitätstheoretisch nicht absurd. Das „Effektivmachen" des Grundes besteht darin, dass durch das Ausführen der Handlung ein singuläres Kausalurteil wahr wird, das zuvor nicht wahr war. Die Rede vom Effektivmachen ist kausal konnotiert, geht aber in dieser Interpretation nicht über den Gemeinplatz hinaus, dass Akteure Handlungen ausführen können. Kane redet zwar vom Effektivmachen durch den Akteur, ersetzt aber als Ereigniskausalist auf Nachfrage den Akteur durch dessen Entscheidung.

Demgegenüber versuchen akteurskausalistische Libertarier wie O'Connor und Clarke, das Zufallsproblem zu lösen, indem sie den Handelnden als genuinen Kausalfaktor ins Spiel bringen. Der Akteur entscheide, was durch den Lauf der Ereignisse nicht entschieden sei. Dieses elementare akteurskausale Vermögen lasse sich nicht mehr ereigniskausal analysieren. Der Einwand, der Akteur könne doch einen indeterminierten Lauf der Dinge nicht steuern, ist O'Connor zufolge gegenstandslos, da der Akteur durch seine Entscheidung ein Vermögen ausübe, das schlicht darin *besteht*, dass er sein Verhalten aktiv steuert: „Exerting active power is intrinsically a direct exercise of control over one's own behavior."[82] Akteurskausalisten machen sich den Zufallseinwand häufig zu eigen und behaupten, dass er ausschließlich ereigniskausale Versionen des Libertarismus betreffe. Ereigniskausalität brauche stets antezedierende Ereignisse, doch die Art und Weise, in der Handelnde kausal ihre Handlungen steuern, sei keine Beeinflussung *späterer* Verläufe. Man übe diese Kontrolle nicht vorher aus, sondern *indem* man handelt: „Direct active control is exercised in acting, not before".[83]

Wenn man Akteurskausalität als eigene Kausalitätsart zulässt, scheinen sich alle weiteren Fragen zu erübrigen. Es ist dann einfach analytisch wahr, dass eine Person als handelnde ihre Entscheidungen und Handlungen kausal steuert, und wenn sie dies tut, sind sie eben keine Sache des Zufalls. Ein Klärungsfortschritt wäre mit dieser Antwort aber erst erzielt, wenn die oben erwähnten theoretischen Probleme der Akteurskausalität, insbesondere das Datiertheitsproblem, gelöst wären.

(vi) *Anderskönnen als Weiterüberlegenkönnen*

Kanes Überlegungen zur „Zwei-Wege-Rationalität" können nicht das letzte Wort sein, denn unser Libertarier ist nun mit folgendem Problem konfrontiert: Er gibt zu, dass der Akteur nicht aus demselben Grund, aus dem er F getan hat, auch non-F hätte tun können. Handlungsgründe, die zugleich für die entgegengesetzte Handlung sprächen, hätten keinen Erklärungsgehalt. Hätte der Akteur non-F getan, so hätte er es nach Kane aus einem *anderen* Grund getan als dem, aus dem er faktisch gehandelt hat. Gleichwohl sprechen Libertarier von einem Anderskönnen unter gleichen Bedingungen. Wie passen diese Behauptungen zusammen?

Die Lösung liegt nach meiner Auffassung in einer zeitlich fein aufgelösten Betrachtung der Entscheidungssituation, nämlich in der genauen zeitlichen Lokalisierung des Verzweigungspunkts der beiden möglichen Verläufe. Es ist genauer als üblich zu prüfen, *bis wann* die beiden möglichen Verläufe aus libertarischer Sicht gleich sein mussten. Die libertarische Standardauffassung ist, dass es keinen Zeitpunkt vor dem aktuellen Handlungsbeginn gibt, zu dem unumstößlich feststeht, was der Akteur tun wird. Bis zum tatsächlichen Handlungsbeginn hat der Überlegende stets die Möglichkeit, weiter zu überlegen und sich umzuentscheiden. Diese Auffassung wird durch Beckermanns Rekonstruktion, „dass die Person auch nach Beendigung des Überlegensprozesses noch die Möglichkeit hat, sich sowohl für A als auch für B zu entscheiden"[84], verzerrt. Beckermann verpflichtet den „klassischen Libertarier" (ebd.) auf die Auffassung, dass die handlungswirksame Entscheidung nicht mehr auf einer Überlegung beruht.

Betrachten wir die handlungswirksame Entscheidung *ex post*. Wann genau sind die beiden möglichen Welten auseinandergelaufen? Zum Zeitpunkt des tatsächlichen Handlungsbeginns wäre, wenn es sich um einen rationalen Akteur handeln soll, im anderen möglichen Falle nicht eine andere Handlung begonnen worden, denn das zu diesem Zeitpunkt vorliegende Überlegungsresultat sprach für F, nicht für non-F. (Ich spreche hier nicht von Buridan-Situationen.) Hätte der Akteur die gegenteilige Handlung begonnen, so hätte er wider bessere Einsicht gehandelt, mithin irrational. Es hätte aber zu diesem Zeitpunkt noch einmal eine Neubesinnung einsetzen können. In der Folge hätten sich die mentalen Einstellungen der Person verändert, und aufgrund dieser veränderten Einstellungen hätte die Person möglicherweise anders gehandelt. Zu einem bestimmten Zeitpunkt, so ein Beispiel von Broad, konnte Caesar vernünftigerweise entweder den Rubikon überqueren oder weiterüberlegen, nicht aber nach Gallien zurückkehren. Für Letzteres wäre eine Neubesinnung erforderlich gewesen, und diese hätte eine wenn auch nur geringe Zeit gebraucht.[85]

Wenn dies die korrekte Erläuterung von „Er hätte anders handeln können" für einen rationalen Akteur ist, lautet die Preisfrage: Ist das noch ein Anderskönnen unter gleichen Bedingungen? (Wenn man, wie ich oben vorgeschlagen habe, nach dem Anderskönnen besser im Präsens fragt statt retrospektiv, ist die Rede von „gleichen" durch die von „obwaltenden" Bedingungen zu ersetzen.) Der Wortsinn des Ausdrucks „unter gleichen Bedingungen" entscheidet diese Frage nicht, weil der genaue zeitliche Bezugspunkt von „gleich" nicht genannt ist: Ist der Zeitpunkt der tatsächlichen Handlung oder der der anderen möglichen gemeint, die ja *ex hypothesi* etwas später stattgefunden hätte? Vernünftigerweise wird der Libertarier Ersteres vertreten. Dies entspricht übrigens auch dem Konsequenzargument: Das Anderskönnen bei gleichen Bedingungen fixiert den Zeitpunkt und die Vorgeschichte der *tatsächlichen* Handlung. Es müssen weder die Naturgesetze noch die Vorgeschichte der tatsächlichen Handlung geändert werden. Die andere mögliche Handlung wäre etwas später begonnen worden als die tatsächliche, doch diese Abweichung hält die Vorgeschichte der tatsächlichen Handlung konstant, und genau darauf kommt es an.

Das wohlverstandene libertarische Anderskönnen ist also ein Weiterüberlegenkönnen. Diese Auffassung ist auch mit Descartes' Argument für die Indifferenzfreiheit vereinbar, in welchem die Entscheidung ebenfalls als nicht erratisch aufgefasst wird. Descartes behauptet, dass man selbst den besten Gründen für eine Handlung nicht willentlich zustimmen muss, sondern sich auch für das Gegenteil entscheiden kann. Er fügt aber hinzu, dass in diesem Fall ein zusätzlicher Grund ins Spiel kommt: „Denn es ist uns immer möglich, uns von einem klar erkannten zu verfolgenden Gut oder von einer deutlich anzuerkennenden Wahrheit loszusagen, wenn wir es nur für gut halten, dass dadurch die Freiheit unserer Wahl (arbitrium) bewiesen wird".[86] Der Mensch kann, wie Steinvorth kommentiert, „immer bockig genug sein, im Beweis seiner Willensfreiheit sein größtes Glück zu sehen".[87] Dieser Grund ist vielleicht kein besonders guter, aber jedenfalls verändert sich durch diese Überlegung der mentale Zustand des Akteurs, so dass von einer grundlosen, irrationalen Wahl keine Rede sein kann.

(vii) *Ist Weiterüberlegen immer vernünftig?*
Damit könnte die libertarische Auseinandersetzung mit dem Zufallseinwand zu Ende sein: Vernünftiges, nichtkapriziöses Anderskönnen unter gegebenen Bedingungen ist oder impliziert ein Weiterüberlegenkönnen. Die Ersetzung des Andershandelns durch das Weiterüberlegen nennt Beckermann einen „geschickten Schachzug, der aber ebenfalls Fragen aufwirft. Die entscheidende scheint mir zu sein: Wovon hängt es ab, ob eine Person weiter überlegt oder nicht?"[88] Diese Frage hat erneut eine kausale und eine rationale Lesart. In der rationalen Lesart, die die Vernünftigkeit und Zurechenbarkeit der Entscheidung betrifft, nimmt die Frage folgende Gestalt an: Die Person hat, wie wir annehmen wollen, aus wohlerwogenen Gründen F getan. Sie hätte sich nicht aus denselben Gründen für das Gegenteil entscheiden können. Zu diesem Zeitpunkt noch weiterzuüberlegen, statt F zu tun, wäre aber, so der Einwand, ebenfalls ein Tun von non-F gewesen. Handlungstheoretisch betrachtet ist Weiterüberlegen ja ein absichtliches Tun, also eine Handlung. Angesichts wohlerwogener Gründe für eine Option noch weiterzuüberlegen scheint also ebenfalls ein Fall von „meinen besten Gründen zuwiderhandeln" zu sein, mithin irrational.

Die Antwort muss lauten, dass es viele Fälle gibt, in denen weiteres Überlegen nicht irrational gewesen wäre. Es gibt hier eine Asymmetrie: Dem besten aktuellen Urteil zuwiderzuhandeln ist irrational, in derselben Lage weiterzuüberlegen ist es in der Regel nicht. Der Grund für diese Asymmetrie liegt in dem Umstand, dass eine Person sich niemals sicher sein kann, dass das, was sie für die besten Gründe *hält*, auch die besten Gründe *sind*. Wäre der Handelnde im Besitz des Steins der Weisen, was die Qualität seiner Gründe betrifft, so wäre es in der Tat irrational, einen als gut erkannten Grund noch hin- und herzuwenden. Tatsächlich kann aber zwischen guten und für gut gehaltenen Gründen stets eine Lücke bestehen, und diese nochmals zu überprüfen ist nicht irrational.

Gute Gründe, die für eine Handlung sprechen, werden auch „normative Gründe" genannt, denn sie unterliegen einer normativen Beurteilung anhand vernünftiger Standards. Darüber, ob diese Standards jeweils erfüllt sind, hat aber niemand unfehlbares Wissen. Kein Überlegender hat eine Garantie dafür, beim Überlegen nichts Wichtiges übersehen zu haben. Allgemein ist es leichter, einen verborgenen Gesichtspunkt zu übersehen als einen eklatanten Widerspruch, deshalb nennen wir Handeln wider besseres Wissen irrational, Weiterüberlegen in der Regel nicht. Und eben solche Irrtümer oder voreiligen Urteile werden dem Handelnden im Nachhinein vorgehalten: „Wie konntest Du so dumm sein, auf den Betrüger hereinzufallen! Das muss ein vernünftiger Mensch doch *sehen!*" etc.

Allgemein sind wir bei praktischen Überlegungen nicht bloß anfällig für Irrtümer und voreilige Urteile, sondern wir wissen auch, dass wir es sind. Und aus diesem Grund ist es auch aus der Sicht des Überlegenden nicht irrational, ein Überlegungsergebnis noch weiter zu prüfen. In Descartes' Urteilstheorie ist das Weiterüberlegen sogar ein besonderer Ausweis von Rationalität: Descartes' Maxime „Urteile nicht, bevor Du klare und deutliche Ideen hast" läuft faktisch hinaus auf „Denke noch einmal nach, auch wenn Du schon gute Gründe zu haben meinst".

Freilich gibt es Grenzfälle. In extremen Gefahrensituationen, in denen schnelles Handeln geboten ist, kann das Weiterüberlegen irrational sein. Die Entscheidungs- und Rationalitätstheorie spricht in solchen Fällen von *Quick and dirty*-Strategien: Es ist alles in allem vernünftiger, ohne Zaudern eine möglicherweise suboptimale Entscheidung zu treffen, als weiterzuüberlegen und zu spät mit dem perfekten Plan aufzuwarten, wie das Kind vom Sturz in den Brunnen abzuhalten gewesen wäre. Auch die Fähigkeit zum Weiterüberlegen ist eine Zwei-Wege-Fähigkeit, und deren vernünftiger Gebrauch kann darin bestehen, dass man *nicht* weiterüberlegt. In Situationen mit großem Handlungsdruck, in denen *Quick and dirty*-Strategien angezeigt sind, wird dem Handelnden nachher auch niemand einen Vorwurf machen. Man denke an einen Feuerwehrmann, der bei ausgeklügeltem Vorgehen möglicherweise sechs statt fünf Menschen aus dem brennenden Haus hätte retten können. Über seine Rettungsstrategie nicht länger nachgedacht zu haben wird ihm hoffentlich niemand vorwerfen. Hätte er es getan, wäre möglicherweise niemand gerettet worden.

Woher weiß der Überlegende, wann der optimale Zeitpunkt zum Abschluss seiner Überlegungen gekommen ist? Weiterüberlegen bringt Opportunitätskosten mit sich; wie kann man sicher sein, dass diese den Gewinn eines möglichen besseren Überlegungsresultats nicht auffressen? Insofern der „richtige" oder „optimale" Zeitpunkt wesentlich normativ bestimmt ist, ist es notorisch schwierig, ihn psychologisch zu charakterisieren. Von dieser Schwierigkeit zeugt der Rat von Karl Kraus, in Zweifelsfällen möge man sich für das Richtige entscheiden. Kaum hilfreicher ist der Hinweis von Ryle: „Intelligent darüber nachzudenken, was man tun soll, heißt unter anderm nur das heranziehen, was zur Sache gehört, und alles Belanglose beiseite zu lassen".[89] Diese Bemerkung könnte man so auslegen, dass man beim Überlegen zunächst darüber nachgedacht haben muss, wie man das Beiseitelassen von Belanglosem anstellt. Nach Ryle entsteht dieser

Regress aber nicht. Er entstünde nur, wenn man übersähe, dass die Fähigkeit des vernünftigen Überlegens die Empfänglichkeit für höherstufige Gründe schon einschließt, ohne dass dabei höherstufige *Regeln* abgearbeitet werden müssten. Hier ist das Vermögen der *Urteilskraft* gefragt, das in Theorien des praktischen Schließens schwer abzubilden ist.

Doch diese Fragen liegen jenseits der Erklärungslasten der libertarischen Freiheitsauffassung. Beim Zufallseinwand ging es um die Frage, wie eine Handlung rational und zurechenbar sein kann, auch wenn ihr Vorkommen nicht determiniert war. Der siebte und letzte Teil der Antwort lautet, dass das Ersetzen der faktischen Handlung durch weiteres Überlegen in der anderen möglichen Welt die Irrationalitätsgefahr bannt.

5. Skizze eines fähigkeitsbasierten Libertarismus

5.1 Eine Zwischenbilanz

In der Einleitung war von den libertarischen Intuitionen die Rede, die unserem vorwissenschaftlichen Selbstverständnis als überlegenden, entscheidenden und handelnden Wesen zugrunde liegen. Später habe ich auf den Umstand hingewiesen, dass jede Entscheidung unter bestimmten Umständen stattfindet, und dass wir die Fähigkeit, uns zu entscheiden und zu handeln, entweder in diesen Umständen haben oder überhaupt nicht. Diese Trivialität wird in der retrospektiven, kontrafaktischen Rede vom Anderskönnen leicht übersehen; darum ist es hilfreich, diese Rede ins Präsens und in den Indikativ zurückzuholen: „Kann ich so oder anders handeln?" statt „Hätte ich anders handeln können?". Die libertarische Imprägnierung unserer gewöhnlichen Rede über Handlungen und Entscheidungen ist ein härteres Faktum als die Berufung auf unbefangene Alltagsmeinungen, weil ihr *begriffliche* Zusammenhänge zugrunde liegen. So-oder-Anderskönnen ist außerhalb des philosophischen Seminars keine steile These, sondern eine analytische Komponente des Handlungs- und des Entscheidungsbegriffs: Wer nicht so oder anders kann, kann überhaupt nicht.[1]

Die Feststellung begrifflicher Zusammenhänge ist freilich kein Freiheitsbeweis, denn aus analytischen Sätzen folgen niemals synthetische. Vielleicht folgt aus begrifflichen Wahrheiten, dass wir uns in einem zu qualifizierenden Sinn als frei auffassen müssen, nicht aber, dass wir tatsächlich frei *sind*. Es ist allerdings unproduktiv, das Fehlen eines Freiheits*beweises* zu beklagen, solange man nicht angeben kann, was denn als ein solcher zählen würde. Kant war der Auffassung, dass ein regelrechter Freiheitsbeweis unmöglich ist, und dass wir uns stattdessen um den Nachweis bemühen sollten, dass dem Freiheits*postulat* nichts entgegensteht. Dabei geht Kant noch einen Schritt über die Behauptung hinaus, dass das Anderskönnen im Begriff des Handelns liege. Begriffe können sich ja infolge neuer Einsichten wandeln; der Wissensfortschritt verlangt manchmal, unhaltbar gewordene Annahmen aufzugeben, selbst wenn sie sich zu begrifflichen Zusammenhängen verfestigt haben. Kant behauptet zusätzlich, dass es uns *praktisch* und *anthropologisch unmöglich* sei, unsere eigenen Entschlüsse und Handlungen als determiniert aufzufassen. Wir könnten nicht anders als „unter der Idee der Freiheit" handeln, und diese Unmöglichkeit mache jedenfalls für die praktische Vernunft die Freiheitsunterstellung unausweichlich:

> Ein jedes Wesen, das nicht anders als *unter der Idee der Freiheit* handeln kann, ist eben darum, in praktischer Rücksicht, wirklich frei [...], eben so, als ob sein Wille auch an sich selbst, und in der theoretischen Philosophie gültig, für frei erklärt würde.[2]

Kant schließt hier aus der Unmöglichkeit, sein eigenes willentliches Handeln als determiniert zu begreifen, dass wir „in praktischer Rücksicht" auch wirklich frei seien, auch wenn wir es in der theoretischen Philosophie nicht beweisen können. Seine Formulierung hat allerdings durch den Als-ob-Vorbehalt einen agnostischen Unterton. Einen echten libertarischen Freiheitsbegriff gestattet sich Kant nicht, weil er den Determinismus für eine Voraussetzung der Naturwissenschaft und überhaupt jeder Naturerkenntnis hält. Die Geltung des Determinismus beschränkt Kant indes auf die Welt der Erscheinungen, während intelligible Subjekte das Vermögen hätten, Kausalreihen „von selbst anzufangen". Diese Konstruktion leuchtet allerdings kaum jemandem ein. Selbst wenn man den transzendentalen Idealismus, also die Unterscheidung zwischen empirischer und intelligibler Welt, für verständlich hält, scheinen doch *Handlungen* beiden Welten angehören zu müssen. Wie Kants außerzeitliche „Kausalität aus Freiheit" in der empirischen Welt wirksam werden können soll, bleibt unerklärt.

Ein Freiheitsbeweis ist für Kant schon deshalb unmöglich, „weil ihr erster Begriff negativ ist" und die Erfahrung uns nur „das Gesetz der Erscheinungen, mithin [...] das gerade Widerspiel der Freiheit, zu erkennen" gibt.[3] Dass die Freiheit nur postuliert werden kann, heißt für Kant nicht, dass sie eine Fiktion wäre oder eine notwendige Illusion, sondern drückt den Umstand aus, dass sie nicht bewiesen, also aus unabhängig gesicherten Prämissen hergeleitet werden kann. Wenn es aber für etwas keinen Beweis gibt, liegt der Fehler bei demjenigen, der gleichwohl einen verlangt, oder der die „Unzulänglichkeit der Freiheitsbeweise"[4] beklagt. Kant verweist darauf, dass wir, die wir nicht anders als unter der Idee der Freiheit handeln können, es nicht als eine offene, unbeantwortbare Frage ansehen können, ob wir auch wirklich frei sind. Hier noch nach einem Freiheitsbeweis zu verlangen hieße, mit einem Wort von Wittgenstein, weiterzugraben, wo der Spaten schon auf Fels gestoßen ist.

Aufgabe der Philosophie in der Freiheitsdebatte kann es nicht sein, die libertarische Imprägnierung unserer gewöhnlichen Rede über Handlungen und Entscheidungen wegzuinterpretieren. Ebenso wenig ist es aber die Aufgabe der Philosophie, einem begrifflichen oder psychologischen Befund die Weihen metaphysischer Notwendigkeit zu verleihen. Vielmehr sollten wir uns folgende Frage vorlegen: *Steht irgendetwas, was wir wissenschaftlich oder philosophisch wissen, dieser Freiheitsunterstellung entgegen?* Natürlich steht ihr, wenn der Inkompatibilismus recht hat, die *Doktrin* des Determinismus entgegen, aber stehen ihr auch *Tatsachen* entgegen, empirische oder begriffliche? Aus libertarischer Sicht gewährleistet erst der Indeterminismus, dass das Zwei-Wege-Vermögen der freien Entscheidung auch in die Welt passt. Demgegenüber halten agnostische Kompatibilisten die Determinismusfrage für irrelevant, und deterministische Kompatibilisten argumentieren sogar umgekehrt: Wir würden, so Schlick im Anschluss an

Hume, den Determinismus „in allem unserem praktischen Verhalten voraussetzen".[5] Allerdings neigen deterministische Kompatibilisten dazu, Determination mit Verursachung zu verwechseln. Was wir tatsächlich im Handeln voraussetzen, so werde ich unten zu zeigen versuchen, ist etwas vom laplaceschen Determinismus deutlich Verschiedenes.

Ob neben dem Determinismus auch das bloße Verursachtsein schon freiheitsgefährdend ist, ist eine voraussetzungsreiche Frage, denn die Antwort hängt davon ab, welche Kausalitätstheorie man zugrunde legt. Wenn die Akteurskausalität aufgrund unlösbarer theoretischer Schwierigkeiten ausscheidet, bleibt dem Libertarier nur eine nichtdeterministisch verstandene Ereigniskausalität. Dieser Kausalitätsauffassung zufolge können Ereignisse andere Ereignisse verursachen, ohne sie naturgesetzlich unausweichlich zu machen. Diese Auffassung entspricht durchaus unserer kausalen Urteilspraxis: Wenn wir das Kausalurteil fällen „Der Regen war die Ursache für das Nasswerden des Rasens", verpflichten wir uns damit nicht auf die Behauptung, dass, als der Regenschauer begann, nichts mehr hätte dazwischenkommen können, was das Nasswerden verhindert hätte. Rasenflächen lassen sich schließlich abdecken, beim Centre Court in Wimbledon geschieht das häufig. Das singuläre Kausalurteil „A hat B verursacht" kann wahr sein, ohne dass A-artige Ereignisse B-artige Ereignisse naturgesetzlich notwendig machen. Dass stets etwas dazwischenkommen *kann*, ändert nichts daran, dass in Fällen, in denen nichts dazwischengekommen *ist*, A die Ursache von B war.

Mit einer nichtdeterministisch verstandenen Ereigniskausalität kann der Libertarier bestens leben, wenn er die Zusammenhänge wie folgt darstellt:[6] Unsere Handlungen gehen mit physischen Ereignissen einher. Sie haben Körperbewegungen zum Substrat, diese Körperbewegungen haben Ursachen und Wirkungen. Kants Rede, dass wir im Handeln „eine Reihe von Begebenheiten von selbst anfangen", lässt sich in einer akteurskausalen Interpretation nicht verteidigen. In der Tat fangen wir Handlungen an, aber dieses Anfangen ist kein Ingangsetzen von Kausalketten. Kausalketten beginnen und enden nirgends, sondern sie laufen durch uns hindurch, allerdings auf nichtdeterministische Weise. Die *kausale Handlungstheorie* sieht es so: Jedes Mal, wenn wir etwas tun, verursachen vorausgehende mentale Ereignisse Körperbewegungen. Das schließt nicht aus, dass wir es sind, die die Körperbewegung ausführen – und die sie auch hätten unterlassen können. Eine Handlung *auszuführen* oder zu vollziehen ist nämlich etwas anderes als sie zu *verursachen*. Indem wir etwas tun, können wir *anderes* verursachen, aber zu sagen, dass wir unsere eigenen Handlungen verursachen, ist irreführend. Das Ausführen einer Handlung hat selbst keine kausale Binnenstruktur mehr. Alles, was ein Akteur dazu tut, dass seine Handlung geschieht, geht mit dem physiologischen Substrat seines Tuns schon einher, kann es also nicht verursachen.

Die kausale Handlungstheorie scheitert allerdings an der *Analyse* des Handlungsbegriffs. Ihre „Körperbewegung plus X"-Analyse verfehlt den *Vollzugs*charakter des Handelns. Ihr Dilemma besteht darin, dass sie vom Vollzug oder dem Ausführen einer Körperbewegung nicht unanalysiert sprechen darf, während das *Vorkommen* einer Körperbewegung, mit welcher Zusatzbedingung auch immer, keine hinreichende Bedingung für absichtliches Handeln ist. Die *akteurskausalistische* Darstellung weist eine komplementäre Unzulänglichkeit auf. Sie trägt dem Vollzugscharakter des Handelns Rechnung, dafür bestimmt sie den kausalen Aspekt falsch, indem sie das Vollziehen in der Terminologie des Verursachens beschreibt. Der Akteur verursacht nicht, was er vollzieht oder tut, sondern er tut es eben. Auch seine handlungsverursachenden mentalen Ereignisse verursacht er nicht. Die Wünsche und Überzeugungen sind *seine*, aber dieses Zugehörigkeitsverhältnis ist kein kausales.

Solange wir Kausalität nichtdeterministisch auffassen, ist das Verursachtsein unserer Handlungen durch mentale Ereignisse oder ihre physiologischen Substrate nicht freiheitsgefährdend. Dass unsere Handlungen nichtdeterministische Ursachen haben, *gewährleistet* freilich nicht ihre Unterlassbarkeit. Dies zu erwarten käme wieder einer Verwechslung der Aufgaben des positiven und des negativen Teils der Freiheitslehre gleich. Für das So-oder-Anderskönnen bedarf es in jedem Falle besonderer Vermögen, die nicht allein durch den Indeterminismus in die Welt kommen und auch nicht durch ihn erläutert werden können.

5.2 Anderskönnen, Naturgesetze und humesche Supervenienz

Für Kant würde die Verabschiedung des deterministischen Kausalprinzips zu viel von dem preisgeben, was das Kausalprinzip für die Organisation unserer Erfahrung leistet. Kant befürchtet, dass eine gesetzlose Kausalität „den Leitfaden der Regeln abreißt, an welchem allein eine durchgängig zusammenhängende Erfahrung möglich ist".[7] Er ist sich der strengen Gesetzmäßigkeit der Natur so sicher, dass er sie sogar in den Begriff der Natur einbaut: „Unter Natur (im empirischen Verstande) verstehen wir den Zusammenhang der Erscheinungen ihrem Dasein nach, nach notwendigen Regeln, d.i. nach Gesetzen".[8] Die Befürchtung, dass jedes Abgehen vom deterministisch verstandenen Kausalprinzip einheitliche Naturerfahrung unmöglich machen würde, ist übertrieben. Sie beruht auf einer unhaltbaren Gegenüberstellung von naturgesetzlicher Ordnung und völligem Chaos. Dass diese falsche Antithese auch freiheits- und handlungstheoretisch unplausible Konsequenzen hat, haben wir in der Diskussion des Zufallseinwands gesehen. Richtig ist, dass es in der Welt nicht völlig chaotisch zugehen darf, damit wir in ihr Absichten bilden und erfolgreich handeln können. Für unsere Fähigkeit, in der Welt unsere Absichten zu verwirklichen, ist der Umstand wesentlich, dass Ereignisverläufe *nichtstrikte Regelmäßigkeiten* aufweisen. Einerseits müssen sie überhaupt Regelmäßigkeiten aufweisen, weil andernfalls nicht absehbar wäre, welche Auswirkungen ein Eingriff haben wird, was vernünftige Handlungsplanung unmöglich machen würde. Auch die vorgängige deliberative Willensbildung unterliegt einer solchen Regelmäßigkeitsbedingung. Andererseits sind diese Regelmäßigkeiten nicht strikt, sondern störbar. Da es keine ausnahmslosen Regularitäten gibt, sind empirische Sukzessionsgesetze, also Allsätze über aufeinanderfolgende Ereignisse, falsch. Stattdessen gibt es wahre Sätze darüber, was geschähe, wenn nichts dazwischenkäme. Oft genug kommt aber etwas dazwischen, und diese Störungen einer strengen Regelmäßigkeit sind das, was wir paradigmatischerweise Ursachen nennen.[9]

Es steht also nicht Ordnung gegen Chaos, wie Kant suggeriert, sondern es stehen ausnahmslose Regularitäten gegen nichtstrikte, störbare Regularitäten, und die Behauptung muss lauten, dass Letztere für die von Kant beschworene Einheit der Erfahrung ausreichen. *Offenbar* reichen sie aus, denn es ist ja weniger eine philosophische These als vielmehr ein schwer zu leugnender Befund, dass es keine empirisch wahren Sukzessionsgesetze über tatsächliche Ereignisverläufe gibt. So gesehen ist Kants Frage, wie in einer kausalgesetzlich geordneten Welt freie menschliche Handlungen möglich seien, falsch gestellt. Sie muss vom Kopf auf die Füße gestellt werden und lautet dann: Wie sollte es in einer Welt, deren Verläufe durch Handlungen gestört werden können, strikte Verlaufsgesetze geben können?

Ich behaupte also, dass Kants Frage auf einem *Hysteron-Proteron*-Fehler beruht, einer Verwechslung des Späteren mit dem Früheren. Diese Kritik lässt sich mithilfe der Unterscheidung zwischen einem *nominalistischen* und einem *universalienrealistischen* Gesetzesbegriff verdeutlichen. Dem nominalistischen Gesetzesbegriff zufolge sind Gesetze wahre Gesetzesaussagen. So habe ich den Ausdruck „Gesetz" bisher verwendet. Der universalienrealistischen Auffassung zufolge sind Gesetze die *Wahrmacher* für Gesetzesaussagen, also etwas ‚draußen in der Welt', was Gesetzesaussagen wahr macht. Der Vertreter eines nominalistischen Gesetzesbegriffs muss nicht bestreiten, dass es etwas gibt, was Gesetze wahr macht, nur kann er diese Wahrmacher nicht selbst wieder „Gesetze" nennen, denn diese Bezeichnung hat er ja schon vergeben. Im Deutschen gibt es dafür ein treffendes anderes Wort, nämlich *Gesetzmäßigkeiten*.

Der springende Punkt ist nun dieser: Welche Gesetzesaussagen wahr sind, richtet sich danach, was in der Welt geschieht, nicht umgekehrt. Kant stellt diesen Zusammenhang unter Verwendung eines universalienrealistischen Gesetzesbegriffs verkehrt dar; dies ist der besagte Hysteron-Proteron-Fehler: Die Welt wird als etwas vorgestellt, was alle Gesetze (besser: Gesetzmäßigkeiten) schon enthält; dann kämen wir dazu und müssten im „Naturmechanismus" unseren Platz finden – nur um festzustellen, dass für uns und unsere freien Handlungen kein Platz freigehalten ist. Eben dies drückt auch die deterministische Rede von einem „lückenlosen Zusammenhang" aus, der die mechanistische Metapher von der Welt als einem kraftschlüssigen Räderwerk zugrunde liegt. Richtig herum ist es aber so: Das primäre Datum ist das tatsächliche Weltgeschehen, das unter anderem uns und unsere Handlungen umfasst. *Dann* versuchen wir anzugeben, welche Gesetzesaussagen in dieser Welt wahr sind. Und wenn wir keine wahren empirischen Allsätze finden, dürfen wir nicht einfach postulieren, dass es welche geben muss, weil ja der Determinismus wahr sei. Wenn wir handelnd in den Weltlauf eingreifen, verstoßen wir nicht gegen Naturgesetze. Wir „stören" natürliche Verläufe allein in folgendem Sinn: Unsere Eingriffe haben zur Folge, dass die Welt anders weiterverläuft, als sie weiterverlaufen wäre, wenn wir nicht eingegriffen hätten. In einer nichtdeterministischen Welt würden nicht Naturgesetze „durch die Einflüsse der [Freiheit] unaufhörlich abgeändert"[10], sondern nur nichtstrikte Gesetzesaussagen sagen über die Welt, die uns, unsere Entscheidungen und unsere Handlungen enthält, etwas Wahres aus. Die Natur räumt uns auch keine Sonderkonditionen ein, denn ein regelmäßiger Verlauf kann ebenso durch ein gewöhnliches Ereignis gestört werden wie durch eine menschliche Handlung.

Der Grund dafür, dass der Zusammenhang zwischen freien Handlungen und Naturgesetzen so häufig falsch dargestellt wird und dann selbst Nichtdeterministen Kopfzerbrechen bereitet, ist die universalienrealistische Gesetzesauffassung im Verbund mit der Annahme, dass Naturgesetze regieren, vorschreiben oder darüber gebieten, was geschieht. Gesetze sind aber abstrakte Gegenstände und haben als solche keine kausale Kraft. Nach nominalistischer Auffassung sind sie Aussagen, die in systematisierter Form beschreiben, was stets geschieht oder stets der Fall ist. Ob sie dies korrekt beschreiben, hängt klarerweise davon ab, was tatsächlich geschieht, nicht umgekehrt. Nach realistischer Auffassung sind Gesetze Beziehungen zwischen Universalien, also ebenfalls abstrakte Gegenstände. In beiden Fällen ist rätselhaft, wie Gesetze regieren oder überhaupt etwas tun können sollen.

Die Richtigstellung der verkehrten Auffassung, dass Naturgesetze das Weltgeschehen regieren, gebieten oder notwendig machen, nennt sich heute *humesche Supervenienz*. Diese von David Lewis formulierte Auffassung besagt, dass die Welt aus Dingen, lokalen Ereignissen und Tatsachen besteht (genauer: aus der raumzeitlichen Verteilung physikalischer Qualitäten), und dass alles andere, also auch Regularitäten und Naturgesetze, auf diese lokalen Anordnungen von Qualitäten *superveniert*, also mit ihnen variiert. Für das Verhältnis zwischen menschlichen Handlungen und Naturgesetzen ergibt sich Folgendes:

It is the events of universal history, as brute facts, that make the laws what they are, and *not* vice-versa. Taking this idea seriously, the actions of every human agent in history are simply a part of the universe-wide pattern of events that determines what the laws are for this world.[11]

Die Darstellung, dass die tatsächlichen Handlungen und Ereignisse festlegen, was die Regularitäten und Naturgesetze sind, ist ungewohnt, aber sie ergibt sich zwingend aus der Berichtigung der präskriptivistischen Gesetzesauffassung. Ferner ergibt sich aus humescher Perspektive, dass der Zustand der Welt zu einem bestimmten Zeitpunkt noch nicht festlegt, welches die Naturgesetze sind. Was ein Naturgesetz wahr macht, ist für den Humeaner die entsprechende ausnahmslose Regularität, die aus vergangenen, gegenwärtigen und zukünftigen Teilen besteht. Wenn nun die Gegeninstanzen erst in der Zukunft liegen, macht erst die Zukunft das Gesetz falsch (oder *erweist* es als falsch, wenn man Wahrsein als zeitlos auffasst). Anders ausgedrückt: Für die universalienrealistische Auffassung Armstrongs, der Naturgesetze als Notwendigkeitsbeziehungen zwischen Eigenschaften auffasst (was immer das heißen mag), sind alle Ingredienzien der Gesetze schon in der Welt, aus humescher Sicht werden die Naturgesetze erst am Ende aller Tage geschrieben.[12]

Kehren wir derart belehrt noch einmal zum laplaceschen Determinismus zurück. Dieser behauptet, dass die Gesamtheit der Naturgesetze und ein beliebiger Momentanzustand des Universums gemeinsam alle weiteren Zustände festlegen. Diese Determination ist eine zeitsymmetrische: Die Vergangenheit legt die Gegenwart in genau demselben Sinne fest wie umgekehrt. Diese zeitliche Symmetrie hätte uns schon stutzig machen sollen, denn sie zeigt, wie wenig die laplacesche Determination mit der gewöhnlichen Kausalität zu tun hat, der verbreiteten Rede vom „kausalen Determinismus" zum Trotz. Auch van Inwagens dramatische Darstellung, dass meine Handlungen in einer deterministischen Welt schon sämtlich „vor meiner Geburt" feststünden, verzerrt diesen Sachverhalt, indem sie dem Determinismus fälschlich eine Zeitrichtung unterlegt. Aus laplacescher Sicht können wir mit gleichem Recht sagen, dass meine tatsächlichen Handlungen festlegen, was vor meiner Geburt geschehen ist. „Festlegen" bezeichnet hier keine Tätigkeit und kein dynamisches Verhältnis, sondern drückt den Umstand aus, dass man bestimmte zutreffende Beschreibungen aus anderen folgern kann. Auch die Standardformulierung, dass „the past and the laws of nature jointly determine a unique [...] future"[13], hätte uns misstrauisch machen sollen. Wie sollen so verschiedene Dinge wie vergangene Weltzustände und Naturgesetze Hand in Hand dieselbe Tätigkeit verrichten können, nämlich „determinieren"?

Nicht nur die laplacesche Determination, sondern auch das Konsequenzargument für den Inkompatibilismus muss im Lichte einer humeschen Gesetzesauffassung noch einmal neu bedacht werden. Seine zweite Prämisse lautet, dass niemand die Macht hat, Naturgesetze abzuändern. In *gewissem* Sinne liegen aber nun die Gesetze in unserer Hand: Was wir tun, gehört zusammen mit allen anderen Geschehnissen zu dem, was Gesetzesaussagen wahr macht oder eben falsch. Ein großer Teil dieser Wahrmacher liegt in der Zukunft, insofern ist noch nicht ausgemacht, welches die Naturgesetze sind. Entscheidend ist, dass für den Humeaner nichts von dem, was bisher passiert ist, fixieren kann, was ich morgen tun werde. Retrospektiv gewendet: Hätte ich gestern Apfelsaft statt Orangensaft zum Frühstück getrunken, wären die als ausnahmslos wahre Regularitätsbehauptungen verstandenen Naturgesetze andere als in der aktualen Welt.[14] Das klingt nur deshalb merkwürdig, weil wir uns an die unhaltbare Auffassung gewöhnt haben, dass Naturgesetze gebieten oder vorschreiben, was zu geschehen hat.

Die Details der Lehre der humeschen Supervenienz sind hier nicht von Belang. Für den gegenwärtigen Zweck genügt es, dass Naturgesetze nicht gebieten, sondern das tatsächliche Geschehen beschreiben oder subsumieren. Nicht vereinbar ist der humesche Gesetzesbegriff allerdings mit der Auffassung Goodmans und anderer, dass Naturgesetze Aussagen über kontrafaktische Fälle einschließen. Aber auch diesen Streitpunkt können wir hier auf sich beruhen lassen. Für den Humeaner haben Naturgesetze überhaupt keine modale Kraft, nach Goodman haben sie modale Kraft, die aber nicht aus der präskriptivistischen Auffassung stammt.

Was ergibt sich nun aus einer humeschen Gesetzesauffassung für das Vereinbarkeitsproblem? Wenn man einen humeschen Gesetzesbegriff einsetzt, sehen die Determinismusthese und das Konsequenzargument anders aus als üblich. Einige Autoren[15] haben aus dieser Lage kompatibilistische Folgerungen gezogen und dies wie folgt begründet: Werden die Naturgesetze als ausnahmslose humesche Regularitätsbehauptungen verstanden, so liegen sie nicht mit unserer Fähigkeit im Konflikt, uns in einer gegebenen Situation so oder anders zu entscheiden. Wie auch immer wir uns entscheiden, wird nachträglich von der Gesetzesaussage subsumiert. Am offensten vertritt diese Auffassung Swartz: „The stumbling block for a fully satisfactory solution to the free-will problem is the mistaken theory of physical laws."[16] Der Anschein, dass der Determinismus dem So-oder-Anderskönnen widerspricht, entstehe *allein* durch die falsche präskriptivistische Gesetzesauffassung.

Man kann die Sache aber auch anders sehen. Der laplacesche Determinismus wird gemeinhin als die Auffassung *definiert*, dass Antezedensbedingungen und Naturgesetze den Weltlauf alternativlos fixieren. Wenn sie das nicht tun, weil Gesetze ihrer Natur nach keine formierende oder direktive Kraft haben, sondern umgekehrt durch das faktische Geschehen wahrgemacht werden, ist es vielleicht erhellender, die Lehre des Determinismus für *begrifflich falsch* zu erklären, anstatt die Determinismusdefinition anzupassen. Es spricht einiges dafür, dass der präskriptivistische oder jedenfalls der nezessitarianische Gesetzesbegriff schon in den Determinismusbegriff eingebaut ist. Wir haben ja gesehen, dass schon der Sinn des Verbs „determinieren" unklar wird, wenn man den humeschen Gesetzesbegriff einsetzt.

Diejenigen Autoren, die eine humesche Gesetzesauffassung mit dem Kompatibilismus verbinden, sind der Auffassung, dass ausnahmslose Regularitäten für sich genommen, also ohne modale Verstärkung, nicht freiheitsgefährdend sind. Wenn es sich so verhält, wirft dies die Frage auf, warum ich oben von der Gesetzes- oder Regularitätsskepsis, also von der Nichtexistenz ausnahmsloser empirischer Sukzessionsgesetze, so großes Aufhebens gemacht habe. Es mag keine wahren Allsätze über empirische Ereignisfolgen geben, aber warum sollte dieses kontingente Faktum für die Willensfreiheit relevant sein?

Eine Auseinandersetzung mit der sich auf Sukzessionsgesetze stützenden Doktrin des laplaceschen Determinismus dient einer wichtigen Flurbereinigung in der Vereinbarkeitsdebatte. Nach üblicher Auffassung braucht der Determinismus eine Modalitätsquelle. Wenn nun, wie die Lehre von der humeschen Supervenienz besagt, die Naturgesetze keinerlei formierende oder direktive Kraft besitzen, sondern nur nachträglich systematisieren, was faktisch geschieht, ist damit noch nicht gezeigt, dass es alternative Möglichkeiten des Weiterverlaufs gibt. Die Frage, was genau den Weltlauf fixieren oder determinieren soll, ist schlicht wieder offen. Als empirisch wahre Allsätze aufgefasste Naturgesetze sind es jedenfalls nicht.

Wenn Naturgesetze durch das tatsächliche Geschehen wahrgemacht werden, liegt es nahe, die echten Determinanten auf der Ebene der tatsächlichen Geschehnisse, Dinge und Tatsachen zu suchen. Vielleicht liegen sie in der *Natur der Dinge*? In der Tat ist der Verweis auf die Natur der beteiligten Substanzen, also auf ihre wesentlichen, artzugehörigkeitsdefinierenden Eigenschaften, eine naheliegende Art, den empirischen Gehalt von Naturgesetzen zu reformulieren: Es liegt in der Natur des Pflanzenfarbstoffs Lackmus, sich durch Kontakt mit Säure rot zu färben, es liegt in der Natur des Fensterglases, durch den Aufprall von Steinen einer bestimmten Masse und Geschwindigkeit zerstört zu werden. In der Wissenschaftstheorie der Physik ist seit geraumer Zeit eine *Wiederkehr der Dispositionen und Kausalkräfte* zu beobachten, die mit der hier vorgetragenen Doppelkritik an der präskriptivistischen Gesetzesauffassung und am Determinismus gut zusammenpasst. Die Rehabilitierung der Dispositionen nimmt ihren Ausgang von der Beobachtung, dass als modal verstärkte Regularitätsbehauptungen verstandene Naturgesetze keinen angemessenen Umgang mit Störfaktoren erlauben:

> For every alleged uniformity is defeasible by something's interfering and preventing the effect; to assert the uniformity as a fact is to commit oneself to a rash judgment that such interference never has taken place and never will. Scientists do not try to describe natural events in terms of what always happens.[17]

Ein großer Vorteil von Dispositionserklärungen gegenüber Gesetzeserklärungen besteht darin, dass Dispositionen störende Einflüsse zulassen. *Wenn* eine Disposition sich manifestiert, hat es einen Erklärungsgehalt, auf sie zu verweisen, wenn die Manifestation hingegen ausbleibt, lässt sich dies auf die widrigen Umstände zurückführen. Die Erklärungsressource bleibt also im Störungsfall unangetastet, was sie nicht bliebe, wenn man zur Erklärung nichts als Regularitätsaussagen zur Verfügung hätte. Die aristotelische Lehre, die sich aus der Wiederkehr der Dispositionseigenschaften natürlicher Substanzen ziehen lässt, lautet: „Generality in nature lies in things not conditions".[18] Das Allgemeine, Gleichförmige, Stabile in der Natur, von dem Wissenschaft möglich ist, liegt in den natürlichen Substanzen und ihren essentiellen Eigenschaften, während deren Manifestation in streng regelmäßigen Ereignissequenzen durch die wechselnden äußeren Umstände verhindert werden kann. Das gute Erbe des Aristotelismus besteht in der Einsicht, dass die Naturdinge ihre essentiellen, ihre Artzugehörigkeit definierenden Eigenschaften unbeschadet der Tatsache behalten, dass zwischen den Ereignissen, in die sie involviert werden, keine ausnahmslosen Regularitäten bestehen.[19]

Die erklärende Zurückführung des tatsächlichen Geschehens auf die wesentlichen Eigenschaften der beteiligten Substanzen entspricht der scholastischen Formel *operari sequitur esse* („Das Handeln folgt dem Sein"; oft freier übersetzt: „Jedes Ding wirkt gemäß seiner Beschaffenheit"). Schopenhauer verwendet diese Formel, um seinen psychologischen Determinismus auszudrücken: „aus dem, was er [der Mensch] *ist*, folgt notwendig alles, was er jedesmal tut".[20]

Nun war ja ein Ersatz für die Naturgesetze in ihrer Eigenschaft als Modalitätsquelle für den Determinismus gesucht. Die Frage muss also lauten, ob die Dispositionseigenschaften oder Naturen aristotelischer Substanzen auch irgendeine modale Kraft hinsichtlich der Fixierung tatsächlicher Ereignisverläufe haben. Dies scheint der Fall zu sein. Ihre modale Kraft lässt sich so wiedergeben: *Es ist unmöglich, dass eine Substanz sich anders verhält, als es ihrer Natur entspricht.* Zum Beispiel: „Wenn der Stein aus einer gewissen Höhe losgelassen wird und kein Hindernis im Weg ist, kann er sich unmöglich nicht nach unten bewegen".[21] Dieses Beispiel aus der stoischen Naturphilosophie, so habe ich oben (S. 29) argumentiert, kann allerdings nicht im Sinne eines durchgängigen Determinismus interpretiert werden, denn dafür müsste auch determiniert sein, *ob* der Stein losgelassen wird und *ob* sein Herunterfallen verhindert wird. Aber in der Natur welcher Dinge sollten diese Determinationen liegen?

Da die Manifestation einer Dispositionseigenschaft durch äußere Umstände verhindert werden kann, scheinen sich Aussagen über die Natur der Dinge nicht in wahre Allsätze über empirische Regularitäten überführen zu lassen. Man gelangt nur zu kontrafaktischen Sätzen darüber, wie die Substanzen sich unter bestimmten Bedingungen und in Abwesenheit störender Einflüsse ihrer Natur nach verhalten *würden*. Statt „ihrer Natur nach" mag man auch „naturnotwendig" sagen, doch handelt es sich dabei stets um *konditionale* Notwendigkeit. Zu ermitteln wäre nun, ob die Konjunktion aller essentialistischen Notwendigkeits- oder Unmöglichkeitsbehauptungen mit dem Determinismus äquivalent ist, also impliziert, dass immer und überall nur das geschehen kann, was tatsächlich geschieht. Hinsichtlich des So-oder-Anderskönnens wäre zu fragen: Ist es gegen meine Natur, gleich die Handlung *h* auszuführen? Ist es gegen die Natur irgendeiner anderen Substanz, meine Ausführung von *h* zuzulassen? Wenn die Antwort zweimal „nein" lautet, gibt es kein naturgesetzliches Hindernis, dass ich *h* tue. Wenn sich ferner für das Nichttun dieselben Antworten ergeben, ist beides naturmöglich: dass ich es tue und dass ich es nicht tue. Dem So-oder-Anderskönnen stünde dann noch die *Doktrin* des Determinismus entgegen, nicht aber irgendwelche Tatsachen über die Natur der Dinge.

Legt man einen aristotelischen Substanzbegriff zugrunde, so besteht ohnehin nicht die gesamte physische Welt aus Substanzen (*ousiae*), sondern nur ausgezeichnete Teile derselben. Schon aus diesem Grund werden die artspezifischen *modi operandi* der Substanzen unterbestimmt lassen, was insgesamt in der Welt geschieht. Lässt man die Restriktion auf aristotelische Substanzen fallen, so ist die Frage wieder offen. Fraglos ist es logisch möglich, dass die Konjunktion aller aristotelischen Notwendigkeiten den Determinismus impliziert, doch das ist ein ziemlich schwacher Grund dafür, die Annahme für plausibel zu halten. Jedenfalls lässt sie sich nicht *a priori* beantworten. Man wird beim Versuch der Verifikation auf eben diejenigen Schwierigkeiten stoßen, die die Doktrin des laplaceschen Determinismus empirisch unüberprüfbar machen.

Freilich sollten sich aristotelisch formulierte Erklärungen in moderne physikalische Erklärungen übersetzen lassen. Im durch den „Neuen Essentialismus" inspirierten Zweig der Wissenschaftstheorie der Physik wird intensiv daran gearbeitet. Nach wie vor lässt sich zum Beispiel in generellen Sätzen formulieren, was naturgesetzlich möglich und was unmöglich ist. Auf den Ausdruck „Naturgesetz" hat niemand ein Copyright, der Humeaner schon gar nicht. Dass diejenigen Naturgesetze, die angeblich den Determinismus stützen, nicht vorgewiesen werden können, bedeutet nicht, dass die Wissenschaft völlig ohne Naturgesetze auskommen müsste. Wohlverstandene Naturgesetze, oder eine bestimmte Art derselben, könnten *Beschränkungen* für das benennen, was überhaupt geschehen *kann*. Sie könnten die Natur der Dinge und ihre Interaktionsmöglichkeiten beschreiben und damit *Restriktionen*, die einige Möglichkeiten verschließen, andere hingegen offen lassen. So ist es, soweit wir wissen, naturgesetzlich unmöglich, dass jemand schneller reist als das Licht, doch wohin meine nächste Urlaubsreise geht, dürften Naturgesetze und Anfangsbedingungen offen lassen.

Der Unterschied zum Laplace-Determinismus lässt sich nun so ausdrücken: Was hienieden geschehen kann, ist naturgesetzlich restringiert. Naturgesetze (aristotelisch: die Natur der Dinge) reduzieren den Raum der möglichen Verläufe, aber sie reduzieren ihn nicht auf einen einzigen. Das ist der entscheidende Unterschied zum Laplace-Determinismus, demzufolge die Naturgesetze *alle Möglichkeiten bis auf die eine verwirklichte* verschließen. Unter nichtdeterministischen Annahmen benennen Naturgesetze ebenfalls Einschränkungen, lassen aber dabei einen Spielraum von Möglichkeiten übrig. Möglich bleibt eben alles, was nicht naturgesetzlich unmöglich ist. Wenn den Naturgesetzen Genüge getan ist, gibt es nicht noch einmal eine Vorrichtung, die den Weltlauf alternativlos festlegen könnte. Was genau man unter „Naturgesetz" verstehen will, d.h. für welchen oder welche der in Frage kommenden Kandidaten man den Ausdruck vergibt, ist am Ende von untergeordneter Bedeutung. Entscheidend ist, dass man nichts Unmögliches von ihnen fordert. Es dürfte am vernünftigsten sein, verschiedene *Arten* von Naturgesetzen zu unterscheiden, damit man nicht mehr als nötig von in den Wissenschaften etablierten Verwendungen abweichen muss.

Gerhard Ernst und andere haben gefragt, wie man mögliche Verläufe als durch Naturgesetze ausgeschlossen ansehen kann, wenn es doch der These der humeschen Supervenienz zufolge gar keine modalen Tatsachen gibt, die irgendetwas ausschließen können.[22] Ich antworte, dass ich nicht die *Metaphysik* der humeschen Supervenienz vertrete, derzufolge es überhaupt keine modalen Tatsachen gibt, sondern lediglich die *Gesetzesauffassung* der humeschen Supervenienz gegen die präskriptivistische Auffassung ins Feld geführt habe, die Kants *Hysteron-Proteron*-Fehler zugrunde liegt.

Da ich allerdings unter Naturgesetzen, dem nominalistischen Gesetzesbegriff folgend, wahre Gesetzesaussagen verstehe und nicht dasjenige, was sie wahr macht, ist es streng genommen falsch zu sagen, dass Naturgesetze mögliche Verläufe ausschließen oder das Geschehen restringieren. Vielmehr *beschreiben* sie Restriktionen, und Beschreibungen haben nicht selbst modale Kraft. Die Modalitätsquelle, wenn es denn eine gibt, muss im Bereich des Beschriebenen gesucht werden. Gesetze qua Aussagen regeln und restringieren nicht, was geschieht. Der nominalistische Gesetzesbegriff beruht auf einer harmlosen terminologischen Entscheidung und schließt nicht aus, dass wahre Gesetzesaussagen Wahrmacher ‚draußen in der Welt' haben, die dann freilich nicht wiederum „Gesetze" heißen dürfen. Deshalb präjudiziert der nominalistische Gesetzesbegriff auch nichts zugunsten der humeschen Supervenienz. Die entscheidenden Fragen lauten, ob es überhaupt natürliche Notwendigkeit gibt und wenn ja, woher sie stammt. Wenn ein Humeaner jemand ist, der die erste Frage rundheraus verneint, dann bin ich keiner.

Die Berichtigung des *Hysteron-Proteron*-Fehlers nimmt sich im Lichte der „constraints"-Auffassung der Naturgesetze etwas komplizierter aus als im Lichte einer modalitätsskeptischen humeschen Metaphysik. Die richtige Reihenfolge scheint diese zu sein: Naturgesetze sind wahre Aussagen. Ob eine Gesetzesaussage wahr ist, hängt davon ab, was faktisch der Fall ist und was faktisch geschieht. Diese Abhängigkeit ist aber nur die halbe Wahrheit, denn was überhaupt geschehen *kann*, hängt seinerseits von der Natur der Dinge ab, also von ihren wesentlichen, artzugehörigkeitsdefinierenden Eigenschaften. Diese Eigenschaften und die Beziehungen zwischen ihnen lassen sich in allgemeinen Aussagen beschreiben, die man mit gutem Recht „Naturgesetze" nennen kann.[23]

Der Einbezug der wesentlichen Eigenschaften, zu denen auch dispositionale gehören, ist auch geeignet, den Gesetzesbegriff wieder mit dem Merkmal des Einschlusses kontrafaktischer Fälle zu versöhnen: Zu dem, was Naturgesetze wahr macht, würde dann nicht nur gehören, was faktisch geschieht, sondern mittelbar auch, was überhaupt geschehen kann oder unter anderen Bedingungen geschehen würde.

Den Determinismus abzulehnen verpflichtet deshalb mitnichten auf die Behauptung, dass *jederzeit Beliebiges* geschehen kann. Dies war ja der gemeinsame Nenner der Kritik an der „unbedingten Freiheit" und des Zufallseinwands: Unter indeterministischen Annahmen könnten Subjekte losgelöst von ihren psychischen Dispositionen grundlos Beliebiges wählen, und das sei absurd oder jedenfalls keine wünschenswerte Form von Freiheit. Wir sehen nun, inwiefern dieses Bild eine Karikatur ist: Indeterminismus ist nicht die Auffassung, dass unter gegebenen Bedingungen Beliebiges geschehen kann. Viele Optionen sind durch die jeweiligen Vorbedingungen und andere Faktoren ausgeschlossen, aber solange mehr als eine offenbleibt, gibt es einen Freiheitsspielraum.

Zusammenfassend: Es gibt stets naturgesetzliche Einschränkungen, aber „these constraints from physics are only partial constraints. There is much freedom left after they are satisfied."[24] Es ist nicht nur viel, sondern alle wünschenswerte Freiheit übrig, denn vernünftige Personen berücksichtigen naturgesetzliche Einschränkungen schon bei der Absichtsbildung. Unerfüllbare *Wünsche* zu haben ist eine lässliche Sünde, doch die Formierung von *Absichten* sollte unter dem Realitätsprinzip stehen und der Versuch, eine naturgesetzlich unmögliche *Handlung auszuführen*, ist schlicht irrational.

5.3 Freiheit als Fähigkeit

Für Willensfreiheit bedarf es nicht nur eines Spielraums von offenen Möglichkeiten, sondern auch bestimmter Fähigkeiten der Willensbildung. Positiv wurde Willensfreiheit oben über als das komplexe Vermögen erläutert, praktische Überlegungen anzustellen, bestehende eigene Wünsche zu prüfen und gegebenenfalls zu suspendieren und das Ergebnis dieses Abwägungsprozesses handlungswirksam werden zu lassen. Dass Menschen allgemein die Fähigkeit besitzen, ihre vorhandenen Wünsche und Antriebe vernünftig zu prüfen und sich gegebenenfalls von ihnen zu distanzieren, ist eine anthropologische Behauptung. Wie andere Fähigkeiten sind auch die freiheitskonstitutiven Fähigkeiten einer Entwicklung unterworfen, bilden sich in der Ontogenese aus und können temporär oder dauerhaft wieder verloren gehen. Diese Prozesse sind im Prinzip der Überprüfung durch psychologische Forschung zugänglich. Von Schimpansen ist bekannt, dass sie, vor die Wahl zwischen zwei Futternäpfen gestellt, stets den volleren wählen, selbst wenn sie gelernt haben, dass der gewählte Napf einem Artgenossen gegeben wird. Verhaltensregularitäten allein machen nicht unfrei, aber sie können Indiz für eine Unfähigkeit sein, die unfrei macht. Auch Kinder bis zu drei Jahren wählen in solchen Experimenten stets die größere Portion. Offenbar können sie nicht anders. Interessanterweise tritt diese Unfähigkeit nur auf, wenn es um Essen geht.[25]

Es wäre nun nicht erhellend, das fehlende Vermögen der Hemmung oder Selbstdistanzierung einfach unter das Nichtbestehen alternativer Möglichkeiten im Sinne des Determinismus zu subsumieren, und es wäre ein echter Fehler, im Umkehrschluss dieses Vermögen durch den Indeterminismus gewährleistet zu sehen. Die Fähigkeit der vernünftigen Prüfung und Wahl ist etwas, das zur physikalischen Indeterminiertheit noch hinzukommen muss. Andernfalls würde jeder nicht naturgesetzlich determinierte Vorgang im gleichen Sinne als frei zählen. Hier steht aber die *Willens*freiheit zur Debatte, und um diese zu besitzen, muss ein Wesen zunächst einmal einen Willen haben.

Die Frage, was das Attribut „frei" eigentlich qualifiziert, markiert eine wichtige Vorentscheidung in der Freiheitsdebatte. Da es in diesem Buch um die Freiheit des Willens geht, scheint diese Entscheidung schon gefallen. Als dasjenige, was frei genannt wird, wurde in der Einleitung die Bildung des Willens angeführt. Seebaß bestimmt Willensfreiheit entsprechend als „hinderungsfreie Willensbildung".[26] Doch diese Bestimmung ist noch auslegungsfähig. Die Willensbildung frei zu nennen könnte eine psychologisch gehaltvolle Aussage über einzelne Willensbildungsprozesse sein. Wird „frei" primär als Attribut von faktischen Willensbildungs- oder Entscheidungsprozessen verstanden, so wäre im Einzelfall zu ermitteln, ob irgendwelche Faktoren die freie Willensbildung beeinträchtigt haben und in welchem Ausmaß. Da für viele Autoren auch Gewohnheiten und Routinen zu den Faktoren zählen, die die Freiheit der Willensbildung einschränken, müsste die psychologische Frage beantwortet werden, welchen Anteil Gewohnheiten an einem bestimmten Willensbildungsprozess hatten. Der Psychologe Wilhelm Wundt soll einmal gesagt haben, Menschen seien bei drei Vierteln ihrer Handlungen Automaten.

Nach der hier vertretenen Auffassung sind diese quantitativen Fragen für die Freiheitsdebatte ohne Belang. Freiheit verstehe ich als ein komplexes humanspezifisches *Vermögen*, nicht als Attribut einzelner Willensbildungsprozesse. Ein Vermögen büßt sein Träger nicht schon dadurch ein, dass er es im Einzelfall nicht ausübt.

Auch Kant formuliert seinen positiven Freiheitsbegriff als eine anthropologische Behauptung über menschliche Fähigkeiten:

> Der Mensch hat also eine freie Willkühr. [...] Nur in einigen Fällen hat er keine freie Willkühr; z. E. in der zartesten Kindheit, oder wenn er wahnsinnig ist, und in der hohen Traurigkeit, welches aber auch eine Art von Wahnsinn ist. Der Mensch fühlt also ein Vermögen in sich, sich durch nichts in der Welt zu irgend Etwas zwingen zu lassen. Es fällt solches zwar öfters schwer aus anderen Gründen; aber es ist doch möglich, er hat doch die Kraft dazu.[27]

Des Vermögens der freien Wahl geht man nach Kant nicht dadurch verlustig, dass die Ausübung im Einzelfall schwerfällt. Kant kennt nur die genannten beiden Ausnahmen: Bei kleinen Kindern ist das Vermögen noch nicht ausgeprägt, in einer schweren psychischen Störung kann es verlorengegangen sein.

Es macht einen großen Unterschied, ob wir *jemanden* frei nennen oder einzelne seiner Handlungen oder Entscheidungen. Wenn Kant vom Menschen als einem „freihandelnden Wesen" spricht, das etwas „aus sich selber macht, oder machen kann und soll"[28], hat er humanspezifische Fähigkeiten im Auge. Auch an der folgenden Stelle bestimmt er Freiheit als Vermögen: „Der Wille des Menschen ist frey, bedeutet so viel als: die Vernunft hat ein Vermögen über den Willen und die anderen Vermögen und Neigungen."[29] Der anthropologische Sinn der These, dass der menschliche Wille frei sei, ist also bei Kant, dass der Mensch die Fähigkeit hat, seinen Willen durch vernünftige Einsicht zu bestimmen. Dieser anthropologische Sinn steht in Kontrast zu den von Kognitions- und Neurowissenschaftlern bevorzugten Fragen, welche seiner Entscheidungen ein Mensch als frei empfindet und warum. Für einen fähigkeitsbasierten Freiheitsbegriff sind diese Fragen irrelevant.

Einem fähigkeitsbasierten Freiheitsbegriff steht allerdings noch ein sprachliches Hindernis entgegen. Grammatisch ist es nicht korrekt, Freiheit als Fähigkeit zu bezeichnen. „Frei" kann im Wortsinne nicht als Attribut einer Fähigkeit oder eines Vermögens gebraucht werden. Den *Trägern* des fraglichen Vermögens, also

Menschen, lässt sich das Prädikat „frei" hingegen zuschreiben, ebenso einer Ausübung des Vermögens.[30] Die Zusammenhänge lassen sich dann wie folgt darstellen: Im positiven Teil einer philosophischen Freiheitstheorie wird das fragliche Vermögen charakterisiert. Den Menschen nennen wir „frei", wenn und insofern er das beschriebene Vermögen besitzt. Einzelne Willensbildungen, Entscheidungen oder Handlungen „frei" zu nennen ist demgegenüber eine sekundäre Verwendung des Ausdrucks. Man kann damit betonen, dass die fragliche (mentale) Handlung in Ausübung dieses Vermögens vollzogen wurde, dass die Person also nicht durch andere Faktoren an der Ausübung ihres Vermögens gehindert wurde. Das Merkmal der ungehinderten Ausübung wird indes in der Regel nicht der Willens-, sondern der Handlungsfreiheit zugeschlagen.

Das fragliche Vermögen sollte gleichwohl auf irgendeine Weise mit dem negativen Aspekt des Freiheitsbegriffs zusammenhängen, also mit dem Gattungsbegriff der Hinderungsfreiheit, auf den Hobbes, Schopenhauer und Seebaß hingewiesen haben. Im Rahmen eines fähigkeitsbasierten Freiheitsbegriffs kann Freiheit indes nicht „hinderungsfreie Willensbildung" (Seebaß) sein, denn in dieser Bestimmung ist „frei" ein Attribut von einzelnen Willensbildungsprozessen. Vielleicht ist Freiheit dann ein *Vermögen* zur hinderungsfreien Willensbildung? Das kann nicht sein, weil die Abwesenheit von Hinderungen nicht das Vermögen betrifft, sondern die Gelegenheit zu dessen Ausübung. Es gibt kein Vermögen, keinen Hinderungen ausgesetzt zu sein, da dies nicht in unserer Macht steht. Gesucht ist vielmehr ein Vermögen, das wir auch dann noch haben, wenn gewisse Hindernisse vorhanden sind. Wir besitzen kein Vermögen, nicht gehindert zu werden, wohl aber solche, die wir *angesichts* von Hindernissen ausüben können. Wir haben das Vermögen, mancherlei Hindernisse *zu überwinden*.

Es bleibt also noch eine Möglichkeit, einen fähigkeitsbasierten Begriff der Willensfreiheit mit dem Begriff der Hinderungsfreiheit zu verknüpfen, und für diese Möglichkeit entscheide ich mich: Willensfreiheit ist *die Fähigkeit zur überlegten hindernisüberwindenden Willensbildung*.

Hobbes separiert terminologisch den positiven Fähigkeitsaspekt und den negativen Aspekt des Ungehindertseins: Nur im Falle äußerer Hindernisse fehle es dem Akteur an Freiheit, im Falle innerer Hindernisse dagegen an Vermögen.[31] Dann aber fügt er beide Aspekte doch wieder zusammen: Frei werde derjenige genannt, der nicht daran gehindert werde, willentlich zu tun, was er vermag.[32] *Diese* Kombination macht Freiheit ontologisch zu einem Hybridphänomen, da nicht gehindert zu werden kein Teil eines Vermögens ist. Mein Argument für die Kombination des positiven und des negativen Aspekts im Vermögen der hindernis*überwindenden* Willensbildung ist, dass es schon zum Begriff einer Fähigkeit gehört, dass sie in typischen Realisierungsbedingungen auch ausgeübt werden kann. Jede Fähigkeitszuschreibung ist implizit auf bestimmte Umstände bezogen:

Wer zu etwas fähig ist, ist in der Lage, es unter bestimmten Umständen zu tun. Aus diesem Grund werden *typische* Realisierungsbedingungen in der Zuschreibung von Fähigkeiten meist nicht eigens genannt.[33] Einem Sprinter kann man die Fähigkeit zuschreiben, 100 Meter in zehn Sekunden zu laufen, ohne zu erwähnen, dass er die Leistung nicht in Skistiefeln oder auf weichem Sand erbringen kann.

Auch Zuschreibungen von Dispositionseigenschaften sind auf bestimmte Umstände bezogen, doch im Unterschied zu passiven Dispositionen schließen aktive Fähigkeiten das Vermögen ein, bestimmte Hindernisse zu überwinden. Eine Fähigkeit, die sich in bestimmten Bedingungen gleichsam automatisch aktualisiert, wäre von einer Disposition wie Wasserlöslichkeit oder Zerbrechlichkeit nicht zu unterscheiden. Wird Zucker in Wasser geworfen, muss er nichts mehr *tun*, er löst sich von selbst auf beziehungsweise wird vom Wasser aufgelöst. Menschen, die eine Fähigkeit ausüben, müssen hingegen stets etwas hinzutun, damit das Fragliche geschieht. Der Unterschied zwischen aktiven Vermögen und passiven Dispositionen ist notorisch schwierig zu präzisieren, aber handlungstheoretisch von großer Bedeutung. Unbelebte Substanzen können grammatische Subjekte in Sätzen sein, die die logische Form von Handlungssätzen haben, gleichwohl sind die in solchen Sätzen beschriebenen Vorgänge keine Handlungen im Sinne eines absichtlichen Tuns.[34] Man könnte diese Vorgänge ohne Informationsverlust verbfrei beschreiben.[35]

Tun kann man nur, was nicht schon von selbst geschieht, und in diesem anspruchslosen Sinn schließt jedes Tun das Überwinden bestimmter Trägheitsmomente oder Hindernisse ein. Bei den für die Willensfreiheitsdebatte zentralen Fähigkeiten der Selbststeuerung und Selbstbeherrschung wird die Relativierung auf bestimmte Bedingungen sehr deutlich: Die Fähigkeit der Selbstbeherrschung zeigt sich gerade darin, dass sie unter widrigen Bedingungen ausgeübt wird – eben unter solchen, in denen Selbstbeherrschung erforderlich ist. Wer sich nur beherrschen kann, wenn die Versuchungen gering sind, den nennen wir gerade nicht selbstbeherrscht. Freilich muss, wer zu hindernisüberwindender Willensbildung fähig ist, nicht *jedes* Hindernis überwinden können. Manche Umstände sind derart, dass sie die Ausübung der Fähigkeit unmöglich machen oder sogar die Fähigkeit selbst beeinträchtigen. Wie alle Fähigkeitszuschreibungen muss auch der fähigkeitsbasierte Freiheitsbegriff auf *typische* Hindernisse bezogen werden. Im Einzelfall, beispielsweise bei einem pädophilen Sexualstraftäter, ist die schwierige Frage zu entscheiden, welche Hindernisse der Täter nicht überwinden konnte und welche er nicht überwinden wollte. Nur die Ersteren schränkten seine *Fähigkeit* zur Willensbildung ein.

Ein Nachteil der Beschränkung auf die Willens*bildung* ist, dass die Fähigkeit, seinen Willen handlungswirksam zu machen oder dies zumindest zu ver-

suchen, nicht mit erfasst wird. Diese Fähigkeit habe ich aber oben mit Aristoteles und Tugendhat als Komponente des So-oder-Anderskönnens aufgefasst.
Dass man tun kann, was man will, wird zwar gewöhnlich zur Handlungsfreiheit
statt zur Willensfreiheit gezählt, doch bei näherer Betrachtung ist die Unterscheidung alles andere als klar. Auch die mentalen Prozesse der Willensbildung, der
Überlegung, der Entscheidung und der Anstrengung sind ja Handlungen, insofern sie ein absichtliches Tun sind. Die einzige Möglichkeit, Willens- und Handlungsfreiheit einigermaßen trennscharf voneinander abzugrenzen, dürfte auf
dem Unterschied zwischen mangelnder Fähigkeit und mangelnder Gelegenheit
beruhen (s.u., Kap. 7.1). In seinem Handeln frei nennt man jemanden, der nicht
durch äußere Umstände an der Verwirklichung seines Willens gehindert wird.
Damit jemand eine gewollte Handlung ausführen kann, muss zur Fähigkeit noch
die äußere Gelegenheit hinzukommen, und es wäre unangemessen, durch mangelnde Gelegenheit die Willensfreiheit tangiert zu sehen. Wenn die Tür meines
Zimmers ohne mein Wissen verschlossen ist, um das Beispiel Lockes aufzugrei-
fen, kann ich nicht mehr tun, was ich will, nämlich hinausgehen. Ich kann es
aber immer noch wollen und es fehlt mir auch nicht die Fähigkeit, meinen Willen
in die Tat umzusetzen. Ich kann zumindest *versuchen*, das Zimmer zu verlassen,
und auch Versuche sind zweifellos etwas, was man aktiv unternimmt.

Dass auch Versuche Handlungen sind, bleibt bei der üblichen Gegenüberstellung von Handlungs- und Willensfreiheit unberücksichtigt. Beschränkt man
nun die Willensfreiheit auf die Fähigkeit, seinen Willen *zu bilden*, so würde der
Versuch, seinen Willen handlungswirksam zu machen, nicht mehr dazu zählen.
Nun kann aber dieser Versuch nicht nur durch mangelnde Gelegenheit, sondern
auch durch mangelnde Fähigkeit verhindert werden, beispielsweise durch Willensschwäche. Auch die „Fähigkeit, nach der Einsicht in das Unrecht der Tat zu
handeln", die das Strafgesetzbuch für Schuldfähigkeit fordert, ist hier einschlägig. Beides spricht dafür, die Fähigkeit, die Umsetzung seines Willens zu versuchen, in einen fähigkeitsbasierten Begriff der Willensfreiheit einzuschließen.
Eine Person, die niemals das zu tun versucht, wovon sie behauptet, dass sie es
will, nennen wir willens- oder entscheidungsschwach. Diese Schwäche tangiert
nicht ihre Handlungsfreiheit.[36]

Ein weiteres Argument für die inklusiv aufgefasste Fähigkeit ergibt sich aus
der libertarischen Auffassung, dass zu keinem Zeitpunkt vor dem tatsächlichen
Handlungsbeginn feststeht, welche Handlung ausgeführt wird. Diese Auffassung
wirft die Frage auf, wann Handlungen beginnen. Ich werde unten (Kap. 6.3) dafür
argumentieren, den Handlungsbeginn auf den „point of no return" zu datieren,
also auf denjenigen Zeitpunkt, zu dem der mentale bzw. neuronale Befehl zur
Ausführung der Körperbewegung nicht mehr rückholbar ist. Zu diesem Zeitpunkt

muss in paradigmatischen Fällen eine willentliche Anstrengung schon stattgefunden haben.

Der Abgrenzungsvorschlag, Handlungsfreiheit über Gelegenheiten zu erläutern und Willensfreiheit über Fähigkeiten der Willensbildung und -umsetzung, ist
noch nicht völlig befriedigend, denn durch die mangelnde *körperliche* Fähigkeit,
seinen Willen in die Tat umzusetzen, würde man die Willensfreiheit wiederum
nicht tangiert sehen. Andernfalls müsste man vollständig gelähmten Patienten
mit Locked-in-Syndrom die Willensfreiheit absprechen. Will man, meinem Vorschlag folgend, auch bei ihnen davon sprechen, dass sie ihren Willen in die Tat
umzusetzen *versuchen* können, so muss man einen ätherischen Begriff des „Versuchens" zulassen, der keine körperlichen Fähigkeiten erfordert, sondern nur
mentale. Ein solcher Begriff des Versuchens ist sehr sinnvoll: So kann ein Locked-
in-Patient beispielsweise versuchen, seine Augen zu bewegen (anfangs ist das bei
einigen Patienten noch möglich) und dann feststellen, dass auch diese Muskeln
ihm nicht mehr gehorchen. Auch in anderen Fällen sprechen wir davon, dass
jemand seinen Willen „betätigt" und etwas zu tun versucht, ohne wahrnehmbare
Körperbewegungen auszuführen. Man kann beispielsweise versuchen, im Kopf
eine Rechenaufgabe zu lösen; mithin brauchen wir selbst für gesunde Personen einen ätherischen Begriff des Versuchens. Wir brauchen diesen ätherischen
Begriff auch, um das So-oder-Anderskönnen in Frankfurt-Szenarien zu retten.
Gewisse physiologische oder neuronale Prozesse müssen unter nichtdualistischen Annahmen wohl vorkommen, wenn jemand seinen Willen „betätigt", und
genau die nehmen wir auch beim Locked-in-Patienten an, dem wir den Erhalt
seiner Willensfreiheit zuerkennen. Die Unterscheidung zwischen körperlichen
und mentalen Fähigkeiten mag am Ende unscharf sein, doch präziser als sie ist
der Begriff der Willensfreiheit dann eben nicht. Die Beschränkung der relevanten Fähigkeiten auf mentale gehört zum dualistischen Erbe des Willensfreiheitsbegriffs. Dürfte man noch einmal von vorn anfangen, so würde man sowohl den
„Willen" als auch seine „Freiheit" auf sich beruhen lassen und stattdessen die
einschlägigen Fähigkeiten möglichst genau zu beschreiben suchen.

Doch dann hätte dieses Buch anders heißen müssen. In der Einleitung habe
ich erklärt, dass ich an der Bezeichnung „Willensfreiheit" aus Traditionsgründen
festhalte. Nun müssen wir das Beste daraus machen. Es spricht alles dafür, die
Fähigkeit, seinen Willen in die Tat umzusetzen zu versuchen, zum fähigkeits-
basierten Willensfreiheitsbegriff hinzuzuzählen. Willensfreiheit wäre dann *die
Fähigkeit zur überlegten hindernisüberwindenden Willensbildung und -umsetzung*.
Mit „Umsetzung" ist dabei das gemeint, was auch unter ungünstigsten äußeren
Umständen noch „bei uns steht".

Wenn ein fähigkeitsbasierter Begriff der Willensfreiheit auch den Versuch der
Betätigung des Willens umfassen muss, war die Erläuterung des So-oder-Anders-

könnens über das Weiterüberlegenkönnen, mit der ich dem Zufallseinwand begegnet bin, unzulänglich. Das mit „Willensfreiheit" bezeichnete komplexe Vermögen erschöpft sich nicht in der Fähigkeit, durch fortgesetzte Überlegung zur richtigen Einsicht zu gelangen. Tugendhat hat darauf hingewiesen, dass der Freiheitsspielraum der mehr oder weniger großen *Anstrengung*, an seinem vernünftig gebildeten Willen festzuhalten, in der Diskussion über Willensfreiheit häufig nicht beachtet wird. Wenn die Überlegensfähigkeit nicht hinreichend aktualisiert wurde, lautet der Vorwurf: „Du hättest besser abwägen können"; wenn die konative Fähigkeit nicht hinreichend aktualisiert wurde, lautet der Vorwurf: „du hättest an deinem Ziel stärker festhalten können; es lag an dir".[37] Tugendhat denkt an Fälle, in denen jemand seinen vernünftig gebildeten Willen *grundlos* umgestoßen und dann wider bessere Einsicht gehandelt hat.

Nun kann man noch nach dem Verhältnis der deliberativen und der konativen Fähigkeit fragen. Hier gibt es eine Komplikation, die mit dem Umstand zusammenhängt, dass die Person sich über das vernünftig Gebotene täuschen kann. In der Auseinandersetzung mit dem Zufallseinwand habe ich Folgendes behauptet: Was die Person für die besten Gründe hält, sind nicht notwendig auch die besten Gründe, und weil die Person weiß, dass diese Lücke bestehen kann, ist es im Allgemeinen vernünftig, einen als gut erkannten Grund noch einmal zu überprüfen. Die Komplikation ist nun, dass es aus der Perspektive der bisherigen Überlegung keinen guten, gehaltvollen Grund zum Weiterüberlegen gibt. Es gibt nur die generelle, höherstufige Einsicht in die Fehlbarkeit menschlichen Überlegens, die aber nicht bei der Entscheidung hilft, *an welchem Punkt* man die Überlegung beenden und zur Tat schreiten sollte. Wenn ein Überlegender aufgrund einer höherstufigen Überlegung einen bisherigen Wunsch suspendiert oder revidiert, gilt nach Davidson Folgendes: „From the point of view of the changed desire, there is no reason for the change – the reason comes from an independent source."[38] Aus der Sicht der bisherigen Wünsche und Gründe scheinen diese grundlos umgestoßen zu werden. Vielleicht hat man einen wichtigen Gesichtspunkt übersehen, aber das Übersehen hat es an sich, psychologisch unauffällig zu sein.

Davidson hat vom „Paradox der Irrationalität" gesprochen. Gemeint ist, dass nur ein *animal rationale* irrational sein kann: „Irrationality is a failure within the house of reason".[39] Die paradoxe Struktur der Irrationalität wird in der Philosophie des Geistes meist anhand des Phänomens der Willensschwäche diskutiert. Seltener wird bemerkt, dass auch Phänomene der Selbstkritik, der Selbstkorrektur und des Lernens diese paradoxe Struktur aufweisen. In unserem Falle lautet die Frage, inwiefern es vernünftig sein kann, das Ergebnis einer vernünftigen Überlegung wieder zur Disposition zu stellen. Nun, weiterzuüberlegen ist dann vernünftig, wenn andernfalls ein defizitäres Überlegungsergebnis unkorrigiert geblieben wäre. Dass der bisherige Überlegungsprozess dieses Defizit nicht erkennen lässt, liegt in der Natur der Sache: Es gibt für schlechte Überlegungs-ergebnisse kein psychologisches Kriterium, sondern nur ein normatives.

5.4 Können und Sollen

Nach Kant sind wir Wesen, die nicht anders als unter der Idee der Freiheit handeln können. Die psychologische oder anthropologische Unmöglichkeit, seine eigenen zukünftigen Handlungen als determiniert zu begreifen, ist aber nach Kant kein *factum brutum*. Sie steht vielmehr in Zusammenhang mit dem Umstand, dass wir Adressaten von Sollensansprüchen sind. Das Vereinbarkeitsproblem hat bei Kant eine moralphilosophische Dimension: Was miteinander konfligiert, ist das natur-gesetzliche Nichtanderskönnen und das moralische Anders*sollen*. Wenn jemand eine böse Tat verübt, zum Beispiel einen Diebstahl, so war es

> nach dem Naturgesetze der Kausalität [...] unmöglich, daß sie hat unterbleiben können; wie kann denn die Beurteilung nach dem moralischen Gesetze hierin eine Änderung machen, und voraussetzen, daß sie doch habe unterlassen werden können, weil das Gesetz sagt, sie hätte unterlassen werden sollen [...]?[40]

Ich nehme diese Stelle zum Anlass, endlich den bisher übergangenen *normativen* Sinn der Bemerkung „Du hättest anders handeln können" ins Spiel zu bringen. Wir sagen nicht in Anbetracht beliebiger Handlungen zueinander, dass auch eine andere Handlung möglich gewesen wäre. Außerhalb des philosophischen Semi-nars ist dieser Kommentar in der Regel witzlos. Nur wenn es einen besonderen Anlass dazu gibt, insbesondere wenn eine Handlung irrational oder unmoralisch war, sagen wir: „Du hättest anders handeln *sollen*", wobei wir das Anderskönnen stillschweigend unterstellen. Der pragmatische Sinn der Erwähnung des Anders-könnens ist meist der eines Vorwurfs. Man macht dem Akteur einen Vorwurf, wenn eine andere als die ausgeführte Handlung rational oder moralisch geboten gewesen wäre. Mit diesem Vorwurf beruft man sich auf normative Standards und weist den Akteur gegebenenfalls auf bestimmte Gründe oder Gesichtspunkte hin, die er hätte berücksichtigen sollen.[41]

Nehmen wir nun an, der Akteur antwortet auf einen solchen Vorwurf, indem er seine tatsächlichen Gründe nennt und subjektiv aufrichtig hinzufügt, dass die angemahnten anderen Gesichtspunkte ihm schlicht nicht eingefallen seien. Diese Antwort würde den normativen Sinn der Vorhaltung verfehlen: Er hätte eben an diese anderen Gesichtspunkte denken *sollen*, weil von einem vernünfti-gen, umsichtigen Menschen in solchen Situationen erwartet werden kann, dass er sich bestimmte Gedanken macht. Dies gilt angesichts eklatant unmoralischer oder irrationaler Handlungen, aber es gilt auch schon für Fahrlässigkeitsdelikte. Wer beim Rangieren mit dem Auto ein spielendes Kind übersieht, kann sich nicht mit dem Hinweis verteidigen, er habe nicht daran gedacht, in den Rückspiegel zu sehen. Sorgfältiges Überprüfen des Rangierraums in einer Fußgängerzone gehört nicht zu den Dingen, die man ungestraft vergessen darf.

Aus der Perspektive der bisher erwogenen Gründe und Wünsche werden diese *grundlos* umgestoßen, hatte Davidson gesagt. Nun, diese Perspektive ist eben die falsche. Der Vorwurf ergeht deshalb auch nicht an die Wünsche oder Gründe, sondern an die Person. Ihr vorzuhalten, dass sie an den übersehenen Gesichtspunkt hätte denken sollen, setzt freilich entsprechende Fähigkeiten voraus, aktiv nach relevanten Gesichtspunkten zu suchen. Die *Ausübung* dieser Fähigkeiten wird hingegen nicht empirisch vorausgesetzt, sondern normativ gefordert. Wäre es anders, könnte sich jeder Beschuldigte einfach durch die faktische Nichtausübung der Fähigkeit exkulpieren: „Ich habe nun einmal nicht daran gedacht, daran ist auch nichts mehr zu ändern. Wäre der Gedanke mir gekommen, so hätte ich freilich anders gehandelt. Aber wofür soll ich nun eigentlich bestraft werden?"

Der Vorwurf, dass der Handelnde entscheidende Gesichtspunkte beim Überlegen nicht berücksichtigt hat, kann nicht in die Forderung münden, dass der Akteur angesichts der Gründe, die aus seiner Sicht für F sprachen, F hätte unterlassen sollen, denn das wäre irrational gewesen. Aber er hätte als rationale Person weiterüberlegen und zu einem anderen Schluss kommen sollen. Der Vorwurf nimmt also die Gestalt an: „Du hättest noch weiterüberlegen sollen". Diese Forderung wirft freilich schwierige Anschlussfragen auf: Inwiefern ist ein Überlegender dafür verantwortlich, was ihm in den Sinn kommt und was nicht? Und woher weiß er, wann der optimale Zeitpunkt zum Abschluss seiner Überlegungen gekommen ist? Irgendwann muss man die Überlegung abbrechen und zur Tat schreiten. Handeln wider bessere Einsicht ist irrational, Weiterüberlegen nicht, hieß es oben. Aber das gilt nur innerhalb gewisser Grenzen. Irgendwann übersteigen die Opportunitätskosten des Weiterüberlegens den möglichen Gewinn eines besseren Überlegungsergebnisses. Das Vermögen, weiterzuüberlegen, sollte nicht die Fähigkeit aufheben, überhaupt jemals eine Entscheidung zu treffen. Auch eine wünschenswert vernünftige Person wird sich irgendwann fragen, warum sie noch weiterüberlegen sollte, wo sie doch alle Gründe und Gegengründe schon hinreichend geprüft zu haben glaubt. Die schwierige Frage, unter welchen Bedingungen eine Person die Überlegung abbrechen soll, kann nicht ohne den Einbezug des normativen Aspekts der Rede von vernünftigen Gründen geklärt werden. Wenn man einer Person, die eine bestimmte Überlegung nicht angestellt oder irrationalerweise wieder verworfen hat, entgegenhält: „Aber Du hättest diesen Punkt berücksichtigen sollen!", macht man sie darauf

aufmerksam, dass ihre Überlegung faktisch nicht so war, wie sie vernünftigerweise hätte sein sollen. Der normative Sinn dieser Rede ist aber wiederum auf
Fähigkeiten bezogen, die die Person tatsächlich hatte. Insofern man der Person
Vorwürfe macht, konfrontiert man sie nicht mit einem Anspruch, den zu erfüllen
ihr unmöglich war, sondern man appelliert an ihre Fähigkeit, vernünftige Gründe
zu erkennen – eine Fähigkeit, die nicht allein dadurch verschwindet, dass sie
nicht aktualisiert wurde. Der Hinweis auf faktische Nichtausübung ist einfach
eine unangemessene Antwort auf die Vorhaltung.

Die Semi-Kompatibilisten Fischer und Ravizza sehen die Zuschreibung moralischer Verantwortung wesentlich durch die *Empfänglichkeit* für Gründe („reasons-responsiveness") gerechtfertigt. Insofern Menschen fähig sind, ihr Handeln
an vernünftigen Gründen auszurichten, da sie die kognitiven Mechanismen dafür
besitzen, sei es legitim, sie für ihre Entscheidungen verantwortlich zu machen.
Dass das dispositionale Merkmal der Empfänglichkeit für Gründe einen so hohen
Stellenwert haben soll, leuchtet nicht jedem ein, aber dies scheint die einzige
Möglichkeit zu sein, dem normativen Charakter der an die Akteure adressierten
Ansprüche Rechnung zu tragen. Den vernünftigen und moralischen Ansprüchen
korrespondieren Fähigkeiten, also laufen die Ansprüche nicht ins Leere.

Psychologisch gesehen mag das vom Akteur geforderte sorgfältige Überlegen zum Teil in unordentlichen Assoziationsketten bestehen. Gewisse Gedanken
fliegen uns zu, andere nicht; Überlegungsprozesse sind in den seltensten Fällen
Ketten wohlgeformter praktischer Schlüsse. Nach Lichtenberg und Nietzsche
sollten wir besser sagen „Es denkt" statt „Ich denke". Deshalb hat die Entschuldigung „Der Gedanke ist mir einfach nicht gekommen" eine gewisse Anfangsplausi-
bilität. Rechtfertigen lassen müssen sich aber am Ende das Überlegungsergebnis
und die Entscheidung, nicht die einzelnen Stadien des faktischen Überlegungsprozesses.

Außerdem neigt Nietzsche bekanntlich zu Übertreibungen. Welche Gedanken einem Überlegenden in den Sinn kommen, ist kein Geschehen, dem er
völlig unbeteiligt ausgeliefert wäre. Erwartbar ist zum Beispiel, dass man sich
für bestimmte Situationen *voreinstellt*, etwa in einen Zustand gesteigerter Aufmerksamkeit bringt. Ein Kranführer, der beim Hantieren mit schweren Lasten
bei eingeschränkter Sicht einer besonderen Sorgfaltspflicht unterliegt, kann sich
im Schadensfall nicht auf Zerstreutheit oder mangelnde Konzentration berufen;
genau das wäre vorwerfbar. So wie kognitiv schwierige Aufgaben einen erhöhten
Überlegungsaufwand erfordern, sind auch gefährliche oder moralisch riskante
Situationen mit besonderen Pflichten verbunden. Allgemein gilt: Je mehr jeweils
auf dem Spiel steht, desto weniger ist es erlaubt, sich auf Gewohnheiten, fakti-
sches Nichtüberlegthaben, Unaufmerksamkeit zu berufen. Auf den ersten Blick
ist es ein paradoxes Unterfangen, umsichtiger sein zu wollen als man eben ist.

Was das Paradox entschärft, ist die Verfügbarkeit metakognitiver Strategien: Beispielsweise müssen Piloten vor dem Start ihres Flugzeugs Checklisten abarbeiten. Auch im Operationssaal sinkt durch die Verwendung von Checklisten nachweislich die Fehlerrate.

Der normative Sinn des Vorwurfs, vorhandene Fähigkeiten nicht ausgeübt zu haben, macht ferner Entschuldigungen der Art „Es überkam mich", „Der Drang war unwiderstehlich" oder „Ich habe die Kontrolle verloren" problematisch. Man verliert die Fähigkeit der Selbstkontrolle nicht, indem man sie nicht ausübt. Wie oben ausgeführt, zeigen sich Vermögen der Selbststeuerung gerade angesichts widriger Umstände. Wenn Gesolltes und hedonisch Gewolltes übereinstimmen, werden auch willensschwache und triebgesteuerte Personen das prudentiell oder moralisch Gebotene tun. Vernünftige Personen dürfen aber voneinander erwarten, auch unter erschwerten Bedingungen, angesichts von Versuchungen und starken Affekten, überlegt zu handeln.[42] Dafür, den jeweils erforderlichen Aufwand an Selbstkontrolle zu treiben, sind psychisch gesunde Erwachsene selbst verantwortlich. Strafrechtlich sind Versuchungen nicht von Belang, und Affekte sind es nur, wenn sie übermäßig stark sind und zu einer Einschränkung relevanter Fähigkeiten führen, beispielsweise im Zuge einer „tiefgreifenden Bewusstseinsstörung" (StGB § 20).

Bedingungen für Zurechenbarkeit aufzustellen ist eines, ihr Erfülltsein im Einzelfall festzustellen ein anderes. Ob eine Fähigkeit verloren ist, wenn auch nur temporär, lässt sich nicht durch einfache Beobachtung ermitteln, denn die Beobachtung zeigt allenfalls, dass die Fähigkeit nicht aktualisiert wurde. Auch Entschuldigungen der Art „Es ist über mich gekommen" lassen die Frage, ob der Akteur schlechterdings *unfähig* war, der Versuchung zu widerstehen, in der Regel offen, denn im Alltag pflegen Menschen mit dieser Redeweise sehr großzügig umzugehen. Büchners Woyzeck hat auf offener Straße uriniert, wird vom Doktor zur Rede gestellt und rechtfertigt sich mit den Worten: „Aber, Herr Doktor, wenn einem die Natur kommt". Er hat seinem kreatürlichen Harndrang, der zu seiner biologischen Natur gehört, nachgegeben und scheint dies für keiner weiteren Rechtfertigung bedürftig zu halten. Der Doktor hält ihm entgegen: „Die Natur kommt, die Natur kommt! Die Natur! Hab' ich nicht nachgewiesen, daß der musculus constrictor vesicae dem Willen unterworfen ist? Die Natur! Woyzeck, der Mensch ist frei, in dem Menschen verklärt sich die Individualität zur Freiheit."[43] Büchner karikiert hier den Idealismus Schillers, aber die Karikatur kann die einfache Tatsache nicht vergessen machen, dass man den Harndrang eben auch unterdrücken kann. In einem geschlossenen Raum oder unter den Augen seines Kompaniechefs hätte Woyzeck dies auch getan, also war er dazu in der Lage.[44] Einer massiven Strafandrohung hätte es nicht einmal bedurft.

Der großzügige Umgang mit der Rede von „unwiderstehlichen" Neigungen war auch Kant ein Dorn im Auge. Um das Nichtanderskönnen vom Nichtanderswollen zu unterscheiden, hat Kant ein rabiates Gedankenexperiment ersonnen:

> Setzet, daß jemand von seiner wollüstigen Neigung vorgibt, sie sei, wenn ihm der beliebte Gegenstand und die Gelegenheit dazu vorkämen, für ihn ganz unwiderstehlich: ob, wenn ein Galgen vor dem Hause, da er diese Gelegenheit trifft, aufgerichtet wäre, um ihn sogleich nach genossener Wollust daran zu knüpfen, er alsdann nicht seine Neigung bezwingen würde. Man darf nicht lange raten, was er antworten würde.[45]

Wenn es mich andernfalls das Leben kosten würde, kann ich auch Verlockungen widerstehen, die ich gemeinhin „unwiderstehlich" oder „unbezwingbar" nenne. Das Gedankenexperiment zeigt das Gewünschte. Es ist ein sehr brauchbares Kriterium, um pathologische Fälle echter Steuerungsunfähigkeit von solchen zu unterscheiden, in denen die Fähigkeit, anders zu handeln, keineswegs verloren war. Es soll nicht verschwiegen werden, dass von Libertariern verwendete Standardbeispiele für unfreie Willensbildung – der Suchtraucher, das Sektenmitglied, Luthers Bekenntnis „Hier stehe ich und kann nicht anders" – nach Kants Kriterium falsch einsortiert sind. Der Galgentest dürfte bei all diesen Personen ergeben, dass es ihnen nicht schlechterdings psychisch unmöglich war, sich anders zu entscheiden. Nur waren die Kosten im wirklichen Leben nicht hoch genug, um den Handelnden von seinem Tun abzubringen. Wir sollten uns erlauben, von diesem Befund beeindruckt zu sein. Allenfalls wäre gegen Kants Galgentest einzuwenden, dass er bei Fanatikern, die den Märtyrertod in Kauf nehmen, versagt. Er setzt einen unbedingten Willen zur Selbsterhaltung voraus; wo dieser nicht vorhanden ist bzw. einem anderen Ziel untergeordnet wird, liefert der Test, indem er der Person eine unbezwingbare Neigung zu- und die Fähigkeit der vernünftigen Wahl absprechen würde, das falsche Ergebnis.[46]

Während die menschliche Natur im Falle anderer Fähigkeiten durchaus den Bereich des Menschenmöglichen begrenzt, scheint es für die Fähigkeit, Versuchungen zu widerstehen, keine biologisch fixierte Grenze zu geben: „Strictly speaking no impulse is irresistible; for every case of giving in to a desire [...] it will be true that, if the person had tried harder, he would have resisted it successfully. [...] Human endurance puts a severe limit on how long one can stay afloat in an ocean; but there is no comparable limit to our ability to resist temptation."[47] Wegen dieser Disanalogie bedarf es einer Ideologiekritik der Rede von unbezwingbaren Neigungen und unwiderstehlichen Versuchungen.

Ein in der Freiheitsdebatte häufig angeführtes Beispiel sind Süchte, insbesondere die Abhängigkeit von Drogen. Vielen Philosophen gilt die Drogensucht als paradigmatischer Fall unbezwingbarer Neigungen. In der Regel wird die Unbezwingbarkeit ohne weiteres Argument als evident angenommen oder eloquent beschworen.[48] Von der klinischen Suchtforschung werden diese starken quasi-empirischen Behauptungen nicht bestätigt.[49] Wenn die Neigung, zur Droge zu greifen, im Wortsinn unwiderstehlich wäre, wäre schlechterdings nicht zu erklären, wie es Drogenbenutzern gelingen kann, ihr Verhalten zu ändern, was doch offenkundig im Reich der Natur ist.[50] Manche Therapien und Anreize funktionieren besser, andere schlechter. Um dem Mythos von der unbezwingbaren Sucht entgegenzutreten, genügt schon die Erinnerung daran, dass eine Überwindung *überhaupt* möglich ist; mit welchem Aufwand und welcher Anstrengung auch immer.[51]

Was für Süchte gilt, gilt auch für eine Reihe von psychischen Störungen, selbst für Zwangs- und Angststörungen. Ein Agoraphobiker, der sein Haus seit Jahren nicht verlassen hat und scheinbar unfähig dazu ist, verlässt es ohne Zögern, als das Haus in Flammen steht. Endlich hat er einen Grund zum Hinausgehen, der für ihn gut genug ist.[52]

5.5 Strafrechtliche Zurechnung und Schuld

Die Debatte über die Vereinbarkeit von Willensfreiheit und Determinismus ist in erster Linie mit begrifflichen und metaphysischen Fragen befasst. Dass sich gleichwohl immer wieder normative Fragen in den Vordergrund drängen, erklärt sich durch das eminente Interesse, dass Menschen an der Zurechnung von Handlungen, an der moralischen Verantwortung sowie an den Praxen des Lobens, Tadelns, Belohnen und Bestrafens haben. Dieses Interesse teilen Philosophen mit Strafrechtlern, Politikern und gewöhnlichen Staatsbürgern, die niemals eingehend über Willensfreiheit nachgedacht haben. Das menschliche Zusammenleben muss geregelt werden, Normensysteme müssen etabliert, Rechtsverletzungen sanktioniert werden. Diese Regelungspraxis kann nicht darauf warten, was Philosophen am Ende aller Tage über die Willensfreiheit herausgefunden zu haben behaupten. Plausibel erscheint deshalb der Vorschlag, unsere normativen Praxen des Lobens und Tadelns, Belohnens und Bestrafens nicht von der Klärung metaphysischer Thesen abhängig zu machen. Diese Haltung zum Vereinbarkeitsproblem, die dem agnostischen Kompatibilismus entspricht, ist mittlerweile auch in der Strafrechtslehre weit verbreitet.

Konfrontieren wir den agnostischen Kompatibilismus mit den Annahmen über den Zusammenhang von Freiheit, Zurechnung, Schuld und Strafe, die unserer Rechtsordnung zugrunde liegen. Unter dem *Schuldprinzip* versteht man im Strafrecht den Grundsatz „Keine Strafe ohne Schuld" *(nulla poena sine culpa)*. Eine übliche Begründung für das Schuldprinzip lautet, dass es ungerecht wäre, jemanden zu bestrafen, dem kein schuldhaftes Fehlverhalten vorzuwerfen ist, und sei der durch ihn verursachte Schaden noch so groß. Bei Fahrlässigkeits-delikten ist die Vermeidbarkeit gegeben, deshalb ist der fahrlässige Verursacher eines Unfalls nicht schuldlos, wiewohl seine Schuld geringer ist als im Fall vor-sätzlichen Handelns.

Das Schuldprinzip gehört nicht zu den frühesten Errungenschaften der abendländischen Rechtsgeschichte. Im ländlichen Frankreich war es noch bis ins 17. Jahrhundert üblich, Tiere wegen angeblicher Verbrechen vor Gericht zu stellen und zu bestrafen. Dies erscheint uns als eklatante Verletzung des Schuldprin-zips. Eine Gesellschaft, die das Schuldprinzip akzeptiert, muss der Versuchung widerstehen, für jedes Unglück und jeden Schaden einen Sündenbock zu suchen. Alternativ könnte man einen anspruchsloseren Schuldbegriff zugrunde legen, nämlich einen, der allein auf den *kausalen* Beitrag zu einem Geschehen abstellt. Eine solche Rede über Schuld ist durchaus nicht ungewöhnlich. Wenn der Bauer die Schuld an der Missernte dem Wetter zuschreibt, wissen wir, was gemeint ist. Aber im Allgemeinen verwechseln wir diesen Schuldbegriff nicht mit dem mora-lisch und rechtlich relevanten. In Lappland finden gelegentlich Demonstrationen für mehr Sonnenschein im Winter statt. Das ist komisch, weil Demonstrationen üblicherweise einen Adressaten haben, der zur Behebung des Missstandes auf-gefordert wird. In einem anspruchslosen kausalen Sinn ist das Ausbleiben der Sonne schuld daran, dass die Lappen depressiv werden; aber niemand, der den frühkindlichen Animismus überwunden hat, wird die Sonne für ihr Ausbleiben bestrafen wollen.

In der Strafrechtslehre ist das Schuldprinzip zum einen Grundlage der Straf-*begründung*. Nach einem Grundsatzurteil des Bundesverfassungsgerichts wäre eine Bestrafung ohne Schuld „eine mit dem Rechtsstaatsprinzip unvereinbare Vergeltung für einen Vorgang, den der Betreffende nicht zu verantworten hat. Die strafrechtliche (...) Ahndung einer Tat ohne Schuld des Täters ist demnach rechtsstaatswidrig".[53] Zum anderen dient das Schuldprinzip zur Ermittlung eines gerechten Straf*maßes* (vgl. StGB § 48).

Das Prinzip „Keine Strafe ohne Schuld" lässt für sich genommen offen, ob Schuld ihrerseits einen im libertarischen Sinn freien Willen voraussetzt. Wie sieht es das deutsche Strafrecht? Hier ist zunächst zu bemerken, dass der Gesetzgeber nicht positiv erklärt, worin Schuldfähigkeit besteht. Vielmehr unterstellt er deren Vorhandensein im Normalfall und spezifiziert in §§ 19–21 StGB nur die Ausnah-men. Verneint wird die Schuldfähigkeit eines Täters, wenn dieser bei Begehung der Tat „unfähig ist, das Unrecht der Tat einzusehen oder nach dieser Einsicht zu handeln" (§ 20 StGB). Im Umkehrschluss würde dies besagen, dass ein Täter immer dann schuldfähig ist, wenn er bei Begehung der Tat im Besitz von Ein-sichts- und Steuerungsfähigkeit ist. An Einsichtsfähigkeit mangelt es beispiels-weise kleinen Kindern und dementen Personen. Freiheitstheoretisch brisanter ist die Steuerungsfähigkeit, denn sie bietet einen Ansatzpunkt für normative Beurteilungen. Man kann eine hochgradig demente Person nicht sinnvoll auffordern, einsichtsvoller zu sein, als sie nun einmal ist. Man kann aber zu einem zur Straftat disponierten Menschen sehr wohl sagen „Beherrsche dich, reiß' dich zusammen!", und wir können retrospektiv zu anderen oder zu uns selbst sagen: „Das hättest du nicht tun sollen". Dabei unterstellen wir, dass dem Adressaten die Unterlassung auch möglich gewesen wäre, und diese Unterstellung spricht auf den ersten und auch auf den zweiten Blick für einen libertarischen Freiheitsbegriff.

Die nächstliegende Interpretation des So-oder-anders-Könnens ist also die libertarische. In diesem Sinn hat der Strafrechtler Welzel in einer viel zitierten Formulierung auch den Schuldbegriff bestimmt: „Die Schuld macht dem Täter den persönlichen Vorwurf, daß er die rechtswidrige Handlung nicht unterlassen hat, obwohl er sie unterlassen konnte".[54] Der Bundesgerichtshof hat sich diese Auffassung in einem Grundsatzurteil zu eigen gemacht: „Mit dem Unwerturteil der Schuld wird dem Täter vorgeworfen, daß er sich für das Unrecht entschieden hat, obwohl er sich für das Recht hätte entscheiden können."[55] Eine unmissverständliche libertarische Interpretation dieses So-oder-Anderskönnens enthalten diese Formulierungen freilich nicht.

In jüngerer Zeit zeichnet sich in der deutschen Strafrechtslehre ein Umschwung zugunsten agnostischer Positionen ab. Die Mehrheit der deutschen Strafrechtslehrbücher und -kommentare hält mittlerweile die Annahme der Willensfreiheit, da „empirisch unbeweisbar" und „forensisch nicht greifbar", für eine „normative Setzung" (Roxin), ein „praktisches Postulat" (Jescheck) oder eine „normative Konstruktion" (Jakobs) und empfehlen im Theoretischen eine agnostische Haltung.[56] Das viel zitierte Wort von Kohlrausch, das den Schuldvorwurf begründende Anderskönnen sei eine „staatsnotwendige Fiktion", wird allerdings weithin abgelehnt. In dieser Lage wären eigentlich besondere Anstrengungen zur *Rechtfertigung* der normativen Freiheitszuschreibung erwartbar. Von diesen Anstrengungen ist aber wenig zu sehen. Man hat sich in der Strafrechtsdogmatik, wie aus ihrem Kreise angemerkt worden ist, „mit einem prinzipiellen Agnostizismus in der Freiheitsfrage seit langem erstaunlich ehrgeizlos arrangiert".[57] Der Agnostizismus ist aus kompatibilistischer Sicht so komfortabel wie attraktiv, denn er hat „zwei Seiten, die sich gegenseitig stützen: Weil Willensfreiheit nicht *beweisbar* ist, *muss* sie postuliert werden, sofern man das Schuldstrafrecht nicht aufgeben will; aber weil Willensfreiheit auch nicht *widerlegbar* ist, *kann* sie postuliert werden, ohne mit den Tatsachen in Konflikt zu geraten".[58]

In der Strafrechtsliteratur wird gelegentlich noch eine weitere kompatibilistische Analyse von „Er hätte anders handeln können" vorgeschlagen. Die wahre Bedeutung des Satzes soll sein: ‚Eine andere Person mit durchschnittlichen

Fähigkeiten hätte in dieser Situation anders gehandelt'.[59] Es ist nicht leicht zu erkennen, was – außer dem Wunsch, den Inkompatibilismus zu vermeiden – diese Analyse rechtfertigen könnte. Wenn sie den Sinn des Anderskönnens ausschöpfen würde, müsste ein Vorwurf gegenüber dem Täter auf die absurde Forderung hinauslaufen: „Du hättest eine andere Person sein sollen, nämlich eine mit durchschnittlichen Fähigkeiten". Der zur Rede Gestellte könnte zurückfragen, warum der Umstand, dass jemand anders an seiner Stelle anders gehandelt hätte, irgendeine Relevanz für die Frage haben sollte, ob er selbst anders hätte handeln können. So auch Roxin: Man kann „einen sittlichen Vorwurf gegen eine individuelle Person unmöglich auf Fähigkeiten stützen, die andere Personen vielleicht haben, die aber dem Täter gerade fehlen".[60]

Entnimmt man dem Schuldunfähigkeitsparagraphen im Umkehrschluss die Auffassung, dass für Schuldfähigkeit die Fähigkeiten des Täters genügen, „das Unrecht der Tat einzusehen" und „nach dieser Einsicht zu handeln", so scheint diese Auffassung mit kompatibilistischen wie mit libertarischen Interpretationen vereinbar zu sein. Kompatibilisten argumentieren, dass hier vom So-oder-Anderskönnen, das objektive Indeterminiertheit erfordert, nicht die Rede sei; Libertarier argumentieren, dass dieses stillschweigend unterstellt sei, da Einsichts- und Steuerungsfähigkeit als genuine Zwei-Wege-Vermögen aufzufassen seien. Willaschek argumentiert, „dass das deutsche Strafrecht implizit auf einen Begriff von Willensfreiheit festgelegt ist, der [...] vollständig im Nichtvorliegen von Schuldausschlussgründen aufgeht" und damit „nicht mehr, aber auch nicht weniger umfasst als Einsichts- und Steuerungsfähigkeit".[61] Diese erklärtermaßen metaphysikfreie Auffassung trägt indes nichts zugunsten des Kompatibilismus aus, da ja gerade umstritten ist, welche Implikationen diese Fähigkeiten haben.

Was die empirische Feststellung des Vorliegens von Schuldausschlussgründen betrifft, so richtet sie sich im Strafrecht allein auf die Frage des Fähigkeits*besitzes* zum Tatzeitpunkt. Ob der Täter die Einsichts- und die Steuerungsfähigkeit im Einzelfall *aktualisiert* hat, interessiert den Gesetzgeber nicht, solange die Fähigkeiten nur vorhanden waren. Wenn der Täter sie nicht aktualisiert hat, richtet sich der Vorwurf darauf, dass er sie hätte aktualisieren sollen. Die faktische Ausübung der Einsichts- und der Steuerungsfähigkeit wird also nicht empirisch festgestellt, sondern normativ gefordert.

Die Überprüfung der Steuerungsfähigkeit durch ein vom forensischen Psychiater beratenes Gericht läuft auf die Klärung der Frage hinaus, ob der Täter nicht anders konnte oder ob er nicht anders wollte. Nun sind aber für die Aktualisierung dieser Fähigkeit Anstrengungen erforderlich, die nicht jeder Person gleich leicht fallen. Wie stellt man fest, ob der Täter sich bei größerer Anstrengung hätte beherrschen können? Kants Galgentest wenden der Gesetzgeber und die Gerichte nicht an. Unter den Schuldunfähigkeitsparagraphen fällt unstrittig der Extrem-

fall, „daß bei der Tat ein ansprechbares, d.h. durch die übertretene Rechts-
norm determinierbares Subjekt überhaupt nicht mehr vorhanden ist, gleich mit
welchem Nachdruck die Ansprache geschieht".[62] Weniger extreme Fälle, in denen
die Steuerungsfähigkeit noch vorhanden, aber „erheblich vermindert" ist, fallen
unter den Artikel der *verminderten* Schuldfähigkeit (§ 21 StGB). In der forensischen Praxis wird verminderte Schuldfähigkeit ungleich häufiger attestiert als
Schuldunfähigkeit. Dem Gesetzgeber und dem Rechtsanwender stellen sich hier
zwei Abgrenzungsprobleme: Die verminderte Schuldfähigkeit muss einerseits
zur fehlenden, andererseits zur vollen Schuldfähigkeit hin abgegrenzt werden.
Die erste Unterscheidung ist nach herrschender Lehre eine kategorische: „Es
gibt [...] kein Kontinuum zwischen voll schuldfähig und schuldunfähig. Denn
ein Zustand, der Schuldunfähigkeit bedingt, unterscheidet sich unzweideutig
qualitativ von einem Zustand erhaltener Schuldfähigkeit, auch wenn dieser das
Hemmungsvermögen erheblich beeinträchtigen mag".[63] Was die Abgrenzung der
verminderten Schuldfähigkeit zur Normalität betrifft, so verlangt der Gesetzgeber
eine „erhebliche" Minderung der Steuerungsfähigkeit mit der Begründung, dass
geringere Beeinträchtigungen „bei Kapital-, Trieb- und Hangverbrechen regelmäßig vorliegen".[64]

Diese Schwelle setzt der Gesetzgeber indes höher an als ein kantischer moralischer Rigorist. Legte man den Galgentest zugrunde, müssten die in § 21 StGB
beschriebenen Straftäter als voll schuldfähig eingestuft werden. Auch die Alters-
grenze der Straf*mündigkeit*, die Vollendung des 14. Lebensjahrs (§ 19 StGB), dürfte
aus der Sicht des Galgentests zu hoch liegen. Für den Gesetzgeber ist es auch
in Anwendung des *In dubio pro reo*-Prinzips geboten, eine gewisse Sicherheitsmarge einzubauen. Einen Schuldunfähigen zu bestrafen gilt als schlimmer als
einen schuldfähigen Soziopathen, der den forensischen Gutachter getäuscht hat,
„nur" in den Maßregelvollzug einzuweisen. Die Sicherheitsmarge alleine erklärt
aber die unkantische Schwellensetzung nicht. In ihrer Steuerungsfähigkeit eingeschränkte Erwachsene und 13jährige Kinder sind nicht schlechthin psychisch
unfähig, eine bestimmte verbotene Handlung zu unterlassen. Vielmehr sind sie
unfähig, sich vom Rechtsgehorsam, die Androhung der festgesetzten Strafe eingeschlossen, zur Unterlassung motivieren zu lassen. Das schließt nicht aus, dass
sie von einem stärkeren Grund, etwa von Kants Galgen oder von einer Folterdro-
hung, motivierbar wären. Entsprechend bestimmte schon von Liszt die Zurechnungsfähigkeit als die „normale Bestimmbarkeit durch Motive", genauer: als „die
Empfänglichkeit für die durch die Strafe bezweckte Motivsetzung".[65] Der Fähigkeitsverlust, der strafrechtlich die Schuld mindert, ist mithin von ganz besonderer Art: Die Gerichte attestieren dem Täter nicht die Unfähigkeit, sich rechtstreu
zu verhalten, sondern dies aus den richtigen Gründen zu tun. Es kommt dem
Gesetzgeber auf die Fähigkeit an, die Tat *aufgrund der Einsicht in das Unrecht*

der Tat zu unterlassen, nicht aus anderen Gründen. Ein Unterlassen unter Todes- oder Folterdrohung würde diese besondere Fähigkeit nicht dokumentieren.

Dass man an dieser Fähigkeit, sich vom Rechtsgehorsam und der Strafbe-wehrung motivieren zu lassen, überhaupt interessiert ist, erklärt sich aus dem moralischen Selbstverständnis ziviler Gesellschaften. Wer möchte schon in einem Gemeinwesen leben, dessen Mitglieder nur unter Todes- oder Folterdro-hung Straftaten unterlassen? Dass die Gerichte das Gedankenexperiment des Galgentests nicht anwenden, ist insofern zu begrüßen. Aus freiheitstheoretischer Sicht wird damit allerdings eine wichtige Differenz verschenkt. Denn es bleibt ja das Problem, die Unfähigkeit, sich vom Recht motivieren zu lassen, vom *Unwil-len*, dies zu tun, zu unterscheiden. Man wird ja nicht schließen können, dass immer dort, wo der Wille zum Rechtsgehorsam und die Furcht vor der angedroh-ten Strafe nicht ausgereicht haben, offenbar Unfähigkeit vorlag. Dies kann schon deshalb nicht sein, weil Straftäter in der Regel damit rechnen, nicht gefasst zu werden. Der Fähigkeitsverlust muss deshalb unabhängig feststellbar sein.

Im Falle pädophiler Straftäter nehmen deutsche Gerichte keine unbezwing-bare Neigung an, denn der weitaus größte Teil dieser Täter wird als voll schuld-fähig eingestuft. Dabei ist unter Sexualmedizinern unumstritten, dass man sich eine pädophile Neigung nicht selbst aussucht und dass sie in den meisten Fällen dauerhaft bestehen bleibt. Für die Frage der Fähigkeit, verbotene Handlungen zu unterlassen, ist dieser Umstand aber ohne Belang. Wenn ein Pädophiler ein Kind missbraucht, wirft man ihm nicht seine sexuelle Präferenz vor, sondern die Begehung einer Straftat. Jeder Mensch hat irgendwann Neigungen, die in die Tat umzusetzen verboten wäre. Neigungen als solche, auch starke, sind exkul-patorisch irrelevant. Die landläufige Rede vom „Triebtäter" ist geeignet, diesen Umstand zu verdecken, weil mit „Trieben" die Konnotation verbunden ist, dass sie sich gleichsam naturwüchsig in Verhalten umsetzen. Das ist aber anthropolo-gisch falsch. Bei nichtmenschlichen Tieren benutzen wir den Verweis auf Triebe und Instinkte, um ein bestimmtes Verhalten zu erklären. Beim Menschen hinge-gen erklärt ein Trieb allein niemals eine Handlung. Tragisch am Schicksal des Pädophilen ist, dass ihm zugemutet wird, was Menschen mit anderen sexuellen Präferenzen nicht zugemutet wird, nämlich lebenslang auf das zu verzichten, was ihm am meisten Lust bereitet.

Menschen können aus Einsicht darauf verzichten, einen „Trieb" in eine Tat umzusetzen, für vernunftlose Tiere ist vernünftige Triebkontrolle ein Fremdwort. In der Strafrechtslehre wird entsprechend vertreten, dass „nur die vom Trieb über-wältigte, nicht aber die vor dem Trieb willensschwache Person entschuldigt sein soll".[66] Die Preisfrage ist, wie man beides auseinanderhält. Wenn der Galgentest nicht angewandt wird, müssen andere Schwellen festgelegt werden. Der Gesetz-geber hat in §§ 20–21 vier psychopathologische Anknüpfungsbefunde formuliert, die aber die schwierigste Frage offen lassen: Wie viel Anstrengungen – wie viel weniger als *übermenschliche* Anstrengungen – darf die Gesellschaft von ihren ungünstig disponierten Mitgliedern erwarten, damit sie ihren Schwächen entgegenwirken und Straftaten unterlassen?

5.6 Freiheit zur Unvernunft und zum Bösen?

Eklatant irrationale Handlungen sind für einen libertarischen Freiheitsbegriff eine Herausforderung. Den Grund dafür deutet dieses Zitat von Wiggins an: „Freedom does not consist in the exercise of the (colourable, but irrelevant) right to go mad without interference or distraction by fact."[67] Das hier angesprochene Kritikziel kennen wir schon von Locke, Leibniz, Schopenhauer und Bieri: die grundlose Wahl, die durch nichts bedingte Indifferenzfreiheit. Ich zitiere ein weiteres Mal die polemische Bemerkung von Locke: „If to break loose from the conduct of reason [...] be liberty, true liberty, madmen and fools are the only freemen."[68] Diejenige Freiheit, an der uns gelegen sein sollte, äußert sich nicht im spontanen Auftreten erratischer Willkürakte, sondern in der Fähigkeit zu vernünftig überlegtem Handeln, und sei es zunächst nur im Sinne einer moralindifferenten Zweck/Mittel-Rationalität. Locke und Leibniz waren der Auffassung, dass der Wille umso freier ist, je mehr er der vernünftigen Einsicht entspringt: „Zum Besten durch die Vernunft bestimmt sein, heißt am freiesten sein".[69] Auch für Bieri ist unser Wille dann frei, „wenn er sich unserem Urteil darüber fügt, was zu wollen richtig ist".[70]

Nachdem wir uns gebührend an den Zusammenhang zwischen Freiheit und Vernunft haben erinnern lassen, sollten wir noch einmal nachdrücklich fragen, ob ein angemessener Freiheitsbegriff nicht doch eine Freiheit zur begrenzten Unvernunft und zum Bösen einschließen muss.

Nach der Freiheit zur *begrenzten* Unvernunft frage ich, weil radikal unvernünftige, erratische Lebensäußerungen ein Wesen schlechterdings uninterpretierbar machen würden. Hier ist Davidsons berühmtes Argument einschlägig: Um begrenzte Unvernunft identifizieren zu können, ist ein „Hintergrund massiver Übereinstimmung" erforderlich, nämlich eine hinreichend große Menge geteilter und leidlich konsistenter Überzeugungen. Gäbe es keine solche Basis, könnte der Interpret das Wesen nicht als eines auffassen, „das Überzeugungen vertritt oder überhaupt etwas sagt".[71] Der Unterschied zwischen begrenzter und radikaler Unvernunft lässt sich auch durch die Diagnose einer systematischen Mehrdeutigkeit des Prädikats „rational" aufzeigen: Einzelne Äußerungen und Handlungen sind im engeren Sinne rational, wenn sie bestimmten Standards genügen, andernfalls irrational. Aber nicht Beliebiges kommt für eine Beurteilung nach

Rationalitätsstandards überhaupt in Frage. Es ist auch ein kategoriales Prädikat „rational" nötig, das die *Kandidaten* für eine sinnvolle Beurteilung nach Rationalitätsstandards aus dem Bereich des Vernunftlosen heraushebt.[72] In diesem weiteren Sinne nennen wir den Menschen ein *animal rationale*. Dass Menschen häufig genug irrational handeln, ist im Lichte dieser Unterscheidung nicht paradox. Sie bleiben vernunftfähige und hinsichtlich ihrer Vernünftigkeit beurteilbare Wesen.

Einige Libertarier vertreten die Auffassung, dass nur eine kleine Teilklasse unserer Handlungen oder Entscheidungen frei seien. Bei Campbell sind dies Entscheidungen in moralischen Konflikten, bei denen einer Versuchung widerstanden wird. In allen anderen Fällen lege der Charakter des Handelnden die Handlung fest.[73] Van Inwagen ist der Auffassung, dass wir nur selten frei wählen, nämlich erstens in Buridan-Situationen, zweitens in Konflikten zwischen Pflicht und Neigung und drittens bei der Wahl zwischen inkommensurablen Werten.[74] Der Freiheitsskeptiker Strawson nennt schwierige oder quälende Entscheidungen „the central fact of the phenomenology of freedom".[75]

Die Frage, ob alle Entscheidungen und Handlungen frei sind oder nur manche, werde ich nicht diskutieren, weil ich ja für einen fähigkeitsbasierten Freiheitsbegriff argumentiere, dessen Pointe durch die Frage nach der Freiheit einzelner Ausübungen dieser Fähigkeit gerade verfehlt wird. Diejenige „Freiheit des Willens", die von der Art der Entscheidungssituation, vom faktischen Überlegungsaufwand oder von der mit der Entscheidung verbundenen Agonie abhängig ist, ist für den anthropologischen Sinn der Frage, ob der Mensch einen freien Willen habe, irrelevant. Als Attribut einzelner Entscheidungen muss „frei" auch etwas anderes bedeuten als in Bezug auf die anthropologische Frage.

Wie steht es nun um die Freiheit zur Unvernunft und zum Bösen? Erklärungsbedürftig ist, wie irrationale Entscheidungen eines vernunftfähigen Wesens und unmoralische Entscheidungen eines moralfähigen Wesens mit dem freiheitskonstitutiven Vermögen der überlegten, hindernisüberwindenden Willensbildung zusammenhängen.

Hinsichtlich der Freiheit zur Unvernunft ist die Erklärung überraschend einfach. Wenn das freiheitskonstitutive Vermögen ein genuines Zwei-Wege-Vermögen ist, dann lässt es sich sowohl zu einer vernünftigen als auch zu einer unvernünftigen Entscheidung gebrauchen. Die Psychologie irrationaler Handlungen ist notorisch schwierig aufzuklären; hier geht es allein darum, dass die ganze Palette willensschwacher, grob zweckunangemessener, erratischer, selbstzerstörerischer und in anderen Hinsichten irrationaler Handlungen offenbar im Reich der Natur ist. Die Kritik von Locke, Leibniz et alii, dass eine Freiheit, die es sich zu haben lohnt, nicht darin bestehen sollte, „das Joch der Vernunft abzuwerfen"[76], sich zum Narren zu machen und ins Unglück zu stürzen, geht in mehrerlei Hinsicht fehl:

(a) Zum einen ist die Freiheitstheorie kein Wunschkonzert. Welche Vermögen Menschen tatsächlich besitzen, bemisst sich nicht daran, welche zu besitzen man wertvoll oder wünschenswert findet.

(b) Anders als Locke und Leibniz unterstellen, behaupten Libertarier nicht, dass Freiheit in der vernunftwidrigen Wahl *besteht*, sondern dass sie diese Option *umfasst*. Zu unterscheiden ist zwischen dem *Besitz* des Zwei-Wege-Vermögens, vernünftig zu überlegen zu entscheiden, und dem gelegentlichen *Ge- oder Missbrauch* dieses Vermögens zu einer unvernünftigen Entscheidung. Die Fähigkeiten, Gründe zu erwägen, gute Gründe zu erkennen und nach ihnen zu handeln, müssen empirisch vorhanden sein; von diesen Fähigkeiten einen prudentiell oder normativ akzeptablen Gebrauch zu machen, liegt hingegen in der Verantwortung des Akteurs, wird also normativ gefordert. Akteuren, die ihre rationalen Vermögen defizient ausüben, wird dieses vorgeworfen, weil sie es besser hätten machen können. Was die als paradigmatisch irrational geltenden Handlungen wider bessere Einsicht betrifft, so sind sie Handlungen ohne *guten* Grund, aber keine völlig grundlosen. Schlechte Gründe wissentlich und willentlich besseren vorzuziehen ist unvernünftig, aber es ist ebenfalls die Ausübung eines humanspezifischen Vermögens, das vernunftlosen Tieren fehlt.

(c) Leibniz kommentiert die Sottise Lockes gegen die Freiheit der „madmen and fools" zustimmend: „[I]ch glaube jedoch nicht, daß aus Liebe zu einer solchen Freiheit irgendjemand ein Narr sein möchte, außer er wäre es schon".[77] Rückfrage: Ist eine Freiheit, deren Ausübung natur- und/oder vernunftgesetzlich zu vernünftigen Entscheidungen führt, wünschenswerter? Gott fand das offenbar nicht. Hätte er sicher gehen wollen, dass seine Geschöpfe ihre Freiheit niemals missbrauchen, so hätte er sie ihnen nicht gewähren dürfen. Anscheinend hat er, so die klassische „free will defence" in der Diskussion des Theodizeeproblems, die missbrauchbare Zwei-Wege-Freiheit intrinsisch wertvoll gefunden und die Kollateralschäden in Kauf genommen.

Die Annahme, dass libertarische Willensfreiheit auch eine Freiheit zum Bösen einschließt, bietet einige zusätzliche Herausforderungen, die ich am Beispiel von Kant diskutiere. In der Kantforschung wird mindestens seit Paton die Frage diskutiert, ob bei Kant nur ein guter Wille frei sei. Die Debatte nimmt ihren Ausgang von der Formulierung aus der *Grundlegung*, dass „ein freier Wille und ein Wille unter sittlichen Gesetzen einerlei"[78] seien. Wörtlich genommen scheint Kant hier zu behaupten, dass ein freier Wille nur dort vorliegt, wo ein vernünftiges Wesen dem Sittengesetz entsprechend handelt, mit anderen Worten, dass nur gute Handlungen frei sind. Gesucht ist ein exegetisch befriedigender Weg, zu erklären, inwiefern bei Kant auch böse und moralindifferente Handlungen frei sein können. Kant scheint durchaus an einem moralindifferenten Freiheitsbegriff interessiert zu sein, denn als Beispiel einer frei gewählten Handlung führt er in der Freiheitsantinomie an, dass „ich jetzt [...] völlig frei [...] von meinem Stuhl aufstehe".[79] Man wird diese Handlung kaum als eine solche ansehen, die aus reiner Achtung vor dem Sittengesetz vollzogen wurde. Der begriffliche Zusammenhang zwischen Freiheit und Sittengesetz muss also weniger direkt sein, als das „einerlei"-Zitat aus der *Grundlegung* nahelegt. Nun ist die Formulierung „ein Wille unter sittlichen Gesetzen" interpretationsfähig. Die exegetisch angemessene Lösung dürfte mit der Unterscheidung zwischen einem Wesen „*unter* moralischen Gesetzen" und dem Handeln „*nach* moralischen Gesetzen" zusammenhängen, die Kant andernorts vornimmt.[80] Frei zu handeln sollte vernünftigerweise bedeuten, *angesichts* oder *im Bewusstsein* des Sittengesetzes zu handeln, ob man es nun im Einzelfall befolgt oder nicht. Freigewähltes Handeln wäre dementsprechend nicht als moralisches, sondern als moralisch beurteilbares Verhalten zu bestimmen.[81] Eine solche Lesart lässt den Umstand hervortreten, dass moralisch gute, moralisch böse und moralindifferente Handlungen einem gemeinsamen Beurteilungsmaßstab unterliegen. Selbst eine moralindifferente Handlung wie das Aufstehen von einem Stuhl lässt sich ja daraufhin überprüfen, ob sie mit dem Sittengesetz vereinbar ist. Man wäre in diesem Fall eben mit der Prüfung schnell fertig: *Nihil obstat.*

Unmoralische Handlungen, die in Kenntnis des Sittengesetzes vollzogen wurden, nennt Kant „radikal böse". In der Religionsschrift lässt er keinen Zweifel daran, dass die menschliche Freiheit eine Freiheit zum radikal Bösen einschließen muss. Das moralisch Böse „muß aus der Freiheit entspringen"[82], denn die sinnlichen Neigungen als solche sind moralisch neutral und können, bevor die Person sie nicht in ihre Maxime aufnimmt, auch nicht handlungswirksam werden. Allgemein ist nur das als böse zurechenbar, „was unsere eigene Tat ist".[83] Der Mensch, „wie man ihn durch Erfahrung kennt", ist nun im folgenden Sinn „*von Natur* böse": „er ist sich des moralischen Gesetzes bewußt, und hat doch die (gelegenheitliche) Abweichung von demselben in seine Maxime aufgenommen".[84] Das Böse entsteht also aus einer falschen Unterordnung des moralischen Gesetzes unter die sinnlichen Antriebe: Der Mensch ist „dadurch böse, daß er die sittliche Ordnung der Triebfedern" in der Maximenbildung „umkehrt".[85] Dieser Fehler ist nun selbst moralisch vorwerfbar, und deshalb ist der Ursprung des Bösen über das Gesagte hinaus nicht weiter aufklärbar. Der Ursprung des Bösen ist nach Kant „unerforschlich", weil jeder Grund, den der Handelnde für die falsche Unterordnung haben könnte, „wiederum die Annehmung einer bösen Maxime erfordern würde".[86] Man würde also in einen Regress geraten, wenn man immer weiter nach dem Grund dafür fragte, dass jemand sich zum Bösen entschieden hat. Hinsichtlich des Freiheitsproblems gilt:

> Eine jede böse Handlung muß [...] als ein *ursprünglicher* Gebrauch seiner Willkür beurteilt werden. Er sollte sie unterlassen haben, in welchen Zeitumständen und Verbindungen er auch immer gewesen sein mag, denn durch keine Ursache der Welt kann er aufhören, ein frei handelndes Wesen zu sein.[87]

Die Freiheit besteht hier allein in dem Vermögen, eine Handlung aus „Willkür" zu beginnen. In der *Metaphysik der Sitten* stellt Kant dem Begriff des Willens, der auf die Vernunft und das Sittengesetz bezogen bleibt, den moralindifferenten Begriff der Willkür (*arbitrium*) zur Seite. Die Willkür bestimmt er als „Vermögen, *nach Belieben zu tun oder zu lassen*".[88] Das Vermögen, dem Sittengesetz sehenden Auges zuwiderzuhandeln, nennt er nun ein *Unvermögen*, das psychologisch unerklärlich bleibe:

> Nur das können wir wohl einsehen: [...] daß die Freiheit nimmermehr darin gesetzt werden kann, daß das vernünftige Subjekt auch eine wider seine (gesetzgebende) Vernunft streitende Wahl treffen kann, wenn gleich die Erfahrung oft genug beweist, daß es geschieht (wovon wir doch die Möglichkeit nicht begreifen können). [...] Die Freiheit in Beziehung auf die innere Gesetzgebung der Vernunft ist eigentlich allein ein Vermögen; die Möglichkeit, von dieser abzuweichen, ein Unvermögen.[89]

Diese Auffassung entspricht insofern meinem in Auseinandersetzung mit Locke und Leibniz entwickelten Vorschlag, als die Freiheit nach Kant nicht darin *besteht*, „daß das vernünftige Subjekt auch eine wider seine (gesetzgebende) Vernunft streitende Wahl treffen kann", wohl aber diese Möglichkeit *einschließt*. Dass Kant das willentliche Abweichen vom vernünftig Gebotenen auf ein „Unvermögen" zurückführt, spiegelt das Ausmaß seiner Verzweiflung wider. Als Vertreter einer Vernunftmoral, der den Willen an die Fähigkeit zur vernünftigen Selbstgesetzgebung bindet, macht ihn die willentliche Entscheidung zur Unmoral ratlos. Es muss böse Handlungen geben, die auf zurechenbare Entscheidungen zurückgehen, aber es haftet ihnen ein Rest Unerklärlichkeit an. Für einen Voluntaristen, der dem Willen eine größere Unabhängigkeit von der Vernunft zugesteht, liegt der Fall einfacher: Der Akteur will halt nicht tun, was er als vernünftig eingesehen hat, und genau das ist ihm vorwerfbar. Einen dezisionistischen Rest erkennen sowohl der Voluntarist als auch der Vertreter einer Vernunftmoral an, aber sie verorten ihn anders. Für Kant gehen Amoralität und Irrationalität stets Hand in Hand, Voluntaristen – und nicht nur sie – finden das unplausibel.

In der jüngeren Metaethik wird zwischen *normativen* und *motivierenden* Gründen unterschieden. Kant leugnet nicht die empirische Möglichkeit, dass jemand sich durch normative Gründe nicht motivieren lässt, aber er leugnet, dass sich dadurch für die moralische Beurteilung etwas Neues ergibt. Es gelte schlicht: „Den das nicht antreibt, was offenbar eine Pflicht ist, ist ein Bösewicht."[90] Mit nur wenig Übertreibung kann man sagen, dass schon die Frage „Warum sollte ich moralisch sein?" für Kant den Keim des Bösen in sich trägt. Insbesondere leugnet er, dass sich die moralische Motivation von der Einsicht in die moralische Pflicht, „als Inbegriff von unbedingt gebietenden Gesetzen, nach denen wir handeln *sollen*", abkoppeln lässt. Es sei eine „offenbare Ungereimtheit, nachdem man diesem Pflichtbegriff seine Autorität zugestanden hat, noch sagen zu wollen, daß man es doch nicht *könne*".[91] Dies schließe schon der Rechtsgrundsatz „Ultra posse nemo obligatur" aus: Was zu tun unmöglich wäre, könne auch nicht geboten sein. Hinsichtlich dieses Grundsatzes kehrt Kant allerdings auf charakteristische Weise die Begründungsrichtung um. Die übliche Lesart von „Über das Können hinaus wird niemand verpflichtet" lautet, dass eine Handlung nur dann geboten ist, wenn es dem Adressaten der Norm auch möglich ist, ihr zu folgen, wenn er also die entsprechende Fähigkeit und Gelegenheit hat. Kants berühmte Formel „Du kannst, weil du sollst" kehrt nun diese Abhängigkeit um. Diese Umkehrung ist freiheitstheoretisch brisant, weil Kant an vielen Stellen den Schluss vom Anderssollen auf das Anderskönnen geradezu als *Freiheitsbeweis* einzusetzen scheint. So erklärt er in der Auflösung der Freiheitsantinomie, der Verbreiter einer „boshaften Lüge" habe „jetzt, in dem Augenblicke, da er lügt, gänzlich Schuld; mithin [!] war die Vernunft, unerachtet aller empirischen Bedingungen der Tat, völlig frei".[92] Das primäre Datum scheint also die moralische Schuld des Täters zu sein, aus dem man seine Freiheit *folgern* kann. Dieser Schluss erscheint äußerst kontraintuitiv. Sollte nicht umgekehrt die Freiheit des Akteurs Voraussetzung für seine Schuldfähigkeit sein?

Kant verbindet mit dem Prinzip „Du kannst, weil du sollst" einen präzisen Sinn. Das Prinzip steht vor dem Hintergrund seiner Auffassung, dass der Mensch sich als freies Wesen epistemisch nicht transparent ist, dass er also aus der Selbstkenntnis nicht sicher wissen kann, wie weit seine Fähigkeiten reichen. Er ist „sich des Vermögens bewußt [...], jede noch so große Triebfeder zur Übertretung durch festen Vorsatz überwältigen zu können", mag aber daran zweifeln, ob es ihm im Einzelfall gelingen wird. „Gleichwohl aber gebietet ihm die Pflicht unbedingt: er *solle* ihm [dem Vorsatz] treu bleiben; und hieraus *schließt* er mit Recht: er müsse es auch *können*, und seine Willkür sei also frei".[93] Das Spannungsverhältnis der beiden Begründungsrichtungen löst Kant auf, indem er dem freiheitsbeweisenden Charakter des moralischen Sollens eine epistemische Lesart gibt. Dies geschieht in der ersten Fußnote der *Kritik der praktischen Vernunft*:

Damit man hier nicht *Inkonsequenzen* anzutreffen wähne, wenn ich jetzt die Freiheit als Bedingung des moralischen Gesetzes nenne, und in der Abhandlung nachher behaupte, daß das moralische Gesetz die Bedingung ist, unter der wir uns allererst der Freiheit *bewußt werden* können, so will ich nur erinnern, daß die Freiheit allerdings die ratio essendi des moralischen Gesetzes, das moralische Gesetz aber die ratio cognoscendi der Freiheit sei.[94]

Das moralische Gesetz ist der Erkenntnisgrund unserer Freiheit, aber damit es da etwas zu erkennen gibt, muss Freiheit wirklich sein; sie bleibt der Realgrund des moralischen Gesetzes: „Wäre aber keine Freiheit, so würde das moralische Gesetz in uns gar *nicht anzutreffen* sein".[95] „Freiheit und unbedingtes praktisches Gesetz weisen also wechselweise auf einander zurück".[96] Wir können nicht unabhängig wissen, ob wir frei sind, aber wir merken es daran, dass wir den kategorischen Imperativ in uns tragen. Dieser ist, der Jahrtausendidee der Selbstgesetzgebung der praktischen Vernunft zufolge, kein heteronomes Gebot, sondern ein Sollensanspruch, der sich aus der Natur der Vernunft ergibt, die „ohne andere Triebfedern [...] für sich selbst praktisch" ist.[97] Das Sittengesetz muss als ein „Faktum der Vernunft" anerkannt werden, „weil man es nicht aus vorhergehenden Datis der Vernunft, z.B. dem Bewußtsein der Freiheit (denn dieses ist uns nicht vorher gegeben), herausvernünfteln kann".[98]

Es bleibt die schwierige Frage, wie sich die Freiheit zum Bösen als Ausdruck derselben freiheitskonstitutiven Fähigkeit verstehen lässt, die auch den sittlich guten Entscheidungen zu Grunde liegt. Ist nicht angesichts der Natur des vernünftigen Überlegens, das auf gute Gründe zielt, nach Kant sogar auf streng verallgemeinerbare, die Entscheidung zum Bösen letztlich doch eine blinde, kapriziöse Wahl, die unverbunden neben dem Vermögen zum Weiterüberlegen steht?

Hier halte ich mich zur Sicherheit von jeder Kant-Exegese fern und gebe dieselbe Antwort wie oben: Das Gemeinsame von vernünftigen und unvernünftigen sowie von moralisch guten und bösen Entscheidungen muss jeweils in den Fähigkeiten der Personen gesucht werden. Man sucht an der falschen Stelle, wenn man das Gemeinsame in einem manifesten Merkmal einzelner Entscheidungen finden möchte. Es genügt, dass der Willensbildungsprozess *überlegungszugänglich* ist, auch wenn die Überlegung faktisch unterbleibt oder an einer inakzeptablen Stelle abgebrochen wird. Eine fähigkeitsbasierte Freiheitsauffassung muss damit argumentieren, dass man Zwei-Wege-Fähigkeiten ergebnisoffen ausüben kann. Die Fähigkeit, überhaupt nach Gründen zu handeln, die in den hier diskutierten Fällen nicht verloren ist, schließt eben die Fähigkeit ein, schlechte Gründe gelegentlich guten vorzuziehen. Würde man die Entscheidung, sich *nicht* von guten Gründen leiten zu lassen, stets auf ein „Unvermögen" (Kant) zurückführen, so trüge man dem aktiven, willentlichen Charakter solcher Entscheidungen zu wenig Rechnung. Eines dezisionistischen Elementes bedarf es am Ende in jedem Falle: Irgendeiner der erwogenen Gründe muss handlungswirksam gemacht werden, und da Gründe das nicht selbst tun, muss es der Akteur tun.[99]

Eine Garantie dafür, dass nicht noch eine bessere Handlung möglich gewesen wäre, hat der Heilige dabei so wenig wie der Bösewicht. Das dezisionistische Element macht die vorangegangene Überlegung nicht wertlos und tangiert auch nicht die normative Kraft der vorliegenden Gründe. Dass sie den normativen Ansprüchen der Vernunft und der Moral weiterhin unterliegen, merken der Unvernünftige und der Böse daran, dass ihnen Vorwürfe gemacht werden.

5.7 Ersturheberschaft

Kant siedelt die Freiheit vollständig im Augenblick der Tat an: Es müsse „die Handlung sowohl als ihr Gegenteil in dem Augenblicke des Geschehens in der Gewalt des Subjekts sein".[100] Dies ist aber für einen Libertarier nicht die einzige Option. Es gibt zu ihr eine gewichtige Alternative, nämlich Kanes Lehre von der „ultimate responsibility", die einen Teil der freien Entscheidung auf einen früheren Zeitpunkt verlegt. Ich übersetze „ultimate responsibility" frei mit „Ersturheberschaft", weil es Kane nicht primär um moralische Verantwortung geht, sondern um kausale Zurechnung. Die Rolle der diachronen Dimension für die libertarische Freiheit habe ich bislang vernachlässigt. Um das Versäumte nachzuholen, vergleiche ich Kanes Auffassung mit derjenigen Kants.

Kant schildert an seinem Beispiel der boshaften Lüge eindrücklich die empirischen Bedingungen, auf die die Tat zurückgeht. Auch die Persönlichkeit des Täters müsse erkundet werden; dazu

> geht man seinen empirischen Charakter bis zu den Quellen desselben durch, die man in der schlechten Erziehung, übler Gesellschaft, zum Teil auch in der Bösartigkeit eines für Beschämung unempfindlichen Naturells, aufsucht, zum Teil auf den Leichtsinn und Unbesonnenheit schiebt, wobei man denn die veranlassenden Gelegenheitsursachen nicht außer der Acht läßt.[101]

Man betreibt also Ursachenforschung „wie überhaupt in Untersuchung der Reihe bestimmender Ursachen zu einer gegebenen Naturwirkung". Schließlich aber „tadelt man nichts destoweniger den Täter", freilich nicht wegen der Bedingungen und seines Charakters, vielmehr setzt man voraus, man könne diese Bedingungen „gänzlich beiseite setzen", ja sie „als ungeschehen" und die Tat als „gänzlich unbedingt in Ansehung des vorigen Zustandes ansehen".[102]

Dies ist Kants Bild und im Wesentlichen auch das Bild des deutschen Strafrechts. Maßgeblich für den Schuldvorwurf ist allein der Zeitpunkt der Begehung der Tat. Vom zur bösen Tat disponierten Täter muss erwartet werden, dass er sich im Augenblick der Versuchung einen Ruck gibt und ihr widersteht. Kant:

> Wenn aber jemand bis zu einer unmittelbar bevorstehenden freien Handlung auch noch
> so böse gewesen wäre (bis zur Gewohnheit als anderer Natur): so ist es nicht allein seine
> Pflicht gewesen, besser zu sein; sondern es ist jetzt noch seine Pflicht, sich zu bessern: er
> muß es also auch können [...].[103]

Für diese Selbstbesserung ist eine „Umwandlung der Denkungsart" erforderlich, mit der er seine falsche Präferenzordnung „durch eine einzige unwandelbare Entschließung umkehrt".[104] Kurz: Er muss sein Leben ändern. Wie dieser Sinneswandel genau vonstatten gehen soll, sei psychologisch nicht bis ins Letzte aufzuklären. Es muss genügen, dass wir das, was wir sollen, auch können, nämlich „bessere Menschen werden".[105] Der Einwand, dass man dazu nicht in der Lage sei, verfängt nicht, denn woher sollte man das wissen?

Ich möchte den oben genannten Grund Kants für die „Unerforschlichkeit" des Ursprungs der Maximenwahl noch einmal handlungstheoretisch variieren: Alles, was für die geforderte Umkehr zu geschehen hat, ist etwas ist, was der Täter *tun* muss. *Er* muss sich diesen Ruck geben, und wenn man weiter fragen wollte, wie er das denn machen soll, müsste die Antwort wiederum etwas nennen, was er eben tun muss. Alles, was jemand dazu beitragen kann, dass seine Tat geschieht, muss wiederum in Begriffen des Tuns, Vollziehens oder Ausführens beschrieben werden. Wer da sagt „Es muss ein Ruck durch mich gehen" wird lange warten. Eine Analyse des Rucks würde darauf hinauslaufen, den Begriff des Selbsttuns in begriffliche Komponenten zu zerlegen. Analysieren kann man aber nur etwas, was Komponenten hat. Alles Analysieren kommt dort an ein Ende, wo man auf Einfaches, nicht weiter Zerlegbares stößt. Irgendwann biegt sich unser Spaten zurück, weil wir einen Begriff oder ein Phänomen nicht mehr als aus Komponenten zusammengesetzt auffassen können. Es spricht viel dafür, dass der Begriff des Tuns zu den primitiven, nichtanalysierbaren Grundbegriffen unserer deskriptiven Metaphysik gehört. Das Moment von Aktivität oder Spontaneität, in dem das Ausführen einer Handlung über ihr bloßes Vorkommen hinausgeht, scheint nicht weiter analysierbar zu sein. Dafür spricht auch die lange Reihe gescheiterter *Körperbewegung plus x*-Analysen in der analytischen Handlungstheorie.

Die freiheitstheoretische Sprengkraft der Aufforderung „Du musst dein Leben ändern!" besteht darin, dass von der ungünstig disponierten Person ein Entschluss erwartet wird, der im Widerspruch zu ihrem Charakter steht. Eben die Lockerung der Beziehung von Charakter und Handlung gefährdet nach Humes klassischem Argument die Zurechenbarkeit: Damit wir einer Person ihre Entschlüsse und Handlungen zurechnen können, muss sie eine hinreichende charakterliche Stabilität aufweisen (s.o., S. 103). Humes Argument wird in der Regel als eines für den psychologischen Determinismus ausgelegt. Als ein solches wäre es ein *non sequitur*, denn für die Zurechenbarkeit reichen weit schwächere Beziehungen aus als eine alternativlose Fixierung von Handlungen durch den Charakter und die jeweiligen Motive. Und würde wirklich ein deterministischer Zusammenhang behauptet, so wäre dies, so kritisiert Tugendhat, „gar nicht plausibel. Wir fordern voneinander und von uns selbst durchaus auch, uns auf eine Weise zu verhalten, die im Gegensatz zu unserem bisherigen Charakter steht. Man muss zwischen Person und Charakter unterscheiden. Man macht nicht den Charakter verantwortlich, sondern den ‚Ich'-Sager."[106]

Kant setzt auf eine Umwandlung der Denkungsart hier und jetzt. Robert Kane bestreitet in seinem alternativen Bild, dass der Freiheitsspielraum stets in der aktuellen Entscheidungssituation angesiedelt sein müsse. Eine Klasse von Handlungen, bei denen dies unplausibel sei, seien auf stabilen Gewohnheiten oder starken charakterlichen Dispositionen beruhende Handlungen. Luther soll vor dem Reichstag zu Worms gesagt haben: „Hier stehe ich und kann nicht anders". Kane legt diese Äußerung – wie Frankfurt und Dennett – so aus, dass Luthers Verhalten durch die Struktur seines Charakters oder seine Präferenzordnung *determiniert* war: Es sei Luther in der aktuellen Lage buchstäblich unmöglich gewesen, anders zu handeln.[107]

Wenn Luther nicht anders konnte, hat er nach libertarischer Auffassung nicht frei entschieden und ist für sein Verhalten auch nicht verantwortlich. Um diese Konsequenz zu vermeiden, macht Kane Luthers Verantwortung für seine charakterlich determinierte Tat davon abhängig, „whether he was *responsible for being the sort of person he had become at that time*".[108] Luther bekommt eine zweite Chance zum Andershandeln, die allerdings in der Vergangenheit liegt. Um die Zurechenbarkeit des *aktuellen* Verhaltens Luthers zu retten, formuliert Kane ein revidiertes Kriterium der Ersturheberschaft: Jemand ist dann verantwortlicher Ersturheber eines Geschehens, wenn er durch eine freie Entscheidung für das verantwortlich war, was das Geschehen verursacht hat.[109] Diese ausschlaggebende Entscheidung kann der Handlung unmittelbar vorangehen, sie kann aber auch in der fernen Vergangenheit liegen. Falls eine Handlung aus meinem Charakter oder meinen Gewohnheiten resultiert, bin ich insofern ihr erster Urheber, als mein Charakter und meine Gewohnheiten auf frühere Entscheidungen zurückgehen. Diese Auffassung entspricht dem oben erwähnten zweiten Modell der libertarischen Freiheit, dem *Ursprungsmodell*. „Source incompatibilists" fordern kein So-oder-Anderskönnen in der gegebenen Situation, sondern sind bereit, den zurechenbaren Beitrag des Akteurs vorzuverlegen.

Den Rückgang auf frühere zurechenbare Entscheidungen bei charakterlich bestimmten Handlungen hat schon Aristoteles vorgeschlagen. In der *Nikomachischen Ethik* diskutiert er Beispiele fahrlässiger, ungerechter und zügelloser Handlungen und stellt sich Täter vor, bei denen sich die entsprechenden Untugenden charakterlich verfestigt haben:

> Aber vielleicht ist er nun einmal so, daß er keine Sorgfalt anwendet. Aber, daß man ein
> solcher geworden ist, ist man selber schuld, indem man sich gehen läßt […] Denn die Akte,
> die man in einer bestimmten Richtung ausübt, machen einen zu einem solchen, wie man
> ist. Man sieht das an denen, die sich auf irgend einen Wettkampf oder ein Geschäft einüben.
> Sie tun dies, indem sie beharrlich die erforderlichen Akte verrichten.[110]

> Ebenso stand es dem Ungerechten und dem Zügellosen ursprünglich zwar frei, dies nicht
> zu werden, und deswegen sind sie freiwillig so. Nachdem sie es aber geworden sind, steht
> es ihnen nicht mehr frei, es nicht zu sein.[111]

Aristoteles ist also der Auffassung, dass man für seinen Charakter selbst ver-
antwortlich ist, da man ihn sich durch eigenes Handeln zuzieht – gleich einem
Sportler, der durch Training seine Fähigkeiten ausbildet. Hinsichtlich unseres
Charakters oder Habitus (*hexis*) haben wir die Herrschaft „nur über den Anfang,
seine Zunahme jedoch durch die einzelnen Akte bleibt uns unbemerkt, wie es bei
Krankheiten geschieht".[112]

Aus libertarischer Sicht wirft diese Darstellung eine Reihe schwieriger Fragen
auf: Wann genau geht ein formbarer Charakter in einen unbeeinflussbaren über?
Sind nur junge Menschen frei, ältere nicht mehr?[113] Wie ernst ist die Determination durch den Charakter, also der psychologische Determinismus, gemeint?
Hebt sie die Fähigkeiten der Selbstprüfung und Selbstdistanzierung auf? Warum
soll es anfangs leicht, später aber nicht bloß schwierig, sondern unmöglich sein,
seinen Charakter zu formen? Und wie sind bei Kane die ursprünglichen charak-
terbildenden Handlungen zu verstehen: Woher stammen die Gründe, aus denen
man sie ausführt? Um der erste (oder letzte) Urheber seiner Handlungen zu sein,
müsste man nach Galen Strawson seine handlungsbestimmenden Wünsche und
deren vergangene Determinanten selbst wählen. Wie soll hier der Regress vermie-
den werden?

Nur auf die letzte Frage hat Kane eine Antwort. Es gebe eine Klasse von
Handlungen, die den drohenden Regress aufhalten, nämlich markante persön-
lichkeitsbildende Handlungen („self-forming actions").[114] Am Beispiel Luthers:
An einem wichtigen Tag seines Lebens könnte sich Luther vorgenommen haben,
in Religionsfragen fortan nur noch seinem Gewissen zu folgen. Nach Kane kann
man an existentiellen Scheidewegen anders handeln „by simply doing otherwise", also ohne dass man schon früher etwas anderes hätte tun müssen. Diese
schlechthin indeterminierten „self-forming actions" machen Kanes Theorie erst
zu einer libertarischen.

Agnostische Kompatibilisten haben es oder machen es sich mit der Zurechnung charakterlich bestimmter Handlungen leichter, weil sie Freiheit und moralische Verantwortung nicht von „historischen" Bedingungen abhängig machen.
Nach Bieri gilt: „In moralischen Dingen kommt es einzig und allein auf den

Inhalt des Denkens an und nicht auf seine *Herkunft*".[115] Schälike argumentiert: „Dass jemand nicht dafür kritisiert werden kann, dass er der Sadist wurde, der er ist, heißt nicht, dass man ihn nicht dafür kritisieren kann, dass er ein Sadist ist. Wie sollte man ihn für Letzteres nicht kritisieren können? Ist Sadismus etwa nicht schlecht?"[116] Diese rhetorische Frage zeugt im Munde eines Kompatibilisten von einer gewissen Chuzpe. Dass Sadismus kritikwürdig ist, liegt ja, juristisch gesprochen, auch an den subjektiven Tatbestandsmerkmalen, nämlich an der Motivation des Täters, die eine Handlung erst zu einer sadistischen macht. Sieht man nun mit Schälike die – durchaus strittige – Tatsache, dass der Täter an der Ausbildung und Kultivierung seiner sadistischen Neigung nichts ändern konnte, als für die moralische Beurteilung seiner Taten irrelevant an, dann ist dies eben durch die Annahme gerechtfertigt, dass noch so starke Dispositionen sich nicht naturnotwendig in Straftaten manifestieren. Vorwerfbar ist die Tat, insofern man annimmt, dass der Sadist seiner Neigung in der gegebenen Situation durch größere Anstrengung hätte widerstehen können. Libertarier nehmen das an, Kompatibilisten nicht; deshalb ist das Absehen von der Vorgeschichte bei der moralischen Beurteilung allein für den Libertarier zulässig. – Als Vertreter der konditionalen Analyse des Könnens wird Schälike Letzteres bestreiten. Für charakterlich bestimmte Handlungen ergibt sich aus der konditionalen Analyse, dass jemand nicht deshalb verantwortlich ist, weil er es in der Hand hatte, ein anderer zu werden, sondern weil er, *wenn* er – in einer deterministischen Welt *per impossibile* – ein anderer geworden wäre, anders gehandelt hätte.

Ich fasse zusammen: Hinsichtlich des So-oder-Anderskönnens lassen sich der kantische und der aristotelische Weg unterscheiden. Nach Kant ist die Handlung „in dem Augenblicke des Geschehens in der Gewalt des Subjekts", nach Aristoteles hat die zurechenbare Wahl in manchen Fällen zu einem früheren Zeitpunkt stattgefunden. Ein zweiter Unterschied ist, dass Aristoteles manche Handlungen durch die *hexis* erklärt, die man sich zwar selbst zugezogen hat, im höheren Alter aber nicht mehr ändern kann, während uns nach Kant jederzeit „durch festen Vorsatz" der „Abbruch aller Neigungen" möglich ist.[117] Das deutsche Strafrecht hält sich in der zweiten Frage bedeckt und geht in der ersten den kantischen Weg. Die Vorverlagerung des Verschuldens ist, außer in bestimmten Ausnahmefällen, nicht zulässig, denn das Strafrecht legt das Prinzip der Einzeltatschuld zugrunde; konkurrierende Lehren von der „Charakterschuld", „Lebensführungsschuld" oder „Lebensentscheidungsschuld" haben sich nicht durchgesetzt.[118]

Kane geht in der zweiten Frage (Charakter bestimmt Verhalten) den aristotelischen Weg, in der ersten (Vorverlegung der Schuld) ebenfalls, wobei er allerdings statt der aristotelischen Einübung markante „self-forming actions" annimmt. Damit handelt sich Kane einige Schwierigkeiten ein, die ein konsequent fähigkeitsbasierter Libertarismus nicht hat. Die Frage ist, was für einen Libertarier mit der Vorverlegung der zurechenbaren Entscheidung gewonnen ist. Die metaphysischen Kosten eines kantischen Anfangenkönnens vermeiden zu können erscheint als attraktiv. Kane braucht indes das Vermögen der Ersturheberschaft ebenfalls, nur dass er es nicht bei jeder Handlung involviert sieht. Dies ist eine instabile Position. Ihr Schwachpunkt besteht darin, dass sie für „Hier stehe ich und kann nicht anders"-Situationen einen psychologischen Determinismus annimmt, zugleich aber eine scharfe Begrenzung seines Geltungsbereichs. Den eigenen Charakter forme man durch freie Entscheidungen nach dem Modell der existenzialistischen Selbstwahl, das Ergebnis soll dann nicht mehr beeinflussbar sein. Dass unsere Handlungen sauber in zwei Teilklassen zerfallen, frei wählbare und psychologisch determinierte, erscheint aber unplausibel. Man kann sagen, dass Kanes erste Annahme (punktuelle „self-forming actions") unnötig stark ist, die zweite (Luther-Psychologie) für einen Libertarier zu schwach.

Wenn man das libertarische Anderskönnen konsequent als eine Fähigkeit erläutert statt als gradierbares Attribut einzelner Handlungen, fallen diese Schwierigkeiten weg. Man verliert eine Fähigkeit nicht dadurch, dass man sie faktisch nicht ausübt. Auch unüberlegte und auf starken charakterlichen Dispositionen beruhende Handlungen bleiben überlegungszugänglich. Ich schlage deshalb zusammenfassend vor, dem kantischen und dem aristotelischen Weg einen dritten gegenüberzustellen, der aus folgenden Komponenten besteht:

- Die Möglichkeit, die komplexe Fähigkeit des Weiterüberlegens und Suspendierens bestehender Motive zu aktualisieren, besteht grundsätzlich bei jeder Handlung. Allerdings ist es häufig nicht nötig, sie zu aktualisieren.
- Von der Fähigkeit Gebrauch zu machen, wenn es nötig ist, ist eine *Forderung* an den Akteur, sei es eine der Vernunft oder eine der Moral. Dieses unaufhebbar normative Element macht es dem irrational oder unmoralisch Handelnden unmöglich, sich auf das psychologische Faktum zu berufen, ihm sei der fragliche Gesichtspunkt einfach nicht in den Sinn gekommen.
- Einzuschätzen, *ob* es im Einzelfall rational oder moralisch geboten ist, Überlegensfähigkeiten zu aktualisieren, obliegt ebenfalls dem Handelnden. Bei routinierten und habitualisierten Handlungen sind es oft Störungen und Zwischenfälle, die dem Akteur signalisieren, dass er das Ruder wieder in die Hand nehmen muss. Das morgendliche Zähneputzen mag im Trott geschehen, doch wenn die Zahnbürste abbricht, wäre das Fortsetzen irrational. Beispiele aus dem Straßenverkehr zeigen, dass wir die Fähigkeit des blitzschnellen Umschaltens sehr wohl besitzen: In Gefahrensituationen werden Handlungsroutinen unterbrochen. Was für Rationalität gilt, gilt *mutatis mutandis* für Moralität: Wir erwarten voneinander, moralisch riskante Situ-

ationen zu erkennen und dann vom Autopiloten in den Aufmerksamkeits-
modus umzuschalten.
– Allgemeine Regeln, wie lange eine Überlegung fortzusetzen und wann vernünftigerweise eine Entscheidung zu fällen ist, gibt es nicht. In nicht handlungsentlasteten Situationen wird irgendwann das Weiterüberlegen unvernünftig. Die Überlegung zum richtigen Zeitpunkt zu beenden erfordert ein
höherstufiges Vermögen der Urteilskraft, das sich einer entscheidungs- und
rationalitätstheoretischen Operationalisierung widersetzt.
– Da es nicht immer nötig ist, Überlegungsfähigkeiten zu aktualisieren, gefährden weder Gewohnheiten noch impulsive, emotionsgesteuerte Handlungen eine wohlverstandene libertarische Freiheit. Manchmal kann die Frage
„Warum hast Du das getan?“ auch mit „Einfach so“ oder „Mir war danach“
beantwortet werden.[119] Es ist nicht immer irrational, ohne wohlerwogenen
Grund zu handeln.
– Die kausale Deutung des Ursprungsmodells muss aufgegeben werden. Die
handlungs- und kausalitätstheoretische Kritik an der Akteurskausalität hat
gezeigt, dass das Ausführen oder Vollziehen einer Handlung nicht in der
Terminologie des Verursachens beschrieben werden sollte. Ein Akteur verursacht nicht, was er tut, sondern er tut es, und zwar auf begrifflich nicht weiter
analysierbare Weise. Wir fangen Handlungen an, aber keine Kausalreihen. Es
besteht deshalb auch keine Notwendigkeit, Handelnde als unbewegte Erste
Beweger anzusehen und damit den Libertarismus in einen Konflikt mit dem
allgemeinen Kausalprinzip und den physikalischen Erhaltungssätzen zu
treiben.
– Das bei Kane durchscheinende existentialistische Motiv der ursprünglichen
Selbstwahl sollte ebenfalls aufgegeben oder stark modifiziert werden. Damit
unsere Handlungen und Entscheidungen uns zurechenbar sind, müssen wir
unsere Wünsche und Dispositionen nicht selbst gewählt haben und unseren
Charakter nur begrenzt. Libertarier können angesichts genetischer, psychologischer und neurophysiologischer Befunde zugestehen, dass ein Mensch
weder als tabula rasa auf die Welt kommt noch die Einflüsse seiner Sozia-
lisation selbst gewählt haben muss. Damit fällt Galen Strawsons freiheits-
skeptisches Argument in sich zusammen. Willensfreiheit im hier skizzierten
fähigkeitsbasierten Sinne zeigt sich im *vernünftigen Umgang mit vorfindli-
chen Kontingenzen*, die eigenen Neigungen eingeschlossen. Entscheidend
ist nicht, ob ich meine Wünsche und Antriebe selbst gewählt habe, sondern
dass sie sich nicht naturnotwendig oder gleichsam automatisch in Verhalten
umsetzen.

Der in diesem Kapitel skizzierte fähigkeitsbasierte, von akteurskausalistischen und substanzendualistischen Erblasten befreite Libertarismus mag für einige Ohren mehr Ähnlichkeit mit neueren kompatibilistischen Positionen haben als mit libertarischen. Auch Beckermann und Tugendhat rücken beispielsweise das Lockesche Suspensionsvermögen in das Zentrum ihrer Freiheitsauffassungen. Allerdings sind sie der Auffassung, dass dieses Vermögen auch in einer deterministischen Welt existieren und ausgeübt werden kann.[120] Dagegen argumentieren Libertarier, dass Willensfreiheit, die ich als die Fähigkeit der überlegten hindernisüberwindenden Willensbildung und -umsetzung verstehe, *sowohl* durch den pathologischen Verlust von Einsichts- und Steuerungsfähigkeiten *als auch* durch den Determinismus tangiert wird. Es ist richtig, dass beide Faktoren von grundverschiedener Art sind, doch da der Determinismus die Präsuppositionen unserer Überlegungs-, Entscheidungs- und Handlungsfähigkeit negiert, untergräbt er ebenfalls die Freiheit. In einer deterministischen Welt, in der niemals etwas anderes geschehen kann als das, was tatsächlich geschieht, gibt es weder offene Möglichkeiten noch Zwei-Wege-Vermögen. Die Abwesenheit laplacescher Determination ist aber nicht hinreichend für libertarische Freiheit; zusätzlich muss es Wesen mit den entsprechenden Vermögen geben.

Im Unterschied zu vielen anderen Libertariern betrachte ich das So-oder-Anderskönnen unter gegebenen Umständen nicht als ein Zusatzvermögen, das eine „tiefere" Art von Freiheit kennzeichnet, das nur in besonderen Situationen vorhanden ist oder das eine besondere Art von Kausalität erfordert. Es ist vielmehr ein Implikat unserer gewöhnlichen Begriffe des Überlegens, Entscheidens und Handelns. Ich habe vorgeschlagen, die libertarische Imprägnierung unserer gewöhnlichen Rede über Handlungen und Entscheidungen für bare Münze zu nehmen. Zu prüfen war, ob irgendetwas, was wir wissenschaftlich oder philosophisch wissen, diese Imprägnierung als trügerisch erweist. Ich habe bisher nichts gefunden.

6. Willensfreiheit und Hirnforschung

6.1 Welche empirischen Befunde sind für die Willensfreiheit relevant?

Seit einigen Jahren ist die philosophische Freiheitsdebatte durch Forschungsergebnisse der empirischen Humanwissenschaften, vor allem der Neurowissenschaften, der kognitiven Psychologie und der Humangenetik, neu befeuert worden. Eine herausgehobene Rolle haben die Experimente des amerikanischen Hirnforschers Benjamin Libet zur willentlichen Handlungssteuerung gespielt. Im deutschen Sprachraum sind diese Experimente verschiedentlich im Sinne einer *empirischen Widerlegung* der Willensfreiheit ausgelegt worden.

Ich habe die Auseinandersetzung mit der neurowissenschaftlichen Forschung bewusst nicht ins Zentrum dieses Buches gestellt. Es ist angesichts der aufgeregten, weit in die Öffentlichkeit ausstrahlenden Debatte nicht einfach, die Relevanz der neueren Befunde für das Freiheitsproblem nüchtern einzuschätzen. Ich möchte folgende Tatsache in Erinnerung rufen, die leicht aus den Augen verloren wird: Beide der in der Einleitung unterschiedenen Freiheitsprobleme, die klassische Frage „Freiheit oder Determinismus?" wie das Vereinbarkeitsproblem, sind philosophische Probleme *par excellence*. Das bedeutet, dass ihre Behandlung wesentlich die Klärung begrifflicher Zusammenhänge und theoretischer Vorannahmen erfordert. Empirische Befunde spielen in der philosophischen Freiheitsdebatte nur die mittelbare Rolle, bestimmte theoretisch mögliche Lösungen auszuschließen: Nichts, was Philosophen über die menschliche Freiheit sagen, sollte empirischen Tatsachen widersprechen. Diese Auflage mag einige Extrempositionen ausschließen. Einige Teilnehmer der Debatte meinen, dass sie den klassischen Libertarismus ausschließt, aber wir haben schon gesehen, dass diese Meinung auf Verwechslungen und Fehlzuschreibungen beruht. Dem Libertarismus wird unterstellt, er behaupte eine Einwirkung einer immateriellen Seele auf die Körperwelt sowie das wundersame Vermögen, gegenwärtige Zustände oder Tatsachen anders sein zu lassen, als sie sind. Der Hauptgrund dafür, dass empirische Befunde in der Freiheitsdebatte nur eine indirekte Rolle spielen, besteht darin, dass schon die strittigen Phänomene stark theoretisch imprägniert sind. Oft ist nicht einmal klar, welche Befunde als empirische Bestätigung oder Widerlegung gelten würden. A fortiori lässt sich nicht durch empirische Untersuchungen klären, ob die fraglichen Fähigkeiten – beispielsweise die Suspensionsfähigkeit, deren Vorhandensein Locke wiederholt eine Erfahrungstatsache nennt – auf libertarische oder kompatibilistische Weise aufzufassen sind.

Empirische Befunde lassen eine angemessene Auffassung der menschlichen Freiheit nicht nur unterbestimmt, sondern viele *Darstellungen* der empirischen Befunde sind mit begrifflichen Verwirrungen behaftet, die auf undurchschauten philosophischen Vorannahmen beruhen. Die übliche Gegenüberstellung von empirischem Wissen und philosophischer Spekulation verdeckt diesen Sachverhalt. Es sind in der Regel nicht die empirischen Befunde, die mit philosophischen Freiheitstheorien oder mit Auffassungen des Common Sense unvereinbar sind, sondern kurzschlüssige philosophische Interpretationen dieser Befunde.

Ich habe in den Vorkapiteln eine fähigkeitsbasierte libertarische Auffassung der Freiheit skizziert und sie gegen einschlägige Einwände verteidigt. Nun ist nur noch zu prüfen, ob die aktuelle neurowissenschaftliche Forschung etwas am erreichten Diskussionsstand ändert. Insbesondere stellen sich folgende Fragen: Stützen neurowissenschaftliche Befunde den Determinismus? Wie soll die Hürde der empirischen Nichtbeweisbarkeit des Determinismus überwunden werden? Gibt es neue Argumente zum Verhältnis von universalem und Bereichsdeterminismus? Wie lässt sich der Nichtbesitz einer Fähigkeit empirisch von deren Nichtausübung unterscheiden? Gibt es Befunde, die einer empirischen Widerlegung der Willensfreiheit gleichkommen? Wenn ja, wird offenbar eine inkompatibilistische Auffassung vertreten. Wie wird diese begründet? Lassen sich den empirischen Studien neue Argumente hinsichtlich der Vereinbarkeitsfrage entnehmen?

Wir werden sehen, dass die Hoffnung, Antworten auf diese Fragen zu bekommen, fast durchgängig enttäuscht wird. Dies lässt den – wenig überraschenden – Schluss zu, dass die neurowissenschaftliche Forschung *nicht* mit den philosophischen Fragen befasst ist, ob der Mensch einen freien Willen hat, was das bedeuten könnte und ob Freiheit mit dem Determinismus vereinbar ist. So wird es selbst von Advokaten einer „Neurophilosophie" gesehen:

> Die relevanten Argumente für oder gegen Willensfreiheit können auf ihre Gültigkeit überprüft werden, ohne dass man überhaupt etwas Bestimmtes über die Funktion des Gehirns weiß. Es genügt die einfache – und plausible – Hintergrundannahme, dass mentale Prozesse durch Hirnvorgänge realisiert sind.[1]

Beginnen wir mit der Frage, *welche* neurowissenschaftlichen und kognitionspsychologischen Befunde es sind, die zur Revision alltäglicher oder philosophischer Annahmen über die Willensfreiheit nötigen sollen. Die am häufigsten genannten Forschungsergebnisse sind die folgenden:

(a) In den psychologischen Experimenten zu *Kontrollillusionen* werden Versuchspersonen zu dem falschen Urteil verleitet, bestimmte Veränderungen in ihrer Umgebung selbst herbeigeführt zu haben. Auf diese Weise werden Selbstzuschreibungen kausaler Urheberschaft als unzuverlässig erwiesen.

(b) In Experimenten zu *Priming-Effekten* wird gezeigt, dass Entscheidungen sich durch die vorherige Darbietung subliminaler Reize, also von solchen unter der Bewusstseinsschwelle, beeinflussen lassen. Das Entscheidungsverhalten der Versuchspersonen variiert statistisch signifikant mit den unbewusst wahrgenommenen Reizen, die Versuchspersonen glauben aber, die Entscheidung unbeeinflusst getroffen zu haben.

(c) Die *Libet-Experimente* und Nachfolgeexperimente zur Datierung willentlicher Entschlüsse sollen zeigen, dass vermeintlich frei gewählte Handlungen durch unbewusste neuronale Prozesse initiiert werden.

(d) Schließlich wird die Erforschung *neuronaler* oder *hirnorganischer Korrelate* psychischer Fähigkeiten und Störungen in die Freiheitsdebatte eingeführt. Hier haben insbesondere kernspintomographische Untersuchungen an Personen mit dissozialer Persönlichkeitsstörung Aufmerksamkeit erregt. Es konnte gezeigt werden, dass diese Persönlichkeitsstörung mit einer unterdurchschnittlichen Stoffwechselaktivität in einer präfrontalen Region der Großhirnrinde korreliert, in manchen Fällen auch mit atrophischen Strukturveränderungen in dieser Region. Man spricht bei Soziopathien mit Veränderungen im präfrontalen Kortex auch vom „Frontalhirnsyndrom".

Auf (a) und (b) gehe ich nur kurz ein, weil die Relevanz dieser Experimente für das Freiheitsproblem erkennbar gering ist. Die Experimente zu den induzierten Kontrollillusionen zeigen, dass Menschen unter bestimmten Bedingungen zu der Überzeugung neigen, Vorgänge durch eigene Handlungen kausal beeinflusst zu haben, die tatsächlich nicht ihrer Kontrolle unterlagen. Auch beim subliminalen Priming kommt es zu Täuschungen; hier betrifft die Illusion aber nicht die vermeintlichen äußeren Effekte des Verhaltens der Versuchsperson, sondern ihre Entscheidung selbst, die sie unbeeinflusst, also ‚aus freien Stücken' zu treffen wähnt. Beide Arten von Experimenten zeigen die Fehlbarkeit bestimmter Selbstzuschreibungen.

Im Falle der Priming-Experimente – sie sind mittlerweile Legion – scheint es immerhin noch einen Konflikt mit einer tatsächlich vertretenen philosophischen Auffassung zu geben, nämlich mit der *cartesianischen* Annahme der Selbsttransparenz des Bewusstseins. Doch bei näherer Betrachtung bezieht sich Descartes' Behauptung der Unfehlbarkeit von Urteilen über eigene *cogitationes* nur auf kognitive Akte oder Zustände, die überhaupt ins Bewusstsein treten. Dass wahrgenommene Reize, die unterhalb der Bewusstseinsschwelle bleiben, unfehlbar erkannt werden, hat auch Descartes nicht behauptet. Auch das Urteil, dass eine bestimmte Entscheidung *nicht* von einem solchen Reiz beeinflusst wurde, ist kein geeignetes Objekt einer cartesischen Gewissheit der Art, wie sie bei „Cogito, ergo sum" vorliegt.

Noch weniger einschlägig sind die Kontrollillusionen. Eine Herausforderung wären sie für solche Freiheitsauffassungen, die die Willensfreiheit auf ein *untrügliches Gefühl* hinsichtlich des Bestehens bestimmter Kausalverhältnisse gründen. Nach der hier skizzierten Auffassung gründet Willensfreiheit aber nicht in einem Gefühl, geschweige denn in einem untrüglichen. Die gegenteilige Auffassung ist unter Kognitionspsychologen derart verbreitet, dass man sie ebenfalls unter den Mythen über den Libertarismus aufführen könnte. In den Experimenten zu Kontrollillusionen geht es um *Kausalurteile*. Die Annahme, dass Urteile über das Bestehen kausaler Beziehungen sich durch Gefühle oder subjektive Eindrücke rechtfertigen ließen, halten die meisten Philosophen für irrig. Die Behauptung der kausalen Abhängigkeit zweier Phänomene voneinander ist ein theoretisches Urteil, das je nach vertretener Kausalitätstheorie durch Annahmen über Regularitäten, Naturgesetze, kontrafaktische Abhängigkeiten, Energieübertragungen oder Interventionsmöglichkeiten gerechtfertigt wird. Es ist einfach nicht zu sehen, warum Willensfreiheit erfordern sollte, dass wir einen infalliblen Zugang zu Kausalurteilen besitzen, und seien es Urteile über selbst herbeigeführte Effekte. A fortiori ist nicht überraschend, dass Menschen nicht über die Fähigkeit verfügen, Einflüsse und Effekte zu erkennen, die der Versuchsleiter sorgsam vor ihnen verborgen hat.

Aus demselben Grund mangelt es diesen Experimenten an ökologischer Validität. Es werden kognitive Mechanismen ausgebeutet, die in ihrer natürlichen Umgebung hochfunktional sind: Menschen sind außerordentlich gut darin, hinter einem Geschehen Akteure zu erkennen. Sie besitzen ein „hyperactive agent detection device" (Justin Barrett) – ein kognitives Modul zum Aufspüren von Akteuren, das sich evolutionär ausgezahlt hat und eben deshalb zur Überfunktion neigt.[2] Wenn es im Gebüsch raschelt, sind Menschen disponiert, an ein gefährliches Tier zu denken. In den Experimenten zu Kontrollillusionen richtet die Versuchsperson dieses HADD gegen sich selbst: Wahrgenommene Veränderungen in ihrer unmittelbaren Umgebung, für die sich keine andere plausible Erklärung anbietet, schreibt sie ihrem eigenen Einfluss zu. Was könnte natürlicher sein? Und was könnte abwegiger sein, als die Ergebnisse dieser Experimente zu weitreichenden skeptischen Annahmen über den epiphänomenalen Charakter des Willens zu verallgemeinern?[3]

In der kognitiven Psychologie nehmen eine Reihe von Forschern an, dass Willenshandlungen durch die Antizipation erwarteter Effekte ausgelöst werden. Nach dem *Comparator*-Modell von Frith ist der bewusste Eindruck, eine Bewegung selbst initiiert zu haben, das Ergebnis einer Kausalattribution, die auf dem nachträglichen Vergleich antizipierter und tatsächlicher Effekte beruht:

Wenn beide übereinstimmen, halte man sich für den kausalen Urheber; klaffen beide auseinander, so schreibe man den Effekt äußeren Ursachen zu.[4] Auch hier handelt es sich um ein Kausalurteil, nicht um ein „Gefühl". Überhaupt ist die Rede vom „Gefühl der Urheberschaft" mehrdeutig. Es wird in der Literatur oft nicht zwischen der Selbstattribution kausaler Urheberschaft und dem Eindruck der Person, eine Bewegung selbst ausgeführt zu haben („sense of agency"), unterschieden. Wenn ich mich über die Ursache des vermeintlich herbeigeführten Effekts getäuscht habe, bedeutet das noch nicht, dass mein Eindruck, überhaupt etwas willentlich getan zu haben, ebenfalls falsch war.[5]

Doch nicht einmal die Phänomenalität des Selbsttuns muss untrüglich sein. Durch gezielte Stimulierung des motorischen Kortex lassen sich offenbar Körperbewegungen induzieren, die vom Erlebnis des willentlichen Tuns begleitet sind. (Wenn man stattdessen den Thalamus stimuliert, entsteht dieser Eindruck nicht.) Das ist für diejenigen Philosophen bestürzend, die das Mentale über seine Unfehlbarkeit oder Unkorrigierbarkeit definieren. Eine fähigkeitsbasierte Freiheitsauffassung wird durch diese Befunde aber nicht tangiert. Es drängt sich ein Vergleich mit Wahrnehmungstäuschungen auf: Die Darbietung der perfekten Attrappe eines Kaninchens erzeugt denselben Seheindruck wie der eines Kaninchens. Daraus kann man weder schließen, dass alle Kaninchen Attrappen sind, noch dass unsere Wahrnehmungsurteile in Wirklichkeit nicht von äußeren Gegenständen handeln, sondern von Sinnesdaten, Ideen, Bildern oder „Konstruktionen". Aus der subjektiven Ununterscheidbarkeit von Kaninchen und perfekten Kaninchenattrappen folgt nichts außer der unspektakulären Tatsache, dass Wahrnehmungsurteile fehlbar sind. Was für Wahrnehmungsurteile gilt, gilt *mutatis mutandis* für Kausalurteile.

Auch wenn die Kontrollillusions- und Priming-Experimente freiheitstheoretisch nicht relevant sind, sind sie doch für andere philosophische Fragen von Interesse. Die Rolle unbewusster Vorgänge bei der Entscheidungsfindung und bei der nachträglichen Erklärung eigener Handlungen ist für diejenigen Auffassungen eine Herausforderung, die den Bereich des Mentalen oder Psychischen mit dem des Bewussten zusammenfallen lassen. Auch bei den Libet-Experimenten wird ja gefragt, ob die mit dem Aufbau des Bereitschaftspotentials korrelierten *unbewussten* Prozesse der Entscheidungsfindung gleichwohl als mentale Prozesse zählen sollten.

Man könnte argumentieren, dass schon die Existenz unbewusster Determinanten einer Entscheidung freiheitsgefährdend ist. Oben habe ich zugestanden, dass die verborgene Manipulation von Wünschen wie in Skinners Sozialutopie *Walden Two* die Freiheit der Willensbildung einschränkt und damit einen Einwand gegen Frankfurts kompatibilistische Theorie der hierarchischen Motivation darstellt. „Determination durch unbewusste Faktoren [...] schließt Freiheit aus"[6] – diese Annahme erscheint plausibel. Aus inkompatibilistischer Sicht schließt echte laplacesche Determination in der Tat Freiheit aus. Das liegt aber an der Verletzung des Prinzips der alternativen Möglichkeiten, nicht an der besonderen Rolle unbewusster Faktoren. Also müssen wir von der „Determination durch unbewusste Faktoren" zunächst den Determinismus abziehen. Es bleibt dann die Frage übrig, ob allein die Existenz unbewusster Faktoren in der zu einer Entscheidung führenden Kausalkette freiheitsgefährdend ist. Da diese Frage auch durch die Libet-Experimente aufgeworfen wird, verschiebe ich die Diskussion.

6.2 Pathologische und nichtpathologische Fähigkeitseinschränkungen

Anders gelagert ist der Fall der Personen mit dissozialer Persönlichkeitsstörung. (Die gleichbedeutende Bezeichnung „Soziopath" gilt mittlerweile in der Psychiatrie, wie schon „Psychopath", als pejorativ.) Dissozial persönlichkeitsgestörte Personen missachten regelmäßig soziale Normen, sind wenig ängstlich und strafempfindlich, zeigen mangelnde Empathie, eine geringe Frustrationstoleranz und geringe Impulskontrolle.[7] Der wichtigste Unterschied zu den bisher diskutierten Befunden besteht darin, dass wir es hier nicht mit regelhaft auftretenden Fehlleistungen durchschnittlich begabter, gesunder Erwachsener zu tun haben sondern mit einer pathologischen Störung. Für eine fähigkeitsbasierte Freiheitsauffassung, die sich an ‚normalen' Fähigkeiten orientiert, ist dieser Umstand von besonderer Bedeutung.

An dieser Stelle müssen die, die von einer „empirischen Widerlegung der Willensfreiheit" sprechen, sich entscheiden. Berufen sie sich auf die Libet-Experimente oder auf krankhafte Veränderungen im präfrontalen Kortex? Leugnen sie *allgemein* die Willensfreiheit, weil es zu jedem psychischen Vorgang neuronale Ursachen oder Korrelate gibt, oder berufen sie sich auf *besondere* Störungen bei psychisch kranken Personen? Sind wir alle unfrei oder nur manche? Diese Fragen markieren eine Wasserscheide der Debatte. Die Tatsache, dass manche Autoren beides behaupten[8], wirft kein gutes Licht auf ihre Freiheitskritik, denn beide Überlegungen schwächen einander. Hier können wir auf Peter Strawsons Argumentation zurückgreifen: Besondere Fähigkeitseinschränkungen sind eben nicht der Normalfall, sondern der Ausnahmefall. Der Determinismus aber ist eine universale These und begründet gerade nicht die Ausnahme von der Regel. Wenn also Veränderungen im präfrontalen Kortex als schuldmindernde Besonderheiten angeführt werden, kann nicht *zugleich* der psychologische oder neuronale Determinismus gegen *jede* Schuldzuschreibung ins Feld geführt werden.

Das Beispiel der dissozialen Persönlichkeitsstörung wirft die Frage auf, ob man *Grade* der Freiheit, Zurechenbarkeit oder Schuld annehmen sollte. Das deutsche Strafrecht lässt hinsichtlich des Schuldbegriffs klarerweise Gradierungen zu. Es kennt *fehlende* Fähigkeiten, das Unrecht der Tat einzusehen oder nach dieser Einsicht zu handeln, und nimmt entsprechend Schuld*ausschluss* an (§ 20 StGB). Es kennt aber auch *verminderte* Fähigkeiten und erlaubt dann Schuld*minderung*. (§ 21). Schon das Preußische Allgemeine Landrecht von 1794 stellt folgende Proportion auf: „Alles, was das Vermögen eines Menschen, mit Freiheit und Überlegung zu handeln, mehrt oder mindert, mehrt oder mindert auch den Grad der Strafbarkeit."[9] Auch in der philosophischen Freiheitsdebatte ist in jüngerer Zeit dafür argumentiert worden, dass eine verminderte Schuld oder moralische Verantwortung zugeschrieben werden sollte, wenn eine psychische Prädisposition für das fragliche Fehlverhalten vorlag.[10] Dies gelte insbesondere dann, wenn man hirnorganische Korrelate für diese psychische Disposition findet. Ähnlich wird im Falle genetischer Anomalien argumentiert. Wenn beispielsweise bekannte genetische Faktoren die Wahrscheinlichkeit aggressiven Verhaltens signifikant erhöhen, müsse der Grad der moralischen Verantwortlichkeit entsprechend gemindert werden. Walters „revisionistischer Kompatibilismus" macht – im Unterschied zum Strawsonschen Kompatibilismus, der die Verantwortungszuschreibung im Normalfall für gerechtfertigt hält – den Grad der Verantwortung auch im nichtpathologischen Fall von einer aufwendigen psychiatrischen Diagnostik abhängig.

Im Rückgriff auf die in den Vorkapiteln erarbeiteten Argumente ist zu diesen Auffassungen mehrerlei anzumerken:

(a) Allein das Auffinden physiologischer Korrelate bestimmter psychischer Dispositionen kann kein Kriterium sein, weil die Existenz von Korrelaten weder über Kausalfragen noch über Fähigkeitsbesitz entscheidet. Jeder Nichtdualist nimmt an, dass mentale Unterschiede mit physischen einhergehen. Solange man nicht den synchronen und den diachronen Sinn von „determinieren" und entsprechend zeitgleiche Korrelate mit Ursachen verwechselt, folgt daraus nichts für das Freiheitsproblem. Wird nicht schon aus unabhängigen Gründen eine bestimmte Determinationsrichtung privilegiert, so lässt sich mit gleichem Recht der Umstand ins Feld führen, dass Hirnstrukturen durch mentale, soziale und kulturelle Einflüsse veränderbar sind. Das Gehirn ist *plastisch*, es ändert sich durch die Art der Benutzung („You never use the same brain twice"). Aristoteles wusste wenig über das Gehirn, würde aber heute seinen Vergleich mit dem sportlichen Training modernisieren: Wer schlechte Angewohnheiten annimmt, trainiert sein Gehirn falsch.

(b) Der Einwand, dass Korrelationen keine Kausalität belegen, entfällt, wenn man statt stabiler Korrelationen plötzliche Veränderungen findet, etwa bestimmte Läsionen des Frontalhirns, die mit einer Verhaltens- oder Persönlichkeitsänderung einhergehen. In diesem Fall ist das Kausalurteil äußerst plausibel. Auch dann kann aber nicht ohne weiteres geschlossen werden, dass die fraglichen Fähigkeiten der Impuls- und Selbstkontrolle verloren sind. Es könnte auch sein, dass der *Wille* zur Selbstkontrolle, der bislang zum Unterlassen von Straftaten ausgereicht hat, nun nicht mehr ausreicht, dass also größere Anstrengungen erforderlich sind als zuvor. Statistisch lässt sich nur feststellen, so der Strafrechtler Jakobs, „in welcher Streubreite erfahrungsgemäß bei dem betreffenden Befund Verhaltensalternativen beobachtet werden", während man hinsichtlich der Existenz der Fähigkeit „agnostisch" bleiben müsse.[11] Auch in der psychologischen Forschung wird stets die Performanz untersucht, aus der dann auf die Fähigkeit geschlossen wird.

(c) Pathologische Fälle sind für das Freiheitsproblem nicht deshalb relevant, weil man Korrelate findet, sondern weil man annimmt, dass in diesen Fällen bestimmte Fähigkeiten eingeschränkt oder verloren sind. Festzustellen, ob dies im Einzelnen der Fall ist, ist keine philosophische Aufgabe. Eine Schwelle für schuldmindernde Fähigkeitseinschränkungen festzulegen, ist Sache des Gesetzgebers. Festzustellen, ob diese Schwelle im gegebenen Fall erreicht ist, ist Aufgabe des durch die forensische Psychiatrie beratenen Gerichts.

(d) Im Falle der Personen mit dissozialer Persönlichkeitsstörung wird allgemein nicht deren Fähigkeit bestritten, das Unrecht der Tat einzusehen. Fraglich ist die Fähigkeit, „nach dieser Einsicht zu handeln", die das Strafgesetzbuch zusätzlich für Schuldfähigkeit fordert. Zum buchstäblichen Nichtanderskönnen ist es aus libertarischer Sicht ein weiter Weg. Die meisten dissozial gestörten Personen würden Kants Galgentest für „unbezwingbare" Neigungen wohl nicht bestehen. Sie werden als strafunempfindlich beschrieben, aber die ihnen drohende Strafe folgt erstens nicht auf dem Fuße und besteht zweitens nicht im Verlust des Lebens. Wenn sie aber unter unmittelbarer Todesdrohung fähig wären, die Tat zu unterlassen, zeigt dies für Kant, dass von einer „unbezwingbaren" Neigung nicht die Rede sein kann.

Über Anderskönnen, Zurechenbarkeit und Verantwortlichkeit beim gesunden Erwachsenen haben die Neurowissenschaften wenig zu sagen, da die Erforschung der neuronalen Korrelate von Fähigkeiten dazu keine neuen Argumente liefert. Pathologische Fälle verlangen eine gesonderte Behandlung. Auch Kant erkennt ja an, dass *schwere* psychische Störungen das Vermögen der freien Wahl zerstören.[12] Darüber, wo in der Palette der psychischen Störungen man die

Schwelle ansetzen sollte, möchte Kant nicht spekulieren, da die Frage „gänzlich psychologisch" und als solche noch nicht hinreichend erforscht sei.[13]

Bedarf es überhaupt einer Schwelle? Es bleibt ja noch der Vorschlag von Walter, auch im nichtpathologischen Fall den Grad der Verantwortlichkeit fein abzustufen und von einer psychiatrischen Diagnostik der fraglichen Fähigkeiten abhängig zu machen. Der Charme dieses Vorschlags besteht darin, dass Grenzziehungen in einem Kontinuum, und seien sie noch so gut begründet, stets ein Moment von Willkür anhaftet. Der Charme verfliegt recht schnell, wenn man überlegt, wie die Feinabstufung der Verantwortlichkeit in der Praxis aussehen soll. Soll im Zuge einer Reihenuntersuchung jeder Bürger einen Verantwortlichkeitskoeffizienten erhalten, der im Falle einer Straftat den Schweregrad seiner Schuld und das Strafmaß bestimmt? Kennt jeder seinen eigenen Befund, so dass er sich sein Strafmaß vorab ausrechnen kann? Vielleicht geht es gar nicht um die strafrechtliche Verantwortung, sondern um die moralische? Aber dort stellen sich analoge Probleme. Erlischt meine Pflicht, ein Versprechen zu halten, wenn meine Impulskontrollfähigkeit 30 % unter dem statistischen Mittel liegt? Das ist alles hinreichend absurd und unpraktikabel. Obwohl Fähigkeiten und Fähigkeitsverluste skalierbar sind, hat der Gesetzgeber aus guten Gründen von Regelungen Abstand genommen, die auf eine Psychiatrisierung der Lebenswelt hinauslaufen. Jeder Bürger hat die uneingeschränkte Pflicht zur Rechtstreue, wiewohl es nicht jedem gleich leicht fällt, diese zu erfüllen. Walter gesteht zu, dass die Bestimmung des individuellen Verantwortungsgrades in vielen Fällen „kaum entscheidbar" sei und deshalb nicht allein auf dem „Vorhandensein von Fähigkeiten", sondern zusätzlich auf „pragmatischen Argumenten" beruhen müsse.[14] Man sähe gern genauer, wie diese Auffassung in rechtliche Regelungen oder moralische Prinzipien überführt werden soll.

Ein alternativer Vorschlag besteht darin, im nichtpathologischen Bereich statt des Besitzes der Fähigkeit den Aufwand zu deren Ausübung abzustufen, diese graduellen Unterschiede aber als für die Schuldfähigkeit irrelevant anzusehen. „Es kann dem Menschen leichter oder schwerer fallen, sich durch die Norm motivieren zu lassen"[15] und sich rechtstreu zu verhalten. Die These wäre dann, dass nichtpathologische Fähigkeitsunterschiede für die moralische und rechtliche Zurechnung ohne Belang sind. Dass sie sehr plausibel ist, zeigt ein Vergleich psychischer mit körperlichen Fähigkeiten: Wenn ein kleines Kind in einen Fluss gefallen ist, ist jeder Augenzeuge moralisch und rechtlich verpflichtet, dessen Leben zu retten, also gegebenenfalls hinterherzuspringen. Diese Hilfspflicht gilt für gute wie für mäßige Schwimmer. Für Nichtschwimmer gilt sie natürlich nicht. Nun fällt es dem ausgebildeten Rettungsschwimmer leichter, diese Pflicht zu erfüllen, als dem mittelmäßigen Schwimmer. Letzterer muss sich körperlich mehr anstrengen, um das Gebotene zu tun. Niemand würde deshalb von einer verminderten Pflicht zur Hilfeleistung sprechen. Die Differenz der erforderlichen Anstrengung macht für die rechtliche Würdigung keinen Unterschied. Genauer: Man berücksichtigt solche Unterschiede gegebenenfalls bei der Strafzumessung innerhalb des normalen gesetzlichen Strafrahmens.[16]

Was für körperliche Fähigkeiten und Eigenschaften gilt, gilt *mutatis mutandis* für psychische. Einer aggressiven Person fällt es schwerer als einer sanftmütigen, unter bestimmten Bedingungen keine Kneipenschlägerei zu beginnen. Sie muss sich also mehr anstrengen als andere, um keine Körperverletzung zu begehen. Warum sollte dieser Unterschied die moralische oder rechtliche Beurteilung ändern? Und warum sollte die Entdeckung, dass die Aggressionsneigung mit der Aktivität der Amygdala, mit dem Serotoninspiegel oder mit der Konzentration eines anderen Neurotransmitters korreliert, etwas an der Beurteilung ändern? Wem eine gebotene Handlung oder Unterlassung aufgrund seiner angeborenen oder erworbenen Dispositionen schwerer fällt als anderen, der muss gegebenen-falls trainieren, kompensatorische Gewohnheiten ausbilden, sich entsprechende Anreize setzen oder bestimmte Situationen meiden. In der Psychologie spricht man von „metakognitiven Strategien" der „Selbstbindung". Die Gesellschaft muss solche Selbstbindungs- und Selbsterziehungsstrategien von ihren erwach-senen Mitgliedern verlangen dürfen.[17] Das Ausmaß der erwartbaren und zumut-baren Anstrengung variiert dabei zusätzlich mit der Größe des auf dem Spiel stehenden Rechtsguts. Wenn es um das Unterlassen eines Gewaltverbrechens geht, sind größere Anstrengungen erwartbar als bei Bagatelldelikten. Dies betont auch der BGH: „Entscheidend sind die Anforderungen, die die Rechtsordnung an jedermann stellt. Diese sind umso höher, je schwerwiegender das in Rede ste-hende Delikt ist".[18]

Der Schluss von Dispositionsunterschieden im nichtpathologischen Bereich auf die Gradierung von Zurechenbarkeit oder Verantwortung ist also ein Fehl-schluss. Es wäre sehr überraschend, wenn es jedem Menschen gleich leicht fiele, bei passender Gelegenheit auf aggressives Verhalten oder auf eine sexuelle Beläs-tigung zu verzichten. Eine gewisse Varianz muss innerhalb des Normbereichs bleiben. Bestimmte Handlungen oder Unterlassungen fallen manchen schwerer als anderen; mehr als diese Trivialität lässt sich aus nichtpathologischen Fähig-keits- und Neigungsunterschieden nicht ableiten. – Leider haben das Phänomen der Willensstärke und dessen normative Implikationen bisher ungleich weniger philosophische Aufmerksamkeit erfahren als das der Willensschwäche.

In der Strafrechtslehre hat die „Anstrengungstheorie" einen schlechten Ruf. Dies erklärt sich aus dem Umstand, dass sie rechtspolitisch missbrauchbar ist und beispielsweise in der Rechtsprechung des Dritten Reiches vertreten worden ist.[19] Roxin wendet gegen die Anstrengungstheorie ein: „[W]er in der Lage ist, seine Schwächen durch erhöhte Willensanstrengung auszugleichen, ist von vornherein nicht erheblich vermindert schuldfähig". Bei denjenigen Tätern, auf die der Schuldminderungsparagraph zielt, sei „gerade die Fähigkeit, den gesetzwidrigen Antrieben durch die Kraft des Willens hemmend entgegenzutreten, wesentlich geschwächt. Die Anstrengungstheorie verlangt also etwas, was solchen Tätern unmöglich ist".[20]

Offenkundig hängt die Haltbarkeit der Anstrengungstheorie davon ab, auf welchen Personenkreis man sie anwendet. Dass Unmögliches zu verlangen rechtlich wie moralisch unbillig ist, stellt niemand in Abrede. Roxins Argumentation, dass bei „erheblich geschwächter" Willenskraft die Unterlassung der Straftat „unmöglich ist", ist aber dem Wortlaut nach ein *non sequitur*. Wenn man auf das Gedankenexperiment des Galgentests verzichtet, markiert die Frage, ab welcher Schwelle die Steuerungsfähigkeit so „erheblich vermindert" ist, dass sie auch die Schuld mindert oder mindern sollte, ein offenes Problem.

Eine ganz andere Debatte wird von den Protagonisten der neurowissenschaftlich inspirierten Freiheitskritik geführt, denn die dort geforderten Revisionen betreffen nicht einen begrenzten Personenkreis, sondern uns alle. Singer genügen schon „problematische Verhaltensdispositionen" als Grund, moralische Urteile zu unterlassen:

> Keiner kann anders, als er ist. Diese Einsicht könnte zu einer humaneren, weniger diskriminierenden Beurteilung von Mitmenschen führen, die das Pech hatten, mit einem Organ volljährig geworden zu sein, dessen funktionelle Architektur ihnen kein angepaßtes Verhalten erlaubt. Menschen mit problematischen Verhaltensdispositionen als schlecht oder böse abzuurteilen, bedeutet nichts anderes, als das Ergebnis einer schicksalhaften Entwicklung des Organs, das unser Wesen ausmacht, zu bewerten.[21]

Wenn der wahre Schuldige das Gehirn ist, müsste konsequenterweise nicht die Person, sondern das Gehirn bestraft oder gegebenenfalls sicherungsverwahrt werden. Es wäre ungerecht, nach dem Prinzip „Mitgefangen, mitgehangen" noch Unschuldige mitzubestrafen.

Einige Teilnehmer der Debatte leiten aus neurobiologischen Forschungsergebnissen die Forderung nach einer allgemeinen Abkehr vom Schuldprinzip ab. So schreibt Roth: „Eine Gesellschaft darf niemanden bestrafen, nur weil er in irgendeinem moralischen Sinne schuldig geworden ist – dies hätte nur dann Sinn, wenn dieses denkende Subjekt die Möglichkeit gehabt hätte, auch anders zu handeln, als tatsächlich geschehen."[22] Roth bindet die Schuld an das Andershandelnkönnen, vertritt also in dieser Hinsicht implizit eine inkompatibilistische Auffassung: wo keine alternativen Möglichkeiten, dort auch keine Schuld. (Es ist bezeichnend für den Zustand der außerphilosophischen Freiheitsdebatte, dass häufig nicht einmal das Vereinbarkeitsproblem reflektiert wird.) Roth hat vorausgesagt, dass die Gesellschaft spätestens um 2010 Abschied von der Freiheitsannahme „im Sinne einer subjektiven Schuldfähigkeit" genommen haben werde.[23] Diesen Termin hat die Gesellschaft ungerührt verstreichen lassen. Einige Strafrechtler – vorerst wenige – haben begonnen, sich von der neurowissenschaftlich begründeten Kritik am Schuldprinzip beeindruckt zu zeigen.[24]

Die von Hirnforschern geforderte Umorientierung mündet nur selten in die Forderung, auf Sanktionen für Straftaten überhaupt zu verzichten. Werde der Schuldvorwurf aufgegeben, so träten andere Strafzwecke in den Vordergrund, insbesondere der Präventionszweck. Nach Singer müssen wir „weiterhin versuchen, durch Erziehung, Belohnung und Sanktionen Entscheidungsprozesse so zu beeinflussen, dass unerwünschte Entscheidungen unwahrscheinlicher werden".[25] Auf die Frage, wie diese Beeinflussung unter deterministischen Annahmen möglich sein soll, geht Singer nicht ein. Bei Singer wie bei Roth ist interessant, dass Schuld Anderskönnen erfordern soll, während der Versuch des Beeinflussens und Resozialisierens nicht auf seine Determinismusverträglichkeit befragt wird. In einer deterministischen Welt liegen die objektiven Eintrittswahrscheinlichkeiten für *alle* Ereignisse fest und lassen sich nicht verändern. Die „Versuche", Entscheidungsprozesse zu beeinflussen, sind also ihrerseits keine frei wählbaren, unterlassbaren Handlungen, und die „beeinflusste" Entscheidung ist keine andere als die, die naturgesetzlich determiniert war. Dieser Umstand schließt die kausale Abhängigkeit des Beeinflussten von der Beeinflussung nicht aus, wohl aber die Relevanz des Determinismus für die geforderte Abkehr vom Schuldprinzip.

Weiterhin fällt an der Debatte über das Schuldprinzip auf, wie weit die präsentierten neurobiologischen Befunde hinter den Verallgemeinerungen zurückbleiben, die die rechtspolitischen Forderungen rechtfertigen sollen. Letzteres wird in der neurobiologischen Literatur gelegentlich zugestanden, ohne allerdings die entsprechenden Konsequenzen zu ziehen. So weisen Roth, Lück und Strüber darauf hin, dass viele Personen „mit neuroanatomischen Defiziten im Bereich des Stirnhirns und des limbischen Systems [...] *keine* Gewalttäter sind", geben ferner zu, dass die „‚kalte' instrumentelle Gewalt, wie sie für Psychopathen bzw. Soziopathen typisch ist, noch weitgehend unverstanden" sei, fordern aber dennoch die Ersetzung des Schuldprinzips durch einen spezialpräventiven Ansatz.[26]

Aus neurobiologischen Forschungsergebnissen sind vielfältige und zum Teil diametrale Konsequenzen gezogen worden. Einige Beispiele: Für Guckes ermöglicht uns die Einsicht in die Determiniertheit menschlichen Verhaltens, nachsichtiger und gelassener mit Straftätern umzugehen.[27] Spitzer vertritt die Auffassung, dass das gewachsene wissenschaftliche Wissen über neuronale und genetische Bedingungen uns freier macht, weil wir uns gegenüber bekannten Bedingungen oder Anlagen vernünftiger verhalten können.[28] Roth argumentiert, dass sogar verlängerte Haftstrafen oder Sicherungsverwahrung geboten sein können, damit die Gesellschaft vor nichttherapierbaren Gewalttätern besser geschützt ist. Walter meint, dass die Freiheits*unterstellung*, die nicht auf sicherem Wissen beruht, immerhin „eine wirksame Methode ist, um verantwortliches Verhalten zu erzeugen".[29] Wittwer argumentiert von einem inkompatibilistischen Standpunkt, dass wir sowohl in einer deterministischen als auch in einer nichtdeterministischen Welt guten Grund haben, am Schuldprinzip festzuhalten: Wenn wir es in einer nichtdeterministischen Welt abschaffen, „dann werden Schuldige *zu Unrecht* nicht bestraft". Die komplementäre Gefahr bestehe nicht: „In einer determinierten Welt könnte hingegen *nicht* die Gefahr bestehen, dass Unschuldige zu Unrecht bestraft würden, weil in dieser Welt überhaupt nichts zu Recht oder zu Unrecht geschehen würde".[30]

Diese Stimmenvielfalt zeigt vor allem, dass Ergebnisse der neurowissenschaftlichen, genetischen oder psychologischen Forschung weder eine besondere Freiheitsauffassung noch eine besondere Theorie der moralischen oder rechtlichen Verantwortung erzwingen. Vielmehr scheint es von den vorgängigen und häufig impliziten philosophischen Auffassungen der jeweiligen Autoren abzuhängen, welche Konsequenzen sie aus den Befunden ziehen, vor allem von ihren Vorannahmen über Freiheit, Determinismus, Kausalität, moralische Zurechnung und das Geist/Körper-Problem. Je weniger Rechenschaft man sich über diese Vorannahmen ablegt, desto eher können freiheitstheoretische, moralphilosophische und rechtspolitische Thesen als unmittelbare Konsequenz empirischer Forschung erscheinen.

6.3 Kommt der Wille zu spät?

Die Experimente zu den Kontrollillusionen und zum subliminalen Priming haben sich für eine fähigkeitsbasierte Freiheitsauffassung als wenig einschlägig erwiesen. Pathologische psychische Störungen sind einschlägig, lehren uns aber nichts über den Normalfall. Die entsprechenden Normalitätsschwellen festzulegen und im Einzelfall zu überprüfen ist keine Aufgabe der Philosophie.

Getrennt evaluieren müssen wir die *Libet-Experimente*. Hier liegt die Vermutung besonders nahe, dass sie freiheitsrelevant sind. In einem erstmals 1979 durchgeführten Experiment forderte Benjamin Libet Versuchspersonen auf, in unregelmäßigen, selbstgewählten Abständen eine einfache Handbewegung willentlich auszuführen und jeweils den Zeitpunkt ihrer Entscheidung anzugeben, indem sie sich die Zeigerstellung einer schnelllaufenden Uhr merkten. Er wies die Probanden an, die Bewegung nicht im Voraus zu planen, sondern sie „spontan" auszuführen. Libet zeichnete währenddessen mit einem EEG die Gehirnströme der Probanden auf. Den Beginn der Muskelaktivierung bestimmte er mit einem Elektromyogramm (EMG), welches Muskelströme misst. Das Ergebnis war nach einer Mittelung der erheblich streuenden Messwerte das folgende: Es lief ca. 550 Millisekunden vor der Muskelaktivierung und ca. 350 Millisekunden vor dem introspektiv datierten Willensakt eine Aktivität im motorischen Kortex an, die Libet, den deutschen Hirnforschern Kornhuber und Deecke folgend, das „Bereitschaftspotential" nannte. Der Aufbau des Bereitschaftspotentials geschieht also *vor* dem Zeitpunkt, den die Versuchspersonen als Zeitpunkt ihres bewussten Entschlusses angeben.[31] Ende der 90er Jahre haben Haggard und Eimer das Experiment mit einigen Änderungen wiederholt.[32] Eine der Änderungen bestand darin, dass eine Entscheidungsalternative eingeführt wurde: Die Versuchspersonen durften nun während des Experimentes wählen, ob sie den rechten oder den linken Finger krümmen wollten. Bei Libet hätten die Personen, so Haggard und Eimer, nichts zu wählen gehabt, nun hätten sie eine „freie Wahl". Ferner maßen Haggard und Eimer das *lateralisierte* Bereitschaftspotential (LBP), welches über der Hirnhälfte abgeleitet wird, die dem zu bewegenden Körperteil gegenüberliegt. Libet hatte das symmetrische BP gemessen, das für die ausgeführte Bewegung gar nicht spezifisch ist. Auch Haggard und Eimer maßen eine Zeitdifferenz zwischen dem Aufbau des BPs und dem introspektiv datierten „Willensimpuls", allerdings eine etwas kleinere von einer fünftel Sekunde. Die Studie von Soon, Haynes et al. bestätigte diese Ergebnisse mit nochmals geändertem Design und erheblich größerer Zeitdifferenz, die sich aus dem geänderten Messverfahren erklärt (fMRI statt EEG).[33]

Libet selbst zieht aus seinen Experimenten folgendes Fazit: „This leads to the conclusion that cerebral initiation of the kind studied [...] can and does usually begin unconsciously".[34] Von einer Widerlegung der Willensfreiheit spricht Libet nicht. Er nimmt im Gegenteil eine „Veto-Fähigkeit" des bewussten Willens an, die dem traditionellen Freiheitsmerkmal der Unterlassbarkeit entspricht. Es gebe ein Zeitfenster von ca. 100 Millisekunden vor dem Beginn der Körperbewegung, in dem die Bewegung noch aufgehalten werden könne. Dieses Veto könne nicht seinerseits durch unbewusste Prozesse initiiert werden, denn dafür sei nicht genug Zeit: Spät kommt der bewusste Wille, doch er kommt.[35] Libets experimentelles Design zur Prüfung dieser Annahme erscheint jedoch wenig durchdacht.[36] Die Annahme einer Veto-Fähigkeit begründet Libet mit der ethischen Forderung, die Unterlassbarkeit und damit die Willensfreiheit zu retten. Er weist in diesem Zusammenhang darauf hin, dass moralische Regeln typischerweise als Verbote formuliert sind. Dies stimme mit dem Befund überein, dass der bewusste Wille keine Wünsche oder Handlungsimpulse generiert, wohl aber als Kontrollinstanz die Ausführung vorhandener Wünsche verhindern kann.[37]

Ferner hält Libet den physikalischen Determinismus für unbewiesen und zeigt sich von der „phänomenalen Tatsache", dass wir uns frei fühlen, beeindruckt. Um unser Gefühl der Willensfreiheit als Illusion zu erweisen, bräuchte es stärkere empirische Belege, als verfügbar sind. Sein spätes Fazit lautet, „dass die Existenz eines freien Willens zumindest eine genauso gute, wenn nicht bessere Option ist als ihre Leugnung durch die deterministische Theorie".[38] Die Entgegensetzung von Freiheit und Determinismus zeigt, dass Libet den freien Willen inkompatibilistisch auffasst.

Im Unterschied dazu überwiegen im deutschen Sprachraum freiheitskritische Interpretationen der Libet-Experimente. Populären Darstellungen zufolge ist gezeigt worden, dass das Gehirn ‚seine Entscheidung' schon einige Millisekunden vorher trifft, das Bewusstsein nachträglich ‚von seiner Entscheidung benachrichtigt' und dabei noch „‚perfiderweise' dem Ich die entsprechende Illusion verleiht".[39] Hinsichtlich der mentalen Verursachung stützten Libets Befunde den *Epiphänomenalismus*, hinsichtlich der Willensfreiheit handele es sich um eine *empirische Widerlegung*. Die Rede von Gehirnen, die entscheiden, benachrichtigen und Illusionen vermitteln, beruht natürlich auf dem Homunkulus-Fehlschluss (s.u.). Dies stellt indes keinen gravierenden Einwand dar, denn was an Libets Befunden irritierend ist, lässt sich auch ohne diese homunkularen Redeweisen ausdrücken.

Zunächst ist zu bemerken, dass die Libet-Experimente, anders als die Erforschung neuronaler Korrelate des Bewusstseins, für die Probleme der Willensfreiheit und der mentalen Verursachung tatsächlich einschlägig zu sein scheinen. Es liegt hier nicht die übliche Verwechslung von synchroner und diachroner Determination vor, die zur Identifikation des physiologischen Korrelats eines mentalen Ereignisses mit dessen Ursache führt. Die Libet-Experimente handeln tatsächlich von zeitlicher Sukzession, nicht von gleichzeitiger Realisierung. Sie sind *prima facie* eine echte Herausforderung für die libertarische Willensfreiheit. Unter den Annahmen, dass der Aufbau des Bereitschaftspotentials eine kausale Determinante der nachfolgenden Körperbewegung darstellt, dass das BP zu früh aufgebaut wird, als dass man ihm die angenommene mentale Ursache zuordnen kann und dass die Zeitangaben der Versuchspersonen belastbar sind[40], legen die Befunde Libets eine epiphänomenalistische und zugleich freiheitskritische Interpretation nahe.

Mit der „angenommenen mentalen Ursache" meine ich die von der *kausalen Handlungstheorie* beschriebenen Einstellungsveränderungen. Der kausalen Handlungstheorie zufolge werden Handlungen durch passende mentale Einstellungen verursacht, genauer: durch Einstellungs*veränderungen*, denn nur Ereignisse können Ursachen sein.[41] Davidsons klassische Version der kausalen Handlungstheorie begnügt sich mit einer mentalen Charakterisierung der handlungsverursachenden Ereignisse, nimmt aber an, dass mentale Ereignisse physiologische Substrate haben oder mit ihnen identisch sind. Die Libet-Experimente in den begrifflichen Rahmen der kausalen Handlungstheorie zu stellen ist eine beträchtliche Verschiebung gegenüber der üblichen Diskussionslage, denn Libet selbst legt offenkundig eine cartesianische Auffassung der mentalen Verursachung zugrunde. Um eine klare Sicht auf die Implikationen der Experimente zu erhalten, muss man deshalb zunächst den *impliziten Cartesianismus* identifizieren, und zwar sowohl auf der Seite des Designs des Experiments als auch auf der Seite der Freiheitsauffassung, die durch das Experiment angeblich widerlegt wird. Es wäre nicht viel damit gewonnen, wenn aus den falschen Gründen ein Modell der mentalen Verursachung kritisiert wird, das ohnehin schon abwegig war.

Worin besteht die cartesianische Erwartung hinsichtlich der Verursachung einer willentlichen Körperbewegung? Ein Cartesianer erwartet, dass unmittelbar vor Beginn der physiologischen Kausalkette ein bewusster mentaler Steuerungsimpuls stattfindet, der keine physischen Ursachen und keinen Ort in der Körperwelt hat. Die Willentlichkeit der Körperbewegung soll dann in ihrem Verursachtsein durch diesen mentalen Impuls bestehen. Mentale Verursachung wird also nach dem Modell des ersten Bewegers verstanden. (Ich begnüge mich mit dieser populären Skizze einer „cartesianischen" Auffassung, ohne sie auf exegetische Korrektheit zu befragen.)

Eine Enttäuschung dieser cartesianischen Erwartung kann nun einen kausalen Handlungstheoretiker nicht überraschen. Dass eine Handlung keine Ursache und ein Entschluss kein physisches Korrelat haben darf, um frei oder absichtlich zu sein, hat er nie behauptet. Auf die „lurking Cartesian intuition that, in the case of voluntary action, our conscious intentions are prime movers, themselves unmoved"[42], hat er sich nicht verpflichtet. Eben diese Auffassung wird dem Verfechter der Willensfreiheit allerdings von der Gegenseite unterstellt: „Der freie Akt darf natürlich selbst nicht wieder zerebral bedingt sein, sondern muss völlig immateriell, d.h. ohne jede Hirnaktivität vor sich gehen".[43]

Gegen die freiheitskritischen Interpretationen ist in diesem Sinne eingewandt worden, dass Libets Befunde allein eine cartesianische Auffassung der mentalen Verursachung widerlegen, die heute kaum noch ernsthaft vertreten wird. Bei näherer Betrachtung ist allerdings alles andere als klar, wie man den Cartesianismus überhaupt experimentell überprüfen können sollte. Dass man nichts in der *res extensa* finden wird, was mit dem mentalen Steuerungsimpuls identifiziert werden kann, behauptet der Cartesianer gerade. Die cartesianische Auffassung der mentalen Verursachung scheint von vornherein so formuliert zu sein, dass sie sich experimentell, also durch Manipulation im Bereich der *res extensa*, weder bestätigen noch widerlegen lässt.[44] Eine indirekte Widerlegung ergäbe sich vielleicht, wenn das Bereitschaftspotential als eine *kausal hinreichende* Bedingung des Vorkommens der Körperbewegung erwiesen werden könnte, denn in diesem Falle bliebe für den Geist schlicht nichts zu tun übrig. Dies behauptet Libet aber nicht.

Von Wittgensteins Philosophie des Geistes inspirierte Autoren bestreiten, dass der absichtliche Vollzug einer Handlung überhaupt vorausgehende volitive Episoden erfordert. Sie kritisieren also nicht nur den Cartesianismus der immateriellen Willensakte, sondern allgemein die *mentalistische* Auffassung, Handlungen würden durch mentale Episoden verursacht.[45] Die wittgensteinianische Auffassung hat ihre Stärken in der Erklärung routinierten oder habituellen Handelns, aber sie lässt Handlungen unerklärt, denen waschechte Entscheidungen oder Entschlüsse vorangehen. Libet selbst erhebt den Anspruch, eine „paradigmatische" willentliche Handlung untersucht zu haben. Dieser Anspruch ist kontrovers, aber die antimentalistische Auffassung, dass es zum absichtlichen Handeln niemals mentale Episoden bräuchte, ist unhaltbar.

Libet legt nicht nur eine cartesianische Auffassung der mentalen Verursachung zugrunde, sondern auch eine cartesianische Auffassung der *Introspektion*. Enttäuscht wird die Erwartung, dass der introspizierte Willensimpuls am Anfang des Aufbaus des BPs steht. Das wirft die einfache Frage auf, *was* die Versuchsperson zu diesem Zeitpunkt introspektiv erfahren haben sollte, wenn doch physiologisch noch gar nichts passiert sein soll. Fasst man Introspektion nach dem Modell der Wahrnehmung auf, so ist zwischen dem Ereignis des Introspizierens und dem zu unterscheiden, was jeweils introspiziert wird. So betrachtet, muss physiologisch natürlich schon etwas im Gange sein, damit die Person introspektiv etwas erfahren kann. Andernfalls müsste sie entweder die Zukunft voraussehen können (Was wird jetzt gleich in meinem Körper passieren?), oder die Introspektion hätte allein einen mentalen Gegenstand, der kein physisches Korrelat hat. Im letzteren Fall wäre wieder der cartesische Substanzendualismus zugrunde gelegt. Der Cartesianer fasst die Introspektion natürlich *nicht* nach dem Modell der propriozeptiven Wahrnehmung auf; er introspiziert ja nicht Vorgänge in seinem Körper, sondern Vorgänge in seinem Geist.

Aus nichtdualistischer Sicht gibt es keine ontologische Kluft zwischen dem mentalen, introspektiv zugänglichen Impuls und der physiologischen Ursache. Vielmehr wird ein und dasselbe Geschehen einmal phänomenologisch und einmal in seiner kausalen Rolle beschrieben. So ist Davidson als Vertreter der kausalen Handlungstheorie der Auffassung, dass die mentale Charakterisierung der Ursache lediglich in semantisch undurchsichtiger Weise auf das physische Geschehen Bezug nimmt. So gesehen, *kann* sich gar nicht herausstellen, dass der mentale Impuls wirkungslos oder epiphänomenal war, denn er ist ja mit einem physischen Ereignis identisch. Dass im Gehirn schon etwas passiert ist, wenn ich die Willensregung in mir spüre, ist aus nichtcartesianischer Perspektive alles andere als überraschend. Beckermann beschreibt es so: „Bevor eine Entscheidung getroffen wird, laufen neuronale Prozesse an, die zugleich mentale Prozesse der Entscheidungsfindung sind."[46]

Man kann sich freilich in der Zuordnung irren. Ein solcher Irrtum beträfe nicht die Frage, *ob* ein introspiziertes mentales Ereignis mit einem physischen identisch ist, sondern mit welchem. Die Benutzeroberfläche unseres Gehirns ist nicht in physiologischer Sprache geschrieben, sondern in mentaler oder phänomenaler, deshalb ist jede Identifizierung eines mentalen Ereignisses mit einem physischen theoretisch voraussetzungsreich. Beckermanns und meine Auffassung, dass die in den Libet-Experimenten gemessenen neuronalen Vorgänge zeitgleiche Substrate von Prozessen der Entscheidungsfindung sind und nicht deren Ursache, ist insofern stipulativ. Diese Stipulation ist aber gut begründet, weil sie ein kohärentes und nichtdualistisches Bild der mentalen Verursachung zu bewahren hilft. Unsere Alltagspsychologie der kausal wirksamen Einstellungsveränderungen enthält keine exakten Datierungsverfahren, denen man die Libet-Befunde entgegenhalten könnte. Es besteht kein Grund zu der Annahme, dass wir jedes Element der unseren mentalen Prozessen zugrunde liegenden physiologischen Kausalkette introspektiv genau datieren können. Dies wäre schon deshalb unplausibel, weil Befehlslaufzeiten mental nicht repräsentiert werden. Auch die Nichtgleichzeitigkeit zwischen der Aktivität des Introspizierens und dem, was da introspiziert wird und also schon vorliegen muss, ist phänomenal unauffällig.

Theoretisch voraussetzungsreich sind auch Urteile über Kausalverhältnisse. Selbst unter den cartesianischen Annahmen einer völligen Selbsttransparenz und Infallibilität des Bewusstseins ist es ja nur das Vorkommen und der Gehalt einer *cogitatio*, zu denen die Person direkten Zugang hat, nicht hingegen deren kausale Rolle. Cartesische Gewissheit bezieht sich nicht auf Kausalattributionen und kann falsche Attributionen also nicht ausschließen. Dass etwas eine Ursache für etwas anderes ist, lässt sich nicht direkt wahrnehmen, auch nicht introspektiv erfahren. Aus Sicht von Davidsons Version der kausalen Handlungstheorie verhält es sich so: Unsere Handlungen werden durch Ereignisse verursacht, die wir im Alltag und in der Psychologie mental, in der Neurowissenschaft hingegen physiologisch charakterisieren. Unter dieser nichtdualistischen Annahme ist es abwegig, Einstellungsveränderungen oder Entschlüsse anders zu datieren als die physiologischen Ereignisse, mit denen sie identisch sind.[47]

Betrachten wir nun die den Versuchspersonen gestellte Aufgabe etwas genauer. Von großer Bedeutung ist die Instruktion des Versuchsleiters. Die Probanden wurden aufgefordert, „to allow such acts to arise ‚spontaneously' without deliberately planning or paying attention to the ‚prospect' of acting in advance". Dabei sollten sie „pay close introspective attention to the instant of the onset of the urge, desire, or decision to perform each such act".[48] Führen wir uns vor Augen, was hier von ihnen verlangt wird: Ihnen ist eine einfache Körperbewegung bezeichnet worden, die sie aber nicht sofort ausführen sollen, sondern später zu einem selbstgewählten Zeitpunkt innerhalb eines Intervalls von drei Sekunden, und zwar „spontan" und „ohne Planung". Die Person soll sich dazu disponieren, spontan etwas Bestimmtes zu tun, ohne einen bestimmten Zeitpunkt ins Auge zu fassen. Ihr wird ausdrücklich verboten, die anstehende Handlung zu planen oder vorher an sie zu denken.

Woher weiß die Person, wann es soweit ist? Auf welcher Basis soll sie ihre Entscheidung fällen? Die Instruktion lautet „to let the urge come on its own spontaneously".[49] Die Probanden sollen den Finger krümmen „at any time the desire, urge, decision or will should arise in them".[50] *Desire, urge, decision* or *will* – was denn nun, möchte man fragen. Ein Drang (*urge*) ist sicherlich etwas anderes als eine Entscheidung (*decision*).[51] Halten wir uns an die Formulierung „to let the urge come on its own spontaneously". Diese Anweisung kann man kaum anders auslegen, als dass die Person den Zeitpunkt gerade *nicht* frei wählt. Vielmehr soll sie einen Drang über sich kommen lassen. Sich einem Drang zu überlassen ist nicht nur ein schlechtes Beispiel einer freigewählten Handlung, die Aufforderung, einen Drang spontan über sich kommen zu lassen, ist auch widersinnig. Es ist nicht zu sehen, was die Person tun sollte, um dieser Aufforderung nachzukommen. Sie soll ja gerade nichts tun: Sie soll sich nicht dem entgegenstellen, was in ihr geschieht. Ein Drang ist ein *passives* mentales Ereignis.[52] Gleichwohl nennt Libet das Ergebnis „willentlich" und hält es sogar für ein Paradigma einer freigewählten Handlung.

Die Spontaneität, von der Libet spricht, lässt sich negativ dadurch charakterisieren, dass es nicht den geringsten Grund dafür gibt, einen bestimmten Zeitpunkt für die Ausführung der Bewegung zu wählen und nicht einen andern. In Haggards und Eimers geändertem experimentellen Design durften die Versuchspersonen wählen, ob sie den rechten oder den linken Finger krümmen wollten – bei Libet habe es sich ja gar nicht um eine „free choice" gehandelt. Angesichts dieser Vorstellung von „free choice" fällt es schwer, nicht ironisch zu werden. Für das Problem der grundlosen, arationalen Entscheidung ändert sich überhaupt nichts, denn es gibt ja auch keinen vernünftigen Grund dafür, einen der beiden Finger zu bevorzugen. Zum ersten Buridan-Faktor – ein Zeitpunkt ist so gut wie der andere – kommt ein zweiter hinzu: ein Finger ist so gut wie der andere. Es fehlt in beiden Experimenten jeder Bezug auf mögliche Gründe oder praktische Überlegungen des Handelnden.

Zu einer echten Handlung, so Wingert, „gehört ein Urteil: ,Es ist (jetzt) besser, das und das zu tun, als es zu unterlassen'".[53] Libets „frei gewählte Handlungen" geschehen aber grundlos, wenn man von der unspezifischen Bereitschaft absieht, mit dem Versuchsleiter zu kooperieren. Man ist versucht zu sagen, dass Libet nicht das Korrelat einer freien Handlung gemessen hat, sondern das Korrelat einer willentlichen Simulation eines Zufallsgenerators.[54] Die Instruktion, einem aufkommenden Drang nachzugeben, die auch in der Studie von Soon et al. nicht geändert ist, läuft auf eine Karikatur dessen hinaus, was man vernünftigerweise unter Willensfreiheit versteht. Freiheit, an der uns gelegen sein sollte, ist nicht das Zulassen von „urges" und deren gleichsam automatische Umsetzung in sinnfreie Fingerbewegungen, sondern die Fähigkeit zur vernünftigen Selbstbestimmung im Handeln. Wer sich stets dem überlässt, was ihm gerade in den Sinn kommt, ist nicht frei, sondern willenlos. Er wählt nicht mit Gründen, sondern macht sich zum Sklaven seiner erratischen Impulse. Freiheit, die es sich zu haben lohnt, sieht anders aus.

Halten wir als Zwischenbilanz fest: Dem Design der Experimente liegen verschiedene cartesianische Erwartungen zugrunde, die dann wenig überraschend enttäuscht werden. Die Handlungen, um die es geht, sind alles andere als paradigmatische frei gewählte Handlungen. Die Aufforderung, einen Drang spontan über sich kommen zu lassen, ist widersinnig. Libet kann sich nicht entscheiden, ob die Versuchspersonen etwas *tun* sollen oder ob nur etwas in ihnen *geschehen* soll. Welche Art von Freiheit durch Libets Befunde tangiert sein könnte, bleibt deshalb unklar.

Neben dem experimentellen Design werfen auch die *Interpretationen* der Befunde Probleme auf. Libet selbst zieht folgendes Hauptfazit: „The initiation of the freely voluntary act appears to begin in the brain unconsciously".[55] Kausalitätstheoretisch ist in dieser Formulierung die Rede von der „initiation" bedenklich. Der Aufbau des BPs wird bei Libet durchgängig in seiner verursachenden Rolle diskutiert, während nach dessen kausaler Vorgeschichte nicht gefragt wird. Die Kausalkette, die zur Handlung führt, *beginne unbewusst*. Doch warum, so ist zu fragen, sollte sie überhaupt beginnen? Die kausale Vorgeschichte einer Handlung besteht ja nicht aus einem isolierten Steuerungsimpuls, sondern aus einer Kausalkette oder einem Netz. Unter der Annahme, dass jedes Ereignis eine Ursache hat, beginnen Kausalketten aber so wenig im Vorfeld einer Handlung wie sie enden, wenn die Handlung stattgefunden hat. Sie beginnen und enden nirgendwo, sondern laufen durch die Handlung hindurch.

Eine informative Beschreibung dessen, was während des Libet-Experiments geschieht, wird nicht beim Aufbau des BPs beginnen können, sondern wird zumindest die Instruktion des Versuchsleiters einbeziehen müssen. Der Aufbau des BPs ist keineswegs *der* kausale Ursprung der Handlung, sondern *ein* Glied in einer Kausalkette, die man mindestens bis zur Instruktion zurückverfolgen muss, denn diese muss das Bewusstsein der Versuchsperson erreichen, damit das Experiment überhaupt fortschreiten kann. Schon aus diesem Grund ist klar, dass das Libet-Experiment kein allgemeines Argument für den Epiphänomenalismus liefern kann. In der Kausalkette, die zum Explanandum führt, befinden sich eine ganze Reihe von nichtreduzierten mentalen Ereignissen: Die Instruktion muss zur Kenntnis genommen und verstanden werden, die Versuchsperson muss sich zur Kooperation entschließen, später muss sie die Zeigerstellung der Uhr wahrnehmen und sich merken. Ferner muss ihr die zu Beginn gebildete Absicht, irgendwann den Finger zu krümmen oder den ominösen Impuls geschehen zu lassen, während des Experiments im Gedächtnis bleiben, sonst wird kein Fingerkrümmen vorkommen. In einem bestimmten Sinne geht mithin die Absicht sehr wohl dem Aufbau des BPs voran. Es handelt sich um eine zukunftsgerichtete Absicht, die aber im Bewusstsein der Person präsent bleiben muss. Es ist in diesem Sinne argumentiert worden, dass in Libets Experiment genau ein bewusster Akt stattfindet: der anfängliche Entschluss zur Kooperation. Durch diesen Entschluss versetzt sich die Person in einen Zustand, in dem später aufsteigende Impulse – ob diese von außen oder von innen kommen, spielt freiheitstheoretisch eine untergeordnete Rolle – ein psychophysisches Geschehen auslösen, das seinerseits nicht mehr mit Gründen gewählt ist. In Anbetracht des Umstands, dass die Person den anfänglichen Entschluss im Gedächtnis behalten muss, nimmt sich die Aufforderung, die Bewegung nicht zu planen, besonders bizarr aus. Vermutlich ging den Probanden während der ihnen eingeräumten (Nicht-)Bedenkzeit unter anderem der Gedanke im Kopf herum „Ich darf nicht ans Fingerkrümmen denken!" Wenn sich in einer solchen Situation kein Bereitschaftspotential aufbaut, müsste man sich sehr wundern.

In der psychologischen Literatur wird vorgeschlagen, dass vorab gebildete Absichten in vielen Fällen nicht die unmittelbaren Auslöser von Handlungen sind, sondern vielmehr als „strukturierende Ursachen" (Dretske) fungieren, die die Person zur Ausführung prädisponieren. Durch das Bilden einer zukunftsgerichteten Intention versetzt die Person sich in einen Bereitschaftsmodus, in dem die Darbietung geeigneter Reize ohne erneuten „Willensakt" eine bestimmte Reaktion auslösen kann.[56] Keller und Heckhausen haben im Anschluss an ein eigenes Experiment argumentiert, „dass es sich bei Libets ‚Drang' um einen normalerweise unbewussten Bewegungsimpuls handelt, der nur durch die Versuchsinstruktion ins Bewusstsein trat".[57] Das von Libet gemessene Bereitschaftspotential entspreche in seinem zeitlichen Verlauf dem Potential, das typischerweise bei unbewussten Bewegungen auftritt. Psychologen wenden weiterhin ein, dass Libets Rede vom „Initiieren" generell eine falsche Vorstellung vom Handeln zugrunde liege: Handeln bestehe typischerweise im Modifizieren schon stattfindender Prozesse.

Vergleichen wir Libets Szenario nun mit unserer libertarischen Skizze. Nach libertarischer Auffassung gibt es bis zum tatsächlichen Handlungsbeginn keinen Zeitpunkt, zu dem es dem Akteur nicht noch möglich gewesen wäre, weiterzuüberlegen, sich umzuentscheiden und die Handlung zu unterlassen. Den Abschluss der Entscheidungsphase datiert der Libertarier also auf den tatsächlichen Handlungsbeginn.[58] Diese Auffassung stammt indes aus einer Zeit, in der man noch nicht um Millisekunden feilschte. Man wird sie behutsam modernisieren müssen, indem man die Laufzeit des mentalen oder neuronalen Befehls einrechnet und deshalb den Abschluss der Entscheidungsphase auf den „point of no return" datiert – physiologisch betrachtet auf den Zeitpunkt, zu dem die Aktivierung bewegungsspezifischer motorischer Potentiale in den Pyramidenzellen des motorischen Kortex begonnen hat. Danach gibt es einen weiteren Befehlsweg, nämlich die efferente Reizleitung vom Gehirn zum Muskel, die etwa eine Zehntelsekunde braucht. An dieser Verzögerung ist nichts Mysteriöses und nichts Freiheitsgefährdendes, Befehlswege brauchen immer Zeit. Wenn der König seinen schnellsten Boten losschickt, mag dieser drei Tage brauchen, um des Königs Befehl zu überbringen. Gleichwohl ist der Befehl für den König nicht rückholbar, denn sein schnellstes Pferd hat er ja dem Boten gegeben. (Neurophysiologen betonen gern, wie langsam die Reizleitung in unseren Nervenbahnen sei. Das ist eine Frage des Vergleichsmaßstabs. Glasfaserkabel wären schneller, doch wenn wir dereinst unsere Nervenbahnen durch Glasfaserkabel ersetzen, werden wir dadurch gewiss nicht unsere Willensfreiheit vergrößern.)

Doch auch der Willensimpuls selbst, soll es sich um etwas psychisch Reales handeln, ist ein noch so kurzer Vorgang und beansprucht also Zeit. In einem zeitlich ausdehnungslosen Punkt kann nichts geschehen, also auch keine Entscheidung stattfinden. Dies wirft die Frage auf, zu welchem Zeitpunkt dieser kurzen Phase sich die Versuchsperson die Zeigerstellung der Uhr merken soll: gegen Anfang, Mitte oder Ende? Diese Frage erscheint indes unbeantwortbar, denn auch wenn nichts psychisch Reales in einem ausdehnungslosen Zeitpunkt stattfinden kann, mag die Erfahrung des Sich-einen-Ruck-Gebens, also die Selbstaufforderung des „Jetzt aber!" doch phänomenal punktförmig sein. Dies ist nicht weiter rätselhaft; unsere Introspektion löst eben zeitlich nicht beliebig fein auf.

Die Vorstellung eines *punktuellen* Anfangs einer Handlung durch einen mentalen Impuls ist nicht nur kausalitätstheoretisch inakzeptabel, sie wirft auch ontologische Probleme auf.[59] Wird eine Ursache, ob mental oder physisch, als raumzeitlich ausdehnungsloser Punkt vorgestellt, ist die Idee des Anfangenkönnens überstrapaziert, denn in ausdehnungslosen Punkten kann nichts geschehen und also auch nichts verursacht werden. Das cartesianische Pflichtenheft scheint aber eben dies von den fraglichen Impulsen zu verlangen: Es soll sich um ein mentales Vorkommnis handeln, das sich einem Akteur als sein aktiver Beitrag zurechnen lässt, seiner Handlung aber vorausgeht, die es ja erst bewirken soll. Kein physiologischer oder behavioraler Prozess, der zum Substrat der Entscheidung zählen könnte, darf schon vorliegen, denn sonst wäre die mentale Ursache für dessen Eintreten ja nicht mehr erforderlich. Um echte Anfänge zu sein, dürfen diese mentalen Impulse ihrerseits nicht durch Ereignisse verursacht sein.

Diese Anforderungen lassen sich nicht gemeinsam erfüllen. Das Problem der mentalen Verursachung ist von vornherein aporetisch formuliert, wenn etwas, dem die wesentlichen Attribute eines Ereignisses vorenthalten werden, physische Wirkungen haben soll. Da für diese kausalitätstheoretischen und ontologischen Schwierigkeiten keine Lösung in Sicht ist, wird die cartesianische Variante der mentalen Verursachung in der neueren Philosophie des Geistes kaum mehr vertreten.

Trotz dieser Schwächen und Unklarheiten bleibt der Befund, dass der Aufbau des BPs dem introspizierten Willensimpuls zeitlich vorausgeht, für viele irritierend. Stellen wir deshalb noch eine andere Frage: Wofür ist es eigentlich wichtig, den mentalen Steuerungsimpuls introspektiv korrekt zu datieren? Für die Wirksamkeit gewiss nicht. Aus begrifflichen Gründen wissen wir schon, dass wir den Abschluss der Entscheidungsphase vernünftigerweise auf den *point of no return* datieren. Die Frage ist allein, welche physiologischen Ereignisse wir dem, was wir die „Entscheidung" nennen, zuordnen. Wenn der *point of no return* kurz vor dem introspektiv datierten Impuls liegt, wäre damit schon gezeigt, dass der Wille epiphänomenal ist, weil er ja zu spät kommt, um wirksam zu sein? Nein, genaugenommen wäre nur gezeigt, dass der *bewusste* Wille zu spät kommt. Libets Befunde lassen die Deutung offen, dass der Entscheidungsprozess *unbewusst beginnt* und erst in einem späteren Stadium ins Bewusstsein tritt. Diese Deutung hat beispielsweise Rosenthal vertreten. Der fragliche mentale Akt könnte unbewusst und zeitgleich mit den angenommenen neuronalen Ursachen der Handlung begonnen haben.[60]

Was würde diese Interpretation für den Libertarier bedeuten? Für den *cartesianischen* Libertarier ist entscheidend, dass die kausale Genese einer Handlung von Anfang an mental charakterisiert werden kann und dass die fraglichen mentalen Akte bewusst sind. Aus dieser Perspektive scheint Folgendes plausibel: „Determination durch unbewusste Faktoren [...] schließt Freiheit aus."[61] Diese Unvereinbarkeit liegt aber, so hatte ich oben argumentiert, an der Verletzung des Prinzips der alternativen Möglichkeiten, nicht an der besonderen Rolle unbewusster Faktoren. Zieht man von der „Determination durch unbewusste Faktoren" den Determinismus ab, so erhalten wir die Frage, ob allein die Existenz unbewusster Faktoren in der zu einer Entscheidung führenden Kausalkette freiheitsgefährdend ist. Plausiblerweise lautet die Antwort darauf „nein". Weder die Absichtlichkeit noch die Zurechenbarkeit noch die Unterlassbarkeit einer Handlung hängen davon ab, dass die zur Handlung führende Kausalkette keine unbewussten Faktoren enthält. Kausalketten, so hatte ich gesagt, beginnen so wenig kurz vor einer Handlung wie sie kurz danach enden, denn Kausalketten haben generell keinen Anfang und kein Ende. Sie laufen durch uns und unsere Handlungen hindurch. Und klarerweise gibt es in *jeder* zu einer Handlung führenden Kausalkette unbewusste Glieder, wenn man nur weit genug zurückgeht. In den Libet-Experimenten sind beispielsweise die Anweisungen des Versuchsleiters, von deren Ursachen nicht zu reden, Kausalfaktoren, die außerhalb meines Körpers und meines Geistes liegen und nicht zu meinen Bewusstseinsinhalten gehören. Diese Anweisungen verursachen in mir Wahrnehmungserlebnisse, Verstehensprozesse, Überzeugungen und Weiteres. Neben den externen Kausalfaktoren, die als solche keine Bewusstseinsinhalte sind, sind nach allem, was wir wissen, auch frühe Stadien der Reizverarbeitung nicht bewusst. Bei endogen entstehenden Handlungen sind ebenfalls frühe, die Überlegung und Entscheidung vorbereitende Prozesse nicht bewusst. So auch Rosenthal: „Doubtless our conscious volitions are never actually uncaused, but rather result from many prior mental occurrences [...]. So we are seldom if ever conscious of the mental causes of our conscious volitions."[62] Ähnlich Beckermann: „Bevor eine Entscheidung getroffen wird, laufen neuronale Prozesse an, die zugleich mentale Prozesse der Entscheidungsfindung sind". Dass „nur das Ergebnis, aber nicht die Prozesse selbst bewußt werden", sei nicht weiter verwunderlich.[63] Verhielt es sich anders, so wären wir vermutlich „in vielen Situationen einfach zu langsam".[64]

Wenn diese Darstellung im Wesentlichen zutreffend ist, ist eine bestimmte Auffassung der libertarischen Freiheit nicht aufrechtzuerhalten, die wir freilich oben schon aus unabhängigen Gründen verworfen hatten: das kausal gedeutete Ursprungsmodell, demzufolge entweder ein bewusster mentaler Akt oder der Handelnde selbst als erster Beweger fungiert, der eine Kausalkette in Gang setzt. Hätte Libet etwas gemessen, was die Interpretation nahelegt, dass der bewusste Wille einen aufkommenden Drang *produziert*, so wäre das sehr merkwürdig.[65] Das Vermögen der vernünftigen Willensbildung sollte nicht als eines der Erstverursachung aufgefasst werden, sondern als Vermögen der Prüfung vorhandener Neigungen und Impulse. Die Existenz dieses Vermögens wird durch die Libet-Experimente nicht widerlegt: „Dass in uns ein Wunsch aufsteigt, den wir dann unterdrücken oder dem wir nachgeben, ist eine alltägliche Erfahrung. [...] Die Person hat immer noch die Möglichkeit, den Impuls zu unterdrücken [...]. Damit ist die Rolle des Bewusstseins beim Entscheiden und Handeln hinreichend gewahrt."[66] Wenn die Person allerdings wie in der Studie von Soon et al. explizit angewiesen wird, gleich dem ersten Impuls nachzugeben, so bleibt infolge dieser Instruktion gerade das freiheitsrelevante Vermögen außer Betracht.

Auch gegen das libertarische Prüf- und Suspensionsvermögen wird nun noch eingewandt, dass der Überlegende nicht frei wähle, welche Gesichtspunkte ihm in den Sinn kommen. Die Antwort auf diesen Einwand muss lauten, dass dies für die Zurechnung der Willensbildung und der Handlung auch nicht erforderlich ist. Es genügt, dass das Erwägen von Gründen *unter normativen Anforderungen* steht, und dass im Falle eklatant irrationaler oder unmoralischer Handlungen der Vorwurf, entscheidende Gesichtspunkte nicht berücksichtigt zu haben, seinerseits auf *Fähigkeiten* bezogen ist, die die Person hatte und die sie hätte aktualisieren können und sollen. Rechtfertigen lassen muss sich dabei nur das Überlegungsergebnis, nicht der zu ihm führende psychische Prozess. Wer zusätzlich verlangt, dass Personen erste Ursachen ihrer Wünsche und Neigungen sind, verlangt Unmögliches. Für die Vorwerfbarkeit muss genügen, dass der Person das Erreichen eines normativ akzeptablen Überlegungsergebnisses nicht unmöglich war, dass sie also konnte, was sie sollte. Dabei kann sie sich nicht darauf berufen, dass in ihr nicht *verursacht* worden ist, was sie doch *tun* sollte. Freilich geschieht etwas in ihr, während sie etwas tut, aber das Wissen darum hilft der Person nicht beim Überlegen und Entscheiden. Die Unterscheidung zwischen Tun und Geschehen ist eine Aspektunterscheidung: Wechselt man von einer physiologischen zu einer Handlungsbeschreibung, so wird ein Geschehen in der Körperwelt unter dem Aspekt der Aktivität neu beschrieben. Anscombe hat diesen Zusammenhang eigenwillig so ausgedrückt: „Ich *tue*, was *geschieht*"[67], aber eine Analyse ist das natürlich nicht. Hier ist der harte Fels des Handlungsvermögens erreicht, die nicht weiter analysierbare aktive Komponente des Vollziehens oder Ausführens, an der der Spaten sich zurückbiegt.

6.4 Fehlschlüsse, Missverständnisse, Begriffsverwirrungen

Die Behauptung einer empirischen Widerlegung der Willensfreiheit wird bei näherer Betrachtung durch Befunde der Hirnforschung nicht gestützt. Die neurophysiologische Forschung vermehrt unser Wissen davon, wie mentale Prozesse physisch realisiert sind, aber sie widerlegt weder eine wohlverstandene Freiheitsannahme noch liefert sie neue Argumente in der Determinismusfrage. Gleichwohl haben sich viele Philosophen, wie schon im Materialismusstreit in der Mitte des 19. Jahrhunderts, von der Revolutionsrhetorik anstecken und durch vermeintliche Forschungsergebnisse in ihren freiheitskritischen Überzeugungen bestärken lassen – vornehmlich natürlich solche, bei denen es keines großen Bekehrungsaufwands mehr bedurfte. Der Libertarier van Inwagen sieht hier geradezu einen Bluff am Werke:

> I have a very hard time seeing why so many philosophers seem to think that the results of the empirical study of human beings lend support to the hypothesis that human behaviour is determined. [...] I can only conclude that these philosophers are convinced on *a*

priori grounds, or perhaps on no real ground at all, that human behaviour is determined, and, owing to this conviction, are predisposed to regard very nearly anything as evidence in support of it.[68]

Die boshafte Diagnose, dass die Überzeugung von der Wahrheit des Determinismus sich weder auf empirische Befunde noch auf Argumente gründet, erhält durch einschlägige Ausführungen philosophierender Neurowissenschaftler reichlich Nahrung. Zum einen wird der Determinismus häufig *en passant* als Korrolar eines nichtdualistischen Verständnisses des Geistes eingeführt, nämlich der Auffassung, „dass alles Verhalten auf Hirnfunktionen beruht und somit den deterministischen Gesetzen physikalisch-chemischer Prozesse unterworfen ist"; „der Abwägungsprozeß selbst beruht natürlich […] auf neuronalen Prozessen und folgt somit […] deterministischen Naturgesetzen."[69] Allein daraus, dass Mentales neuronal realisiert ist, folgt („somit") keineswegs, dass es deterministischen Gesetzen unterliegt. Ebenso wenig folgt der Determinismus daraus, dass die Wissenschaft dem Kausalprinzip verpflichtet ist.[70] Vor allem wird die oben (S. 37) beschriebene Lücke zwischen dem deterministischen Charakter bestimmter Theorien und Gesetze und der Behauptung, dass es in der Welt oder im Gehirn deterministisch zugeht, nicht reflektiert. Damit sie den Schluss auf die Wahrheit des Determinismus erlauben, und sei es eines bereichsspezifischen, müssten deterministische Gesetze und Theorien den fraglichen Gegenstandsbereich in allen Einzelheiten korrekt beschreiben, ohne durch *ceteris paribus*-Klauseln vor Störungen abgeschirmt werden zu müssen. Sie müssten empirisch wahre Allsätze über tatsächliche Verläufe sein. Solche Sätze gibt es aber weder in den Neurowissenschaften noch in einer anderen Einzelwissenschaft. Es ist nicht zu sehen, wie die Wahrheit eines Bereichsdeterminismus nachgewiesen werden könnte, ohne das Problem der Überlagerung verschiedenartiger Kräfte und Einflüsse zu lösen. Eine Auseinandersetzung mit diesem Problem sucht man bei Roth, Singer, Markowitsch und Prinz vergebens. Die schwierigen Fragen, worin ein Nachweis der Wahrheit des Determinismus bestehen könnte, wie sich der Determinismus zum Kausalprinzip verhält und wie sich ein Bereichsdeterminismus zum universalen verhält, werden nicht einmal in den Blick genommen. Vielmehr wird auf Treu und Glauben versichert, es könne „keinen vernünftigen Zweifel daran geben, dass es auch bei den hochstufigen Prozessen in unserem Gehirn, die für die Steuerung unseres Verhaltens zuständig sind, deterministisch zugeht".[71]

Aber ich kürze die Debatte ab: Natürlich ist es nicht die Aufgabe der Hirnforschung, den Determinismus zu beweisen. In einer Welt, die keine kausal geschlossenen Systeme enthält, transzendiert die Determinismusthese die empirischen Belege. Wenn ein Hirnforscher sich gleichwohl in seinen philosophischen Momenten zum Determinismus bekennt, ist ihm das nicht vorzuwerfen; zu missbilligen ist allein, wenn er ihn als Ergebnis oder als unerlässliche Voraussetzung einzelwissenschaftlicher Forschung ausgibt.

Auch auf die häufige Verwechslung des synchronen mit dem diachronen Sinn von „determinieren" wurde bereits hingewiesen. Dass Handlungen und Entscheidungen in dem Sinne „zerebral bedingt"[72] sind, dass sie physiologisch realisiert sind, tangiert die libertarische Freiheit nicht. Der Vorwurf, der „freie Akt" müsse für den Libertarier „völlig immateriell, d.h. ohne jede Hirnaktivität vor sich gehen"[73], zeigt, dass der Kritiker den Libertarier auf den Dualismus *verpflichtet* sieht. Dies ist ein Problem des Kritikers, nicht des Libertariers.

Sowohl die Verwechslung von zeitgleicher Realisierung und diachroner Determination als auch die des Determinismus mit schwächeren Formen der kausalen Bestimmung wird durch den Gebrauch einiger typischer Verben verdeckt. Es gibt eine Reihe von ‚weichen' Kausalverben, die Determinationsverhältnisse ausdrücken, die Art der Determination aber im Dunkeln lassen: Bestimmte Faktoren *steuern* das Verhalten, Gehirnvorgänge *bedingen* Handlungen, Gene *prägen* die Persönlichkeit, Entscheidungen *beruhen auf* neuronalen Prozessen. Allen diesen Verben – zu nennen sind noch *beeinflussen, kontrollieren, induzieren, bestimmen, auslösen, führen zu* – ist gemeinsam, dass sie weniger implizieren als strenge naturgesetzliche Determination, aber offen lassen, wie viel weniger. Auch die Rede von „Faktoren", „Einflüssen" und „Determinanten" gehört in diese Reihe. Dieses weiche Kausalidiom ist in Theorien der empirischen Humanwissenschaften allgegenwärtig – nicht nur in der Hirnforschung und der Genetik, auch in der Psychologie und der Soziologie, was anzeigt, dass diese Disziplinen hinter dem theoretischen Reifegrad der mathematisierten Physik, die mit Funktionsgleichungen statt mit Kausalverben arbeitet, zurückstehen. Das ist kein Makel; zu beanstanden ist allerdings, dass die besagten weichen Kausalverben gleichwohl mit freiheitswiderlegender Konnotation eingesetzt werden. Diesen rhetorischen Effekt – Suggestion eines Freiheitshindernisses, ohne dass ein echter Determinismus vertreten würde – gilt es zu durchschauen. Inkompatibilismus ist die Lehre von der Unvereinbarkeit des universalen Determinismus mit der libertarischen Freiheit, nicht mehr und nicht weniger. Dass selbst das Verb „determinieren" und das Substantiv „Determinante" gebraucht werden können, ohne dass der Sprecher eine deterministische Position vertritt, mag anzeigen, wie marginal die Bedeutung des universalen Determinismus für die humanwissenschaftliche Forschung tatsächlich ist. Arbeitende Wissenschaftler wissen das natürlich; es ist eine bittere Ironie, wenn diese geläufige Einsicht ausgerechnet in der Freiheitsdebatte nicht zum Tragen kommt.

Dass nur der ‚echte' Determinismus und der über ihn definierte ‚echte' Inkompatibilismus für das Vereinbarkeitsproblem einschlägig sind, leuchtet vielleicht noch nicht jedem ein. Man könnte sich fragen, ob nicht auch schwächere Formen der Determination freiheitsgefährdend sind. Man könnte wie folgt argumentieren: Das Gehirn folgt Regeln, die wir nicht oder nur unvollkommen kennen und die wir nicht beeinflussen können. Diese Umstände sollten auch ohne den Determinismus genügen, unsere Freiheitsunterstellung als fragwürdig erscheinen zu lassen.[74]

Ich biete folgende Gegenrechnung an: Das praktische Überlegen folgt logischen Regeln und Rationalitätsstandards, die wir recht gut kennen. Wir besitzen die Fähigkeit, diesen Standards in unserem Überlegen innerhalb gewisser Grenzen zu genügen. Wie unsere Überlegungstätigkeit genau neuronal realisiert ist, kann uns dabei gleichgültig sein. Wer der Auffassung ist, dass die Arbeitsweise des Gehirns unsere Fähigkeit des ergebnisoffenen Überlegens und andere Zwei-Wege-Fähigkeiten *ausschließt*, der möge hervortreten und seine Auffassung begründen.

Singer ist mit dem libertarischen Anderskönnen besonders schnell fertig: Es sei eine „triviale Erkenntnis [...], daß eine Person tat, was sie tat, weil sie im fraglichen Augenblick nicht anders konnte – denn sonst hätte sie anders gehandelt".[75] Diese Behauptung ist kühn. Daraus, wie eine Person tatsächlich gehandelt hat, kann man nach Singer *schließen*, dass sie nicht anders handeln konnte. Sie konnte also immer nur das tun, was sie tatsächlich getan hat, und dieser Zusammenhang zwischen Möglichem und Wirklichem sei sogar eine „triviale Erkenntnis".

So verwenden wir das Wort „können" aber nicht. Singer fällt mit seiner Behauptung noch hinter die konditionale Analyse des Könnens zurück, die sich immerhin noch bemüht, den gewöhnlichen Sinn des Ausdrucks „können" zu bewahren. Nun ist Singers argumentfreie Behauptung, dass die Person anders gehandelt hätte, wenn sie gekonnt hätte, nicht so absurd, dass sich keine philosophischen Gewährsleute dafür finden ließen. Sie entspricht der Lehre des megarischen Logikers Diodoros, nur das Wirkliche sei möglich. Wo diese Lehre offenen Auges vertreten wird, handelt es sich nicht um einen simplen Fehlschluss, sondern um eine abweichende Verwendung – wohl einen Missbrauch – der Modalbegriffe „wirklich" und „möglich". Wollte Singer sich darauf berufen, so wäre zu kritisieren, dass er eine hochumstrittene philosophische These als „triviale Erkenntnis" ausgibt. Um einen Lapsus handelt es sich bei Singers Einlassung wohlgemerkt nicht.[76] Noch einmal: Woraus schließt Singer, dass die Person nicht anders handeln konnte? Dem Wortlaut nach allein daraus, dass sie es nicht tat, aber das wäre abenteuerlich. Vielleicht schließt er es aus der Tatsache, dass sie es nicht tat, *plus* der Zusatzannahme des Determinismus? Das wäre nachvollziehbar, aber dann sollte er es sagen, und die Behauptung wäre alles andere als trivial.

Weiterhin ist die Art und Weise bedenklich, in der Singer „unser Selbstverständnis" und „unsere Intuitionen" mit wissenschaftlichen Befunden konfrontiert. Ich gebe zwei Beispiele:

(i) „Wir erfahren unsere Gedanken und unseren Willen als frei, als jedweden neuronalen Prozessen vorgängig. Wir empfinden unser Ich den körperlichen Prozessen gewissermaßen gegenübergestellt."[77] Wie könnte diese „Vorgängigkeit" je ein Erfahrungsinhalt oder eine Empfindung sein? Um zu wissen, ob dem, was da erfahren oder empfunden wird, ein neuronaler Prozess entspricht oder nicht, müsste die Person zunächst einmal wissen, wie ein neuronaler Prozess sich anfühlt. Wenn neuronale Prozesse als solche *ex hypothesi* nicht empfindbar sind, dann haben wir auch keine Empfindung davon, dass *kein* neuronaler Prozess vorausgegangen ist. Tatsächlich handelt es sich bei der behaupteten Entgegensetzung um ein *theoretisches Urteil*, das einer dualistischen Philosophie des Geistes folgt. Singer formuliert die angebliche Alltagserfahrung von vornherein so, dass sie mit empirischen Befunden konfligiert und dann als illusionär erwiesen werden kann.

Die Behauptung, die Freiheitsannahme des Libertariers gründe sich auf ein besonderes *Gefühl*, ist in der Literatur weit verbreitet. Man könnte geradezu von einem weiteren Mythos sprechen. Nach Pauen besteht die „Indeterminismustäuschung" in der „Empfindung, frei und nicht determiniert zu sein, obwohl das Verhalten faktisch determiniert ist".[78] Der Grund für diese Täuschung bestehe darin, dass die Determinanten unserer Kenntnis entzogen sind. So hatte schon Spinoza argumentiert: dass „die Menschen nur aus dem Grunde glauben, sie wären frei, weil sie ihrer Handlungen sich bewußt, der Ursachen aber, von welchen sie bestimmt werden, unkundig sind".[79] Die Willensfreiheit hätte demnach ihren Ort im *asylum ignorantiae* und könnte nur dort überleben. Nach der in diesem Buch vertretenen Auffassung kommt es aber auf die tatsächliche *Fähigkeit* des Überlegens und ergebnisoffenen Abwägens an. Zu zeigen wäre, dass die neuronale „Determination" diese Fähigkeit ausschließt. Der Hinweis auf möglicherweise unzuverlässige Gefühle oder Empfindungen trägt hierzu nichts bei.

(ii) Der böse Verdacht, dass angebliche Alltagsintuitionen von vornherein so verzerrt werden, dass sie als wissenschaftlich unhaltbar erscheinen, wird auch durch folgende Behauptung Singers gestützt:

> Die Intuition [...] legt uns nahe, daß es irgendwo im Gehirn ein Zentrum geben müsse, in dem alle Verarbeitungsprozesse zusammenkommen, um einer kohärenten Interpretation unterworfen zu werden. [...] Nun wissen wir aber heute, daß sich unsere Intuition in diesem Punkt auf dramatische Weise irrt. [...] Es gibt keine Kommandozentrale [...].[80]

Hier ist es die Annahme einer zentralen Steuerungsinstanz im Gehirn, die der alltäglichen „Intuition" unterschoben wird. Dieser Zug grenzt an Chuzpe: Singer unterstellt der zu widerlegenden Alltagsauffassung seinen eigenen Homunkulus-Fehlschluss. Wir erführen unser Verhalten genau dann als selbstgesteuert, wenn wir eine „Kommandozentrale" *in unserem Gehirn* annähmen, in der alle Fäden zusammenlaufen. Tatsächlich machen wir als Überlegende und Handelnde *nicht* die Erfahrung einer solchen Instanz. Personen erfahren *sich selbst* als mit Steuerungsfähigkeiten ausgestattet, nicht eine subpersonale Instanz in ihrem Gehirn. Es ist eine bei Neurowissenschaftlern häufige *déformation professionelle*, sich gelegentlich mit ihrem eigenen Gehirn zu verwechseln. Im Alltag passiert uns das eher selten. In der zitierten Passage ist der Homunkulismus so schwer zu erkennen, weil er im Gewand der *Ablehnung* einer zentralen Steuerungsinstanz auftritt. Der Zusammenhang ist der folgende: Der Hirnforscher unterstellt der „Intuition", eine zentrale Steuerungsinstanz im Hirn anzunehmen. Wenn man diese Instanz dort nicht findet, sieht der Hirnforscher alltagspsychologische Vorstellungen über Steuerung und Kontrolle widerlegt. Was er dabei übersieht, ist sein eigener Homunkulus-Fehlschluss: Schon die Erwartung, es müsse im Hirn eine solche Kommandozentrale geben, beruht auf einem solchen.[81]

Ein Homunkulus ist in der neueren Philosophie des Geistes eine postulierte menschenähnliche Instanz, die ausdrücklich oder unausdrücklich zur Erklärung der Arbeitsweise des menschlichen Geistes herangezogen wird.[82] Dass ein geistbegabtes Wesen ein bestimmtes Vermögen besitzt, wird dadurch erklärt oder analysiert, dass einer seiner Teile oder ein Subsystem in ihm dieses Vermögen besitzt. (Ryle hatte vom „Mythos des Gespensts in der Maschine" gesprochen.) Es liegt also ein Erklärungsregress vor. In den Neurowissenschaften sehen nun einige Autoren die Homunkulus-Hypothese als regelrechtes Forschungsprogramm an, nämlich als Suche nach einem Gehirnareal, das zentrale Kontroll- und Integrationsleistungen erbringt. Wenn der Befund dann lautet, dass „there is no single cortical area to which all other cortical areas report exclusively, either in the visual or in any other system"[83], wird dieser Umstand so ausgelegt, dass es keinen Homunkulus gebe.[84] Hier ist vom Homunkulus als einer handfesten, empirisch entdeckbaren Struktur die Rede. Im Gegensatz dazu bezieht sich die Homunkuluskritik der Philosophie auf eine stillschweigend postulierte theoretische Entität. Genauer besteht der Kern des Einwands darin, dass der Opponent eine personenähnliche Instanz innerhalb einer Person annehmen *müsste*, um die Verwendung der gewählten Prädikate zu rechtfertigen.[85] Bei Roth und Singer sind homunkulare Charakterisierungen von Gehirnprozessen Legion: Das Gehirn entscheidet sich, wägt ab, bewertet, täuscht uns, wird sich seiner selbst bewusst, macht sich ein Bild von sich, empfindet sich als ein autonomes Agens.[86] Der Schritt zur unfreiwilligen Komik ist bei denjenigen Autoren überschritten, die sich in die Lage ihres Gehirns versetzen und dann ihre tristen Lebensbedingungen beklagen:

So muß ich, ein Stück weiße und graue Materie, eingeschlossen in die Höhle eines kno-
chigen Schädels, nun meine Situation erkennen. Alles, was ich von der Welt wahrnehmen
kann, ist das nervöse Ticken einiger Millionen bündelweise durch Öffnungen in meine
Höhle ragender Fasern.[87]

Hier verwechselt sich schlicht jemand mit seinem Gehirn. Ähnliche Beschreibungen finden sich bei „radikalen Konstruktivisten". Es fällt schwer, über die Schä-
delhöhlenklaustrophobiker nicht im Stile von Woody Allen und Otto Waalkes
zu spotten: „Großhirn an Auge, Großhirn an Auge: Hier ist alles so dunkel. Lass'
mich doch auch mal raussehen!".

Der Homunkulismus geht mit einem *Kryptocartesianismus* einher, der auf
einer unzulänglichen Auseinandersetzung mit dem Cartesischen Dualismus
beruht. Bennett und Hacker, die diese Diagnose in einem Abriss der historischen
Entwicklung der Neurowissenschaften ausgearbeitet haben[88], sehen die entscheidende falsche Weichenstellung in Descartes' Verdinglichung des Geistes zur *res
cogitans*. Aristoteles habe die Psyche zutreffend als Inbegriff von Vermögen eines
Lebewesens beschrieben, Descartes schrieb alle Vermögen und Tätigkeiten dem
Geist zu, den er fälschlich als Entität auffasste und dem Körper als eigene Substanz gegenüberstellte. Die frühe Neurowissenschaft (u.a. Sherrington, Penfield,
Eccles) habe den cartesianischen Dualismus schlicht übernommen. (Wir haben
gesehen, dass dies zeitweise auch für den Eccles-Schüler Libet gilt.) Die heutige
Wissenschaftlergeneration lehnt zwar mehrheitlich den Geist/Körper-Dualismus
offiziell ab, behält aber nach Bennett und Hacker die fatale Innen/Außen-Unter-
scheidung und wesentliche Elemente einer verfehlten Introspektionspsychologie
bei. Ausgetauscht wird lediglich deren Subjekt: Fähigkeiten und Tätigkeiten, die
Descartes dem Geist zuschrieb, werden nun dem Gehirn zugeschrieben. So fallen
viele neurowissenschaftliche Theorien, die doch die Überwindung des cartesianischen Dualismus auf ihre Fahnen geschrieben haben, einem Kryptocartesianismus anheim. Die mentalen Repräsentationen werden zu neuronalen, dann
werden für den fälschlich als private Innenwelt aufgefassten Geist neuronale Korrelate gesucht. Die Gefährlichkeit des Kryptocartesianismus besteht Bennett und
Hacker zufolge darin, dass Pseudoprobleme als drängende empirische Fragen
erscheinen. Es würden neurowissenschaftliche Erklärungen für falsch konzi-
pierte psychische Vorgänge gesucht, was dazu führe, dass „the lay public will
look to neuroscience for answers to pseudo-questions that it should not ask and
that neuroscience cannot answer".[89]

Nach Wittgenstein ist der Geist ein Inbegriff von Vermögen, die sich in öffent-
lichen, regelgeleiteten Tätigkeiten äußern. Träger dieser Vermögen sind *Personen*.
Der durch Wittgenstein, Ryle und Strawson belehrte Zweig der Philosophie des
Geistes – es gibt auch einen unbelehrten – betont seit einem halben Jahrhundert,

dass das logische Subjekt mentaler Prädikate die Person ist. Im Gegensatz dazu ist bei Roth und Singer ständig von „dem Ich", vom „Selbst" und vom „Bewusstsein" als Subjekt und Akteur die Rede, worauf dann die Entdeckung folgt, dass man diese Steuerungsinstanzen im Gehirn nicht findet. Die Einsicht, dass man die Wörter „ich" und „selbst" besser kleinschreibt, kann man durch philosophische Sinnkritik einfacher haben – und mit geringerem Kollateralschaden. Kryptocartesianisch ist die Ersetzung des immateriellen „Selbst" durch das Gehirn, weil man wie Descartes davon ausgeht, dass alle Fähigkeiten und Tätigkeiten entweder dem Körper oder dem immateriellen Geist zuzuschreiben sind.[90] Was in dieser Alternative übersehen wird, ist eben die Kategorie der Person, die nach Strawson logisch primitiv, also weder vom Begriff des Körpers noch von dem des Geistes abgeleitet ist.

Wir haben gesehen, dass die neuere Kritik der Willensfreiheit den Mythen über die libertarische Freiheitsauffassung zu einer Reihe von Kurzschlüssen und Verwechslungen neigt. Ich rufe noch einmal die wichtigsten in Erinnerung:

- Verwechslung von diachroner und synchroner Determination und entsprechend von Verursachung und physischer Realisierung
- Fehldeutung der physischen Realisierung als freiheitsgefährdend, im Umkehrschluss wird dem Libertarismus ein Dualismus unterstellt
- Verwechslung des Kausalprinzips mit dem Determinismusprinzip
- Verwechslung des Determinismus mit der Auffassung, dass alles in der Welt mit rechten Dingen zugeht
- Fehlschluss vom deterministischen Charakter einzelner Gesetze und Theorien auf die Wahrheit des Determinismus
- Fehlende Unterscheidung von Koexistenz- und Sukzessionsgesetzen
- Präskriptive Fehldeutung von Naturgesetzen (subtiler: Fehllokalisierung der modalen Kraft von Naturgesetzen, *Hysteron-proteron*-Fehler)
- Fehldeutung des Anderskönnens unter gegebenen Umständen als Fähigkeit, die Gegenwart anders sein zu lassen, als sie ist
- Fehldeutung des Anderskönnens unter gegebenen Umständen als Fähigkeit zum grundlosen oder widervernünftigen Handeln
- Behauptung, Willensfreiheit gründe sich auf ein „Gefühl" der Urheberschaft
- zu weitgehende Folgerungen aus der Fehlbarkeit von Kausalattributionen
- Verwechslung von Tun und Herbeiführen, entsprechend akteurskausale Fehldeutung des Ausführens von Handlungen
- Äquivokation von Drang, Wille, Absicht und Entschluss
- Homunkulus-Fehlschlüsse

6.5 Philosophie und Neurowissenschaft

Es ist an der Zeit, Bilanz zu ziehen. Ich habe in diesem Buch einen fähigkeitsbasierten Libertarismus skizziert, der dem Zufallseinwand begegnet, indem er das Anderskönnen über die Fähigkeit zum Weiterüberlegen erläutert. Das libertarische Anderskönnen wird in der jüngeren Freiheitsdebatte mit einer Reihe von Zusatzbehauptungen verknüpft, die dem Libertarier unterschoben werden, um die Unhaltbarkeit seiner Position zu erweisen. Von diesen Mythen habe ich den Libertarismus zu befreien versucht: vom Mythos der Unbedingtheit, des Dualismus, des unbewegten Bewegers und der Kausallücke. Es bleibt die Ablehnung des Determinismus. Wenn der Weltlauf durch Naturgesetze alternativlos fixiert wäre, gäbe es keine offenen Möglichkeiten, die man erwägen und ergreifen könnte. Nichtphilosophen leuchtet dieser Zusammenhang sofort ein; unsere Alltagsbegriffe des Überlegens, Entscheidens und Handelns sind libertarisch. Die einschlägigen kompatibilistischen Gegenargumente (Moore, Strawson, Frankfurt) konnten nicht überzeugen. Dem libertarischen Anderskönnen steht die *Doktrin* des Determinismus entgegen. Die zu prüfende Frage war, ob ihm auch irgendwelche *Tatsachen* oder *gute Argumente* entgegenstehen. Eine mit der libertarischen Freiheit unvereinbare Tatsache wäre gewesen, dass der Weltlauf oder der uns und unsere Handlungen umfassende Teil desselben tatsächlich deterministischen Sukzessionsgesetzen unterliegt. Ein gutes Argument wäre das Zufallsargument gewesen, das ja erweisen soll, dass eine nichtdeterminierte Wahl ebenfalls oder erst recht freiheitsgefährdend wäre.

In diesem Kapitel war nur noch zu prüfen, ob die jüngere neurowissenschaftliche Forschung etwas am erreichten Diskussionsstand ändert. Dabei war zwischen den Forschungsergebnissen selbst und ihrer philosophischen Interpretation zu unterscheiden. Es hat sich gezeigt, dass die vollmundigen Behauptungen einer „empirischen Widerlegung der Willensfreiheit" durch die präsentierten Befunde nicht gedeckt sind. Die größte Herausforderung der Hirnforschung für das Freiheitsproblem dürfte in der Gefahr bestehen, das Ausmaß der tatsächlichen Herausforderung zu überschätzen. Wir wissen heute mehr über den Aufbau und die Arbeitsweise des menschlichen Gehirns als Descartes, noch mehr als Aristoteles und weniger als künftige Forschergenerationen. Aber unser Wissen macht die in zweieinhalb Jahrtausenden abendländischer Philosophie erarbeiteten Argumente zum Freiheitsproblem nicht gegenstandslos. Es fügt ihnen auch nur wenig hinzu. Nach Hacker und Bennett erforschen die Neurowissenschaften physiologische Voraussetzungen und Bedingungen psychischer Fähigkeiten, nicht mehr und nicht weniger. Zwingen die Befunde dazu, bestimmte libertarische Annahmen zu überdenken? Etwas zu überdenken ist nie falsch, aber die einzige *Bedrohung* für einen fähigkeitsbasierten Libertarismus bestünde darin, dass die fraglichen Fähigkeiten mit dem, was wir über den Aufbau und die Arbeitsweise des menschlichen Gehirns wissen, unvereinbar wären. Keine Bedrohung wäre die Erkenntnis, dass viele der neuronalen Strukturen und Mechanismen, in denen psychische Fähigkeiten realisiert sind, anders beschaffen sind, als libertarische Philosophen dachten – sofern sie überhaupt etwas darüber dachten.

Hirnforscher haben Philosophen wiederholt dazu aufgefordert, sich mehr mit den empirischen Befunden zu beschäftigen. Im Gegenzug haben Philosophen begriffliche Verwirrungen und ungeklärte theoretische Vorannahmen kritisiert. Schon Whitehead beschwerte sich darüber, dass Naturwissenschaftler dazu neigen, im Revier der Philosophie zu wildern, ohne sich auszukennen. Bei der wechselseitigen Kritik gibt es allerdings einen wichtigen Unterschied: Philosophen erfinden in dieser Debatte keine neurowissenschaftlichen Befunde und ziehen auch kaum jemals welche in Zweifel. Umgekehrt stellen einige Neurowissenschaftler durchaus philosophische Thesen auf, die sie allerdings als durch empirische Befunde gestützt oder erzwungen ausgeben. Von philosophischer Kritik an Homunkulus-Fehlschlüssen und anderen Begriffsverwirrungen bleiben sie bemerkenswert unbeeindruckt; nicht selten werden philosophische Einwände bagatellisiert, als Besserwisserei aus dem Lehnstuhl oder als „metaphysische Spekulation" abgetan.

Ein charakteristisches Beispiel ist Libet selbst. Nachdem er zwanzig weltweit führende Neurowissenschaftler aufgezählt hat, die seine Befunde akzeptiert und seine Experimente gepriesen hätten, fährt er fort:

> It is interesting that most of the negative criticism of our findings and their implications have come from philosophers and others with no significant experience in experimental neuroscience of the brain.[91]

Es bedarf aber, wie Mele dazu bemerkt, keiner besonderen Erfahrung im neurowissenschaftlichen Experimentieren, um beispielsweise zu erkennen, dass eine Entscheidung und das Verspüren eines Drangs zweierlei sind.[92]

Auf begriffliche Unterscheidungen legt die Philosophie nicht nur deshalb Wert, weil sie nun einmal ihr Metier sind, sondern weil Bedeutung eine eigene Determinante wissenschaftlicher Wahrheit ist. Die Wahrheit einer Aussage hängt, so Quine, stets von zwei Dingen ab: davon, was die verwendeten Worte bedeuten und davon, wie die Welt beschaffen ist.[93] Dass Wortbedeutungen und Begriffe mit derselben Ernsthaftigkeit untersucht werden müssen wie Phänomene, ist deshalb kein Spezialinteresse der Philosophie, sondern ein unentbehrliches Element der wissenschaftlichen Wahrheitssuche. Libet dagegen stellt dem wissenschaftlichen Experiment stets die philosophische *Spekulation* gegenüber. Diese Alternative zeugt von wenig Kenntnis der spezifischen Klärungsaufgabe der Philosophie. Libet scheint die Eigenart der philosophischen Tätigkeit darin zu erblicken, dass Philosophen sich ausdenken, was sich nur empirisch erforschen lässt.

Die sinnkritische Begleitung wissenschaftlicher Theoriebildung zieht regelmäßig den Unwillen derjenigen auf sich, die für eine Nichteinmischung der Philosophie in die inneren Angelegenheiten der Wissenschaften plädieren. Methodologisch sorgten die Wissenschaften längst für sich selbst, und am erfolgreichsten seien sie, wenn sie ungestört ihrer Arbeit nachgehen können, ohne Einmischung von Lehnstuhlphilosophen. Hängt man indessen der altmodischen Auffassung von Wissenschaft als einer kooperativen, methodischen Wahrheitssuche an, so ist die Rede von Einmischung oder Bevormundung fehl am Platze. Im großen Reich der Wissenschaft sollte es keine inneren Angelegenheiten geben, in die einzumischen man sich verbitten könnte.

Über die empirische Psychologie seiner Zeit hat Wittgenstein boshaft angemerkt: „Es bestehen nämlich, in der Psychologie, experimentelle Methoden *und Begriffsverwirrung.*"[94] Begriffsverwirrungen aber wirken sich überall nachteilig aus, und ihre Vermeidung muss in jedermanns Interesse liegen. So schaden Homunkulus-Fehlschlüsse auch den empirischen Wissenschaften selbst, denn sie können gegenstandslose Fragen veranlassen und degenerierende Forschungsprogramme anregen, beispielsweise die berüchtigte Frage, wie aus dem invertierten Netzhautbild ein aufrechter Seheindruck entsteht. Der Oxforder Philosoph John Hyman hat zur Aufgabe der Philosophie in solchen Debatten Folgendes bemerkt: „A major part of the philosopher's business is to disentangle conceptual puzzles that have been woven into the fabric of empirical research."[95] Das ist gut gesagt: Begriffsverwirrungen sind besonders heimtückisch, wo sie unbemerkt mit empirischen Theorien verflochten wurden. Im Falle der Libet-Experimente ist insbesondere die stillschweigende Unterstellung einer cartesianischen Willensmetaphysik zu kritisieren sowie die Erwartung, man könne eine solche Auffassung empirisch testen. Die sinnkritische Begleitung wissenschaftlicher Theoriebildung ist natürlich kein Privileg professioneller Philosophen. Nichts spricht dagegen, dass Einzelwissenschaftler sich daran beteiligen. Allerdings sind Fachphilosophen dafür in der Regel besser ausgebildet.

Bei aller Kritik muss die Philosophie den deutschen Hirnforschern dankbar sein, dass sie das Thema Willensfreiheit wieder aufs Tapet gebracht und ihm öffentliche Aufmerksamkeit verschafft haben. Die Philosophen allein hätten dies nicht zuwege gebracht. Der Preis dafür war allerdings hoch. In den vergangenen Jahren wurde an der Schnittstelle zwischen Wissenschaft und Öffentlichkeit eine Freiheitsdebatte geführt, in der der Respekt vor den philosophischen Schwierigkeiten des Themas fast vollständig verlorengegangen ist. Viele Wortführer dieser Debatte haben sich nicht genügend mit den begrifflichen und theoretischen Komplikationen des Freiheitsproblems beschäftigt und unterschätzen die Schwierig-keiten deshalb. Die suggestive Frage „Freiheit oder Wissenschaft?" (Prinz 1996) zeigt diese Unterschätzung an. Suggeriert wird, dass eine Richtungsentscheidung zugunsten eines wissenschaftlichen Weltbildes das Freiheitsproblem vorent-scheide. Ein minimaler Naturalismus, demzufolge alles in der Welt mit rechten Dingen zugeht, keine Naturgesetze verletzt werden können und keine Eingriffe immaterieller Seelensubstanzen in die Körperwelt möglich sind, müsste doch genügen, um den Belehrbaren unter den Philosophen die libertarische Freiheit auszureden. Dieser minimale Naturalismus genügt aber nicht. In einer Wissen-schaftskultur ist er Geschäftsgrundlage auch der Philosophie des Geistes, aber die Probleme fangen erst jenseits dieses Bekenntnisses zur Wissenschaft an. Das Problem der Willensfreiheit ist wie das Geist/Körper-Problem vielschichtig und tückisch. Denkfehler, Verwechslungen, Kurzschlüsse und Kategorienfehler lauern an jeder Ecke. Ist man dem einen Fallstrick entgangen, droht der nächste, und allen zugleich zu entgehen erfordert enorme Umsicht. Kurz: Das Freiheits-problem ist ein typisches philosophisches Problem.

Philosophen sind mit der Kritik von Begriffsverwirrungen und Fehlschlüssen schnell bei der Hand. Darüber ärgern sich Kognitions- und Neurowissenschaftler häufig, weil sie den Eindruck haben, ihnen würden Anfängerfehler, Analphabe-tentum oder mangelnde intellektuelle Fähigkeiten vorgeworfen. Nichts könnte falscher sein. Philosophische Probleme *bestehen* aus Fallstricken, und es bedarf keiner besonderen Torheit, einem davon zum Opfer zu fallen, wohl aber außer-ordentlicher Umsicht, alle gleichzeitig zu vermeiden. Wittgenstein verwendete für den Fallencharakter philosophischer Probleme die Metapher des Fliegengla-ses: Es ist leicht, hineinzukommen, aber fast unmöglich, ohne Hilfe wieder hin-auszufinden. Dieses Problem besteht für Philosophen wie für Nichtphilosophen. Man muss kein schlechter Wissenschaftler und kein schlechter Philosoph sein, um gelegentlich im Fliegenglas zu landen.

In populärwissenschaftlichen Darstellungen und im Feuilleton sind voll-mundige und plakative Behauptungen über das Verhältnis von Gehirn und Geist, über den Einfluss der Gene, über die Illusion der Willensfreiheit oder den Tod des autonomen Subjekts an der Tagesordnung. Diese Schlagworte gewinnen nicht nur deshalb so große mediale Aufmerksamkeit, weil die Medien vollmundige und plakative Thesen lieben. Es ist *wirklich* schwer, ohne einschlägiges Training zu erkennen, worin jeweils die Fehler und Kurzschlüsse bestehen. Es ist eine Dauer-aufgabe für die Philosophie, in der räsonierenden Öffentlichkeit den nötigen Respekt vor der Schwierigkeit philosophischer Probleme anzumahnen. Die trüge-rische Einfachheit philosophischer Fragen wie „Ist der menschliche Wille frei?" macht diese Aufgabe nicht leichter.

Dass die Schwierigkeit philosophischer Probleme leicht unterschätzt wird, stelle ich ohne jede Häme fest. Auch viele Philosophen glauben in ihrem Leben einmal oder mehrmals, das Freiheitsproblem endgültig gelöst zu haben. (Der Autor dieser Zeilen nimmt sich da nicht aus.) Vor dieser Hybris schützt am besten fortgesetzte Lektüre und Diskussion. Die philosophische Forschung hat einige hervorragende Freiheitsbücher hervorgebracht, beispielsweise das von Robert Kane. Diese Bücher kann jedermann lesen, und wer etwas *Weiterführendes* zum Freiheitsproblem beitragen möchte, ist gut beraten, den philosophischen Forschungs- und Diskussionsstand zur Kenntnis zu nehmen. Roth behauptet verschnupft, einige Philosophen sprächen „Denk- und Sprachverbote" aus und seien der Meinung, „Hirnforscher dürften sich *grundsätzlich* nicht zu Problemen der Willensfreiheit äußern".[96] Äußern dürfen sie sich sehr wohl, nur müssen sie sich gefallen lassen, dass ihre Einlassungen am erreichten Diskussionsstand gemessen werden. Aus welcher Fakultät jemand stammt, der die Debatte bereichert, spielt dann keine Rolle.

7. Epilog: Freiheit, die ich meine

7.1 Was ist denn nun Willensfreiheit?

„Willensfreiheit" ist in diesem Buch an verschiedenen Orten auf verschiedene Weise bestimmt worden. Es mag nicht mehr ohne weiteres zu sehen sein, wie alle diese Bestimmungen zusammenhängen.

(a) So-oder-Anderskönnen in einer gegebenen Situation
(b) Fähigkeit, bestehende Wünsche zu suspendieren
(c) Fähigkeit zum Weiterüberlegen
(d) Einsichts- und Steuerungsfähigkeit
(e) Fähigkeit der überlegten hindernisüberwindenden Willensbildung

Am Ausdruck „Willensfreiheit" habe ich aus Traditionsgründen festgehalten. Würde man noch einmal ganz von vorn anfangen, so sollte man sowohl den „Willen" als auch seine „Freiheit" auf sich beruhen lassen und stattdessen die einschlägigen Fähigkeiten möglichst genau zu beschreiben suchen. Ein fähigkeitsbasierter Begriff der Willensfreiheit ist der Versuch, das Beste aus dieser Situation zu machen. Die Auffassung, dass der Mensch einen freien Willen habe, verstehe ich als eine metaphysisch implikationsreiche anthropologische Behauptung über menschliche Fähigkeiten. Die Zusammenhänge zwischen den Bestimmungen (a)–(e) sehe ich wie folgt: Das „So-oder-Anderskönnen" bezeichnet eine formale Gemeinsamkeit aller freiheitskonstitutiven Vermögen, nämlich ihren Zwei-Wege-Charakter (S. 99f.). Jede Ausübung einer solchen Fähigkeit geschieht vor dem Hintergrund einer nichtaktualisierten, aber aktualisierbaren Alternative, ist also mit der Doktrin des Determinismus unverträglich. In einer Welt, in der niemals etwas anderes geschehen kann als das, was tatsächlich geschieht, gibt es keine offenen Möglichkeiten und *a fortiori* kein Vermögen, eine von mehreren offenen Möglichkeiten zu ergreifen. Das So-oder-Anderskönnen *besteht* freilich nicht im Nichtdeterminiertsein, sondern *erfordert* es, denn Fähigkeiten gehören sämtlich zum positiven Teil der Freiheitstheorie, während der Indeterminismus zum negativen gehört (S. 118).

Die freiheitskonstitutiven Fähigkeiten (b)–(e) *spezifizieren* das So-oder-Anderskönnen und *implizieren* es deshalb auch. Die komplexe Fähigkeit der überlegten hindernisüberwindenden Willensbildung (e) ist das, was man meines Erachtens unter „Willensfreiheit" verstehen sollte (S. 148–151). Die Fähigkeiten (b)–(d), die einander zum Teil überlappen, sind Aspekte oder Komponenten dieser komplexen Fähigkeit.

Die Rede von der hindernisüberwindenden Willensbildung wirft noch eine Komplikation auf: Als bei der Willensbildung zu überwindende Hindernisse habe ich Versuchungen, Affekte, Süchte und Ähnliches genannt, als unüberwindliche Hindernisse pathologische Fähigkeitsverluste – beides nichts, was für einen libertarischen Freiheitsbegriff spezifisch wäre. Zusätzlich halte ich als Libertarier den Determinismus für freiheitsunverträglich. Es wäre nun sprachlich unglücklich, den Determinismus einfach als ein weiteres „Hindernis" neben den genannten aufzufassen, da doch die von ihm ausgehende Bedrohung „kategorial anders" ist.[1] Der negative Teil der Freiheitstheorie scheint sich mithin aus heterogenen Elementen zusammenzusetzen.

In der Tat lassen sich diese drei „Hindernisse" – Versuchungen, mangelnde Fähigkeiten, Determinismus – kaum unter einen Oberbegriff subsumieren. Der Determinismus ist kein zu überwindendes Hindernis, denn in einer deterministischen Welt *kann* er nicht überwunden werden, in einer indeterministischen Welt *ist* er immer schon „überwunden". Was die genannten Faktoren aus libertarischer Sicht verbindet, ist allein ihr freiheitsbedrohender Charakter. In einem freiheitstheoretischen Kontext müssen sie deshalb trotz ihrer kategorialen Heterogenität aufsummiert werden: Die überlegte hindernisüberwindende Willensbildung wird sowohl durch fehlende Einsichts- und Steuerungsfähigkeiten als auch durch den Determinismus verunmöglicht. Versuchungen und Süchte heben dagegen die freiheitskonstitutiven Fähigkeiten nicht auf, sondern erschweren lediglich deren Ausübung.

Die Abgrenzung der Willens- von der *Handlungsfreiheit* hat sich als schwieriger erwiesen als die provisorische Unterscheidung in der Einleitung (Kap. 1.1) vermuten ließ. Tun zu können, was man will, kann bedeuten, dass man nicht durch äußeren Zwang daran gehindert wird, seinen Willen in die Tat umzusetzen. Man kann aber nur dann tun, was man will, wenn man es auch im Fähigkeitssinn von „können" kann. Insofern hat auch die Handlungsfreiheit einen positiven Aspekt, geht also nicht im Ungehindertsein auf. Manche Erläuterungen von „Handlungsfreiheit" stellen das Nichtgehindertwerden in den Vordergrund, andere die Fähigkeit, seinen Willen umzusetzen, wieder andere fusionieren beides zu der Fähigkeit, denjenigen Willen, an dessen Umsetzung man nicht durch Drohungen, Zwänge etc. gehindert wird, handlungswirksam zu machen. Ich habe oben erklärt, warum ich die Fusionierung des Fähigkeitsaspekts und des Nichtgehindertwerdens für keine gute Idee halte: Handlungsfreiheit würde so zu einem Hybridphänomen, denn es gibt kein Vermögen, nicht gehindert zu werden (S. 148).

In jedem Fall ist der Fähigkeitsaspekt der Handlungsfreiheit schwierig von dem der Willensfreiheit abzugrenzen, zumal ich dafür argumentiert habe, den *Versuch*, seinen Willen handlungswirksam zu machen, noch zur Willensfreiheit zu zählen (S. 150 f.). Es bieten sich drei Abgrenzungshinsichten an: die Abgrenzung nach Fähigkeiten, nach Phasen und nach Arten der Hinderung. Die Abgrenzung nach Fähigkeiten ist die schwierigste, weil die Willensbildung selbst eine Handlung ist und weil komplementär dazu alle Handlungen einen mentalen Aspekt besitzen, nämlich den der Absichtlichkeit. Dass man dennoch mentale von körperlichen Fähigkeiten unterscheidet und die ersteren der Willens-, die letzteren der Handlungsfreiheit zuordnet, gehört zum dualistischen Erbe des Willensfreiheitsbegriffs.

Die gemeinsame Idee der beiden anderen Abgrenzungen ist, dass der mentale Prozess der Willensbildung abgeschlossen ist, wenn die Kausalkette den Cortex verlässt. Nur bis dahin kann die Willensbildung beeinträchtigt werden, danach kann nur noch durch äußere Faktoren der Handlungserfolg verhindert werden. Auf diese Weise lässt sich ein einigermaßen trennscharfer und von der dualistischen Erblast unabhängiger Begriff der willensfreiheitskonstitutiven Fähigkeit gewinnen: Die überlegte Bildung des eigenen Willens ist diejenige Fähigkeit, die durch äußere Faktoren wie sozialen Zwang, Verbote, Zensur, geschlossene Türen und Ketten nicht nur nicht eingeschränkt wird, sondern angesichts ihrer auch ausgeübt werden kann. Diese Explikation kommt auch der Intuition der Autarkie entgegen, die man gemeinhin mit der Willensfreiheit verbindet: „Die Gedanken sind frei" und in demselben Sinn ist es auch die Willensbildung. Faktoren, die die Handlungsfreiheit einschränken, lassen die Willensbildung unbeeinträchtigt.

Der Preis dieser Abgrenzung zwischen Willens- und Handlungsfreiheit ist, dass Handlungsfreiheit nicht mehr über Fähigkeiten erläutert werden kann, denn es bleiben ja nun keine für die Handlungsfreiheit spezifischen Fähigkeiten übrig. Am Abhalten einer Versammlung, Drucken eines Flugblatts oder Durchschreiten einer Tür gehindert zu werden tut den Fähigkeiten zu diesen Handlungen keinen Abbruch, sondern verhindert nur deren Ausübung.[2] Ein Handelnder muss Fähigkeiten besitzen, aber diese sind nicht das, was seine Handlungs*freiheit* ausmacht.[3]

7.2 Zwei-Wege-Fähigkeiten in einer deterministischen Welt?

Im negativen Teil einer Freiheitstheorie werden nicht Fähigkeiten erläutert, sondern Bedingungen dafür, dass diese auch „in die Welt passen". Mit dieser etwas undeutlichen Formulierung kann mindestens zweierlei gemeint sein. Ein Inkompatibilist könnte (a) argumentieren, dass es in einer deterministischen Welt zwar Zwei-Wege-Fähigkeiten gäbe, aber keine Gelegenheit zu deren Ausübung, oder (b), dass in einer deterministischen Welt Zwei-Wege-Fähigkeiten überhaupt nicht existierten.

Beide Optionen sind aus kompatibilistischer Sicht abwegig. Willaschek nennt die Auffassung, „dass es in einer deterministischen Welt gar keine Gelegenheiten gibt", „extrem unplausibel und kontraintuitiv".[4] Hinsichtlich der Fähigkeit argumentiert Beckermann: „Auch wenn ich mich entscheide, sitzen zu bleiben, habe ich die Fähigkeit, aufzustehen. Ja, selbst wenn ich dazu determiniert bin, mich zu entscheiden, sitzen zu bleiben, ändert das an meiner Fähigkeit nichts".[5] Dem ersten Satz Beckermanns stimme ich zu, dem zweiten nicht. Der eigentliche Dissens besteht darin, dass Kompatibilisten die freiheitskonstitutiven Fähigkeiten gar nicht erst als Zwei-Wege-Fähigkeiten auffassen oder aber deren Zwei-Wege-Charakter im Sinne der konditionalen Analyse des Könnens (fehl-) analysieren. Der von Moore herausgestellte Unterschied, dass einige der Dinge, die ich gerade nicht tue, im Bereich meiner Fähigkeiten liegen, andere hingegen nicht, ist wichtig, aber er ist aus libertarischer Sicht ein Unterschied in einer Welt, in der es überhaupt Zwei-Wege-Fähigkeiten gibt.

Die – begrenzte – Plausibilität des Arguments aus den nichtausgeübten Fähigkeiten stammt meines Erachtens daher, dass das Argument stets mit Beispielen illustriert wird, in denen der für die Nichtausübung verantwortliche Faktor gerade nicht der universale Determinismus ist. Im Fall der unwissend in einem Zimmer eingeschlossenen Person nehmen wir an, dass sie des Öffnens und Durchschreitens einer Tür fähig ist, weil sie es bei anderen Gelegenheiten schon getan hat, weil sie es unter anderen Umständen wieder tun wird, weil sie hinreichend Ähnliches tun kann etc. In einer deterministischen Welt hingegen wären *alle* Türen verschlossen, und zwar *immer*. In keiner Situation könnte etwas anderes als das geschehen, was tatsächlich geschieht. In der Tat schreiben wir Fähigkeiten dort weiterhin zu, wo sie aus kontingenten Gründen gerade nicht ausgeübt werden können. Für ein deterministisches Setting hat dieser Umstand aber keine Beweiskraft, denn dort sind die Beschränkungen für alternative Möglichkeiten weder kontingent noch räumlich oder zeitlich begrenzt. Eine deterministische Welt wäre nicht der von Borges beschriebene Garten sich verzweigender Pfade, sondern eine betonierte Einbahnstraße.

Die Frage ist nun, ob in einer solchen Welt neben der *Gelegenheit* zu jeder anderen als der tatsächlich ausgeführten Handlung auch die entsprechende *Fähigkeit* fehlen würde. Dass die Gelegenheit fehlen würde, erscheint mir alles andere als „extrem unplausibel und kontraintuitiv" (Willaschek). Wenn immer und überall die Gelegenheit zu jedem anderen als dem tatsächlichen Verhalten naturgesetzlich verschlossen ist, welchen Grund gibt es dann noch, überhaupt von bestehenden „Gelegenheiten" zu sprechen? Auf welche Intuitionen beruft sich Willaschek hier? Aus anderen philosophischen Kontexten wissen wir, dass Intuitionen über die Anwendung unserer Begriffe in kontrafaktischen Situationen umso fragwürdiger werden, je dramatischer die andere mögliche Welt von der unseren abweicht. Es ist zweifelhaft, ob wir überhaupt verlässliche Intuitionen über die Anwendung unserer Begriffe in einer deterministischen Welt haben, wenn wir noch nie in einer gelebt haben.

Alternativ oder zusätzlich könnte ein Inkompatibilist den steilen Weg gehen und bestreiten, dass es in einer deterministischen Welt überhaupt Überlegungs-, Entscheidungs- und Steuerungsfähigkeiten gäbe.[6] Da diese Fähigkeiten wesentliche Merkmale von Personen sind, müsste er die Auffassung vertreten, dass es in einer deterministischen Welt nicht einmal Personen gäbe. (In einer deterministischen Welt hätten Wesen wie wir vermutlich nicht evolvieren können, aber das ist ein Thema für sich.) Ob diese Auffassungen so absurd sind, wie sie dem Kompatibilisten erscheinen, kann man an der Rede von „Fähigkeiten" nicht ablesen, da kein Konsens über den Zwei-Wege-Charakter der fraglichen Fähigkeiten besteht. Der Kompatibilist nimmt an, dass Menschen in einer deterministischen Welt Fähigkeiten besitzen, die sie allerdings immer nur auf eine prädeterminierte Weise ausüben können. Der Libertarier hält dagegen, dass solche Fähigkeiten keine Zwei-Wege-Fähigkeiten wären. Der Kompatibilist argumentiert, dass wir im Normalfall Fähigkeiten, die aus kontingenten Gründen gerade nicht ausgeübt werden können, weiterhin zuschreiben. Aus diesem Umstand zieht er dann unzulässige Schlüsse über Fähigkeiten in einer deterministischen Welt, in der die Beschränkungen weder kontingent noch raumzeitlich begrenzt sind.

7.3 Alltagsintuitionen, begriffliche Zusammenhänge und Beweislast

In der Vereinbarkeitsdebatte kann fast jede gewählte Formulierung von der Gegenseite als *question-begging* kritisiert werden. Dies funktioniert in beiden Richtungen. Ich nehme beispielsweise daran Anstoß, dass Kompatibilisten stets von „uns" oder von „Personen" sprechen, die doch weiterhin Fähigkeiten besäßen. Wenn schon geklärt ist, dass es in einer deterministischen Welt Personen gibt, ist es in der Tat schwer, ihnen Fähigkeiten abzusprechen. Der Implikationsreichtum unserer gewöhnlichen Rede über Personen und ihre Fähigkeiten ist der Grund dafür, dass Kompatibilisten viele lebensweltliche Praxen und Phänomene scheinbar besser erklären können als Inkompatibilisten. Dass beispielsweise vor Gericht nicht anthropologisch oder metaphysisch erörtert wird, ob der menschliche Wille frei sei, legt der Kompatibilist so aus, dass eine Entscheidung in der Determinismusfrage irrelevant für die rechtliche Zurechnungspraxis sei. Libertarier wenden dagegen ein, dass bei der Zurechnung von Schuld schon *präsupponiert* ist, dass es Personen, Entscheidungen, Fähigkeiten etc. gibt. Damit ist aber nach seinem Verständnis dieser Begriffe zugleich präsupponiert, dass wir in einer nichtdeterministischen Welt leben. Da es sich um Präsuppositionen handelt, kommt in einer Charakterisierung der einschlägigen Fähigkeiten der Indeterminismus nicht vor. Auch der Libertarier hat also eine Erklärung dafür, dass wir vor Gericht keine philosophischen Debatten führen. Aufschlussreicher als abgeforderte philosophische Bekenntnisse ist die *libertarische Imprägnierung* unserer gewöhnlichen Rede über Handlungen, Entscheidungen und Fähigkeiten, die der Libertarier für bare Münze nimmt, der Kompatibilist hingegen weginterpretieren muss.

„Experimentelle Philosophen" haben vor einigen Jahren begonnen, Versuchspersonen anhand von erfundenen Vignetten über ihre „Intuitionen" zur Vereinbarkeitsfrage zu befragen. Nachdem ihnen ein deterministisches Szenario geschildert wurde, wurde den Personen die Frage vorgelegt, „Do you think that, when Jeremy robs the bank, he acts of his own free will?". Ein großer Teil der Personen bejahte die Frage. Die Zustimmungsraten stiegen noch, wenn explizit nach der moralischen Verantwortlichkeit gefragt wurde.[7] Ich bin nicht beeindruckt. Die experimentelle Methode ist ein untaugliches Mittel zur Überprüfung von „Intuitionen" zur Vereinbarkeitsfrage, weil die Ausdrücke „frei", „verantwortlich" und „determiniert" theoretisch höchst gehaltvoll sind und Mehrdeutigkeiten aufweisen, die durch die lebensweltlich formulierten Geschichten nicht ausgeräumt werden. Wenn schon Philosophen Schwierigkeiten haben, diese Implikationen zu überblicken, warum sollte es Nichtphilosophen leichter fallen?

Viele Kritiker haben Anstoß an meiner provokativen Bemerkung genommen, dass niemand, der nicht in Büchern darüber gelesen hätte, den Determinismus und den Kompatibilismus für wahr halten würde. Nun, die Intuitionen gehen offensichtlich auseinander. (Manche fangen ja auch früh mit dem Bücherlesen an.) Dass zwischen Kompatibilisten und Libertariern gleichwohl kein argumentatives Patt besteht, führe ich auf mehrere Umstände zurück, für die „Berufung auf Intuitionen" ein ungenauer und missverständlicher Sammeltitel ist:

(a) Die libertarische Imprägnierung unserer gewöhnlichen Rede über Handlungen und Entscheidungen ist ein härteres Faktum als die Berufung auf unbefangene Alltagsmeinungen, weil ihr *begriffliche* Zusammenhänge zugrunde liegen.

(b) Nicht nur Meinungen und Begriffen drücken ein libertarisches Freiheitsverständnis aus, sondern auch unsere lebensweltliche und juristische *Praxis* der Zuschreibung von Verantwortung und des Lobens und Tadelns präsupponiert ein solches.

(c) Die emphatische Formulierung Kants, dass wir „nicht anders als unter der Idee der Freiheit" handeln können, verweist auf einen *psychologisch-anthropologischen*, vielleicht sogar auf einen transzendentalen Grund für die Freiheitsannahme (letzteren habe ich in diesem Buch nicht erörtert).

Zusammengenomen liefern diese drei Gründe keinen Freiheitsbeweis, verschieben aber m. E. die Beweispflicht zu Lasten des Freiheitsleugners. Betrachten wir noch einmal den behaupteten begrifflichen Zusammenhang (a): Ich habe mich der Auffassung verschiedener Klassiker angeschlossen, dass Anderskönnen und Unterlassbarkeit *analytische Komponenten* des Handlungsbegriffs seien (11 f., 87 f., 98 f., 133). Nun sind Analytizitätsthesen, ob mit oder ohne Berufung auf Autoritäten, zunächst einmal bloße Behauptungen. Es gibt unumstrittene Analytizitäten wie „Junggesellen sind unverheiratet", die philosophisch in der Regel uninteressant sind, während die philosophisch interessanten in der Regel umstritten sind.

Wenn ich recht sehe, bietet der Begriff des *Entscheidens* das klarste Beispiel für den analytischen Zusammenhang: Wer vor einer Entscheidung steht, hat mindestens zwei Optionen. Gäbe es nur eine Option, so gäbe es nichts zu entscheiden. Entsprechend ist auch das Entscheidungsvermögen eine Zwei-Wege-Fähigkeit: Die Fähigkeit, sich zu entscheiden, ist keine andere als die Fähigkeit, sich so oder anders zu entscheiden. Nun ist nur noch zu zeigen, dass die beiden Optionen in derselben Situation bestehen müssen. Auch das folgt mit begrifflicher Notwendigkeit aus dem Entscheidungsbegriff. Eine paradigmatische Entscheidungssituation ist eben eine solche, in der eine von mehreren zugleich bestehenden Möglichkeiten zu ergreifen ist. Wenn man erst das eine und danach das andere tun könnte, müsste man sich ja nicht entscheiden. Um den Übergang von diesen Gemeinplätzen zum libertarischen Verständnis des So-oder-Anderskönnens zu blockieren, braucht ein Kompatibilist ein sehr starkes Argument. Legt man den gewöhnlichen Sinn von „entscheiden" zugrunde, ist Beckermanns Auffassung, dass ich „dazu determiniert bin, mich zu entscheiden, sitzen zu bleiben"[8], analytisch falsch.

7.4 Wovon hängt ab, ob man weiterüberlegt?

In Auseinandersetzung mit dem Zufallseinwand habe ich vorgeschlagen, das Anderskönnen eines rationalen Akteurs als Weiterüberlegenkönnen aufzufassen: Die Person habe stets noch die Möglichkeit, die Überlegung fortzusetzen sich umzuentscheiden. Als Grund dafür, dass das Weiterüberlegen nicht irrational sei, habe ich das Wissen der Person um ihre eigene Fehlbarkeit angeführt: Zwischen guten und für gut gehaltenen Gründen könne eine Differenz bestehen, von der wir aus leidvoller Erfahrung wissen (S. 130). Gegen diesen Grund wendet Löhrer ein, dass derartige allgemeine Überlegungen nicht geeignet seien, eine Neubesinnung rational zu machen. Rational sei diese nur, „wenn ein Akteur einen konkreten Anlass hat anzunehmen, dass seine bisherigen Überlegungen unzureichend waren. Wir benötigen sozusagen einen Anfangsverdacht."[9]

Das ist ein gewichtiger Einwand. Dass in Situationen mit großem Handlungsdruck *Quick and dirty*-Strategien angezeigt sind, habe ich ja bereits zugestanden (S. 131). Ob Weiterüberlegen rational ist, hängt offenbar vom Situationstyp ab. In bestimmten handlungsentlasteten Situationen scheint es keines besonderen Anlasses zu bedürfen, um das Weiterüberlegen rational zu machen. Ein Beispiel: Wer in einer Mathematikklausur alle Aufgaben gelöst und noch Zeit zur Verfügung hat, ist gut beraten, die noch verbleibende Zeit für Gegenproben zu nutzen. Hier braucht es keinen stärkeren Grund als den allgemeinen Fehlbarkeitsverdacht gegen sich selbst. Anders liegt der Fall bei moralisch inakzeptablen Überlegungsergebnissen. Hier kann von „anlasslosem" Innehalten und Weiterüberlegen von vornherein nicht die Rede sein. Wer mit der Versuchung kämpft, einen Ladendiebstahl zu begehen, weiß zu jedem Zeitpunkt seines Hin- und Hergerissenseins, dass er im Begriff ist, etwas Verbotenes zu tun. Hier geht es nicht darum, dass ihm partout kein neuer Gesichtspunkt einfallen will, vielmehr muss er sein Wissen und seine Skrupel aktiv unterdrücken. Die Frage, wie der zum Stehlen, Betrügen, Morden Entschlossene bloß darauf kommen soll, dass er seinen Entschluss noch einmal überdenken sollte, ist bizarr. Moral ist eine zu naheliegende Option, als dass man schlicht nicht daran denken könnte.

Ich fasse das Weiterüberlegen nicht als eine *separate* Fähigkeit auf, die zur Fähigkeit, praktische Überlegungen anzustellen, noch hinzukäme. Weiterzuüberlegen ist eine weitere gleichartige Phase der Tätigkeit des Überlegens. Insofern aus libertarischer Sicht zu keinem Zeitpunkt vor dem tatsächlichen Handlungsbeginn feststeht, was die Person tun wird, muss während des Überlegungsprozesses die Fähigkeit, die Überlegung so oder anders fortzusetzen, erhalten bleiben. Folgt man nun hinsichtlich des praktischen Überlegens Aristoteles – und wem sollte man sonst folgen? –, so ist in die Überlegensfähigkeit auch schon die Fähigkeit eingeschlossen, seine Überlegung zu einem Abschluss zu bringen, und mehr noch: zu einem Abschluss an der richtigen Stelle. Praktische Schlüsse terminieren in praktischen Konklusionen, und diese müssen aus den Prämissen folgen. Oft genug zu einem richtigen oder akzeptablen Ergebnis zu kommen muss also in die Fähigkeit zum praktischen Überlegen eingeschlossen sein. Zum Vergleich: Demjenigen, der beim Rechnen stets zum falschen Ergebnis käme, würde man eben keine Rechenfähigkeit attestieren.

Wenn man von jemandem erwartet, eine Entscheidung überlegt zu treffen, geht es nicht darum, dass er eine angemessene oder gar abgemessene Zeit brüten soll. Vielmehr erwartet man von ihm, beim Überlegen zu einem prudentiell oder moralisch akzeptablen Ergebnis zu kommen. Wem dies nicht gelingt, der hat Vorwürfe zu gewärtigen. Er hätte länger, besser, gründlicher überlegen sollen.

Er hätte zum Beispiel einen Gesichtspunkt berücksichtigen sollen, den er nicht berücksichtigt hat. Die Erwartung an die überlegende Person, zu einem akzeptablen Ergebnis zu gelangen, bleibt bis zum *point of no return* in Kraft.

Die Rede vom „akzeptablen" oder „richtigen" Ergebnis ist eine normative. Nicht genügend überlegt zu haben wird dann vorgeworfen, wenn dadurch ein schlechtes Überlegungsergebnis unkorrigiert geblieben ist. Für die Qualität von Überlegungsergebnissen gibt es aber keinen psychologischen Standard, sondern nur einen normativen. Der Rat, eine Überlegung genau dann zu beenden, wenn man zum richtigen Ergebnis gekommen ist, erscheint nicht sonderlich hilfreich. Er erinnert an das Wort von Karl Kraus, in Zweifelsfällen möge man sich für das Richtige entscheiden. In diesem Wort steckt indes eine tiefe Weisheit, nämlich die Einsicht, dass das richtige Ergebnis und der richtige Zeitpunkt für den Abschluss einer Überlegung sich nicht auf psychologische Weise charakterisieren lassen. Wenn die Forderung nach einem „konkreten Anlass" für die Fortsetzung der Überlegung als eine nach einem introspektiv verfügbaren Kriterium gemeint ist, verlangt sie Unmögliches.

Rosenthal argumentiert, „dass der Libertarismus mit Situationen deutlich überwiegender und leicht einsehbarer Gründe für eine der Optionen nicht umgehen kann", denn in solchen Situationen sei „nicht zu sehen, in welchem Sinne auch die Option *B* der Person in diesem Moment offen steht".[10] Die Replik liegt auf der Hand: Aus Sicht eines fähigkeitsbasierten Libertarismus ist wesentlich, dass die Wahl nicht determiniert ist und dass die Person fähig ist, gründlich zu überlegen. Dass die fortgesetzte Ausübung dieser Fähigkeit in jeder Situation rational wäre, habe ich nicht behauptet.

7.5 Wer muss die Erklärungslücke schließen?

Meine Ersetzung des Andershandelns durch das Weiterüberlegen nennt Beckermann einen „geschickten Schachzug, der aber ebenfalls Fragen aufwirft. Die entscheidende scheint mir zu sein: Wovon hängt es ab, ob eine Person weiter überlegt oder nicht?"[11] Und an dieser Stelle bliebe mir wie allen Libertariern nur die Wahl zwischen Zufall und Akteurskausalität. Ich frage zurück, was das Verb „abhängen" hier bedeutet. Die Frage, wovon es abhängt, ob jemand weiterüberlegt oder nicht, kann kausal oder rational gemeint sein. Wenn sie kausal gemeint ist, setzt sie den Standpunkt des Deterministen voraus, der sich ein nicht deterministisch verursachtes Geschehen einfach nicht vorstellen kann. Der Einwand, dass es für das Weiterüberlegen keine kausal hinreichenden Antezedensbedingungen gab, reformuliert einfach den Indeterminismus, den der Libertarier eben vertritt, und ist insofern dialektisch uninteressant. Die naturphilosophischen

Implikationen des Indeterminismus kann man, um es zu wiederholen, nicht dem Libertarier anlasten. Falls am Ende aller Tage der Laplace-Determinismus so unplausibel bleibt, wie er dem Libertarier jetzt schon erscheint – ob nun aufgrund des Überlagerungsproblems, aufgrund einer objektiv indeterministischen Interpretation der Quantenmechanik oder aufgrund der humeschen Supervenienz –, wird es immer Unterschiede zwischen möglichen Welten geben, für die es keine Erklärung gibt, was auch immer aus der menschlichen Freiheit wird. Der deterministische Kompatibilist müsste dann entweder zur Freiheitsskepsis oder zum Libertarismus überlaufen und der agnostische Kompatibilismus wäre in ähnlicher Weise mit dem Zufallseinwand konfrontiert wie der Libertarismus.

Die Frage, wovon es abhängt, ob jemand weiterüberlegt, sollte also nicht bedeuten, wodurch dies *determiniert* ist. Also ist ein anderes Verb vonnöten. Allein der Austausch des Verbs ändert bei Beibehaltung der deterministischen Konnotation die Lage freilich nicht. Wenn Pauen argumentiert, es könne für den Libertarier dann „eben auch nicht von mir, von meinen Überzeugungen und Wünschen abhängen", was geschieht, „sondern vom Zufall"[12], setzt er voraus, dass „abhängen" deterministisch gedeutet werden muss. Wenn „abhängen" hingegen auch nichtdeterministisch gedeutet werden kann, darf ein Libertarier ebenso wie ein Kompatibilist sagen, dass unsere Entscheidungen von unseren Überlegungen abhängen: Gute Gründe machen geneigt, ohne zu nötigen (*inclinant, non cogunt*).

Die kausale Variante der Frage, wovon am Ende die Entscheidung abhängt, wird auch so ausgedrückt, dass die Entscheidung *kontrastiv* erklärt werden müsse: Es genüge nicht, dass der Akteur aus guten Gründen entschieden hat; es müsse auch erklärt werden, warum er so entschieden hat, *anstatt* eine andere begründete Entscheidung zu treffen (s.o., 125 f.).

Generell sind *alle* Erklärungen kontrastiv, denn alle sind auf eine Kontrastklasse anderer möglicher Antworten bezogen, ob diese Kontrastklasse nun explizit gemacht wird („Warum ist p eingetreten und nicht q?") oder ob sie implizit bleibt. Zur Debatte können allein Art und Umfang der Kontrastklasse stehen. Bei einer deterministischen Erklärung ist die Kontrastklasse maximal groß: Warum ist p eingetreten anstelle irgendeines anderen minimal verschiedenen Ereignisses? Nichtdeterministische Erklärungen sind schwächer, sie schließen nur einen Teil der möglichen Alternativen aus.

In seiner Verwendung innerhalb des Zufallseinwands ist das Erfordernis einer kontrastiven Erklärung unvernünftig stark.[13] Es wird auch vom agnostischen Kompatibilisten nicht erfüllt, denn dieser muss wie der Libertarier behaupten, dass Handlungen in einer nichtdeterministischen Welt aus Gründen vollzogen werden und zugerechnet werden können. Der agnostische Kompatibilist möchte die Zurechenbarkeit ja nicht von einer Entscheidung in der Determinismusfrage abhängig machen, sondern in beiden Fällen zurechnen dürfen. Mithin ist er hinsichtlich des Zufallseinwands in derselben Lage wie der Libertarier. Dieser Umstand wird in der Debatte fast immer übersehen.[14] Allein der deterministische Kompatibilist darf seine Auffassung von der Zurechenbarkeit daran binden, dass alle Entscheidungen deterministische Ursachen haben.

Die Frage nach dem genauen Sinn der Abhängigkeitsfrage erzeugt also ein Dilemma für Beckermanns und Pauens Kritik am Libertarismus: In der Frage, wovon die Entscheidung abhängt, ist „abhängen" entweder deterministisch gemeint oder nicht. Im ersten Fall verfügt der agnostische Kompatibilist so wenig über eine Antwort wie der Libertarier, im zweiten Fall dürfen beide die gleiche Antwort geben. Der *deterministische* Kompatibilist hat wohlgemerkt auch keine Antwort.[15] Der einzige Unterschied ist, dass er behauptet, dass es eine Antwort geben müsse, da ja ohne deterministische Ursachen nichts geschehe. Wovon hängt ab, ob jemand weiterüberlegt? Nun, es wird schon von etwas abhängen. Die Beseitigung einer Erklärungslücke wird man das nicht nennen können, es handelt sich vielmehr um eine *Erklärbarkeitsbehauptung.* Eine solche Behauptung ist ein Beruhigungsmittel, das nicht viel kostet, zu dessen Entwicklung es keiner Forschung bedarf und dessen beruhigende Wirkung, so sie denn eintritt, auf Glauben beruht – also ein Placebo.

Was antworten Menschen, denen ein Fehlverhalten vorgeworfen wird, auf die Frage, warum sie so und nicht anders gehandelt haben? Kain hat seinen Bruder Abel erschlagen. Den Totschlag würde er auf Rückfrage durch den nicht besonders guten Grund erklären – halten wir uns an den Textbefund –, dass er wegen seines nicht genügend gewürdigten Opfers zornig auf seinen Bruder gewesen sei. Hätte er bei gleicher Vorgeschichte innegehalten, sich eines Besseren besonnen und nicht zugeschlagen, so würde er vielleicht antworten: Ich war zwar wütend, aber seinen Bruder zu erschlagen ist schließlich ein schweres Vergehen, und Abel hat ja auch seine guten Seiten, außerdem wollte ich mir nicht den Zorn Gottes zuziehen. Wäre eine solche Antwort die gesuchte kontrastive Erklärung dafür, dass er weiterüberlegt hat, anstatt zuzuschlagen? Sie wäre keine präzise Beschreibung des psychischen Geschehens im Umkreis des Verzweigungspunkts der beiden möglichen Verläufe. Vielmehr besteht sie in der Angabe normativer Gründe: Kain hatte bei nüchterner Betrachtung keinen guten Grund, seinen Bruder zu erschlagen. Angeführt wird der *Gehalt* des Grundes, nicht die Ursache dafür, dass er der Person in den Sinn kommt.

Gehen wir die Fragen noch einmal durch. Warum hat die Person weiterüberlegt? Normativ: weil das bisherige Überlegungsergebnis defizient war. Psychologisch: weil ihr plötzlich ein neuer Gesichtspunkt eingefallen ist. Warum ist ihr der Gesichtspunkt eingefallen? Normativ: weil eine vernünftige Person darauf kommen sollte. Psychologisch: für einige Fälle infolge der Anwendung metakognitiver Strategien, für andere wegen eines eingebauten Moralmoduls, das in moralisch riskanten Situationen eine Überprüfungsschleife erzeugt, für wieder andere durch einen der Person zufliegenden Gedanken, dessen Herkunft sie nicht kennt. Es mag noch andere Erklärungen geben, die aber in ihrer Gesamtheit keine kausal hinreichende Bedingung und damit keine Kontrasterklärung dafür liefern, wie die Entscheidung ausfällt.

Ist die Frage, wovon die Entscheidung abhängt, nicht determinismusimplizierend gemeint, so steht der Libertarier so wenig mit leeren Händen da wie der agnostische Kompatibilist. Beide dürfen gewöhnliche Ex-post-Handlungserklärungen aus Gründen anführen. Beide dürfen zusätzliche Gesichtspunkte anführen, die den Handelnden davon abgebracht haben, sein zwischenzeitliches Überlegungsergebnis unmittelbar in die Tat umzusetzen. Wenn nun die kompatibilistischen Kritiker vom Libertarier eine weitergehende Erklärung dafür verlangen, *warum* die Person sich besonnen hat, *warum* ihr der zusätzliche Gesichtspunkt eingefallen ist, dann legen sie einen höheren Standard für Handlungserklärungen zugrunde als sie selbst erfüllen können. De facto verlangen sie eben doch eine deterministische Erklärung, also eine, aus der sich das Explanandum aufgrund kausaler Gesetze oder rationaler Prinzipien deduzieren lässt. Andernfalls bliebe immer eine Erklärungslücke. Wenn die kompatibilistischen Kritiker weniger von einer kontrastiven Handlungserklärung verlangen, sollten sie deutlich sagen, was fehlen darf, warum es fehlen darf und warum sie dem Libertarier gleichwohl noch eine Erklärungslücke vorwerfen.

Die Konstatierung einer Erklärungslücke, die von niemandem gefüllt werden kann, sollte überhaupt stutzig machen. Der Fehler am forcierten Zufallseinwand besteht aus meiner Sicht darin, dass unerfüllbar hohe und daher unvernünftige Standards für Handlungserklärungen angesetzt werden. In einer nichtdeterministischen Welt gibt es weniger zu erklären als in einer deterministischen. Das heißt zweierlei: Es *kann* weniger erklärt werden, es *muss* aber auch weniger erklärt werden. Dies eine „Lücke" zu nennen ist tendenziös, da man unter einer Lücke gemeinhin etwas versteht, was sich im Prinzip schließen lässt.

Ich fasse zusammen: Kompatibilisten fordern vom Libertarier eine Erklärung für etwas, was sie selbst nicht erklären können. Deterministische Kompatibilisten fügen eine kostenlose Erklärbarkeitsbehauptung hinzu, agnostische nicht einmal dies. Da agnostische Kompatibilisten die Freiheit sowohl für mit dem Determinismus als auch für mit dem Indeterminismus vereinbar halten, müssen ihre Handlungserklärungen beiden Fällen Rechnung tragen. In einer nichtdeterministischen Welt gibt es aber bei jeder Erklärung, der der Sache nach deterministische Standards zugrunde gelegt werden, einen unerklärten Rest. Deshalb dürfen agnostische Kompatibilisten den Zufallseinwand nicht so formulieren, dass der Schein eines Erklärungsbedarfes entsteht, der allein in einer deterministischen Welt gedeckt werden könnte. Diese dialektische Situation wird in der Debatte selten durchschaut. Viele Kompatibilisten behaupten, einen agnostischen Kompatibilismus zu vertreten, manövrieren sich aber durch die Behauptung, der Libertarismus scheitere am Zufallseinwand, nolens volens in die Lage des deterministischen Kompatibilisten.

7.6 Aktives Ergreifen von Optionen ohne Erstverursachung

Manche Autoren fordern von einer libertarischen Freiheitsauffassung eine engere Verbindung zwischen dem positiven und dem negativen Teil. Die Rolle des Indeterminismus müsse über die Gewährleistung ontologisch offener Möglichkeiten hinausgehen:

> What libertarians want that determinism precludes is not merely that agents have open to them more than one future that is compatible with the combination of the past and the laws of nature, but that, on some occasions, which possible future becomes actual is in some sense and to some degree up to the agents.[16]

> Was hilft es, wenn nicht determiniert ist, zu welcher Entscheidung ein Überlegensprozess führt? Diese Nichtdeterminiertheit bedeutet doch zunächst nur, dass die Entscheidung auch hätte anders *ausfallen* können, und noch nicht, dass *ich* mich hätte anders entscheiden können. [...] Für den Libertarier reicht es [...] nicht aus, dass eine Überlegung einfach anders hätte verlaufen können. Vielmehr muss er [...] fordern, dass es *von mir, vom Überlegenden* abhängt, wie sie abläuft.[17]

Kurz: Es genüge nicht, dass offene Möglichkeiten *bestehen*, die Person müsse sie auch *aktiv ergreifen* können. Nur dann hänge von ihr ab, wie die Welt weiter verläuft, und nur dann nütze der Indeterminismus dem Libertarier.

Bisher habe ich Erwartungen dieser Art entgegengehalten, dass man vom negativen Teil der Freiheitstheorie (der Nichtdeterminiertheit) nichts fordern dürfe, was nur der positive Teil (freiheitskonstitutive Fähigkeiten) leisten kann. Diese Auffassung bedarf noch der Präzisierung. Die Herausforderung besteht darin, der aktiven Rolle der Person eine nichtmystifizierende und nicht akteurskausale Lesart zu geben.

Sortieren wir die hier dem Libertarier angesonnenen Auffassungen: (a) Als Handelnde können wir bestehende Möglichkeiten oder Gelegenheiten ergreifen. Das ist eine idiomatische Redeweise, gegen die nichts einzuwenden ist. (b) Sowohl für das Bestehen als auch für das Ergreifen von Möglichkeiten ist nach libertarischer Auffassung Nichtdeterminiertheit erforderlich. (c) Dass die Nichtdeterminiertheit den aktiven Charakter des Ergreifens *erläutern* muss, sollte ein fähigkeitsbasierter Libertarismus ablehnen. (d) Insbesondere sollte er ablehnen, dass das aktive Ergreifen Akteurskausalität erfordert, denn diese ist mit unüberwindlichen theoretischen Schwierigkeiten behaftet: Was eine Wirkung überdauert, kann nicht im Wortsinn deren Ursache sein.

Das Ansinnen an den Libertarier, er möge das Ergreifen einer Option als spezielles kausales Vermögen auffassen, ist ein vergifteter Apfel. Vortheoretisch sprechen wir zwanglos davon, dass Akteure etwas verursachen oder in Gang setzen. Libertarier, die mit dem Ursprungsmodell arbeiten (S. 110), beschreiben den Akteur metaphorisch als „Quelle", „Ursprung" oder „Autor" seiner Handlungen. Gegen alle diese Reden ist nichts einzuwenden, solange sie vortheoretisch, also kausalitätstheoretisch uninterpretiert bleiben. Auch die Rede, „dass es *von mir, vom Überlegenden* abhängt" (Beckermann), wie das Geschehen weiter verläuft, hat eine harmlose Lesart: Die Person macht insofern einen Unterschied für den Lauf der Dinge, als die Zukunft eine andere ist als sie ohne den Beitrag der Person gewesen wäre. Warum soll nun ein Libertarier dazu verpflichtet sein, diesen Beitrag der Person auf eine kausalitätstheoretisch unhaltbare Weise aufzufassen? Auch Kompatibilisten reden von Akteuren, die eingreifen, etwas herbeiführen oder zu etwas beitragen, ohne damit die Vorstellung zu verbinden, dass Menschen ein Vermögen des Initiierens von Kausalketten besitzen, dessen Ausübung eine zusätzliche, mysteriöse Kausalitätsart erfordert und physikalische Erhaltungssätze verletzen würde.

Da die vortheoretischen akteurskausalen Redeweisen sich nicht in haltbarer Weise präzisieren lassen, kann die Rolle von Personen nur in indirekter, metonymischer Weise kausal sein. Wenn eine Person eine Überlegung mit einer Entscheidung abschließt, vollzieht sie eine mentale Handlung, deren physiologisches Ereignissubstrat Ursachen hat und weitere Ereignisse verursacht. Solche Kausalketten laufen durch uns hindurch, und zwar – wie alle Kausalketten – auf nichtdeterministische Weise. Was eine Person zum Stattfinden ihrer Handlung hinzutut, wird ihr nicht deshalb zugerechnet, weil es eine erste Ursache wäre, sondern weil es das erste ist, was jemand *tut*.[18] Das Moment des Selbsttuns lässt sich nicht mehr begrifflich oder kausal analysieren, denn alles, was jemand dazu beitragen kann, dass seine Tat geschieht, müsste wiederum in Begriffen des Tuns, Vollziehens oder Ausführens beschrieben werden (S. 172). Die Ausdrücke „aktiv" und „spontan" gebrauchen wir gerade, weil solche Akte nicht mehr in kausale oder begriffliche Komponenten zerlegbar sind. Dass wir sie aktiv vollziehen, unterscheidet Handlungen von anderen Naturvorgängen, insofern spielen Personen und ihre Fähigkeiten für ein angemessenes Verständnis von Handlungen eine besondere und nichtreduzierbare Rolle. Diese Besonderheit ist aber keine *kausale* Besonderheit.

Es bleibt der Einwand, dass der Indeterminismus dem Libertarier in einer solchen metaphysisch ausgenüchterten Darstellung des Handlungsbeginns nichts mehr nütze. Ich bleibe dabei, dass der Vertreter des Einwands den Nutzen an der falschen Stelle sucht. Die Rolle des Indeterminismus besteht nicht darin, der Ausübung des freien Willens einen spezifischen pseudokausalen *modus operandi* zu verschaffen, der die Naturkausalität konterkariert oder komplettiert. Es gibt keine handlungs- oder gar freiheitsspezifische Kausalitätsart. Die Rolle des Indeterminismus besteht darin, dass eine Welt, in der niemals etwas anderes als das geschehen kann, was tatsächlich geschieht, nicht nur keine offenen Möglichkeiten, sondern auch keine Zwei-Wege-Fähigkeiten enthielte. Insofern gibt in einem fähigkeitsbasierten Libertarismus durchaus eine Verbindung zwischen dem positiven und dem negativen Teil der Freiheitstheorie: Die Existenz und die Ausübung freiheitskonstitutiver Fähigkeiten hängen davon ab, dass die Welt nicht laplace-determiniert ist. Wer vom Libertarier zusätzlich eine erhellende kausale Analyse der Ausübung von Zwei-Wege-Vermögen verlangt, verlangt Unmögliches.

Anmerkungen

Kapitel 1

1 Zum Gattungsbegriff der Hindernisfreiheit, auf den vor allem Hobbes und Schopenhauer hingewiesen haben, vgl. Seebaß 2006, 148, 209, 249f. u.ö. Der Anwendungsbereich von „frei" und seinen Komposita ist freilich noch weiter. Mit den Ausdrücken „rostfrei", „keimfrei", „bleifrei" und „eisfrei" wird nicht die Abwesenheit von Hinderungen bezeichnet, sondern Abwesenheit von etwas anderem. Dies spricht dafür, dass „frei von" die Grundbedeutung „x ist ohne y" hat (vgl. Tugendhat 1987, 373). „Verschleißfrei" und „bügelfrei" drücken aus, dass etwas nicht eintritt oder nicht gemacht werden muss.

2 Seebaß nennt deshalb den Unterschied zwischen „Freiheit von" und „Freiheit zu" sogar „inexistent und nur die Folge einer Begriffsverwirrung" (Seebaß 2006, 259). Kant versteht unter negativer Freiheit die „Unabhängigkeit der Willkür von der Nötigung durch Antriebe der Sinnlichkeit" (KrV B 562 [AA III, 363]), bzw. die „Unabhängigkeit von den bestimmenden Ursachen der Sinnenwelt" (GMS, BA 109 [AA IV, 452]), unter positiver Freiheit das Vermögen des Willens, sich selbst das Gesetz zu geben.

3 Vgl. Locke 1690, Bk. II, Ch. 21, § 10.

4 Tugendhat 1987, 344f.

5 Leibniz 1710, 283 (§ 51).

6 „Du kannst *tun*, was du *willst*: aber du kannst in jedem gegebenen Augenblick deines Lebens nur *ein* Bestimmtes *wollen* und schlechterdings nichts anderes als dieses Eine" (Schopenhauer 1839, 542). „Der ursprüngliche empirische, vom Tun hergenommene Begriff der Freiheit weigert sich also, eine direkte Verbindung mit dem des Willens einzugehen" (ebd., 525, vgl. 563).

7 Seebaß 2006, 212.

8 „Liberty, which is but a power, belongs only to agents, and cannot be an attribute or modification of the will, which is also but a power." (Locke 1690, Bk. II, Ch. 21, § 14)

9 Kant, AA XXVIII.1, 255.

10 Aristoteles, Nik. Eth. III, 1, 1110a.

11 Wittgenstein, PU § 129 und § 89.

12 Tugendhat 2007a, 47.

13 Ebd.

14 Zur Unterscheidung der beiden Freiheitsprobleme vgl. z.B. van Inwagen 1983, 2.

15 „Niemand kann den Determinismus beweisen, aber es ist sicher, dass wir sein Bestehen in allem unseren praktischen Verhalten voraussetzen" (Schlick 1930, 168). Vgl. auch Hobart 1934 und Ayer 1954.

16 Vgl. dazu Seebaß 2006, 145f. Für Seebaß liegt es auf der Hand, dass der agnostische Kompatibilismus die größere Herausforderung für den Inkompatibilismus ist, weil er suggeriert, dieser gehe völlig an der Sache vorbei. Einen Agnostizismus zweiter Stufe vertritt Al Mele. Er ist ein Freiheitsfreund, möchte sich aber nicht zwischen Libertarismus und Kompatibilismus entscheiden. Sein Argument lautet, dass die *Disjunktion* von Kompatibilismus und Libertarismus einen höheren Grad an subjektiver Wahrscheinlichkeit habe als eine der Doktrinen allein (vgl. Mele 2006, 4). Logisch betrachtet ist das richtig. Philosophisch attraktiv erscheinen agnostische Positionen allerdings nur, wenn man eine Klärung in der Sache für unmöglich oder für zu schwierig hält.

17 Stier (2011, 107) schlägt für den agnostischen Kompatibilismus die Bezeichnung „Irrelevanzkompatibilismus" vor.

18 In der politischen Philosophie ist „libertarianism" eine naturrechtliche Position, derzufolge jede Person ein unbeschränktes Verfügungsrecht über sich selbst und ihr Eigentum besitzt.

19 „It is almost impossible to get beginning students of philosophy to take seriously the idea that there could be such a thing as free will in a deterministic universe." (van Inwagen 2009, 257) „If compatibilism is to be taken seriously by ordinary persons, they have to be talked out of this natural belief in the incompatibility of free will and determinism by means of philosophical arguments." (Kane 2005, 12f.)

20 Aristoteles, Nik. Eth. III, 7, 1113b6.

21 Reid 1768, 523 [I, v].

22 von Wright 1980, 78f.

23 Zu den Libertariern zählen Kane, van Inwagen, Chisholm, Ginet, Ekstrom, O'Connor, Clarke, Seebaß und Rohs.

24 Seebaß 2006, 199.

25 Ebd., 218.

26 Vgl. z.B. Balaguer 2009.

27 Spätestens an dieser Stelle scheitert die Strategie der Desambiguierung, weil man jemanden, wie Schulte treffend bemerkt, nicht in einem Sinn ins Gefängnis stecken kann, in einem anderen aber nicht (vgl. Schulte 2012, 321 und 324).

28 Wiggins 1973, 33.

Kapitel 2

1 Bieri 2001, 435.

2 Laplace 1814, 1f.

3 Ebd., 3.

4 „Der freieste Wille kann sie [sc. Handlungen] nicht ohne ein bestimmendes Motiv hervorbringen; denn wenn er unter vollkommen ähnlichen Umständen das eine Mal handelte und das andere Mal sich der Handlung enthielte, dann wäre seine Wahl eine Wirkung ohne Ursache: sie wäre dann, wie Leibniz sagt, der blinde Zufall der Epikuräer." (ebd., 1)

5 Rosenthal 2011, 36. Zum Paradox der „embedded predictability" vgl. Rummens/Cuypers 2010. Informationstheoretisch ausgedrückt besteht das Problem darin, dass eine akkurate Repräsentation eines Gesamtzustands der Welt so komplex sein müsste wie die Welt selbst, um ebenso viele Bits an Information zu enthalten.

6 Ein verwandtes Problem wirft Stephen Spielbergs Spielfilm „Minority Report" (2002) auf. Dort gibt es Wesen, die die Zukunft kennen, beispielsweise geplante Straftaten. Diese „Precogs" informieren die „Precrime"-Truppe, die wiederum die Übeltäter vor der Tat aus dem Verkehr zieht. Im Film heißt es: „Die Precogs sehen, was man tun *wird*, nicht, was man tun *möchte*." Diese Konstruktion ist inkonsistent. Wenn Verbrechen verhindert werden können, kann das, was die Precogs vorsehen, nicht die tatsächliche Zukunft sein, sondern nur die Zukunft, wie sie sein würde, wenn die Precrimes nicht eingreifen würden.

7 Popper 1982, 33.

8 Ebd., 36 und 19.

9 „The world W is *Laplacian deterministic* just in case for any [possible world W' which satisfies the natural laws obtaining in the actual world], if W and W' agree at any time, then they agree for all times." (Earman 1986, 16)

10 „A *deterministic* system of laws is one such that, whenever two possible worlds both obey the laws perfectly, then [...] they are alike always or never." (Lewis 1986, 37)

11 Kompetente Sprecher des Spanischen haben mich darauf hingewiesen, dass „Qué será, será" im Spanischen keine Aussage ist, sondern eine Frage. Erst die idiomatischen Antworten darauf („Lo que será, será", „Será lo que será" oder „Pasará lo que pase") sind die Tautologien, von denen im Text die Rede ist.

12 Aristoteles, De Int. 9, 18b. Anders als Aristoteles hat der megarische Logiker Diodoros Kronos in seinem „Meisterargument" die deterministische Konsequenz tatsächlich gezogen. Die Konklusion des nur lückenhaft überlieferten modallogischen Arguments lautet, dass alles, was möglich ist, wahr ist oder wahr werden wird.

13 Schopenhauer argumentiert übrigens spiegelbildlich zu Aristoteles' Argument aus der Beeinflussbarkeit der Zukunft. Er ist davon überzeugt, dass wir manchmal die Zukunft voraussehen können; beispielsweise gebe es vom *„Vorhersehn des Zukünftigen* im Traume [...] unzählige Zeugnisse von glaubwürdigster Seite". Daraus folge aber, dass die Zukunft feststeht und der Determinismus wahr ist, andernfalls gäbe es ja „gar keine objektiv wirkliche Zukunft [...], die auch nur möglicherweise vorhergesehen werden könnte". (Schopenhauer 1839, 582)

14 Vgl. die subtile und wohlinformierte Diskussion in Künne 2003, 249–316.

15 Aristoteles, De Int. 9, 19a.

16 Für einen Überblick vgl. Zagzebski 2011.

17 Vgl. Valla 1439, 71ff.

18 Allerdings wird die Bezeichnung „Fatalismus" nicht einheitlich verwendet (für einen Überblick vgl. Rice 2010). Manche Philosophen gebrauchen „Fatalismus" gleichbedeutend mit „logischer Determinismus"; so z.B. Fischer 1989, 12.

19 Diogenes Laertius, LMP 7, 23.

20 Cicero, De fato 28–29 (1963, 57).

21 Vgl. Sartre 1946, 16.

22 Zum Überblick vgl. Bobzien 1998 und Ebert 2004.

23 Vgl. Long/Sedley (Hrsg.) (1987), 461 (§ 62).

24 So auch Seebaß (2006, 172): „[D]ie Einnahme jener empfohlenen Geisteshaltung muß den Betreffenden, soll die Empfehlung wirksam werden, als Alternative *offenstehen*".

25 Eine Videoinstallation des rumänischen Künstlers Mircea Cantor *The Leash of the Dog that was Longer than his Life* (2009) zeigt einen Hund an einer scheinbar endlosen Leine, die nur leicht über den Boden schleift. – Eine Allegorie unserer begrenzten Freiheit? Eine Allegorie der Unmerklichkeit unserer Unfreiheit? Der praktischen Irrelevanz unmerklicher Beschränkungen? Des Umstands, dass ein Leben an einer langen Leine besser ist als an einer kurzen?

26 Vgl. Taylor 1974, 62–64.

27 Vgl. Keil 2000, 405f. und 456f.

28 Vgl. z.B. Ryle 1954; Swartz 1985, 122; Weatherford 1991, 127ff.

29 So das Referat der stoischen Lehre bei Alexander v. Aphrodisias, *De fato* 181–182, zit. nach: Long/Sedley (Hrsg.) (1987), 465.

30 Vgl. dazu Keil 2000, 301–317.

31 Referiert bei Aulus Gellius, *Attische Nächte* 7, 2, zit. nach: Weinkauf (Hrsg.) (2001), 135.

32 Referiert bei Cicero, De fato 42 (1963, 81).

33 So z.B. von Forschner 1995, 98ff.

34 Manchmal wird der Unterschied auch darin gesehen, dass bei der Bestimmung durch das Schicksal nur das Ziel festlegt, beim echten Determinismus hingegen auch der genaue Weg zum

Ziel. Metaphorisch gesprochen: Für den Fatalisten ist das Leben eine Busreise, für den Deterministen eine Straßenbahnfahrt. (Diese Metapher hat Thomas Spitzley vorgeschlagen.)

35 Tatsächlich ist die Beschreibungsleistung der Naturgesetze weniger direkt als im einfachen deduktiv-nomologischen Modell angenommen, denn Gesetze subsumieren in der Regel keine Beobachtungssätze. Die einflussreichste Ausarbeitung eines nichtpräskriptivistischen Gesetzesbegriffs ist heute die Mill-Ramsey-Lewis-Auffassung: Naturgesetze seien die Generalisierungen oder Theoreme der besten deduktiven Systeme, die die Phänomene korrekt beschreiben (vgl. Lewis 1994).

36 Vgl. Kant, KrV B 3 (AA III, 28).

37 Cartwright 1983, 46.

38 Scriven 1961, 91.

39 van Fraassen 1989, 183.

40 Ebd. Diese Art Gesetzesskepsis wird durch van Fraassens Geschichte von den außerirdischen Raumfahrern illustriert, die, während sie an der Erde vorbeifliegen, den Knopf „Delete all laws" auf ihrem Armaturenbrett finden. Sie drücken aus Übermut den Knopf – und beobachten staunend, dass sich nicht das Geringste ändert (vgl. ebd., 90f.). Gelöscht werden nur modale Pseudotatsachen, während alle Geschehnisse und Regularitäten unverändert bleiben.

41 Zu dieser Diagnose vgl. Keil 2000, 174–240.

42 „[D]ie wichtigsten Fundamentalgesetze der Physik, wie z.B. Differentialgleichungen für Bewegungen usw., *sind* Äquivalenzgesetze (genauer: für alle Zeitpunkte geltende Kräftegleichgewichte), aus denen dann die die Bahnkurven beschreibenden speziellen kausalen Sukzessionsgesetze folgen." (Schurz 1995, 328)

43 „A differential equation containing time-derivatives, of whatever order, can in principle be integrated with respect to time, and will then tell us what later states of the system will regularly follow such-and-such earlier ones." (Mackie 1974, 147)

44 „[U]nless there [are] laws of succession in our premises, there could be no truths of succession in our conclusions" (Mill 1843, 325; Bk. III, Ch. V, § 1). – Zur Kritik an der Ableitbarkeitsthese vgl. Keil 2000, 252–258.

45 Zu dieser Kritik vgl. Lewis 1983, 366 und van Fraassen 1989, 94–109.

46 Laplace 1814, 1.

47 Russell 1914, 302f.

48 Butterfield 1998, 33. Vgl. Hüttemann 2003, 12: „The claim that not only the theory but also the world it pertains to is deterministic (or indeterministic) is, however, a further claim that needs to be established separately, e.g. by arguing that the relevant theory describes the whole universe in all its detail." Nach Bishop (2006, 29) beruht die Annahme, dass deterministische Theorien auf die Wahrheit des Determinismus schließen lassen, auf der „faithful model assumption": „one assumes that one's mathematical models are faithful representations of physical systems and that the state space is a faithful representation of the space of physically genuine possibilities for the system in question".

49 Schlesinger 1987, 341f.

50 Russell 1912, 188.

51 Mill 1843, 379.

52 Menschen könnten die ewige Wiederkehr des Gleichen nicht testen, da niemand sowohl Zeuge des ersten als auch des zweiten Durchlaufs sein kann. Die Reproduktion eines Experimentes verlangt ein durchgängig anwesendes oder ein erinnerungsfähiges Erkenntnissubjekt, doch wir wären ja, wie Wilhelm Busch wusste, beim zweiten Durchlauf nicht mehr dabei: „Die Lehre von der Wiederkehr/Ist zweifelhaften Sinns./Es fragt sich sehr, ob man nachher/Noch sagen kann: Ich bin's." Wilhelm Busch, *Die Gedichte*, hrsg. von Gerd Haffmanns, Zürich 2000, 270.

53 Die Schrödingergleichung ist deterministisch, erlaubt also eine eindeutige Berechnung künftiger Zustände. Dafür wird aber ein gegenüber der klassischen Mechanik veränderter Begriff des physikalischen Zustands in Kauf genommen, denn die Zustände sind so definiert, dass sich für Orts- und Impulsgrößen nur Wahrscheinlichkeitsverteilungen angeben lassen.

54 Vgl. die Überblicksdarstellungen bei Earman 1986, Butterfield 1998, Earman 2004, Bishop 2006 und Hoefer 2010.

55 Popper 2001, 37.

56 Überdies wäre zweifelhaft, inwiefern eine fingierte Synthese aller bekannten und unbekannten Naturgesetze modale Kraft besitzen sollte: „Or perhaps the claim is just that there are laws, some still undiscovered, which, taken in conjunction with a full account of today's events, mostly unknown to us, do logically imply tomorrow's events. But here the trouble is with 'law'. If any and every truth counts as a law, or even any and every general truth, then this version of determinism can be shown to boil down to the empty 'What will be will be'." (Quine 1987, 70)

57 Butterfield 1998, 36f.

58 Cartwright 1995, 313.

59 Vgl. Joseph 1980, 777f.; Keil 2000, 229–231.

60 Suppes 1994, 462. – Vielleicht ist eine spitze Bemerkung zur Verwendung des Epithetons „metaphysisch" in der jüngeren Freiheitsdebatte am Platze: Nicht wenige Philosophen und Naturwissenschaftler scheinen der Auffassung zu sein, sie hätten einen Einwand vorgebracht, wenn sie eine von ihnen abgelehnte Freiheitsauffassung mit den Attributen „metaphysisch", „transzendental" oder „absolut" belegen. Tatsächlich haben sie nicht mehr getan als zu erkennen gegeben, welche Wörter *sie* für pejorativ halten.

61 Strawson 1986, 4; ähnlich Carnap 1924, 119; Hobart 1934, 4: Stegmüller 1969, 431; Honderich 1993, 8f.

62 „[D]er Begriff der Ursache […] erfordert durchaus, daß etwas A von der Art sei, daß ein anderes B daraus *notwendig und nach einer schlechthin allgemeinen Regel* folge" (Kant, KrV B 124/A 91 [AA III, 103]). Kants nomologisch-deterministische Kausalitätsauffassung spielt eine wesentliche Rolle bei der Formulierung seiner Freiheitsantinomie; vgl. dazu Keil 2012.

63 Russell 1914, 302f. Zur Diskussion über Teil- und Gesamtursachen vgl. Keil 2000, 189f., 264–268 und 278f.

64 Kant, KrV B 165 (AA III, 127).

65 Stegmüller 1960, 170.

66 Heisenberg 1927, 197.

67 Mir selbst erscheint eine singularistische Variante der kontrafaktischen Theorie am aussichtsreichsten; s.u., S. 243f. (Anm. 40).

68 Kant, KpV A 90 (AA V, 51f.).

69 Popper 1982, 8.

70 Walde 2006a, 38.

71 Hume 1748, 109 (VIII, 1 = Green/Grose 68).

72 Schopenhauer 1839, 577.

73 Kant, KpV A 177 (AA V, 99), ähnlich KrV B 577f./A 549f. (AA III, 372).

74 Russell 1914, 305.

75 Ebd.

76 Roth 2001, 436.

77 Hume 1748, 116 (VIII, 1 = Green/Grose 73).

78 Ebd., 112 (VIII, 1 = Green/Grose 70).
79 Vgl. Danto 1965b, 279.
80 Popper 1982, 31.
81 Vgl. Walde 2006a, 37.
82 Popper 1982, 26.
83 van Inwagen 1983, 199.
84 Falkenburg 2012, 56.
85 Diese Darstellung ist vor-relativistisch. Tatsächlich genügt wegen der begrenzten Ausbreitungsgeschwindigkeit des Lichts schon ein hinreichend großer Weltausschnitt, um die Zustände eines Systems festzulegen. Kein System kann durch Vorgänge außerhalb seines „Lichtkegels" beeinflusst werden.
86 Roth 2001, 447.

Kapitel 3

1 Hume 1748, 123f. (VIII, 2 = Green/Grose 77).
2 Ebd., 124 (= Green/Grose 78).
3 Tugendhat 1987, 389. Zur Auffassung, dass der spezifisch menschliche Modus der Willensbildung das praktische Überlegen ist, vgl. Aristoteles, De An. III, 10–11.
4 Ebd., 391.
5 Tugendhat charakterisiert das Von-mir-Abhängen auf akteurskausale Weise und knüpft dabei an die Ausdrücke „ich strenge mich an" und „ich entscheide" an, in denen das Personalpronomen der ersten Person nicht ersetzbar sei: „Das heißt dann aber, dass jeweils ich den Ausschlag dafür gebe, für welches ich mich entscheide, bzw. ob ich mich mehr auf A hin anstrenge oder eher dem B nachgebe (bzw. mich für B entscheide), und das schließt aus, dass dies noch seinerseits von *irgendetwas anderem* abhängt. Es ist diese Stelle, an der man nicht umhin kann zuzugeben, dass, wie ich mich ausrichte, nicht mehr auf irgendwelche anderen Faktoren abwälzbar ist: insofern es nur noch von mir abhängt, ist es *indeterminiert*. Das folgt nicht aus dem, was wir unter Wollen verstehen, wohl hingegen aus dem, was wir unter Versuchen, Sichanstrengen, Entscheiden und Verantwortlichmachen (korrelativ: sich als verantwortlich wissen) verstehen" (Tugendhat 2007b, 77). – Spricht hier noch ein Kompatibilist?!
6 Einen Überblick verschafft die Studie von Jedan (2000).
7 Vgl. zu dieser Diagnose Frede (2011).
8 Aristoteles, Nik. Eth. III, 1, 1110a.
9 Aristoteles, De Int. 9, 18b.
10 Locke 1690, Bk. II, Ch. 21, § 5.
11 Ebd., § 7.
12 Ebd., § 27.
13 Vgl. ebd., §§ 24–25.
14 Vgl. ebd., § 50.
15 Ebd., § 47.
16 Ebd.
17 Ebd., § 53.

18 Man hat diese Spannung dadurch erklärt, dass Locke die Passagen zum Suspensionsvermögen erst in der zweiten Auflage des *Essay* hinzugefügt hat und dabei seine Freiheitsauffassung
revidiert habe; vgl. Chappell 1994, 101f.

19 Locke 1690, Bk. II, Ch. 21, § 50.

20 Kant spricht in diesem Sinn sogar von einem „determinismus [...] der Freyheit" (AA XIX, 642,
Refl. 8100).

21 Locke 1690, Bk. II, Ch. 21, § 50.

22 Vgl. ebd.

23 Ebd., § 47.

24 Hume 1748, 123f. (VIII, 2 = Green/Grose 77).

25 Ebd., 100 (VII, 2 = Green/Grose 62).

26 Ebd., 112 (VIII, 1 = Green/Grose 70).

27 An anderen Stellen spricht Hume freilich von „Ursachen, die sich in der Hervorbringung einer
bestimmten Wirkung völlig gleichförmig verhalten" (ebd., 80 [VI = Green/Grose 49]). Betrachtet
man jedoch die angeführten Beispiele – „Feuer hat den Menschen jederzeit verbrannt, Wasser
ihn erstickt" (ebd.) –, so handelt es sich bei diesen „Gleichförmigkeiten" nicht um ausnahmslose
Sukzessionsgesetze, sondern um Aussagen über invariante Eigenschaften natürlicher Substanzen, die sich viel angemessener in einer dispositionalen Gesetzesauffassung ausdrücken lassen
(s.u., S. 141–145).

28 Ebd. – Hume ist ferner ein Vertreter des Zufallseinwands gegen die libertarische Freiheit:
„liberty, by removing necessity, removes also causes, and is the very same thing with chance"
(Hume 1739, 261f. [Bk. II, Pt. III, sect. I]).

29 Vgl. z.B. Mill 1836, 337f.; 1843, 338 (Bk. III, Ch. V, § 6).

30 Vgl. Mill 1843, 836–843 (Bk. VI, Ch. II).

31 Vgl. Mill 1871, Chs. III und IV.

32 Schlick 1930, 157.

33 Ebd., 168.

34 „Die Errichtung einer normativen, das Verhalten der Menschen regelnden Ordnung, auf
Grund deren allein Zurechnung erfolgen kann, setzt geradezu voraus, daß der Wille der Menschen, deren Verhalten geregelt wird, kausal bestimmbar, also nicht frei ist." (Kelsen 1934, 97)

35 Davidson 1973a, 99.

36 Hume 1748, 108 (VIII, 1 = Green/Grose 67).

37 Vgl. van Inwagen 1983, 190.

38 Darauf hat z.B. Seebaß (2006, 174ff.) hingewiesen.

39 Moore 1912, 150.

40 Vgl. Austin 1956, 169.

41 Vgl. z.B. McKenna 2009, § 3.3.

42 Moore 1912, 154.

43 Vgl. auch Seebaß 2006, 219.

44 Moore 1912, 149.

45 Willaschek 2009, 145.

46 Sprachlich geschieht das Mitbezeichnen nichtbeschriebener Bedingungen durch das Mittel
der demonstrativen oder indexikalischen Bezugnahme auf die obwaltende Situation.

47 So auch Seebaß: Beim praktisches Können „haben wir es mit einem zusammengesetzten,
komplexen Begriff zu tun. Das nomologische Können verschwindet nicht, sondern bildet auch
hier die basale Komponente. Daß die Fähigkeit oder Gelegenheit zu etwas besteht, heißt also
zunächst, daß sein Eintreten *prinzipiell* mit den Naturgesetzen oder sonstigen relevanten Gesetz-

mäßigkeiten *vereinbar* ist. [...] Hinzu kommt die Prämisse erfüllter *konkreter* Realisierungsbedingungen." (Seebaß 2006, 184f.)

48 Austin (1956) hat vom „all-in sense" von „können" gesprochen.

49 „Wenn wir annehmen, dass Menschen auch in einer deterministischen Welt die Fähigkeit erwerben können, Klavier zu spielen, und mitunter auch die Gelegenheit dazu haben, ohne dies tatsächlich zu tun, dann folgt, dass praktische Möglichkeit und deterministische Unmöglichkeit vereinbar sind." (Willaschek 2009, 145; ähnlich Beckermann 2008, 99f.). Eine differenzierte Verteidigung der konditionalen Analyse findet sich bei Schälike 2010, 21–59.

50 Schulte 2012, 319.

51 Vgl. Willaschek 2010.

52 Strawson 1962, 212.

53 Ebd., 225.

54 Ebd., 233. Ich habe die Übersetzung geändert. Im Original steht „libertarianism", in der deutschen Übersetzung nur „Willensfreiheit".

55 Vgl. zum Überblick den Sammelband von McKenna und Russell (Hrsg.) (2008).

56 Vgl. Wallace 1994.

57 Wallace 2002, 723.

58 Vgl. zum Beispiel Taylor/Dennett 2002, 272f.

59 Vgl. Frankfurt 1969.

60 Ebd., 835.

61 Vgl. z.B. Widerker 1995, Ginet 1996, Kane 1996, 142f. und 191f.

62 In jüngerer Zeit ist man in der Debatte um die Frankfurt-Szenarien auf die Rolle des jeweiligen dialektischen Kontextes aufmerksam geworden. Ein Inkompatibilist, der Freiheit allein auf das Bestehen alternativer Möglichkeiten gründet, könne nicht redlich von Frankfurt verlangen, etwas zu beweisen, was er selbst für einen Widerspruch hält. Es komme also wesentlich darauf an, welche Art Inkompatibilist durch das Frankfurt-Szenario jeweils überzeugt werden soll (vgl. Haji/McKenna 2004).

63 Frankfurt 1969, 835.

64 „In der Version mit *personalem* Kontrolleur ist die Determiniertheit des Ausgangs zweifelhaft, da dieser von dessen reaktiver, aber ihrerseits vielleicht indeterministisch freier Entscheidung abhängt, einzugreifen oder nicht." (Seebaß 2006, 384)

65 Vgl. Haji/McKenna 2004.

66 Vgl. Frankfurt 1969, 836 Fn.

67 Vgl. Fischer 1994, 134–147; Fischer 1999 und Stump 1999. Der Ausdruck „flicker of freedom" stammt von Fischer.

68 Vgl. van Inwagen 1983, 170.

69 Rosenthal 2011, 146.

70 Vgl. zu diesem Einwand Pauen 2004, 116–118.

71 Vgl. Fischer/Ravizza 1998.

72 Vgl. Frankfurt 1971, 10f.

73 Ebd., 13.

74 Vgl. Frankfurt 1992. Dass sie aus psychologischer Perspektive keinen Anlass dazu hat, bedeutet übrigens nicht, dass sie keinen Grund dazu hat. Man stelle sich einen Pädophilen vor, der seine sexuelle Neigung in strafbarer Form auslebt und dabei völlig im Einklang mit sich selbst ist. Solche Beispiele zeigen die charakteristische Blindheit einer existenzphilosophischen Perspektive auf die Freiheit für moralische Gründe. Tatsächlich verlangt ja die Gesellschaft vom Pädophilen, sein Leben lang auf diejenigen Handlungen zu verzichten, die ihm am meisten

Befriedigung verschaffen. Die freiheitstheoretisch relevante Frage ist, ob er die *Fähigkeit* dazu besitzt, aus guten Gründen seine Wünsche zu frustrieren.

75 Vgl. z.B. Seebaß 2006, 236.

76 Vgl. ebd., 210f.

77 Zit. nach: Kane 1996, 65.

78 Zu diesen beiden Optionen vgl. ebd., 64–71.

79 Goethe, *Wahlverwandtschaften*, 2. Teil, 5. Kap.

80 Vgl. MacKay 1967, bes. 306f.

81 „Die Willensfreiheit besteht darin, daß zukünftige Handlungen jetzt nicht gewußt werden können" (Wittgenstein, Tract. Satz 5.1362). Für Rorty (1979, 387f.) folgt die Nichtvorhersagbarkeit schon aus der Grammatik von „entscheiden": „Nobody will be able to predict his own actions, thoughts, theories, poems, etc., before deciding upon them or inventing them. (This is not an interesting remark about the odd nature of human beings, but rather a trivial consequence of what it means to 'decide' or 'invent.')".

82 Planck 1936, 284.

83 Pothast 2011, 61 und 51.

84 Kant, GMS BA 115f. (AA IV, 456).

85 Vgl. Wolf 1990.

86 Vgl. Fischer/Ravizza 1998.

87 Vgl. Locke 1690, Bk. II, Ch. 21, § 47 (s.o., Kap. 3.1).

88 Kant, KpV A 128 (AA V, 72) und Rel. B 58/A 54 (AA VI, 49).

89 Kant, AA XXVIII/2, 2, 1068 (*Religionslehre Pölitz*).

90 Nida-Rümelin 2005, 85.

91 Mit der wesentlichen Ergebnisoffenheit praktischen Überlegens argumentiert beispielsweise Searle (2001; 2006).

92 Vgl. Kapitan 1986.

93 Kane 1996, 15. Mele bezeichnet die Auffassung, dass „the falsity of determinism is required for a more desirable species of free action", als „soft libertarianism" (Mele 2006, 95).

94 Beebee/Mele 2002, 206.

95 Vgl. Pauen 2004, bes. 162–175.

96 Vgl. Lohmar 2006, § 6.

97 Ähnlich Danto 1973, 181; Heidelberger 2005, 205; Seebaß 2006, 222.

98 Vgl. Seebaß 2006, 233 u.ö.

Kapitel 4

1 Vgl. z.B. Strawson 1986, 28f.; 2002, 443–449.

2 Vgl. z.B. Korsgaard 2009, 35–44.

3 Nach Schopenhauer ist „des Menschen Wille sein eigentliches Selbst, der wahre Kern seines Wesens. [...] Daher ihn fragen, ob er auch anders wollen könnte, als er will, heißt ihn fragen, ob er auch wohl ein anderer sein könnte als er selbst" (Schopenhauer 1839, 539). „Die *Verantwortlichkeit*, deren er sich bewußt ist, trifft [...] im Grunde aber *seinen Charakter*: für *diesen* fühlt er sich verantwortlich. Und für *diesen* machen ihn auch die andern verantwortlich [...]." (618)

4 Vgl. van Inwagen 1983, 16 und 56; ähnlich Ginet 1966.

5 Vgl. van Inwagen 1983, 96–104 und 114–126. Ein guten Überblick über die Diskussion zum Konsequenzargument verschafft Jäger (2013).

6 Van Inwagen selbst (vgl. 1983, 65) sind diese Zusammenhänge klar.

7 Kant, Rel. B 59/A 55 (AA VI, 49); vgl. KpV A 169 (AA V, 94). Erst dieser „Prädeterminismus" widerspreche der Freiheit, nicht schon der Determinismus als solcher, den Kant an dieser Stelle als die „Bestimmung der Willkür durch innere hinreichende Gründe" auffasst (Rel., ebd).

8 Jäger 2009, 122.

9 Vgl. van Inwagen 1989, 236.

10 Jäger 2009, 128. Jäger wendet weiterhin ein, dass ich in der Konklusion meines Arguments nicht mehr von „Handlungen" sprechen dürfe, da ich das Anderskönnen ja wie einige andere Inkompatibilisten für eine analytische Komponente des Handelnkönnens halte (vgl. ebd.). Ich gebe ihm Recht: Ein mutigeres Argument für den Inkompatibilismus als mir an dieser Stelle dem Leser zumutbar erscheint sollte die Konklusion haben: „Also gibt es keine Handlungen".

11 Planck 1936, 284.

12 Lohmar (2008, 508) hat gegen diese Passage eingewandt: „In einer indeterministischen Welt ist es vielmehr *zu jedem Zeitpunkt* wahr, dass *zu jedem Zeitpunkt* ihres Verlaufs alternative Möglichkeiten bestehen". Dass ist in einem zeitlosen Sinn von „wahr sein" und „bestehen" richtig, steht aber nicht im Widerspruch zu meiner Behauptung. Derjenige Sinn, in dem offene Möglichkeiten sich mit der Zeit schließen, ist ganz unabhängig davon, ob man es mit einer indeterministischen Welt zu tun hat.

13 Welzel 1969, 138.

14 Aristoteles, Met. IX, 5, 1048a.

15 Vgl. Kenny 1975, 52f.

16 Aristoteles, Nik. Eth. III, 7, 1113b6. Liptow (2011, 192) erläutert: „Zwei-Wege-Fähigkeiten [sind es] nicht, weil es zu jeder dieser Fähigkeiten immer auch eine entsprechende Unterlassungsfähigkeit gibt, sondern weil ein und dieselbe Fähigkeit sich sowohl in einer Handlung *als auch* in einer entsprechenden Unterlassung manifestieren kann". Eine solche Erläuterung des aristotelischen Zwei-Wege-Vermögens, die die vortheoretische Rede vom So-oder-Anderskönnen ersetzt, ist auch geeignet, den Einwand von Steward (2006) zu entkräften, dass der Ausdruck „hätte anders handeln können" sich stets anaphorisch auf eine bestimmte Handlung beziehe und außerhalb dieses anaphorischen Bezugs keine Bedeutung habe.

17 Tugendhat 1987, 391. Jüngst hat Tugendhat den Begriff der Willensfreiheit eng mit dem von Locke beschriebenen Suspensionsvermögen verknüpft (vgl. 2007a, 48f.).

18 von Wright 1980, 78f.

19 „[I]f the actual world is deterministic then if a certain pebble had rolled at a moment when in fact it did not roll, the entire previous history of the world would have had to be different" (Bennett 1984, 68).

20 Hier ein Beispiel: Der Psychologe Prinz spricht unter dem Titel „Freiheit oder Wissenschaft" von drei „metaphysischen Zumutungen" der libertarischen Auffassung, die die „alltagspsychologischen Vorstellungen über die Freiheit des Wollens für bare Münze" nimmt (Prinz 1996, 86). Die drei Zumutungen seien (a) der cartesische Dualismus, (b) die Annahme einer kausalen Einwirkung von Psychischem auf Physisches, (c) die Annahme eines „prinzipiellen lokalen Indeterminismus" bzw. genauer: die Annahme einer eigenen Determinationsart, derzufolge das Subjekt „eine eigenständige, autonome Quelle der Handlungsdetermination" ist (ebd., 92) – mit anderen Worten: die Annahme von Akteurskausalität. Meine folgende Liste der Mythen über den Libertarismus findet sich also in Prinzens Diagnose der „Zumutungen" fast vollständig wieder.

21 Schopenhauer 1839, 527.

22 Bieri 2001, 81 et passim.

23 Vgl. Hume 1739, 264 (Bk. II, Pt. III, sect. ii). Humes Argument wird von Lohmar ausgearbeitet und verteidigt, welcher die unbedingte Willkürfreiheit ebenfalls mit der libertarischen identifiziert und diese damit als „inkohärent" zu erweisen sucht. Vgl. Lohmar 2005, 202–210 und 250–292.

24 Bieri 2001, 435.

25 Descartes 1641, 47 (4. Meditation = AT 65). Entsprechend sieht Descartes keinen Raum für eine Unterscheidung zwischen Willen und *freiem* Willen: „Der Wille ist seiner Natur nach derart frei, daß er niemals gezwungen werden kann." (Descartes 1649, I, Art. 41)

26 Kudlich 2004, 219.

27 Kant, KrV B 565/A 537 (AA III, 365).

28 Roth 2001, 436. – Hier eine weitere instruktive Darstellung eines Neurowissenschaftlers: „Free will is the idea that we make choices and have thoughts independent of anything remotely resembling a physical process. Free will is the close cousin to the idea of the soul – the concept that 'you', your thoughts and feelings, derive from an entity that is separate and distinct from the physical mechanisms that make up your body. From this perspective, your choices are not caused by physical events, but instead emerge wholly formed from somewhere indescribable and outside the purview of physical descriptions." (Montague 2009, 584) – Hier werden viele einschlägige Fehler auf einmal begangen: Dem Verteidiger der Willensfreiheit wird der Dualismus unterschoben, die wollende Instanz wird als immaterielle Seelensubstanz aufgefasst, der Libertarier wird auf ein mysteriöses Kausalitätsverständnis festgelegt, das ihn zum Gegner der Wissenschaft macht.

29 Singer 2004, 30 und 63.

30 Vgl. Buchheim 2004, 159.

31 Auch Libet (2004, 196) versteht unter dem „indeterministischen freien Willen […] die Ansicht, daß der bewusste Wille manchmal Wirkungen ausüben kann, die nicht mit bekannten physikalischen Gesetzen übereinstimmen".

32 Hume 1748, 147 (X, 1 = Green/Grose 93).

33 Chisholm 1964, 32.

34 Kant, KrV B 478/A 450 (AA III, 312).

35 Kant war indes kein echter Akteurskausalist, da er „Kausalität als Freiheit" als nichtzeitliche Verursachung durch intelligible Subjekte auffasste – und damit einen der höchsten theoretischen Preise zahlte, die für die Freiheitsrettung jemals gezahlt worden sind. Vgl. dazu Keil 2012.

36 Chisholm 1964, 32. Zum Überblick über akteurskausalistische Theorien und ihre Probleme vgl. Keil 2000, 319–383.

37 „How could an event possibly be determined to happen at a certain date if its total cause contained no factor to which the notion of date has any application? And how can the notion of date have any application to anything that is not an event?" (Broad 1952, 215)

38 Vgl. Chisholm 1964, 25. Für Kant ist der ereigniskausale Kompatibilismus „ein elender Behelf, womit sich noch immer einige hinhalten lassen" (KpV A 172 [AA V, 96]).

39 So Lohmar 2005, 157–190, bes. 166.

40 Ich habe diese Auffassung an anderer Stelle ausgearbeitet; vgl. Keil 2000, 261–300 und 431–457, und Keil 2013. Einige Grundgedanken: Kausalität ist eine Relation zwischen Ereignissen. In einem singulären Kausalurteil wird das Bestehen der Relation in einem einzelnen Fall behauptet. Das Bestehen einer Relation setzt die Existenz der Relata voraus, deshalb werden singuläre Kausalurteile *ex post* gefällt. Ein Kausalurteil der Form „Ereignis A hat Ereignis B verursacht" lässt sich durch das kontrafaktische Konditional analysieren: „Wenn A nicht eingetreten wäre und wenn alles andere so gewesen wäre, wie es bis zum Eintritt von A war, wäre auch B nicht eingetreten". Ein Hauptvorteil dieser singularistischen kontrafaktischen Analyse gegenüber der Gesetzesauffassung der Kausalität besteht darin, dass der Umstand, dass etwas hätte dazwischenkommen *können*, der Kausalgesetzen ihren Notwendigkeitscharakter raubt, nichts daran ändert, dass in Fällen, in denen nichts dazwischengekommen *ist*, A als Ursache von B ausgezeichnet werden kann.

41 Epikurs Clinamen-Auffassung ist uns durch Lukrez' Lehrgedicht *De rerum natura* überliefert (Buch II, V. 217–224 und 289–293).

42 Vgl. Descartes 1649, I, Art. 31 und 34.

43 „Even if those physical laws that govern the action of the body allow for a freedom within which the mind may consistently affect its behaviour, then the particular nature of this freedom must itself be an important ingredient of those very physical laws." (Penrose 1994, 213)

44 Vgl. Kane 1996, 128–130 und 172–174. Hinsichtlich des Anderskönnens unter gleichen Bedingungen behauptet Kane dann: „Exact sameness or difference of possible worlds is not defined if the possible world contains indeterminate efforts or indeterminate events of any kinds" (ebd., 172).

45 „How does the mind arrange", so fragt Thorp (1980, 70), „to have its decisions occurring simultaneously with that unpredictable leap, so that they, too, may be undetermined?"

46 Prinz 1996, 92.

47 Die folgende Erläuterung reagiert auf die Kritik von Walde (2009).

48 Walde 2009, 139.

49 In dieser Debatte wird der „Ort" der Determinationslücke in der Regel zeitlich aufgefasst, nicht räumlich. Angenommen wird, dass innerweltliche Prozesse sich aus deterministischen und aus indeterministischen Phasen zusammensetzen. Auch diese Annahme ist mit dem Sinn der laplaceschen Determination nicht vereinbar. – Die Auffassung schließlich, dass der Weltlauf auf bestimmten *Ebenen* determiniert ist und auf anderen nicht, krankt daran, dass die übliche Individuierung von „Realitätsebenen" über Beschreibungen und Theorien zu wenig ontologisches Gewicht hat. Laplace-Determiniertheit ist ein metaphysisches Konzept, kein epistemisches oder explanatorisches.

50 Eine weitere Metapher hat Tugendhat ins Spiel gebracht: Menschliche Entscheidungen seien Knoten in einem Bindfaden. „Durch den Knoten […] ist die Kausalität tatsächlich unterbrochen und durch meine Tätigkeit ersetzt, und doch besteht auch der Knoten nur aus Bindfaden" (Tugendhat 2007a, 61). Das ist eine schöne Metapher, aber wofür genau steht der Bindfaden? Dafür, dass alles in der Welt mit rechten Dingen zugeht? Dafür, dass alles aus natürlichem Stoff besteht? Über beides sind der Kompatibilist und der Libertarier nicht uneins. Steht der Bindfaden für den Kausalnexus? Offenbar nicht, denn nach Tugendhat wird ja die Kausalität „unterbrochen". Gleichwohl bekennt er sich zum Kompatibilismus. Man kann ihm den Vorwurf nicht ersparen, dass er an der entscheidenden Stelle laviert.

51 Vielleicht ist die Suche nach Falsifikationsinstanzen für vermeintlich deterministische Gesetze auch der kleine vernünftige Kern der Frage nach dem genauen Ort des indeterministischen Elements im Prozess der Entscheidungsfindung. An dieser Stelle mag auch die theoretische Rolle der quantenmechanischen Unbestimmtheit zu suchen sein: Während die Annahme von Eccles et al., der Wille könne sich Quantenunbestimmtheiten gezielt zunutze machen und so seine Freiheit beweisen, dem Spott preisgegeben bleibt, mögen die Befunde der Quantenmechanik zur Widerlegung des „deterministischen Weltbilds" der klassischen Mechanik beitragen. Allerdings nicht zur Fundierung einer transklassischen Kausalitätsauffassung: Da bislang niemand über eine kausalitätstheoretisch befriedigende Interpretation der irritierenden Eigenheiten von Quantenphänomenen verfügt (Nichtlokalität/Superposition/Verschränkung), sollten Philosophen sich einstweilen äußerste Zurückhaltung dabei auferlegen, diese Eigenheiten als Argument in kausalitätstheoretischen Debatten anzuführen.

52 Suppes 1994, 467.

53 Vgl. z.b. Beckermann 2011, 227–235.

54 So schon Campbell 1967, 49. Mele (2006, 66) bemerkt allerdings richtig, dass der antilibertarische Einwand, jeder Nichtdeterminismus führe zum Zufallsproblem, zwar „question-begging" zugunsten des Determinismus sei, nicht aber zugunsten des Kompatibilismus. Für den Inkompatibilismus braucht man unabhängige, über die Ablehnung des Determinismus hinausgehende Argumente.

55 Leibniz 1765, 267f. (2. Buch, Kap. XXI, § 15).

56 Ein Wesen „vom Gesetz der Naturnothwendigkeit aller Begebenheiten in seiner Existenz, mithin auch seiner Handlungen [...] ausnehmen [...] wäre so viel, als es dem blinden Ungefähr übergeben", nämlich, „dem blinden Zufalle, bei welchem aller Vernunftgebrauch aufhört". Kant, KpV A 170 und A 90 (AA V, 95 und 51f.).

57 Vgl. Locke 1690, Bk. II, Ch. 21, § 50 und Leibniz 1765, 317 (2. Buch, Kap. XXI, § 50). Leibniz übersah diesen Situationstyp freilich nicht, sondern hielt echte Buridan-Situationen aus metaphysischen Gründen für unmöglich; vgl. ebd., 313 (§ 48).

58 Zur Kategorie der rational erlaubten Handlungen und den herabgesetzten Anforderungen an gute Gründe vgl. Gert 1998, 56–88. Zum explikativen Primat des Begriffs der Irrationalität gegenüber dem der Rationalität vgl. ebd., 29–55.

59 „One needs to show how certain causally indeterministic mechanisms would confer (or contribute to) a kind of power or control over one's own choices that would be lacking in any sort of deterministic scenario" (O'Connor 2000, xiii).

60 Vgl. Ginet 2007. Ähnlich schließt auch van Inwagen (2000) vom Indeterminismus auf den objektiven Zufall und weiter auf die Nichtsteuerbarkeit. Der blinde Fleck in van Inwagens „rollback argument" besteht in der stillschweigenden Annahme, dass es in einer nichtdeterministischen Welt für alle Ereignisse objektive Eintrittswahrscheinlichkeiten gibt.

61 Als „antecedent determining control" bezeichnet Kane (1996, 144) „the ability to be in, or bring about, conditions such that one can guarantee or determine which of a set of outcomes is going to occur *before* it occurs".

62 Vgl. mit einem weiteren Beispiel Kane 1999, 227.

63 Austin 1956, 198 (Fn. 10).

64 Ebd.

65 Mele 2006, 109. Für vorangehende kausale Ermöglichungsbedingungen von Handlungen sind die Intuitionen ebenso klar wie für Handlungserfolge. Meles Beispiel: Ava findet zufällig Geld auf der Straße und spendet es umgehend; ihr wird die gute Tat mit Recht zugerechnet. Allgemein gelte: „Not every bit of luck that an agent has in a causal stream leading to an action precludes moral responsibility for that action" (ebd., 108). Ähnlich Franklin (2011, 206): „libertarians can inoculate freedom against luck by locating indeterminism at a time when we do not think agents normally exercise any control. If we place indeterminism at a time when the agent exercises no control, then, of course, control is not diminished: you cannot diminish what you never had".

66 Vgl. Leibniz 1765, 317 (2. Buch, Kap. XXI, § 49).

67 Lohmar 2006, 16.

68 Ebd.

69 Rosenthal 2011, 104.

70 „[D]er Sinn des praktischen Überlegens [...] verweist, insofern es auf das *richtige* Entscheiden zielt, auf eine deterministische Situation als Idealfall kompetenten Überlegens, Urteilens und Handelns und büßt seinen Sinn mit zunehmender Entfernung von dieser Situation immer mehr ein" (ebd., 109). Wenn ich recht sehe, verwendet Rosenthal den Ausdruck „deterministisch" äquivok. Das Zustandekommen einer richtigen Entscheidung und deren Umsetzung werden auch im „deterministischen Idealfall" nicht naturgesetzlich garantiert, sondern dadurch, dass der Überlegende sich von rationalen Normen leiten lässt.

71 „Considerations that are indeterministically caused to come to mind [...] are nothing more than input to deliberation. [...] They do not settle matters. Moreover, not only do agents have the opportunity to assess those considerations, but they also have the opportunity to search for additional relevant considerations before they decide, thereby increasing the probability that other relevant considerations will be indeterministically caused to come to mind." (Mele 2006, 12)

72 So wirft Franklin (2011, 204f.) Kane vor, das indeterministische Element zwischen der Willensanstrengung („effort of will") und der Entscheidung anzusiedeln, also zwischen zwei mentalen Handlungen. Auch der Libertarier müsse aber daran interessiert sein, dass er den Erfolg seiner Anstrengung selbst in der Hand habe. Vernünftigerweise müsse die indeterministische Lücke „between non-actional mental states and choice" (205) angesiedelt werden, also bevor die zurechenbare Entscheidungsfindung beginnt: „What is left open is whether we try to resist temptation – not whether our trying is successful" (228); „whichever effort we make will guarantee that we make the corresponding choice, since the connection between these two actions is deterministic" (214).

73 „This means that *exactly the same prior deliberation* up to the moment of choice, through which she came to believe that Hawaii was, all things considered, the best option, may have issued in the choice of Colorado [...]. This is strange, to say the least." (Kane 1996, 107)

74 Vgl. z.B. Pauen 2004, 128f. Ähnlich Beckermann (2006, 294): „Wenn man angesichts *genau derselben Gründe* einmal A und ein anderes Mal B wählt, ist diese Wahl selbst aber offenbar unbegründet". Lohmar (2008, 512) verschärft den Einwand zu der Behauptung, dass der alternative Verlauf, da nicht vom Willen der Person abhängig, nicht einmal eine Handlung gewesen wäre. In einer indeterministischen Welt hätten wir nicht anders *handeln* können, es hätte bloß anderes *geschehen* können.

75 Vgl. Kane 1996, 126.

76 Vgl. ebd., Kap. 7 und 8.

77 Beckermann 2005, 4f.; vgl. ders. 2006, 294.

78 Nagel 1986, 116.

79 Mele 2006, 59.

80 Hobbes 1651, 48 (Pt. I, ch. 6).

81 Vgl. Kane 1995, 138.

82 O'Connor 2000, 61.

83 Clarke 2003, 166.

84 Beckermann 2009, 18.

85 „Caesar decided at a certain moment to cross the Rubicon. [...] There was a certain change which entered into this moment, such that the decision to cross the Rubicon would *not* then have emerged unless such a change had entered. The entry of this change into this moment excluded the entry of a certain other change without which a decision to return to Gaul could not issue. It thus left open only the two alternatives of continuing to deliberate or deciding then and there to cross the Rubicon." (Broad 1933, 240)

86 Descartes, Brief an Mesland vom 9. 2. 1645, AT IV, 173; dt. Übersetzung von Steinvorth (1987, 47).

87 Steinvorth 1987, 66f.

88 Beckermann 2009, 18.

89 Ryle 1949, 34.

Kapitel 5

1 Das libertarische Moment schon im Handlungsvermögen anzusiedeln ist auch der Vorschlag von Helen Stewards „agency incompatibilism": Steward argumentiert, „that there could not be actions, and there could not be agents, if determinism were true": „For if everything is already settled, there simply cannot be any events occurring now which are the settlings of matters, and neither can there exist creatures or systems which have the power to settle them. [...] [W]e have here the basic ingredients for a different sort of libertarianism from the traditional version [...] – one which is rooted not merely in the idea that *free* agency is incompatible with determinism – but in the more radical suggestion that agency *itself* essentially involves the exercise of powers which could not exist in a deterministic universe – a claim I shall call Agency Incompatibilism" (2009, 176) Von meinem fähigkeitsbasierten Libertarismus unterscheidet sich Stewards Theorie in zwei wesentlichen Punkten: Steward schreibt auch Tieren ein genuines Handlungsvermögen im Sinne von „two-way powers" zu verbindet den Handlungsbegriff mit einer Metaphysik der Akteurskausalität, die sie als Form einer „top-down" Kausalität auffasst (vgl. Steward 2012).

2 Kant, GMS BA 100 (AA IV, 448). Vgl. auch folgende Stelle aus der Religionslehre-Vorlesung nach Pölitz: „Der Mensch handelt nach der Idee von einer Freiheit, *als ob er frei wäre, und eo ipso ist er frei* " (AA XXVIII/2, 2, 1068).

3 Kant, KpV A 53 (AA V, 29).

4 Vgl. Pothast 1980. Allgemein wird dem Argument, man könne etwas nicht beweisen, in den Debatten über Freiheit und Determinismus zu viel Gewicht beigemessen. Außerhalb von Logik und Mathematik lässt sich niemals etwas beweisen, gleichwohl sind manche Behauptungen argumentativ besser gestützt als andere.

5 Schlick 1930, 168.

6 Ich referiere auf den folgenden Seiten den Ertrag des dritten Kapitels meiner Studie *Handeln und Verursachen* (Keil 2000, 319–473).

7 Kant, KrV B 475/A 447 (AA III, 311).

8 Ebd., B 263/A 216 (AA III, 184).

9 Für die letztere Behauptung, dass Ursachen Störungen sind, kann ich hier nicht argumentieren; vgl. dazu Keil 2000, 280–300 und 404–407.

10 Kant, KrV B 479/A 451 (AA III, 313).

11 Hoefer 2010, § 2.4. „Indeed, many future contingents have the truth-values they do today precisely because tomorrow I will freely choose to do something." (Swartz 1985, 122)

12 Vgl. Beebee/Mele 2002, 202–205, 210.

13 van Inwagen 1983, 190.

14 Vgl. Beebee/Mele 2002, 210.

15 Vgl. Swartz 1985, 116–140; Berofsky 1987; Beebee 2000; Beebee/Mele 2002.

16 Swartz 1985, 124.

17 Geach 1973, 102.

18 Bhaskar 1975, 233.

19 Auch Cartwright möchte Regularitäten durch „Aristotelian Natures" ersetzt sehen: „I want to urge that not only we must admit natures into our scientific world picture, contrary to Humean predilections, but in a sense we must eliminate regularities. These are, after all, very rare". (Cartwright 1992, 55)

20 Schopenhauer 1839, 623; vgl. 578.

21 So das Referat der stoischen Lehre bei Alexander von Aphrodisias, *De fato* 181– 182, zit. nach: Long/Sedley (Hrsg.) (1987), 465.

22 Vgl. Ernst 2009, 19.

23 „Wenn man […] bestimmte Beschränkungen für die objektiven Möglichkeiten annimmt, dann sollten es eben gerade diese Beschränkungen sein, die von den Naturgesetzen ausgedrückt werden. Es sind ja nun diese Beschränkungen, die die Rolle spielen, die traditionell den Naturgesetzen zukommt." (Rosenthal 2011, 50)

24 Suppes 1994, 467.

25 Vgl. Boysen 1996. Fähigkeiten der Impuls- und Selbstkontrolle sind ein Gegenstand der neueren kognitionspsychologischen Forschung; vgl. z.B. Goschke 2006, 124f., und die dort angegebene Literatur.

26 Seebaß 2006, 212.

27 Kant, AA XXVIII.1, 255 (*Vorlesungen über Metaphysik*).

28 Kant, Anthr. BA IV (AA VII, 119).

29 Kant, AA XVII, 508 (R 4333). Ich gehe darüber hinweg, dass Kant den fähigkeitsbasierten Freiheitsbegriff hier gleich wieder verdirbt, indem er die hypostasierte Vernunft an Stelle der vernünftigen Person zum Subjekt des fraglichen Vermögens macht, jedenfalls dem Wortlaut nach.

30 Lohmar (2006, § 2) argumentiert dafür, dass die Anwendung von „frei" auf Personen bzw. Akteure primär ist und alle anderen Anwendungen davon abgeleitet sind. Vgl. schon Hobbes 1651, 197 (Pt. II, ch. 21).

31 Vgl. Hobbes 1651, 196 (Pt. II, ch. 21).

32 Vgl. ebd., 196f.

33 „Die Bestimmung, daß kein äußeres Hindernis eintrete, braucht man nicht weiter hinzuzufügen; denn es hat das Vermögen zu tun nur in der Weise, wie es Vermögen ist, und dies ist es nicht schlechthin, sondern nur unter bestimmten Umständen, wovon auch schon die äußeren Hindernisse mit ausgeschlossen sein müssen." (Aristoteles, Met. IX, 6, 1048a)

34 Zwischen Tun und Handeln unterscheide ich in loser Anknüpfung an Anscombe so, dass Tun sich durch *potentielle* Absichtlichkeit auszeichnet, Handeln durch aktuale (vgl. Keil 2000, 43 und 139f.).

35 Vgl. dazu Rohs 2000, 19–21. Dieser Befund ist nicht als Vorschlag zur Sprachrevision zu verstehen: „Man könnte auch von einer Tätigkeit der Butter reden, wenn sie im Preise steigt; und wenn dadurch keine Probleme erzeugt werden, so ist es harmlos." (Wittgenstein, PU § 693)

36 Auch wenn die Abgrenzung zwischen Willens- und Handlungsfreiheit in dieser Grauzone unterschiedlich vorgenommen wird: „Wichtig ist, dass die strafrechtlich relevante Einsichts- und Steuerungsfähigkeit jedenfalls das umfasst, was man in der Philosophie unter dem Kontrollaspekt der Willensfreiheit versteht: die Fähigkeit, seine Entscheidungen davon abhängig zu machen, was man als richtig eingesehen hat." (Willaschek 2011, 1197)

37 Tugendhat 2007a, 56.

38 Davidson 1982, 305.

39 Ebd., 289.

40 Kant, KpV A 171 (AA V, 95).

41 „Im Vordergrund des Selbstvorwurfs kann nicht liegen, daß man A statt B gewählt hat, denn man kann sich nur das Mangelhafte der eigenen Tätigkeit vorwerfen [...]. Andere werfen einem – im Strafprozeß immer, im moralischen Tadel meist – vor, das Falsche gewählt zu haben; die Person selbst *kann* sich nur vorwerfen, nicht gut genug abgewogen zu haben [...]." (Tugendhat 2003, 57)

42 Darauf hat in der Debatte über Willensschwäche Gary Watson hingewiesen (1977; 1999).

43 Georg Büchner, *Woyzeck*, Szene „Beim Doctor".

44 Vgl. auch Locke 1690, Bk. II, Ch. 21, § 53.

45 Kant, KpV A 54 (AA V, 30).

46 Ein weiteres Problem für die Validität des Galgentests ist das Phänomen des Über-sich-Hin-auswachsens in Situationen der Lebensgefahr. Vgl. zum Galgentest auch Schälike 2010, 75–79.

47 Feinberg 1970, 282f.

48 „[The addict] struggles desperately, although to no avail, against his thrust. He tries everything that he thinks might enable him to overcome his desires for the drug, but these desires are too powerful for him to withstand, and invariably, in the end, they conquer him. He is an unwilling addict, helplessly violated by his own desires." (Frankfurt 1971, 12)

49 Nach Pickard (2013) ist Drogenmissbrauch aus psychiatrischer Sicht kein Zwangsverhalten, sondern geht in der Regel mit Persönlichkeitsstörungen einher. Bei der Überwindung des Sucht-verhaltens spielt die Willenskraft des Patienten eine zentrale Rolle; die klinische Behandlung kann zu deren Stärkung beitragen (vgl. Pearce/Pickard 2010).

50 „Addicts typically behave in ways that are at least minimally voluntary, doing things that they themselves intend to do, with basic knowledge of the consequences and so on. Nor is there any sound reason to suppose that the impulses underlying such intentional behavior are, in the vast majority of cases of addiction, literally irresistible. If there were, it would be an utter mystery how people ever succeed in overcoming their addictive conditions by exercising strength of will, and yet this seems to happen all the time." (Wallace 1999, 621f.)

51 Schälike argumentiert überzeugend gegen die Annahme, „dass ein Wille, mit dem man sich nicht identifiziert, zu dem Zeitpunkt, zu dem er okkurrent ist, für den im prägnanten Sinn eige-nen Willen unüberwindbar sein kann" (2010, 96). Den u.a. von Frankfurt fingierten Akteur, der seinen eigenen aktuell handlungswirksamen Willen als heteronomen Zwang erfährt, könne es nicht geben. Solange es sich überhaupt um einen Akteur handeln soll, stehe Frankfurts Fiktion der Handlungscharakter des Willensbildungsprozesses entgegen: „An dieser innersten Stelle der Willensbildung gibt es [...] keinen Platz für zwingende Faktoren; die Schritte müssen vom Subjekt selbst vollzogen weden, sonst verlieren sie den Handlungscharakter, mit der Folge, dass auch die Körperbewegung [...] den Handlungscharakter verliert. [...] Entscheidungen können deshalb *in einem bestimmten Sinne* nicht erzwungen sein." (ebd., 93)

52 Das Beispiel stammt von Mele (1995, 154).

53 BVerfGE 20, 323 (331) (Entscheidung des Bundesverfassungsgerichts vom 25. Okt. 1966). Ferner: „Die strafrechtliche [...] Ahndung einer Tat ohne Schuld des Täters [...] verletzt den Be-troffenen in seinem Grundrecht aus Art. 2 Abs. 1 GG" (ebd.), also in seinem Recht auf die freie Entfaltung seiner Persönlichkeit.

54 Welzel 1969, 138.

55 Entscheidungen des Bundesgerichtshofs in Strafsachen 2, 194, 200 (Urteil von 1952).

56 Noch über einen Askriptivismus hinaus geht Burkhardt, für den das „Freiheitsbewußtsein des Einzelnen", sein „Freiheitserleben", als „legitimer Anknüpfungspunkt für strafrechtliche und moralische Verantwortlichkeit" ausreicht; man könne Schuld auf „subjektive Freiheit" gründen, denn der Richter habe von Rechts wegen „*den Standpunkt des handelnden Subjekts* [...]

zum Gegenstand der Bewertung zu machen" (Burkhardt 1998, 3 und 21). Wenn tatsächlich das „Freiheitsbewusstsein des Einzelnen" für dessen strafrechtliche Schuld maßgeblich ist, müsste man konsequenterweise einen Straftäter, der vom harten Determinismus überzeugt ist, freisprechen.

57 Merkel 2008, 9. Merkel verbindet diese Diagnose mit einer deutlichen Kritik an seiner Zunft. Er beklagt, dass die Strafrechtslehre „die Diskussionen und Argumente der Gegenwartsphilosophie fast gänzlich ignoriert und deshalb viele Facetten des Problems nicht wahrnimmt" (ebd.).

58 Willaschek 2011, 1188.

59 Vgl. z.B. Jescheck 1988, 368.

60 Roxin 2006, 861. Roxin benutzt das Argument allerdings, um das libertarische Anderskönnen als „wissenschaftlicher Feststellung nicht zugänglich" und daher „nicht haltbar" zu erweisen (860).

61 Willaschek 2011, 1190 und 1195.

62 Jakobs 1991, 522.

63 Kröber 2007, 186. Empirisch ist das unplausibel. Schon das Faktum progredienter Krankheitsverläufe spricht gegen die scharfe Abgrenzbarkeit: Eine fortschreitende Altersdemenz endet irgendwann im Zustand der Schuldunfähigkeit, aber auf dem Weg dorthin dürfte es kontinuierliche Übergänge und Grauzonen geben.

64 Begründung des Entwurfs eines Strafgesetzbuches 1962, BT-Drucks. IV/650, 142.

65 Von Liszt 1896, 214 und 220.

66 Jakobs 1991, 532.

67 Wiggins 1973, 34.

68 Locke 1690, Bk. II, Ch. 21, § 50.

69 Leibniz 1765, 317 (2. Buch, Kap. XXI, § 50).

70 Bieri 2005, 125.

71 Davidson 1973b, 199.

72 Vgl. dazu Schnädelbach 1990.

73 Campbell, 1967, 46.

74 Vgl. van Inwagen 1989.

75 Strawson 1986, 233f.

76 Leibniz 1765, 317 (2. Buch, Kap. XXI, § 50).

77 Ebd.

78 Kant, GMS BA 98 (AA IV, 447).

79 KrV B 478/A 450 (AA III, 312).

80 Vgl. KU B 422/A 417 (Anm.) (AA I, 448f.).

81 Vgl. dazu Willaschek 1992, 232ff.

82 Kant, Rel. B 24/A 22 (AA VI, 31).

83 Ebd.

84 Ebd., B 26f./A 24 (AA VI, 32).

85 Ebd., B 34/A 31 (AA VI, 36).

86 Ebd., B 46/A 43 (AA VI, 43).

87 Ebd., B 42/A 38f. (AA VI, 41).

88 MS BA 5. (AA VI, 213).

89 Ebd., BA 27f. (AA VI, 226f.).

90 AA XX, 55 (*Handschriftlicher Nachlaß*) (Orthographie normalisiert).

91 ZeF B 71/A 66 (AA VIII, 370).

92 KrV B 583/A 555 (AA III, 376).

93 Rel. B 59 Anm. (AA VI, 49).

94 KpV A 5 Fn. (AA V, 4).

95 Ebd.

96 Ebd., A 52 (AA V, 29).

97 GMS BA 124 (AA IV, 461).

98 KpV A 56 (AA V, 31).

99 Man möge über den akteurskausalistisch gefärbten Ausdruck „handlungswirksam machen" hinwegsehen. Die korrekte ereigniskausalistische Darstellung wäre: Der Akteur tut etwas, was damit einhergeht, dass mentale Ereignisse seine Handlung verursachen. „Verursachen" ist für die Beziehung zwischen Ereignissen reserviert, „Tun" für die zwischen Akteuren und ihren Handlungen.

100 Rel. B 59 Anm. (AA VI, 49f.).

101 KrV B 582/A 554 (AA III, 375).

102 Ebd., B 582f./A 554f. (AA III, 375).

103 Rel. B 43/A39 (AA VI, 41).

104 Ebd., B 54f./A 51 (AA VI, 47f.).

105 Ebd., B 50/A 46 (AA VI, 45).

106 Tugendhat 2007a, 62. Dagegen Roth et al. 2008, 129: „Wir wägen so ab, wie Gene, frühkindliche Prägung, Erziehung und individuelle Erfahrung unser *Erfahrungsgedächtnis* gestaltet haben [...]. Jedes Abweichen von diesem Erfahrungsgedächtnis, sollte es überhaupt möglich sein, wäre ein irrationales und damit unfreies Geschehen". Warum es irrational und unfrei sein soll, seine Erfahrungen und Gewohnheiten gelegentlich zu überprüfen, erschließt sich nicht ohne weiteres.

107 Vgl. Dennett 1984, 133; Frankfurt 1988, 86. Eine adäquatere Analyse solcher Fälle „volitionaler Notwendigkeit" liefert Schälike (2010, 146–152).

108 Kane 1996, 39.

109 Vgl. ebd., 72 sowie Kane 2005, 121.

110 Aristoteles, Nik. Eth. III, 7, 1114a.

111 Ebd.

112 Ebd., III, 8, 1114b-1115a.

113 Ich erinnere an Russells (1914, 305) boshaften Hinweis auf die Vorhersehbarkeit der Handlungen anderer, „besonders wenn sie schon älter sind" (s.o., S. 47)

114 Vgl. Kane 1996, 74ff.

115 Bieri 2001, 357.

116 Schälike 2010, 244.

117 Kant, Rel. B 58/A 54 (AA VI, 49) und KpV A 128 (AA V, 72).

118 Vgl. z.B. Roxin 2006, 880; Jakobs 1991, 489f. – Die Ausnahmefälle betreffen Taten, die im Zustand einer selbst zu verantwortenden Schuldunfähigkeit begangen wurden (klassisch: im Vollrausch begangene Körperverletzung). Dass für die Schuldfähigkeit allein die Einsichts- und Steuerungsfähigkeit zum Zeitpunkt der Begehung der Tat maßgeblich sind, nennt man das *Koinzidenzprinzip*. Den Fall, in dem sich der Täter vorsätzlich oder fahrlässig in einen Zustand der Schuldunfähigkeit versetzt hat, nennt man *actio libera in causa*. Wenn in solchen Konstellationen die Körperverletzung als schuldhafte Tat zugerechnet werden soll, obwohl dies gegen das Koinzidenzprinzip verstößt, muss eine Hilfskonstruktion gefunden werden. In der Strafrechtslehre werden verschiedene Varianten der Vorverlagerung oder Ausdehnung des Tatgeschehens diskutiert (vgl. dazu Roxin 2006, 914–924). Eine weitere Lösung ist der Austausch der Tat: Als die den Schuldvorwurf begründende Tat sei nicht die Körperverletzung anzusehen, sondern die zur Schuldunfähigkeit führende Handlung. Für diese Lösung müsste streng genommen ein eigener

Straftatbestand geschaffen werden. Für den Fall des Sich-Berauschens hat der deutsche Gesetzgeber das auch getan (§ 323a StGB).

119 Darauf hat Hursthouse (1991) aufmerksam gemacht – ohne allerdings den Bereich der Situationen, in denen Antworten wie „Einfach so" oder „Aus einer Laune heraus" zulässig wären, angemessen zu beschränken. Man denke daran, dass Polizeibeamte diese Antworten häufig bei der Erstvernehmung jugendlicher Gewalttäter zu hören bekommen.

120 Vgl. z.B. Beckermann 2006, 300; Tugendhat 2007a, 60f.

Kapitel 6

1 Walter 2006, 310.

2 Die Religionskritiker Dennett und Dawkins sehen das HADD auch dort am Werk, wo Menschen ein Naturgeschehen einem göttlichen Eingriff zuschreiben.

3 Nach Wegner (2002) gehören zur Common-Sense-Theorie des Willens die Annahmen, dass der eigene Wille sich als bewusst erfahren lasse, dass er kausale Kraft besitze und dass die Erfahrung des Willens eine direkte Wahrnehmung dieser kausalen Kraft sei. Diese Annahmen seien falsch: Der Wille sei keine Kausalkraft, sondern epiphänomenal, die entsprechende innere Wahrnehmung sei trügerisch. Das Verhältnis der verschiedenen Kritikziele bleibt in Wegners Buch ungeklärt. Die Hauptlinie seiner Argumentation scheint zu sein, dass der bewusste Wille eine Illusion sei, *weil* es keine mentale Kausalität gebe; dies wiederum sei der Fall, weil die Erfahrung einer mentalen Kausalität trügerisch sei.

4 Vgl. Frith 1992.

5 Zur Verwechslung von Tun und Herbeiführen und zu verwandten Fehlinterpretationen vgl. Hübl 2010, Ch. 6.

6 Walde 2006b, 103.

7 Die Beschreibung der Symptome der dissozialen Persönlichkeitsstörung folgt der *Internationalen Klassifikation psychischer Störungen* (ICD-10, Störung F 60.2).

8 Roth über einen Gewaltverbrecher mit Veränderungen im orbitofrontalen Kortex: „Der Täter wäre im strafrechtlichen Sinne nicht schuldig, weil er ja nicht anders handeln konnte" (2004, 78). Roth über uns alle: „Eine Gesellschaft darf niemanden bestrafen, nur weil er in irgendeinem moralischen Sinne schuldig geworden ist"; „Menschen können im Sinne eines persönlichen moralischen Verschuldens nichts für das, was sie wollen und wie sie sich entscheiden, und das gilt unabhängig davon, ob ihnen die einwirkenden Faktoren bewußt sind oder nicht, ob sie sich schnell entscheiden oder lange hin und her überlegen" (2001, 541; vgl. 2003, 181 und 2006, 17).

9 *Allgemeines Landrecht für die preussischen Staaten*, Berlin 1794, Teil II, 20, I, § 18.

10 So z.B. Willaschek 2002 und Walter 2006.

11 Jakobs 1991, 535.

12 Siehe oben, S. 147.

13 „Denn die Frage: ob der Angeklagte bei seiner That im Besitz seines natürlichen Verstandes- und Beurtheilungsvermögens gewesen sei, ist gänzlich psychologisch, und obgleich körperliche Verschrobenheit der Seelenorgane vielleicht wohl bisweilen die Ursache einer unnatürlichen Übertretung des (jedem Menschen beiwohnenden) Pflichtgesetzes sein möchte, so sind die Ärzte und Physiologen überhaupt doch nicht so weit, um das Maschinenwesen im Menschen so tief einzusehen, daß sie die Anwandlung zu einer solchen Gräuelthat daraus erklären, oder (ohne Anatomie des Körpers) sie vorher sehen könnten [...]." Kant, Anthr. BA 143 (AA VII, 213f.)

14 Walter 2009, 71.

15 Roxin 2006, 902.

16 Unter bestimmten Bedingungen – große Kälte, starke Strömung – besteht für den Retter selbst Gefahr für Leib und Leben; über diese Fälle spreche ich hier nicht. Rechtlich geboten ist nur die Hilfeleistung, die „den Umständen nach zuzumuten ist" (§ 323c StGB).

17 Eine differenzierte Darstellung der verschiedenen Fähigkeiten der direkten und indirekten Selbstkontrolle bietet Schälike 2010, bes. 119–161.

18 *Neue Zeitschrift für Strafrecht – Rechtssprechungs-Report* 2004, 330 (zit. nach: Roxin 2006, 904).

19 Das Reichsgericht urteilte 1937, die mit der Erarbeitung eines neuen Strafgesetzbuches befasste amtliche Strafrechtskommission zitierend, dass die Volksgemeinschaft vom vermindert Zurechnungsfähigen nach § 51, Abs. 2 StGB verlangen müsse, „dass er durch erhöhte Kraftanstrengung einen Ausgleich schaffe; tue er das nicht und werde er, seiner minderwertigen Anlage folgend, straffällig, so dürfe er nicht seine verminderte Zurechnungsfähigkeit als Entschuldigungsgrund ins Feld führen, sondern sei der Volksgemeinschaft voll verantwortlich". 438 RGSt71, S. 182

20 Roxin 2006, 907.

21 Singer 2004, 63.

22 Roth 2003, 181.

23 Roth 2000, 75.

24 Zum Überblick über diese Debatte vgl. die Sammelbände von Lampe/Pauen/Roth (Hrsg.) (2008) und Stompe/Schanda (Hrsg.) (2010).

25 Singer 2004, 64. Vgl. ders. 2003, 34: „Wir würden Straftäter also wegsperren und bestimmten Erziehungsprogrammen unterwerfen, die durchaus auch Sanktionen einschließen würden. [...] Mit anderen Worten: Wir würden hübsch das Gleiche tun wie jetzt auch schon. Allein die Betrachtungsweise hat sich geändert."

26 Roth et al. 2008, 134 und 132.

27 Vgl. Guckes 2003, 214.

28 Vgl. Spitzer 2004, 337.

29 Walter 2006, 331; ähnlich Walde 2006a.

30 Wittwer 2011, 419.

31 Vgl. Libet et al. 1983.

32 Vgl. Haggard/Eimer 1999.

33 Vgl. Soon et al. 2008.

34 Libet 1985, 536.

35 Vgl. Libet 2004, 186.

36 Vgl. Libet 1985, 537f. und 2004, 177f.; zur Kritik vgl. Mele 2006, 34f.

37 Vgl. Libet 2004, 190f.

38 Ebd., 198.

39 Roth 2003, 180.

40 Aus Selbstversuchen wird eine starke subjektive Unsicherheit der Datierung berichtet, die aus der Zielkonkurrenz dreier Tätigkeiten entsteht: innengerichtete Aufmerksamkeit auf den Zeitpunkt der Entscheidung, außengerichtete Aufmerksamkeit auf die Zeigerstellung der Uhr und Drücken des Knopfes.

41 „[I]t is *changes* in the attitudes, which are events, which are the often unmentioned causes. [...] [T]he cause of the action was the *advent* of one or both of the belief-desire pair." (Davidson 1993, 288)

42 Flanagan 1992, 136f.

43 Roth 2001, 436.

44 „Man kann das Problem des Dualismus auch verdeutlichen, indem man fragt, wie denn die Ergebnisse der Experimente von Libet et. al. hätten ausfallen müssen, damit der bewusste Wille *keine* Illusion wäre?" (Goschke et al. 2008, 65)

45 Vgl. Bennett/Hacker 2003, 228–231. Ähnlich antimentalistisch haben in der Gründe/Ursachen-Debatte Anscombe und Hampshire argumentiert. Im deutschen Sprachraum vertritt C. F. Gethmann diese Auffassung.

46 Beckermann 2006, 303.

47 Über die Unterschiede zwischen „Identität", „Supervenienz", „Korrelaten" und „Substraten" gehe ich hier hinweg, weil sie für die Frage der Datierung nicht relevant sind.

48 Libet 1985, 530.

49 Libet 1999, 48.

50 Libet 1985, 530.

51 Dass Libet die Ausdrücke „intention", „decision", „wish" und „urge" austauschbar verwendet, ist auch ein zentraler Kritikpunkt von Mele (2006, 30–48). Meles eigene Hypothese lautet, dass bei Libets Versuchspersonen mehrere mentale Ereignisse schnell aufeinander folgen: Der unbewusste Drang gehe der Absicht oder Entscheidung voraus.

52 „[I]t is obvious that the movement impulse is, as the instructions put it, an 'urge', i.e. a passive event. Both non-reductionist and reductionist agency theories hold that such events are determined by something other than the conscious will. Seen from this angle, Libet's results merely confirm that passive events are passive events, i.e. are not consciously brought about." (Batthyany 2009, 150)

53 Wingert 2004, 197.

54 Diese Formulierung stammt von Henrik Walter.

55 Libet 1999, 51.

56 Vgl. Neumann/Prinz 1987, Goschke 1996 sowie in Anwendung auf die Libet-Experimente Keller/Heckhausen 1990, 352.

57 Pauen 2004, 201 mit Bezug auf Keller/Heckhausen 1990.

58 Man kann die Datierung des mentalen Steuerungsimpulses auf den Zeitpunkt des tatsächlichen Handlungsbeginns auch benutzen, um die Theorie der vorausgehenden Willensakte zu kritisieren, nämlich so: „Moving an arm is not then the result of an act of will: it *is* an act of will" (Danto 1965a, 148).

59 Vgl. zum Folgenden Keil 2000, 467–473.

60 Vgl. Rosenthal 2002, 217f.

61 Walde 2006b, 103.

62 Rosenthal 2002, 219.

63 Beckermann 2006, 303.

64 Rosenthal 2011, 62.

65 „[W]ho would have thought that conscious free will has the job of producing urges (or causal contributors to urges)?" (Mele 2006, 41)

66 Rosenthal 2011, 62.

67 Anscombe 1957, 83.

68 van Inwagen 1983, 198.

69 Singer 2004, 37 und 52.

70 Dagegen Prinz (2004, 22): „Die Idee eines freien menschlichen Willens ist mit wissenschaftlichen Überlegungen prinzipiell nicht zu vereinbaren. Wissenschaft geht davon aus, daß alles, was geschieht, seine Ursachen hat und daß man diese Ursachen finden kann".

71 Roth 2001, 447. Bei Roth ist es das „unbewusst arbeitende emotionale Erfahrungsgedächtnis", welches „das erste und das letzte Wort hat: das erste Wort beim Entstehen unserer Wünsche und Absichten, das letzte bei der Entscheidung, ob das, was gewünscht wurde, jetzt und hier und so und nicht anders getan werden soll" (2006, 13).

72 Roth 2001, 436.

73 Ebd.

74 So argumentiert der Strafrechtler Reinhard Merkel (z.b. 2007, 78f.).

75 Singer 2004, 64. Möchte Singer im Umkehrschluss behaupten, so fragt Buchheim (2004, 165), dass „nach den Einsichten der Neurobiologie [...] eine Person immer anders handelt, wenn sie nur anders handeln *kann*?"

76 So wendet Singer seine Auffassung auch auf Straftäter an: Ein pädophiler Triebtäter habe „Unordnung im Hirn", „Fehlschaltungen", und wir *wüssten* doch, dass er nicht anders konnte, denn sonst hätte er sich ja anders verhalten (auf einer Podiumsdiskussion in Marburg im September 2006).

77 Singer 2004, 36, vgl. 57.

78 Pauen 2004, 182; vgl. Roth 2001, 434; Singer 2004, 49–51.

79 Spinoza 1677, 118f. (Teil III, 2. Lehrsatz, Erläuterung).

80 Singer 2004, 43.

81 „Und schließlich stellt sich die Frage, wie sich ein so dezentral organisiertes System seiner selbst bewußt werden kann", bzw. wie es „dazu kommt, sich ein Bild von sich selbst zu machen und sich als autonomes, frei entscheidendes Agens zu empfinden" (Singer 2004, 44 und 46). Wem stellen sich diese Fragen? Doch nur dem, der sich selbst mit seinem Gehirn verwechselt. Singer formuliert ein Explanandum, das sich einer Begriffsverwirrung verdankt, und unterschiebt die derart erzeugte Scheinfrage der Alltagsintuition und der Philosophie. Vgl. dazu auch Buchheim 2004, 161.

82 Vgl. Kenny 1971 und Keil 2003. Bennett/Hacker (2003) bevorzugen die Bezeichnung „mereologischer Fehlschluss".

83 Zeki 1993, 296.

84 So z.B. Tibbetts 1995, 404.

85 Vgl. Keil 2003, 2f. Wo mithilfe der homunkularen Redeweisen weder explizit noch implizit Schlüsse gezogen werden, handelt es sich ‚nur' um einen Kategorienfehler.

86 Die letzten Formulierungen stammen aus Singer 2004, 43–46. Roth besteht darauf, dass zumindest die Rede „Das Gehirn entscheidet" im wörtlichen Sinne korrekt sei (vgl. 2004, 77 und 81). Es ist zuzugeben, dass man den Homunkulismus am *Wort* „entscheiden" nicht ablesen kann, denn dieses hat einen weiten Anwendungsbereich. Im Deutschen gibt es die Formulierung „Es entscheidet sich", die allerdings andere Implikationen hat als „Jemand entscheidet sich". In der Anwendung auf Personen bezeichnet „entscheiden" eine Tätigkeit; wenn der Ausgang einer Lotterie „sich entscheidet", geht es um ein Geschehen. Selbst wenn das Gehirn der *Ort* von Entscheidungs*prozessen* sein sollte, ist es dadurch nicht das *Subjekt* von Entscheidungs*tätigkeiten*. Darum ist Roths Schluss von „Das Gehirn entscheidet" auf „Also entscheide ich nicht" (vgl. ebd.) unzulässig.

87 Den Hinweis auf dieses Zitat des Neurobiologen Christoph von der Malsburg (Süddeutsche Zeitung vom 12. 9. 1996, S. 54) verdanke ich Andreas Kemmerling.

88 Vgl. Bennett/Hacker 2003, 11–107.

89 Ebd., 409.
90 Vgl. zu dieser Diagnose Keil 2009a.
91 Libet 2002, 292.
92 Vgl. Mele 2006, 45.
93 Vgl. Quine 1953, 36.
94 Wittgenstein, PU II, xiv (370).
95 Hyman 1989, xiv.
96 Roth 2004, 74.

Kapitel 7

1 Giesinger 2009, 26.
2 Alternativ wird vorgeschlagen, die Unterscheidung in den Begriff der Fähigkeit zu verlagern: Im engen Sinn von „Fähigkeit" ist die Gelegenheit zur Ausübung impliziert, im weiten nicht (vgl. Schälike 2010, 27f.). Sprachlich scheint mir die Unterscheidung zwischen einem engen und einem weiten Sinn für „können" angemessen, für „fähig sein" nicht.
3 Wollte man der Handlungsfreiheit doch noch einen Fähigkeitsaspekt verschaffen, so bliebe nur das ‚normale' Funktionieren des Körpers und seiner Organe. In seiner Handlungsfreiheit könnte man dann nicht nur durch äußere Faktoren, sondern auch durch körperliche Gebrechen oder eine Behinderung eingeschränkt werden. Diese Erläuterung über körperliche Fähigkeiten wäre das Komplement zu der oben vertretenen Auffassung (S. 151), dass ein Locked-in-Patient *nicht* seine Willensfreiheit einbüßt.
4 Willaschek 2009, 146.
5 Beckermann 2008, 100.
6 Diesen steilen Weg beschreitet z.B. Steward (2012).
7 Vgl. Nahmias et al. 2006.
8 Beckermann 2008, 100.
9 Löhrer 2009, 45.
10 Rosenthal 2011, 183.
11 Beckermann 2009, 18.
12 Pauen 2009, 50.
13 Vgl. auch Franklin 2011, 219–223.
14 Zu den wenigen Autoren, die darauf aufmerksam machen, dass auch Kompatibilisten ein Zufallsproblem haben, gehören Fischer und Ravizza (1998, 253f.), Mele (2006) und Levy (2011).
15 „Auch ein Kompatibilist kann nicht *rational*, also durch Verweis auf Gründe, erklären, warum von vergleichbar gut durch Gründe gestützten Optionen gerade diese eine ausgewählt wird und keine andere." (Rosenthal 2011, 171)
16 Mele 2006, 10.
17 Beckermann 2011, 234f. und 236.
18 „[I]f we consider a series of changes set in train by the agent, we can acknowledge a special place for the originating act. It is not special because it is the first link in the causal chain, but because it is the first *act*, the first thing done for a reason." (Rundle 1997, 175)

Literatur

In den Anmerkungen ist alle Literatur mit dem Jahr der Erstveröffentlichung zitiert, auch wenn ich, wie aus diesem Literaturverzeichnis ersichtlich, eine spätere Auflage oder eine Übersetzung verwendet habe. Einige Klassikertexte sind nicht mit dem Erscheinungsjahr, sondern mit einschlägigen Siglen zitiert. Die Siglen sind hier unter dem Namen des Autors eingeordnet.

Anscombe, G. Elizabeth M. (1957), *Absicht*, Freiburg/München 1986.
Aristoteles, De An.: *Über die Seele*, übers. von W. Theiler, bearb. von H. Seidl, Hamburg 1995.
– De Int.: *De Interpretatione [Peri Hermeneias]*, übers. von H. Weidemann, Berlin 1994.
– Met.: *Metaphysik*, übers. von H. Bonitz, bearb. von H. Seidl, Hamburg 1995.
– Nik. Eth.: *Nikomachische Ethik*, übers. von E. Rolfes, bearb. von G. Bien, Hamburg 1995.
Austin, John L. (1956), „‚Falls' und ‚Können'", zit. nach: Pothast (Hrsg.) (1978), 169–200.
Ayer, Alfred Jules (1954): „Freedom and Necessity", in: ders., *Philosophical Essays*, London/ Basingstoke, 271–284.

Balaguer, Mark (2009), „The Metaphysical Irrelevance of the Compatibilism Debate", *The Southern Journal of Philosophy* 47, 1–24.
Batthyany, Alexander (2009), „Mental Causation and Free Will after Libet and Soon: Reclaiming Conscious Agency", in: A. Batthyany und A. Elitzur (Hrsg.), *Irreducibly Conscious. Selected Papers on Consciousness*, Heidelberg, 135–161.
Beckermann, Ansgar (2005), „Philosophie verständlich: Willensfreiheit: Robert Kane" (http:// www.philosophieverstaendlich.de/freiheit/modern/kane.html) (Version vom 26. 2. 2005).
– (2006), „Neuronale Determiniertheit und Freiheit", in: K. Köchy und D. Stederoth (Hrsg.), *Willensfreiheit als interdisziplinäres Problem*, Freiburg/München, 289–304.
– (2008), *Gehirn, Ich, Freiheit*, Paderborn.
– (2009), „Naturgesetze, Determinismus und Keils libertarisches Freiheitsverständnis", *Erwägen – Wissen – Ethik* 20, 16–18.
– (2011), „Naturalismus und Freiheit. Replik auf die Kommentare von Geert Keil, Jasper Liptow und Gerson Reuter", *Allgemeine Zeitschrift für Philosophie* 36, 217–237.
Beebee, Helen (2000), „The Non-Governing Conception of Laws of Nature", *Philosophy and Phenomenological Research* 56, 571–594.
Beebee, Helen and Alfred Mele (2002), „Humean Compatibilism", *Mind* 111, 201–223.
Bennett, Jonathan (1984), „Counterfactuals and Temporal Direction", *Philosophical Review* 93, 57–91.
Bennett, Max R. and Peter M. S. Hacker (2003), *Philosophical Foundations of Neuroscience*, Oxford.
Berofsky, Bernard (1987), *Freedom from Necessity*, London.
Bhaskar, Roy (1975), *A Realist Theory of Science*, Hassocks, Sussex.
Bieri, Peter (2001), *Das Handwerk der Freiheit*, München/Wien.
– (2005), „Debatte: Unser Wille ist frei", *Der Spiegel* 2/2005, 124–125.
Bishop, Robert C. (2006), „Determinism and Indeterminism", in: *Encyclopedia of Philosophy*, 2nd Edition, Farmington Mills, MI, Vol. 3, 29–35.
Bobzien, Susanne (1998), *Determinism and Freedom in Stoic Philosophy*, Oxford.

Boysen, Sarah T. (1996), „'More is Less': The Elicitation of Rule-Governed Resource Distribution in Chimpanzees", in: A. E. Russon, K. A. Bard and S. T. Parker (Hrsg.), *Reaching Into Thought: The Minds of the Great Apes*, Cambridge, 177– 189.

Broad, Charlie Dunbar (1933), *Examination of Mc Taggart's Philosophy*, Vol. I, New York 1976.

–   (1952), *Ethics and the History of Philosophy*, London.

Buchheim, Thomas (2004), „Wer kann, der kann auch anders", in: Geyer (Hrsg.), 158–165.

Buchheim, Thomas und Torsten Pietrek (Hrsg.) (2007), *Freiheit auf der Basis von Natur?* Paderborn.

Burkhardt, Björn (1998), „Freiheitsbewußtsein und strafrechtliche Schuld", in: A. Eser, U. Schittenheim und H. Schumann (Hrsg.), *Festschrift für Theodor Lenckner zum 70. Geburtstag*, München, 3–24.

Butterfield, Jeremy (1998), „Determinism and Indeterminism", in: E. Craig (Hrsg.), *Routledge Encyclopedia of Philosophy*, London/New York, Vol. III, 33–39.

Campbell, Charles Adam (1967), *In Defence of Free Will*, London.

Carnap, Rudolf (1924), „Dreidimensionalität des Raumes und Kausalität", *Annalen der Philosophie und philosophischen Kritik* 4, 105–130.

Cartwright, Nancy (1983), *How the Laws of Physics Lie*, Oxford/New York.

–   (1992), „Aristotelian Natures and the Modern Experimental Method", in: J. Earman (Hrsg.), *Inference, Explanation, and Other Frustrations. Essays in the Philosophy of Science*, Berkeley/Los Angeles/Oxford, 44–71.

–   (1995), „How Laws Relate What Happens: Against a Regularity Account", in: H. Stachowiak (Hrsg.), *Pragmatik. Handbuch pragmatischen Denkens*, Bd. V, Hamburg, 305–314.

Chappell, Vere (1994), „Locke on Freedom of the Will", in: G. A. J. Rogers (Hrsg.), *Locke's Philosophy: Context and Content*, Oxford, 101–121.

Chisholm, Roderick M. (1964), „Human Freedom and the Self", in: G. Watson (Hrsg.), *Free Will*, Oxford 1982, 24–35.

Cicero, Marcus Tullius, De fato: *De fato – Über das Fatum*, lat.-dt., hrsg. von Karl Bayer, München 1963.

Clarke, Randolph (1993), „Toward a Credible Agent-Causal Account of Free Will", zit. nach: O'Connor (Hrsg.) (1995), 200–215.

–   (2003), *Libertarian Accounts of Free Will*, New York.

–   (2008), „Incompatibilist (Nondeterministic) Theories of Free Will", *Stanford Encyclopedia of Philosophy* (http://plato.stanford.edu/entries/incompatibilism-theories/) (Version vom 12. 9. 2008).

Danto, Arthur C. (1965a), „Basic Actions", *American Philosophical Quarterly* 2, 141–148.

–   (1965b), *Analytische Philosophie der Geschichte*, Frankfurt am Main 1980.

–   (1973), *Analytical Philosophy of Action*, Cambridge, Mass.

Davidson, Donald HE: *Handlung und Ereignis*, Frankfurt am Main 1985 [orig. *Essays on Actions and Events*, Oxford 1980].

–   (1963), „Handlungen, Gründe und Ursachen", in: HE, 19–42.

–   (1973a), „Handlungsfreiheit", in: HE, 99–124.

–   (1973b), „Radikale Interpretation", in: ders., *Wahrheit und Interpretation*, Frankfurt am Main 1986, 183–203.

–   (1982), „Paradoxes of Irrationality", in: R. Wollheim and J. Hopkins (Hrsg.), *Philosophical Essays on Freud*, New York/Cambridge, 289–305.

- (1993), „Replies", in: R. Stoecker (Hrsg.), *Reflecting Davidson. Donald Davidson Responding to an International Forum of Philosophers*, Berlin/New York.

Dennett, Daniel C. (1984), *Elbow Room*, Cambridge, Mass.

- (2003), *Freedom Evolves*, London.

Descartes, René, AT: *Œuvres de Descartes*, ed. C. Adam/P. Tannery, 12 Bde., Paris 1897–1913.

- (1641): *Meditationen über die Grundlagen der Philosophie, mit den sämtlichen Einwänden und Erwiderungen*, übers. von Artur Buchenau, Hamburg 1994.

- (1649), *Die Leidenschaften der Seele*, übers. von K. Hammacher, Hamburg 1984.

Diogenes Laertius LMP: *Leben und Meinungen berühmter Philosophen*, übers. von Otto Apelt, Hamburg ³1990.

Double, Richard (1991), *The Non-Reality of Free Will*, Oxford.

Earman, John (1986), *A Primer on Determinism*, Dordrecht.

- (2004), „Determinism: What We Have Learned and What We Still Don't Know", in: J. Campbell, M. O'Rourke and D. Shier (Hrsg.), *Freedom and Determinism*, Cambridge, Mass., 21–46.

Ebert, Theodor (2004), „Die Stoa – Determinismus und Verantwortlichkeit", in: A. Beckermann und D. Perler (Hrsg.), *Klassiker der Philosophie heute*, Stuttgart, 59–79.

Ekstrom, Laura W. (2000), *Free Will. A Philosophical Study*, Boulder, Col.

Ernst, Gerhard (2009), „Freiheit, Determinismus und Zufall", *Erwägen – Wissen – Ethik* 20, 18–20.

Falkenburg, Brigitte (2012), *Mythos Determinismus. Wieviel erklärt uns die Hirnforschung?*, Heidelberg.

Fink, Helmut und Rainer Rosenzweig (Hrsg.) (2006), *Freier Wille – frommer Wunsch? Gehirn und Willensfreiheit*, Paderborn.

Feinberg, Joel (1970), *Doing and Deserving. Essays in the Theory of Responsibility*, Princeton.

Fischer, John Martin (1989), „Introduction", in: ders. (Hg.), *God, Foreknowledge, and Freedom*, Stanford, CA, 1–56.

- (1994), *The Metaphysics of Free Will. An Essay on Control*, Oxford.

- (1999), „Recent Work on Moral Responsibility", *Ethics* 110, 93–129.

Fischer, John Martin and Mark Ravizza (1998), *Responsibility and Control*, Cambridge.

Flanagan, Owen (1992), *Consciousness Reconsidered*, Cambridge, Mass.

Forschner, Maximilian (1995), *Die stoische Ethik*, Darmstadt.

Frankfurt, Harry (1969), „Alternate Possibilities and Moral Responsibility", *Journal of Philosophy* 66, 829–839.

- (1971), „Freedom of the Will and the Concept of a Person", *Journal of Philosophy* 68, 5–20.

- (1988), *The Importance of What We Care About*, Cambridge.

- (1992), „The Faintest Passion", *Proceedings of the American Philosophical Association* 66, 5–16.

Franklin, Christopher Evan (2011), „Farewell to the luck (and *Mind*) argument", *Philosophical Studies* 156, 199–230.

Frede, Michael (2011), *A Free Will: Origins of the Notion in Ancient Thought*, Berkeley, CA.

Frith, Christopher D. (1992), *The Cognitive Neuropsychology of Schizophrenia*, Hillsdale, NJ.

Geach, Peter T. (1973), „Aquinas", in: G. E. M. Anscombe and P. T. Geach, *Three Philosophers*, Oxford, 64–126.

Gert, Bernard (1998), *Morality. Its Nature and Justification*, Oxford.

Geyer, Christian (Hrsg.) (2004), *Hirnforschung und Willensfreiheit. Zur Deutung der neuesten Experimente*, Frankfurt am Main.

Giesinger, Johannes (2009), „Geert Keils kompatibilistisches Verständnis der Willensfreiheit", *Erwägen – Wissen – Ethik* 20, 25–27.

Ginet, Carl (1966), „Könnte es sein, daß wir keine Wahl haben?", zit. nach: Pothast (Hrsg.), 115–133.

– (1996), „In Defense of the Principle of Alternative Possibilities: Why I Don't Find Frankfurt's Argument Convincing", *Philosophical Perspectives* 10: *Metaphysics*, 403–417.

– (2007), „An Action Can Be Both Uncaused and Up to the Agent", in: Ch. Lumer and S. Nannini (Hrsg.), *Intentionality, Deliberation and Autonomy*, Aldershot, 243–255.

Goschke, Thomas (1996), „Wille und Kognition. Zur funktionalen Architektur der intentionalen Handlungssteuerung", in: J. Kuhl und H. Heckhausen (Hrsg.), *Enzyklopädie der Psychologie*, Serie IV, Bd. 4: *Motivation, Volition und Handeln*, Göttingen, 583–663.

– (2004), „Vom freien Willen zur Selbstdetermination. Kognitive und volitionale Mechanismen der intentionalen Handlungssteuerung", *Psychologische Rundschau* 55, 186–197.

– (2006), „Der bedingte Wille: Willensfreiheit und Selbststeuerung aus der Sicht der kognitiven Neurowissenschaft", in: G. Roth und K.-J. Grün (Hrsg.), *Das Gehirn und seine Freiheit*, Göttingen, 107–156.

Goschke, Thomas, Katrin Linser und Juliane Wendt-Kürschner (2008), „Wille und Bewusstsein", in: T. Vierkant (Hg.), *Willenshandlungen und Willensfreiheit. Zur Natur und Kultur der Selbststeuerung*. Frankfurt am Main, 40–66.

Guckes, Barbara (2003), *Ist Freiheit eine Illusion?*, Paderborn.

Habermas, Jürgen (2005), *Zwischen Naturalismus und Religion*, Frankfurt am Main.

Haggard, Patrick and Martin Eimer (1999), „On the Relation between Brain Potentials and the Awareness of Voluntary Movements", *Experimental Brain Research* 126, 128–133.

Haji, Ishtiyaque and Michael McKenna (2004), „Dialectical Delicacies in the Debate about Freedom and Alternative Possibilities", *Journal of Philosophy* 101, 299–314.

Heidelberger, Michael (2005), „Freiheit *und* Wissenschaft. Metaphysische Zumutungen von Verächtern der Willensfreiheit", in: E.-M. Engels und E. Hildt (Hrsg.), *Neurowissenschaften und Menschenbild*, Paderborn, 195–219.

Heisenberg, Werner (1927), „Über den anschaulichen Inhalt der quantenmechanischen Kinematik und Mechanik", *Zeitschrift für Physik* 43, 172–198.

Hobart, R. E. (1934), „Free-Will as Involving Determinism and Inconceivable Without It", *Mind* 43, 1–27.

Hobbes, Thomas (1651), *Leviathan*, ed. by W. Molesworth, London 1839.

Hoefer, Carl (2010), „Causal Determinism", *Stanford Encyclopedia of Philosophy* (http://plato. stanford.edu/entries/determinism-causal/) (Version vom 21. 1. 2010).

Honderich, Ted (1988), *A Theory of Determinism*, 2 Bde., Oxford.

– (1993), *Wie frei sind wir? Das Determinismus-Problem*, Stuttgart 1995.

Hübl, Philipp (2010), *Action and Consciousness*, Dissertation an der Humboldt-Universität Berlin (Druck in Vorb.).

Hüttemann, Andreas (2003), „Introduction: Determinism in Physics and Biology", in: ders. (Hrsg.), *Determinism in Physics and Biology*, Paderborn, 9–18.

Hume, David (1739): *A Treatise of Human Nature*, ed. by D. F. Norton and M. J. Norton, Oxford 2000.
– (1748), *Eine Untersuchung über den menschlichen Verstand*, Stuttgart 1982.
Hursthouse, Rosalind (1991), „Arational Actions", *Journal of Philosophy* 88, 57–68.
Hyman, John (1989), *The Imitation of Nature*, Oxford.

Jäger, Christoph (2009), „Determinismus und Verantwortung: Was kann das Konsequenzargument?", *Deutsche Zeitschrift für Philosophie* 57, 119–131.
– (2013), „Das Konsequenzargument", in: R. W. Puster (Hrsg.), *Klassische Argumentationen der Philosophie*, Münster.
Jakobs, Günther (1991), *Strafrecht. Allgemeiner Teil*, Berlin/New York 2. Aufl.
Jedan, Christoph (2000), *Willensfreiheit bei Aristoteles?*, Göttingen.
Jescheck, Hans-Heinrich (1988), *Lehrbuch des Strafrechts. Allgemeiner Teil*, 4. Aufl., Berlin.
Joseph, Geoffrey (1980), „The Many Sciences and the One World", *Journal of Philosophy* 77, 773–791.

Kane, Robert (1995), „Two Kinds of Incompatibilism", in: O'Connor (Hrsg.), 115–150.
– (1996), *The Significance of Free Will*, Oxford/New York.
– (1999), „Responsibility, Luck, and Chance: Reflections on Free Will and Indeterminism", *Journal of Philosophy*, 96, 217–240.
– (2002), „Introduction: The Contours of Contemporary Free Will Debates", in: ders. (Hrsg.), 3–41.
– (2005), *A Contemporary Introduction to Free Will*, Oxford.
Kane, Robert (Hrsg.) (2002), *The Oxford Handbook of Free Will*, Oxford.
Kant, Immanuel, AA: *Kants gesammelte Schriften, Ausgabe der Preußischen Akademie der Wissenschaften*, Berlin 1902ff.
– KrV: *Kritik der reinen Vernunft* (1781/87), AA III/IV.
– GMS: *Grundlegung zur Metaphysik der Sitten* (1785), AA IV.
– KpV: *Kritik der praktischen Vernunft* (1788), AA V.
– KU: *Kritik der Urteilskraft* (1790), Weischedel-Werkausgabe, AA I.
– Rel.: *Die Religion innerhalb der Grenzen der bloßen Vernunft* (1793), AA VI.
– ZeF: *Zum ewigen Frieden* (1795), AA VIII.
– Anthr.: *Anthropologie in pragmatischer Hinsicht* (1798), AA VII.
Kapitan, Tomis (1986), „Deliberation and the Presumption of Open Alternatives", *The Philosophical Quarterly* 36, 230–251.
Keil, Geert (2000), *Handeln und Verursachen*, Frankfurt am Main.
– (2003), „Über den Homunkulus-Fehlschluß", *Zeitschrift für philosophische Forschung* 57, 1–26.
– (2005), „How the *Ceteris Paribus* Laws of Physics Lie", in: J. Faye et al. (Hrsg.), *Nature's Principles*, Berlin/Heidelberg/New York, 167–200.
– (2009a), „Ich und mein Gehirn: Wer steuert wen? Das Geist-Körper-Problem und die Hirnforschung", in: H. Schnädelbach, H. Hastedt und G. Keil (Hrsg.), *Was können wir wissen, was sollen wir tun? Zwölf philosophische Antworten*, Reinbek, 126–146.
– (2009b), „Wir können auch anders. Skizze einer libertarischen Konzeption der Willensfreiheit", *Erwägen – Wissen – Ethik* 20, 3–16.
– (2009c), „Replik: Freiheit, die ich meine", *Erwägen – Wissen – Ethik* 20, 75–94.

- (2009d), „Willensfreiheit. Antworten auf Walde, Willaschek und Jäger", *Deutsche Zeitschrift für Philosophie* 57, 781–795.
- (2011), „Libertarische Freiheit für natürliche Wesen. Zu Ansgar Beckermanns Freiheitsauffassung", *Allgemeine Zeitschrift für Philosophie* 36, 154–176.
- (2012), „Kann man nichtzeitliche Verursachung verstehen? Kausalitätstheoretische Anmerkungen zu Kants Freiheitsantinomie", in: M. Brandhorst, A. Hahmann und B. Ludwig (Hrsg.), *Sind wir Bürger zweier Welten? Freiheit und moralische Verantwortung im transzendentalen Idealismus*, Hamburg, 223–257.
- (2013), „Making Causal Counterfactuals More Singular, and More Appropriate for Use in Law", in: B. Kahmen und M. Stepanians (Hrsg.), *Causation and Responsibility: Critical Essays*, Berlin/New York.

Keller, Ingo und Heinz Heckhausen (1990), „Readiness Potentials Preceding Spontaneous Motor Acts: Voluntary vs. Involuntary Control", *Electroencephalography and Clinical Neurophysiology* 76, 351–361.

Kelsen, Hans (1934), *Reine Rechtslehre*, 2. Aufl. Wien 1960.

Kenny, Anthony (1971), „The Homunculus Fallacy", zit. nach: J. Hyman (Hrsg.), *Investigating Psychology. Sciences of the Mind after Wittgenstein*, London 1991, 155–165.
- (1975), *Will, Freedom and Power*, London.

Korsgaard, Christine (2009), *Self-Constitution. Agency, Identity, and Integrity*, Oxford.

Kröber, Hans-Ludwig (2001), „Die psychiatrische Diskussion um die verminderte Zurechnungs- und Schuldfähigkeit", in: ders. und H.-J. Albrecht (Hrsg,), *Verminderte Schuldfähigkeit und psychiatrische Maßregel*, Baden-Baden, 33–68.
- (2007), „Steuerungsfähigkeit und Willensfreiheit aus psychiatrischer Sicht", in: H.-L. Kröber et al. (Hrsg.), *Handbuch der Forensischen Psychiatrie*, Darmstadt, 159–218.

Kudlich, Hans (2004), Rezension von Gunnar Spilgies, Die Bedeutung des Determinismus-Indeterminismus-Streits für das Strafrecht, *Online-Zeitschrift für Höchstrichterliche Rechtsprechung im Strafrecht* 5, Ausg. 6 (Juni), 217–220 (http://www.hrr-strafrecht.de).

Künne, Wolfgang (2003), *Conceptions of Truth*, Oxford.

Lampe, Ernst-Joachim, Michael Pauen und Gerhard Roth (Hrsg.) (2008), *Willensfreiheit und rechtliche Ordnung*, Frankfurt am Main.

Laplace, Pierre Simon de (1814), *Philosophischer Versuch über die Wahrscheinlichkeit*, hrsg. von R. v. Mises, Leipzig 1932.

Leibniz, Gottfried Wilhelm (1710), *Die Theodizee*, in: ders., *Philosophische Schriften*, Bd. 2, hrsg. und übers. von H. Herring, Frankfurt am Main 1996.
- (1765), *Neue Abhandlungen über den menschlichen Verstand*, in: ders., *Philosophische Schriften*, Bd. 3. übers. von W. v. Engelhardt und H. H. Holz, Frankfurt am Main 1996.

Levy, Neil (2011), *Hard Luck. How Luck Undermines Free Will and Moral Responsibility*, Oxford.

Lewis, David (1983): „New Work for a Theory of Universals", *Australasian Journal of Philosophy* 61, 343–377.
- (1986), *Philosophical Papers*, Vol. II, New York/Oxford.
- (1994), „Humean Supervenience Debugged", *Mind* 103, 473–490.

Libet, Benjamin et al. (1983), „Time of conscious intention to act in relation to onset of cerebral activity (readiness-potential). The unconscious initiation of a freely voluntary act", *Brain* 106, 623–642.
- (1985), „Unconscious Cerebral Initiative and the Role of Unconscious Will in Voluntary Action", *Behavioral and Brain Sciences* 8, 529–567.

- (1999), „Do We Have Free Will?", *Journal of Consciousness Studies* 6, No. 8–9, 47–57.
- (2002), „The Timing of Mental Events: Libet's Experimental Findings and Their Implications", *Consciousness and Cognition* 11, 291–299.
- (2004), *Mind Time. Wie das Gehirn Bewusstsein produziert*, Frankfurt am Main 2005.

Liessmann, Konrad Paul (Hrsg.) (2007), *Die Freiheit des Denkens*, Wien.

Liptow, Jasper (2011), „Fähigkeiten und die ‚Bedingung alternativer Möglichkeiten'", *Allgemeine Zeitschrift für Philosophie* 36, 177–195.

Locke, John (1690), *An Essay Concerning Human Understanding*, London/New York 1910.

Löhrer, Guido (2009), „Die Freiheit innezuhalten", *Erwägen – Wissen – Ethik* 20, 43–46.

Lohmar, Achim (2005), *Moralische Verantwortlichkeit ohne Willensfreiheit*, Frankfurt am Main.

- (2006), „Freiheit und kausale Determiniertheit: Das Kompatibilitätsproblem", unveröffentlichtes Vortragsmanuskript.
- (2008), „Fähigkeiten, Beschränkungen und Freiheit. Ein Argument gegen den Inkompatibilismus", *Zeitschrift für philosophische Forschung* 62, 492–515.

Long, Arthur A. und David N. Sedley (Hrsg.) (1987), *Die hellenistischen Philosophen. Texte und Kommentare*, übers. von K. Hülser, Stuttgart/Weimar 2000.

Lukrez, *De rerum natura. Welt aus Atomen*, übers. und mit einem Nachwort hrsg. von K. Büchner, Stuttgart 1986.

MacKay, Donald M. (1967), „Freiheit des Handelns in einem mechanistischen Universum", zit. nach: Pothast (Hrsg.), 303–321.

Mackie, John Leslie (1974), *The Cement of the Universe. A Study of Causation*, Oxford ²1980.

McCall, Storrs (1999), „Deliberation Reasons and Explanation Reasons", in: R. Jackendorff, P. Bloom and K. Wynn (Hrsg.), *Language, Logic and Concepts*, Cambridge, Mass., 97–108.

McKenna, Michael (2009), „Compatibilism", *Stanford Encyclopedia of Philosophy* (http://plato. stanford.edu/entries/compatibilism/) (Version vom 5. 10. 2009).

McKenna, Michael and Paul Russell (Hrsg.) (2008), *Free Will and Reactive Attitudes: Perspectives on P. F. Strawson's „Freedom and Resentment"*, London.

Mele, Alfred R. (1995), *Autonomous Agents. From Self-Control to Autonomy*, Oxford.

- (2006), *Free Will and Luck*, Oxford.
- (2009), *Effective Intentions. The Power of Conscious Will*, Oxford.

Merkel, Reinhard (2007), „Handlungsfreiheit, Willensfreiheit und strafrechtliche Schuld", in: Liessmann (Hrsg.), 68–110.

- (2008), *Willensfreiheit und rechtliche Schuld*, Baden-Baden.

Mill, John Stuart (1836), „On the Definition of Political Economy; and on the Method of ‚Investigation Proper to It'", in: ders., *Collected Works*, Vol. IV, ed. by J. M. Robson, Toronto 1967, 309–339.

- (1843), *A System of Logic, Ratiocinative and Inductive*, [= *Collected Works*, Vol. VII/VIII], ed. by J. M. Robson, Toronto 1973/4.
- (1859), *On Liberty*, Oxford 1947.
- (1871), *Utilitarianism* [= *Collected Works*, Vol. X, ed. by J. M. Robson], Toronto 1969.

Montague, P. Read (2009), „Free Will", *Current Biology* 18, R 584–585.

Moore, George Edward (1912), *Ethics*, London, dt. Auszüge zit. nach: Pothast (Hrsg.), 142–156.

Nagel, Thomas (1986), *The View from Nowhere*, Oxford/New York.

Nahmias, Eddy et al. (2006), „Is Incompatibilism Intuitive?" *Philosophy and Phenomenological Research* 73, 28–53.

Neumann, Odmar und Wolfgang Prinz (1987), „Kognitive Antezedenzien von Willkürhandlungen", in: H. Heckhausen, P. M. Gollwitzer und F. E. Weinert (Hrsg.), *Jenseits des Rubikon: Der Wille in den Humanwissenschaften*, Berlin, 195–215.
Nida-Rümelin, Julian (2005), *Über menschliche Freiheit*, Stuttgart.

O'Connor, Timothy (2000), *Persons and Causes. The Metaphysics of Free Will*, New York/Oxford.
– (2010), „Free Will", *Stanford Encyclopedia of Philosophy* (http://plato.stanford. edu/entries/freewill/) (Version vom 29. 10. 2010).
O'Connor, Timothy (Hrsg.) (1995), *Agents, Causes and Events. Essays on Indeterminism and Free Will*, New York/Oxford.

Pauen, Michael (2004), *Illusion Freiheit?* Frankfurt am Main.
– (2009), „Das Dilemma des Inkompatibilismus", *Erwägen – Wissen – Ethik* 20, 50–52.
Pearce, Steve and Hanna Pickard (2010), „Finding the will to recover: philosophical perspectives on agency and the sick role", *Journal of Medical Ethics* 36, 831–833.
Penrose, Roger (1994), *Shadows of the Mind. A Search for the Missing Science of Consciousness*, Oxford.
Pereboom, Derk (2001), *Living Without Free Will*, Cambridge.
Pickard, Hanna (2013), „Addiction in Context: Philosophical Lessons from a Personality Disorder Clinic", in: Neil Levy (Hrsg.), *Addiction and Self-control*, Oxford (im Druck).
Planck, Max (1936), „Vom Wesen der Willensfreiheit", zit. nach: Pothast (Hrsg.), 272–293.
Popper, Karl Raimund (1982), *Das offene Universum. Ein Argument für den Indeterminismus*, Tübingen 2001.
Pothast, Ulrich (1980), *Die Unzulänglichkeit der Freiheitsbeweise*, Frankfurt am Main.
– (2011), *Freiheit und Verantwortung. Eine Debatte, die nicht sterben will – und auch nicht sterben kann*, Frankfurt am Main.
Pothast, Ulrich (Hrsg.) (1978), *Seminar: Freies Handeln und Determinismus*, Frankfurt am Main.
Prinz, Wolfgang (1996), „Freiheit oder Wissenschaft?", in: M. von Cranach und K. Foppa (Hrsg.), *Freiheit des Entscheidens und des Handelns*, Heidelberg, 86–103.
– (2004), „Der Mensch ist nicht frei. Ein Gespräch", in: Geyer (Hrsg.), 20–26.

Quine, Willard Van Orman (1953), *From a Logical Point of View*, Cambridge, Mass.
– (1987), *Quiddities. An Intermittently Philosophical Dictionary*, Cambridge, Mass.

Reid, Thomas (1768), *Essays on the Active Powers of Man*, in: ders., *Philosophical Works*, ed. by W. Hamilton, Vol. I, Hildesheim 1967 [reprogr. Nachdr. der 8. Aufl. Edinburgh 1895].
Rice, Hugh (2010), „Fatalism", *Stanford Encyclopedia of Philosophy* (http://plato. stanford.edu/entries/fatalism/) (Version vom 11. 10. 2010).
Rohs, Peter (2000), „Handlungen und Ereignisse", *Zeitschrift für Philosophische Forschung* 54, 1–22.
– (2003), „Libertarianische Freiheit", in: S. Mischer, M. Quante und Chr. Suhm (Hrsg.), *Auf Freigang. Metaphysische und ethische Annäherungen an die menschliche Freiheit*, Münster, 39–60.
Rorty, Richard (1979), *Philosophy and the Mirror of Nature*, Princeton.
Rosenthal, David (2002), „The Timing of Conscious States", *Consciousness and Cognition* 11, 215–220.

Rosenthal, Jacob (2011), *Handlungswahl, Rationalität und moralische Verantwortung in ihrem Verhältnis zum Determinismus*, Habilitationsschrift Universität Bonn.

Roth, Gerhard (2000), „Es geht ans Eingemachte" (Interview mit Gerhard Vollmer), *Spektrum der Wissenschaft*, Oktober, 72–75.

– (2001), *Fühlen, Denken, Handeln. Wie das Gehirn unser Verhalten steuert*, Frankfurt am Main.

– (2003), *Aus Sicht des Gehirns*, Frankfurt am Main.

– (2004), „Worüber dürfen Hirnforscher reden – und in welcher Weise?", in: Geyer (Hrsg.), 66–85.

– (2006), „Willensfreiheit und Schuldfähigkeit aus Sicht der Hirnforschung", in: G. Roth und K.-J. Grün (Hrsg.), *Das Gehirn und seine Freiheit*, Göttingen, 9–27.

Roth, Gerhard, Monika Lück und Daniel Strüber (2008), „Willensfreiheit und strafrechtliche Schuld aus Sicht der Hirnforschung", in: Lampe, Pauen und Roth (Hrsg.), 126–139.

Roxin, Claus (2006), *Strafrecht. Allgemeiner Teil*, Band 1, München.

Rummens, Stefan and Stefaan E. Cuypers (2010), „Determinism and the Paradox of Predictability", *Erkenntnis* 72, 233–249.

Rundle, Bede (1997), *Mind in Action*, Oxford.

Russell, Bertrand (1912), „On the Notion of Cause", in: ders., *Mysticism and Logic*, London 1918, 180–208.

– (1914), *Unser Wissen von der Außenwelt*, übers. von Walther Rothstock, Leipzig 1926.

Ryle, Gilbert (1949), *Der Begriff des Geistes*, Stuttgart 1969.

– (1954), „It Was to Be", in: ders., *Dilemmas*, Cambridge, 15–35.

Sartre, Jean-Paul (1946), „Ist der Existenzialismus ein Humanismus?", in: ders., *Drei Essays*, Zürich 1980.

Schälike, Julius (2010), *Spielräume und Spuren des Willens. Eine Theorie der Freiheit und der moralischen Verantwortung*, Paderborn.

Schlesinger, George (1987), „Is Determinism a Vacuous Doctrine?", *British Journal for the Philosophy of Science* 38, 339–346.

Schlick, Moritz (1930), „Wann ist der Mensch verantwortlich?" (Kap. VII aus: ders., *Fragen der Ethik*, Wien), zit. nach: Pothast (Hrsg.), 157–168.

Schnädelbach, Herbert (1987), „Rationalität und Normativität", zit. nach: ders., *Zur Rehabilitierung des animal rationale. Vorträge und Abhandlungen 2*, Frankfurt am Main 1992, 79–103.

Schopenhauer, Arthur (1839), *Über die Freiheit des menschlichen Willens*, (in: *Die beiden Grundprobleme der Ethik*), *Sämtliche Werke*, hrsg. von W. Löhneysen, Bd. III, Darmstadt 1962, 519–627.

Schulte, Peter (2012), „Worum geht es in der Kompatibilismusdebatte?", *Zeitschrift für philosophische Forschung* 66, 311–334.

Schurz, Gerhard (1995), „Stufen der Pragmatisierung von deduktiv-nomologischer Erklärung, Begründung und Voraussage", in: H. Stachowiak (Hrsg.), *Pragmatik. Handbuch pragmatischen Denkens*, Bd. V, Hamburg, 315–343.

Scriven, Michael (1961), „The Key Property of Physical Laws – Inaccuracy", in: H. Feigl and G. Maxwell (Hrsg.), *Current Issues in the Philosophy of Science*, New York, 91–101.

Searle, John R. (2001), *Rationality in Action*, Cambridge, Mass./London.

– (2006): *Freedom and Neurobiology. Reflections on Free Will, Language, and* Political Power, New York.

Seebaß, Gottfried (2004), Artikel „Wille/Willensfreiheit", in: *Theologische Realenzyklopädie*, Bd. XXXVI, Berlin/New York, 55–73.
- (2006), *Handlung und Freiheit. Philosophische Aufsätze*, Tübingen.
- (2007), *Willensfreiheit und Determinismus*, Bd. I: *Die Bedeutung des Willensfreiheitsproblems*, Berlin.
Singer, Wolf (2003), *Ein neues Menschenbild? Gespräche über Hirnforschung*, Frankfurt am Main.
- (2004), „Verschaltungen legen uns fest: Wir sollten aufhören, von Freiheit zu sprechen", in: Geyer (Hrsg.), 30–65.
Smilansky, Saul (2001), *Free Will and Illusion*, Oxford.
Soon, Chun Siong et al. (2008): „Unconscious determinants of free decisions in the human brain", *Nature Neuroscience* 11, 543–545.
Spinoza, Baruch de (1677), *Ethik*, übers. von C. Vogl, hrsg. von F. Bülow, Stuttgart 1976.
Spitzer, Manfred (2004), *Selbstbestimmen. Gehirnforschung und die Frage: Was sollen wir tun*, Heidelberg.
Stegmüller, Wolfgang (1960), „Das Problem der Kausalität", zit. nach: L. Krüger (Hrsg.), *Erkenntnisprobleme der Naturwissenschaften*, Köln/Berlin 1970, 156–173.
- (1969), *Probleme und Resultate der Wissenschaftstheorie und Analytischen Philosophie*, Bd. 1: *Erklärung, Begründung, Kausalität*, Berlin/Heidelberg/New York.
Steinvorth, Ulrich (1987), *Freiheitstheorien in der Philosophie der Neuzeit*, Darmstadt.
Steward, Helen (2006), „‚Could Have Done Otherwise', Action Sentences and Anaphora", *Analysis* 66.2, 95–101.
- (2009), „The Truth in Compatibilism and the Truth of Libertarianism", *Philosophical Explorations* 12 (2), 167–179.
- (2012), *A Metaphysics for Freedom*, Oxford.
Stier, Marco (2011), *Verantwortung und Strafe ohne Freiheit*, Paderborn.
Stompe, Thomas und Hans Schanda (Hrsg.) (2010), *Der freie Wille und die Schuldfähigkeit: in Recht, Psychiatrie und Neurowissenschaften*, Berlin.
Strawson, Galen (1986), *Freedom and Belief*, Oxford.
- (1989), „Consciousness, Free Will, and the Unimportance of Determinism", *Inquiry* 32, 3–27.
- (2002), „The Bounds of Freedom", in: Kane (Hrsg.), 441–460.
Strawson, Peter F. (1962), „Freiheit und Übelnehmen", zit. nach: Pothast (Hrsg.), 201–233.
Stump, Eleonore (1999), „Alternative Possibilities and Moral Responsibility: The Flicker of Freedom", *The Journal of Ethics* 3, 299–324.
Suppes, Patrick (1994), „Voluntary Motion, Biological Computation, and Free Will", *Midwest Studies in Philosophy* 19, 452–467.
Swartz, Norman (1985), *The Concept of Physical Law*, Cambridge.

Taylor, Christopher und Daniel Dennett (2002), „Who's Afraid of Determinism? Rethinking Causes and Possibilities", in: Kane (Hrsg.), 257–277.
Taylor, Richard (1962), „Fatalism", *Philosophical Review* 71, 56–66.
- (1974), *Metaphysics*, 2nd Edition, Englewood Cliffs, N. J.
Thorp, John (1980), *Free Will. A Defence Against Neurophysiological Determinism*, London.
Tibbetts, Paul (1995), „Neurobiology and the Homunculus Thesis", *Man and World* 28, 401–413.
Tugendhat, Ernst (1987), „Der Begriff der Willensfreiheit", zit. nach: ders., *Philosophische Aufsätze*, Frankfurt am Main 1992, 334–351.

- (2003), *Egozentrizität und Mystik*, München.
- (2007a), „Willensfreiheit und Determinismus", in: Liessmann (Hrsg.), 45–67.
- (2007b), *Anthropologie statt Metaphysik*, München.

Valla, Lorenzo (1439), *De libero arbitrio*, hrsg. von E. Keßler, lat./dt., München 1987.
van Fraassen, Bas (1989), *Laws and Symmetry*, Oxford.
van Inwagen, Peter (1983), *An Essay on Free Will*, Oxford.
- (1989), „When Is the Will Free?", zit. nach: O'Connor (Hrsg.), 219–238.
- (2000), „Free Will Remains a Mystery", zit. nach: Kane (Hrsg.), 158–177.
von Liszt, Franz (1896), „Die stafrechtliche Zurechnungsfähigkeit", zit. nach: ders., *Strafrechtliche Aufsätze und Vorträge*, Bd. II, Berlin 1905, 214–229.
von Wright, Georg Henrik (1980), „Freedom and Determination", *Acta Philosophica Fennica* 31, 5–88.

Walde, Bettina (2006a), *Willensfreiheit und Hirnforschung. Das Freiheitsmodell des epistemischen Libertarismus*, Paderborn.
- (2006b), „Was ist Willensfreiheit? Freiheitskonzepte zwischen Determinismus und Indeterminismus" in: Fink/Rosenzweig (Hrsg.), 91–115.
- (2009), „Willensfreiheit: libertarisch, kompatibilistisch – oder beides?", *Deutsche Zeitschrift für Philosophie* 57, 133–140.
Wallace, R. Jay (1994), *Responsibility and the Moral Sentiments*, Cambridge, Mass.
- (1999), „Addiction as Defect of the Will: Some Philosophical Reflections", *Law and Philosophy* 18, 621–654.
- (2002), „Précis of Responsibility and the Moral Sentiments" and „Replies", *Philosophy and Phenomenological Research* 64, 681–682 und 709–729.
Walter, Henrik (1999), *Neurophilosophie der Willensfreiheit*, Paderborn.
- (2006), „Sind wir alle vermindert schuldfähig? Zur Neurophilosophie der Verantwortlichkeit", in: S. Barton (Hrsg.), „... *weil er für die Allgemeinheit gefährlich ist!" Prognosegutachten, Neurobiologie, Sicherungsverwahrung*, Baden-Baden, 309–334.
- (2009), „Wir können auch anders? Aber nicht besser: Warum auch Keils Skizze des Libertarismus scheitert", *Erwägen – Wissen – Ethik* 20, 69–71.
Watson, Gary (1977), „Scepticism About Weakness of Will", *Philosophical Review* 86, 316–339.
- (1999), „Disordered Appetites: Addiction, Compulsion, and Dependency", zit. nach: ders., *Agency and Answerability. Selected Essays*, Oxford 2004, 59–87.
Watson, Gary (Hrsg.) (1982), *Free Will*, Oxford/New York.
Weatherford, Roy (1991), *The Implications of Determinism*, London.
Wegner, Daniel M. (2002), *The Illusion of Conscious Will*, Cambridge, Mass.
Weinkauf, Wolfgang (Hrsg.) (2001), *Die Philosophie der Stoa*, Stuttgart.
Welzel, Hans (1969), *Das Deutsche Strafrecht. Eine systematische Darstellung*, 11. Aufl. Berlin.
Widerker, David (1995), „Libertarianism and Frankfurt's Attack on the Principle of Alternative Possibilities", *Philosophical Review* 94, 247–261.
Wiggins, David (1973), „Towards a Reasonable Libertarianism", in: T. Honderich (Hrsg.), *Essays on Freedom of Action*, London 1976, 31–61.
Willaschek, Marcus (1992), *Praktische Vernunft. Handlungstheorie und Moralbegründung bei Kant*, Stuttgart/Weimar.

- (2002), „DNS – Doch nicht schuldig? Zum Zusammenhang zwischen genetischer Disposition und persönlicher Verantwortung", *Jahrbuch für Wissenschaft und Ethik* 7, 243–257.
- (2009), „Möglichkeiten und Fähigkeiten. Einige Anmerkungen zu Geert Keils Buch *Willensfreiheit*", *Deutsche Zeitschrift für Philosophie* 57, 141–148.
- (2010), „Non-Relativist Contextualism about Free Will", *European Journal of Philosophy* 18 (4), 567–587.
- (2011), „Der Begriff der Willensfreiheit im deutschen Strafrecht", in: C. F. Gethmann (Hrsg.), *Lebenswelt und Wissenschaft. XXI. Deutscher Kongreß für Philosophie 2008, Kolloquienbeiträge*, Hamburg, 1185–1203.

Wingert, Lutz (2004), „Gründe zählen. Über einige Schwierigkeiten des Bionaturalismus", in: Geyer (Hrsg.), 194–204.

Wittgenstein, Ludwig, PU: *Philosophische Untersuchungen* [1953], *Schriften* Bd. 1, Frankfurt am Main 1960.
- Tract.: *Tractatus logico-philosophicus* [1921], *Schriften* Bd. 1, Frankfurt am Main 1960.

Wittwer, Héctor (2011), „Muss die Willensfreiheit bewiesen werden, damit sich das Schuldprinzip rechtfertigen lässt?", *Jahrbuch für Recht und Ethik* 19, 397–425.

Wolf, Susan (1990), *Freedom Within Reason*, Oxford.

Zagzebski, Linda T. (2011), „Foreknowledge and Free Will", *Stanford Encyclopedia of Philosophy* (http://plato.stanford.edu/entries/free-will-foreknowledge/) (Version vom 25.8.2011).

Zeki, Semir (1993), *A Vision of the Brain*, Cambridge.

Namenregister

Sachregister